Lehr- und Handbücher der Soziologie
Herausgegeben von Dr. Arno Mohr

Bisher erschienene Titel:

Jost Bauch: Medizinsoziologie
Horst J. Helle: Verstehende Soziologie
Herlinde Maindok: Einführung in die Soziologie
Gertraude Mikl-Horke: Historische Soziologie der Wirtschaft
Aglaja Przyborski: Qualitative Sozialforschung
Gerhard Wagner: Die Wissenschaftstheorie der Soziologie
Johannes Weyer: Soziale Netzwerke

Jugendsoziologie

Über Adoleszente, Teenager und neue Generationen

herausgegeben von
Prof. Dr. Katharina Liebsch

Oldenbourg Verlag München

Bibliografische Information der Deutschen Nationalbibliothek

Die Deutsche Nationalbibliothek verzeichnet diese Publikation in der Deutschen
Nationalbibliografie; detaillierte bibliografische Daten sind im Internet über
http://dnb.d-nb.de abrufbar.

© 2012 Oldenbourg Wissenschaftsverlag GmbH
Rosenheimer Straße 145, D-81671 München
Telefon: (089) 45051-0
www.oldenbourg-verlag.de

Das Werk einschließlich aller Abbildungen ist urheberrechtlich geschützt. Jede Verwertung
außerhalb der Grenzen des Urheberrechtsgesetzes ist ohne Zustimmung des Verlages unzulässig
und strafbar. Das gilt insbesondere für Vervielfältigungen, Übersetzungen, Mikroverfilmungen
und die Einspeicherung und Bearbeitung in elektronischen Systemen.

Lektorat: Christiane Engel-Haas
Herstellung: Constanze Müller
Titelbild: thinkstockphotos.de
Einbandgestaltung: hauser lacour
Gesamtherstellung: Grafik & Druck GmbH, München

Dieses Papier ist alterungsbeständig nach DIN/ISO 9706.

ISBN   978-3-486-59113-2
eISBN 978-3-486-71497-5

Vorwort

Dieses Buch ist auf der Grundlage von Lehrveranstaltungen an der PH Weingarten, der Goethe Universität Frankfurt und der Helmut Schmidt Universität / Universität der Bundeswehr Hamburg zwischen 2003 und 2011 entstanden. Es ist geschrieben in der Absicht, die Auseinandersetzungen der recht unterschiedlichen studentischen Gruppen und deren Reaktionen und Diskussionen auf das vielfältige Material der Jugendsoziologie für eine reflexiv-befragende Annäherung an den Gegenstand produktiv zu machen.

Mein Dank gilt den Studierenden der entsprechenden Lehrveranstaltungen für ihre Begeisterung wie auch ihr Befremden der akademischen Jugendforschung gegenüber. In ihren Irritationen und Aha-Erlebnissen transportiert sich die prinzipielle Unangemessenheit von Kategorien, Begriffen und Theorien, die deutlich macht, dass die theoretische und methodologische Konzeptualisierung von Jugend ein fortwährender und unabgeschlossener Prozess ist.

In diesem Sinne sind auch die hier integrierten Beiträge der Frankfurter Kolleginnen Karin Flaake, Marga Günther und Inge Schubert sowie der von Eva Breitenbach verfasst. Sie veranschaulichen das Denken und die Arbeitsweise der adoleszenztheoretischen resp. einer sozialkonstruktivistischen Jugendforschung sowie den spezifischen Ertrag dieser Perspektiven. Zugleich sind sie Ausdruck kollegialer Kooperation und gemeinsamer, produktiver Auseinandersetzungen.

Schlussendlich danke ich Marianne Steppat, die maßgeblich an der Erstellung des druckfertigen Manuskripts beteiligt war. Ohne sie wäre dieses Buch noch länger auf meinem Schreibtisch liegen geblieben.

Katharina Liebsch

Hamburg im Dezember 2011

Inhaltsverzeichnis

Vorwort V

1 „Jugend ist nur ein Wort":
Soziologie einer Lebensphase und einer sozialen Gruppe 11
Katharina Liebsch

1.1 Jugend als Lebensphase 14
1.1.1 Institutionalisierung, Destandardisierung und Variationen 14
1.1.2 Sozialisation im Jugendalter – eine Frage, viele Zugänge und Begriffe 17
1.1.3 Der Begriff „Subjekt-Konstitution" als kritische Dekonstruktion gängiger Perspektiven 19
1.1.4 Leerstellen und offene Fragen der Sozialisationsforschung.......................... 21
1.2 Jugend als Gruppe mit einem eigenen Lebensstil: Doing Adolescence 25
1.2.1 Ritualität und symbolische Beziehungsanzeigen 26
1.3 Literatur 28

2 Geschichte(n) und Generationen:
Prozesse gesellschaftlicher Transformationen 33
Katharina Liebsch

2.1 Ideen und Sozialformen 34
2.2 Jugend-Theorien: Thematisierungen von „Generation" und „Entwicklung" 38
2.3 Konstruktionen der empirischen Sozialforschung 44
2.4 „Generationsgestalten": Kohortenbeschreibung oder Zeitdiagnose? 48
2.5 „Generation P" – Zusammenschau von Lebenslage und Lebensalter 50
2.6 Literatur 52

3 Race, Class, Gender: Strukturelle Differenzierungen 57
Katharina Liebsch

3.1 Class: Soziale Ungleichheit und Marginalisierung 58
3.1.1 Bildungsferne und „besonderer Förderungsbedarf".................................... 58
3.1.2 Von den „benachteiligten Jugendlichen" zu den „Jugendlichen mit besonderem Förderbedarf" 60

3.2	Gender: Unterscheidungen und Gleichheitspostulate	62
3.2.1	Adoleszenz als „zweite Chance" auch für Mädchen?	67
3.2.2	Die „symbolische Ordnung der Geschlechter"	69
3.3	Race: Migrationserfahrung und Migrationshintergründe	72
3.3.1	Minderheit oder Kulturelle Vielfalt?	72
3.3.2	„Viele Welten leben" – Differenzierung der Perspektiven und der Bezeichnungen	75
3.3.3	Forderungen nach Integration	78
3.3.4	Bildungsbenachteiligungen	79
3.3.5	Interkulturelle Kommunikation und Wege der Beteiligung	81
3.4	Sowohl Marginalisierung als auch Positivierung von Differenz und Vielfalt	82
3.5	Literatur	82

4 Szenen, Stile, Tribes und Gangs: Lebenswelt Jugendkulturen — 91
Katharina Liebsch

4.1	Kultur als „whole way of life"	92
4.1.1	Subkulturen und der „neue Geist des Kapitalismus"	93
4.1.2	„Common culture" und „symbolische Kreativität"	94
4.2	„Szenen" als Form einer „posttraditionalen Vergemeinschaftung"	96
4.3	Inszenierungen und Selbstpräsentationen	99
4.3.1	Die Gothic-Szene und die soziale Konstruktion von Authentizität	100
4.3.2	Gothic als „Lebensstil"? Die praxeologische Perspektive	104
4.4	Jugendkulturen als digitale Jugendkulturen – Zur Bedeutung von Medien	105
4.4.1	Jugendkulturen im Internet	108
4.4.2	Virtuelle Treffpunkte – Das Beispiel Visual Kei	109
4.5	Literatur	111

5 Körper und Körperlichkeiten: Inszenieren, Präsentieren und Erleben — 115
Marga Günther

5.1	Der Körper als Leerstelle der Jugendsoziologie	115
5.2	Perspektiven auf den Körper in der Jugendforschung	116
5.2.1	Der individualisierte Körper	116
5.2.2	Körper und Lebensstil	118
5.2.3	Technologisch induzierte Körper	119
5.2.4	Performative Aneignung des Körpers	121
5.2.5	Zwischen-Resümee	123
5.3	Der Körper aus adoleszenztheoretischer Sicht	124
5.3.1	Die Aufdringlichkeit des Körpers	124
5.3.2	Körperpraktiken als Austragungsort adoleszenter Konflikte	126
5.4	Fallbezogener Ausblick	129
5.5	Literatur	130

6	**Pubertät, Biologie und Kultur: Erfahrungen körperlicher Veränderungen** *Karin Flaake*	**135**
6.1	Unterschiedliche wissenschaftliche Perspektiven	135
6.2	Die erste Regelblutung und die ersten Samenergüsse	136
6.3	Soziale Bedeutungszuweisungen an körperliche Veränderungen	137
6.4	Gesellschaftliche Männlichkeitsbilder	141
6.5	Gesellschaftliche Zuschreibungen an Sexualität von Mädchen	143
6.6	Adoleszente Verarbeitungsprozesse bei Mädchen und bei Jungen – Resümee	145
6.7	Zur Argumentationsbasis: Produktivität einer Verknüpfung psychoanalytischer mit sozialwissenschaftlichen Annahmen	146
6.8	Literatur	149
7	**Peer-Beziehungen und Gruppen: Räume zum Experimentieren** *Inge Schubert*	**153**
7.1	Die Gleichaltrigen(-gruppe) als bedeutungsvolle Instanz	153
7.1.1	Die Grundannahmen der Gruppenanalyse	155
7.1.2	Die Gruppe als adoleszenter Übergangsraum	157
7.2	Fallbeispiel: Erste Gruppenszene	158
7.2.1	Der gesellschaftliche Kontext: Veränderungen von Beziehungs- und Sexualformen	159
7.2.2	Sexuell-Werden vor dem Hintergrund des gesellschaftlich Erlaubten	162
7.3	Fallbeispiel: Zweite Gruppenszene	163
7.3.1	Der Erfahrungsraum mit den Peers	164
7.4	Fallbeispiel: Dritte Gruppenszene	165
7.5	Forschungen zur Bedeutung von Peers in der Adoleszenz	167
7.5.1	Peer-Gruppen als Cliquen	168
7.5.2	Peers als Freundschaften mit spezifischen Bindungserfahrungen	169
7.5.3	Gemischtgeschlechtliche Peer-Gruppen	171
7.6	Literatur	172
8	**Risikolagen: Gewalt gegen sich selbst und gegen andere** *Katharina Liebsch*	**177**
8.1	Rausch und Sucht	178
8.1.1	Formen der Bewusstseinsveränderung zwischen Potenzial und Gefährdung	178
8.1.2	Die Perspektive von Abweichung und „Krankheit": Sucht	182
8.1.3	Prävention – Nutzen und Mythos	183
8.2	Ritzen und die gesellschaftliche Bedeutung von Schmerz	185
8.2.1	Ritzen als Praxis: Rituale, Institutionen und Macht	186
8.2.2	Erklärungsansätze – Wissen und Macht	187
8.2.3	Bedeutung und Funktion des Ritzens in der Gegenwartsgesellschaft	189

8.3	Gewalt und Delinquenz	192
8.3.1	Die Anomietheorie als Ursachentheorie	193
8.3.2	Der Labeling Approach – eine Theorie der sozialen Konstruktion von Devianz	194
8.3.3	Sozialpsychologische Erklärungen von Gewalt: Der Versuch der Selbstbehauptung	195
8.3.4	Mangelnde Mentalisierung, Traumatisierung und die Schwierigkeit, sich sozial zu integrieren	196
8.3.5	Adoleszenzkonflikte im Gefängnis	198
8.4	Literatur	200

9 Lebensplanung und Zukunftsorientierung: Optionen auf das Erwachsenen-Leben — 209
Katharina Liebsch

9.1	Konzepte der Orientierung und Neugestaltung	210
9.1.1	Übergänge in das Erwachsenen-Leben als „Statuspassage"	210
9.1.2	Das Konzept der „Epiphanie": „Turning points" und die nachfolgende Veränderung des Lebensentwurfs	212
9.1.3	„Adoleszenter Möglichkeitsraum": Intersubjektive Strukturen, Prozesse und Dynamiken von Lebensentwürfen	215
9.2	Lebensplanung als Orientierung auf Beruf, Partnerschaft und politische Partizipation	217

9.3 Ehrenamtliches Engagement als Praxis und Orientierung – Das Beispiel „Youth Bank" — 221
Eva Breitenbach

9.3.1	Zwischen Selbstbestimmung und Anpassung: der Stiftungsauftrag	222
9.3.2	Empowerment: Qualifizierung und Selbstwirksamkeit in der jugendlichen Gemeinschaft	224
9.3.3	„Was mich persönlich auch übelst freut" – Die Inszenierung jugendlicher Identität	226
9.3.4	Was ist jugendlich, was ist erwachsen? – Die Inszenierung des Übergangs	227
9.3.5	Jugendliche im Blick der Jugendforschung	228
9.3.6	Das jugendliche Subjekt zwischen Drama und Hürdenlauf	230
9.4	Literatur	231

10 Begriffe und Konzepte: Wie weiter mit der Jugendsoziologie? — 235
Katharina Liebsch

10.1	Jugend im Spannungsfeld von „Entwicklung", „Generation" und „Praxis"	238
10.2	Literatur	242

Autorinnenverzeichnis — 245

Index — 247

1 „Jugend ist nur ein Wort": Soziologie einer Lebensphase und einer sozialen Gruppe

Katharina Liebsch

Jugend ist, dem französischen Soziologen Pierre Bourdieu zufolge, „nur ein Wort" (Bourdieu 1993, S. 136). Diese soziologische Behauptung ist irritierend, denn dem Alltagsverständnis zufolge ist Jugend weit mehr als eine bloße Bezeichnung. In der Regel sind wir davon überzeugt, dass es Jugend in der Gestalt junger Menschen, einer bestimmten Zeit im Leben und als gewisse Form des Verhaltens wirklich und tatsächlich gibt. Zwar, so kann man einräumen, wird zweifelsohne viel über Jugend geredet, aber das mediale oder elterliche Lamentieren über Pubertät und Adoleszenz ist mit der Formulierung von „Jugend" als „nur einem Wort" nicht passend erfasst. Stattdessen akzentuiert die Formulierung „nur ein Wort" eher die Praxis des Bezeichnens und der begrifflichen Klassifizierung. Dem Diktum von Bourdieu folgend müsste man also vielmehr fragen, wer eigentlich genau durch die Anwendung und Verwendung des Wortes Jugend klassifiziert und wie bzw. auf welche Art und Weise bezeichnet wird. Sucht man dementsprechend nach der Wirkungsweise oder auch der Wort-Gewaltigkeit von Jugend so lässt sich eine solche in dreierlei Hinsicht ausmachen: Erstens ist Jugend eine sprachlich vorgenommene – und damit gesellschaftliche – Unterscheidung zwischen Menschen in Junge und Alte; wann die Jugend aufhört und das Alter anfängt, wird Interessen geleitet definiert, und dementsprechend vielfältig sind historische, kulturelle und soziale Variationen des Begriffs.

Zweitens verbinden sich mit der Rede von der Jugend eine Reihe von Zuschreibungen, Gemeinplätzen und Sprichwörtern, in denen Erwartungen, Funktionen und Normen des Jung-Seins transportiert werden. In Redensarten wie ‚Im Alter lernt man vieles, was man in der Jugend nicht begreifen wollte' oder im Bild von einer ‚trunkenen und begeisterten Jugend' transportieren sich Variationen der Vorstellung von einer eigenen, spezifischen Kultur des Jugendalters.

Drittens schließlich stellt die Bezeichnung ‚die Jugend' eine soziale Klassifikation dar. Auf einer allgemeinen und übergreifenden Ebene ist die Klassifikation von Personen als Jugend verbunden mit der Einordnung in Machtstrukturen und in Gewaltenteilung. Bourdieu betont die Ordnungsfunktion von Klassifizierungen und schreibt:

> „Klassifizierungen nach dem Alter (aber auch nach dem Geschlecht, und natürlich nach der Klasse ...) laufen immer darauf hinaus, Grenzen zu setzen und eine Ordnung zu produzieren, an die sich jeder zu halten hat, in der jeder seinen Platz zu behalten hat" (Bourdieu 1993, S. 136f).

Die Bezeichnung bzw. Klassifikation wirkt also wie eine Art Platzanweiser. Ein grundlegendes inhaltliches Merkmal des Platzes, den man zugewiesen bekommt, wenn man als jugendlich bezeichnet wird, ist der des Übergangsstatus': halb Kind, halb Erwachsener, nicht mehr Kind, noch nicht Erwachsener. Jugendliche erhalten eine „Separat-Existenz", in der sie, wie Bourdieu schreibt, „sozial aus dem Spiel" sind und „symbolisch Abseits-Gestellt" werden (Bourdieu 1993, S. 140). „Symbolisch Abseits gestellt" zu werden, kann beispielsweise bedeuten, vorläufig ohne Verantwortung zu sein und sich auch dementsprechend zu verhalten. Es kann gleichermaßen bedeuten, gegen diese Abseits-Stellung aufzubegehren oder sie symbolisch, z.B. durch Kleidung, Sprachstile, Verhaltensweisen zu akzentuieren und zu inszenieren. Zudem wird mit dem Begriff der „symbolischen Abseits-Stellung" darauf hingewiesen, dass der Grad, der Maßstab und die Form der Abseits-Stellung für verschiedene soziale Gruppen und Personen mit Hilfe unterschiedlicher Markierungen symbolisch gefasst und bemessen werden kann; für Mädchen anders als für Jungen, für Eingewanderte anders als für Einheimische, für Studierende anders als für Jugendliche ohne Schulabschluss.

Jugend kann also jeweils etwas sehr Verschiedenes bedeuten und demzufolge auch ganz unterschiedlich erlebt und erfahren werden. Verbunden mit dem „einen Wort" sind eine Vielfalt von Zuschreibungen, Erwartungen, Aktivitäten und Erlebnisformen sowie eine große Bandbreite kultureller, sozialer und gesellschaftlicher Kontexte. Diese Vielfalt und Bandbreite soll in dem vorliegenden Band gebündelt und einer systematischen soziologischen Betrachtung unterzogen werden. Im Unterschied zu anderen Disziplinen, die sich gleichermaßen mit dem Thema Jugend befassen, wie beispielsweise die Erziehungswissenschaft, die Psychologie und die Kulturanthropologie, sind mit der soziologischen Perspektive zwei zentrale Fragen verbunden:

- Auf welchen empirischen Daten basieren die Aussagen über Jugend, Jugendliche und Jugendlichkeit? Dazu gehört gleichermaßen die methodologisch selbst-reflexive Frage, wie sich mit dem jeweiligen empirischen Zugang auch der Gegenstand verändert.
- In welche gesellschaftlichen Verhältnisse sind die empirischen Beschreibungen von Jugend und Jugendlichen eingebettet? Vor welchem gesamtgesellschaftlichen Hintergrund realisieren sie sich?

So zu fragen, macht es erforderlich, die Bedeutung der eigenen Erfahrungen und des Alltagswissens zur Thematik weitgehend außer Acht zu lassen und stattdessen Daten, also umfassend und systematisch erhobene Informationen, zu sammeln und sie entlang theoretischer Überlegungen zu deuten. Zugleich ist damit aber auch die Anstrengung und Herausforderung verbunden, zu der eigenen Jugend und Jugendlichkeit in Distanz zu treten. Es ist nötig, die eigenen Erfahrungen und Vorstellungen des Jugendalters in ein Verhältnis zu ihren besonderen sozialen Umständen zu setzen und im Vergleich mit anderen gesellschaftlich geprägten Eindrücken und Erfahrungen die subjektive Besonderheit (oder auch die Verallgemeinerbarkeit der eigenen Erfahrungen) zu verstehen versuchen. Dabei ist es aufgrund der offensichtlichen Alltagsrelevanz, dem Gegenwartsbezug wie auch aufgrund der Tatsache, dass alle eine Jugend durchlaufen und erlebt haben oder sich womöglich auch heute noch für jugendlich halten, nicht ganz einfach, zu dieser Sache in Distanz zu treten. Weil das Thema alltags- und erlebnisnah ist, erscheint es wie eine Selbstverständlichkeit, die den Betrachter veranlasst zu glauben, er wüsste bereits, worum es geht und was dabei wichtig ist. So werden beispielsweise ganz selbstverständlich und automatisch Bekannte wie Unbekannte in die Gruppe der Jugendlichen eingeordnet, ohne dass Kriterien für eine Abgrenzung zur Kindheit oder auch zum Erwachsenenalter bewusst gemacht würden. Erst bei gründlicherem Nachdenken verliert sich die Selbstverständlichkeit der Thematik und es kommen Fragen auf; z.B. ob und wie sich ‚die Jugend von heute' eigentlich von den Jugendlichen vorangehender Generationen unterscheidet oder ob Jugend damals und Jugend heute einfach deshalb ähnlich sind, weil Jung-Sein an sich bedeutet, sich von den Älteren zu unterscheiden, z.B. dadurch, das Leben noch vor sich zu haben und in der Abhängigkeit von Erziehungsberechtigten zu leben. Bei genauerem Nachdenken wird deutlich, dass wir in der Regel kein Bewusstsein über die Herkunft der Wissensbestände haben, auf denen unser Verständnis und unsere Einschätzungen „der Jugend von heute" basieren. Vielmehr gründet sich ein Reden darüber, dass Jugendliche heute beispielsweise unpolitischer, spaßorientierter oder gewaltbereiter als vorherige Generationen seien, eher auf einer diffusen Kenntnis medialer Informationen oder auf vagen Eindrücken statt auf explizitem und ausdrücklichem Wissen. Es gibt deshalb trotz großer Alltäglichkeit und Gegenwärtigkeit der Thematik einen Präzisierungsbedarf

- hinsichtlich der vielfältigen Bedeutungen, die mit dem „Wort Jugend" verbunden sind,
- hinsichtlich der Frage, wer, welches Klientel, welche Lebensphase und welche Verhaltensweisen bzw. welche Lebensstile mit dem Wort auf welche Art und Weise charakterisiert sind.

Die Soziologie gibt auf diese Fragen diverse und zum Teil kontroverse Antworten. Alle soziologischen Abhandlungen zum Thema sind aber gleichermaßen darum bemüht, Jugend im Verhältnis zu der Struktur und Dynamik der jeweiligen Gesellschaft zu verstehen, also Faktoren wie Wirtschaft, Kultur, Sozialgefüge in ihrer historischen Variabilität in ein Verständnis von Jugend zu integrieren. Je nach Frageperspektive wird der Gegenstand dann entweder gesellschaftstheoretisch oder kulturtheoretisch oder sozialisationstheoretisch reflektiert. Trotz vielfältiger Erkenntnisinteressen und Fragestellungen ist jeder soziologische Blick darüber charakterisiert, dass die Wechselwirkungen zwischen Konkret-Besonderem und Übergreifend-Allgemeinem gesucht und betrachtet werden. Dabei geht es zum Beispiel um

- die Auswirkungen gesellschaftlicher Entwicklungen und Transformationen auf die Sozialisation, Identitätsentwicklung und Lebensführung von Jugendlichen, z.B. durch Konjunktur(krisen), technische Entwicklungen oder kulturelle Angebote sowie umgekehrt die Erfassung der Bedeutung von Jugendkulturen und Jugendgruppen für die Sozialisation Jugendlicher sowie für kulturelle und gesellschaftliche Veränderungen und Innovationen,
- die Beschreibung der für die jeweilige Gesellschaft typischen und charakteristischen Formen, Fragen und Institutionen von Jugend sowie gleichermaßen die Erfassung und Beschreibung des Einflusses von Jugendlichen auf die gesamtgesellschaftliche Entwicklung, z.B. durch soziale Bewegungen, durch Konsum oder kollektive Praktiken.

Diese vielfachen Verhältnisse wechselseitiger Beeinflussung werden anhand der drei Gegenstandsbereiche *Lebensphase, Lebenslage* und *Lebensstil* betrachtet:

- Die Ebene der Betrachtung und der Diskussion von Jugend als *Lebensphase* folgt einem Verständnis, in dem Jugend von Kindheit, Erwachsenheit und dem Alter unterschieden und in einem biografischen Kontinuum gesehen wird. Damit verbunden ist sowohl eine Betrachtung der Lebensläufe und Lebensphasen von Einzelpersonen als auch eine kulturvergleichende und historische Betrachtung, welche die Variabilität von Lebensphasen sichtbar macht, beispielsweise, dass vor 400 Jahren Kinder als kleine Erwachsene galten und dass die Jugendphase in Neuguinea kürzer und anders ausgestaltet ist als in Europa.

- Die Betrachtung von Jugend als *Lebenslage* sucht Besonderheiten und Unterschiede einer spezifischen Lebenssituation zu beschreiben und kriterial zu benennen. Diese Perspektive beleuchtet die Spezifik einer Gruppe, z.B. derjenigen, die der Schulpflicht unterliegen oder die noch nicht strafmündig sind oder die über kein eigenes Einkommen verfügen. Solche sozialen Definitionen werden als „Lebenslage" institutionalisiert. Es entsteht eine soziale und institutionelle Rahmung, die allerdings als kulturell und historisch flexibel angesehen wird.
- Die dritte Perspektive nimmt genau die Personen in den Blick, die der Lebensphase und Lebenslage Jugend zugeordnet sind und die aufgrund dessen Verhaltensweisen, Haltungen, Aktivitäten und Geschmacksrichtungen entwickeln und praktizieren, die sich von denen unterscheiden, die nicht zu dieser Gruppe gehören. Jugend wird hier als *Lebensstil* untersucht.

Alle drei Perspektiven verdeutlichen die Bedeutung der Institutionalisierung der Jugendphase und verweisen auf die normativen Implikationen und die sozialen Anforderungen, die mit der Klassifizierung Jugend verbunden sind. Obwohl Lebensphase, Lebenslage und Lebensstil empirisch-faktisch ineinander verwoben sind, ist es hilfreich und sinnvoll, sie zu Zwecken von Untersuchung und Analyse voneinander zu trennen. Sie werden im Rahmen einer abstrahierenden sozialwissenschaftlichen Betrachtung zu Gegenstandsbereichen, also zu Objekten von Nachdenken und wissenschaftlicher Neugier. Als Produkte sozialwissenschaftlicher Erkenntnis unterscheiden sie sich von den alltäglich gelebten Phasen, Situationen und Stilen des Jugendalters durch Abstraktion und Reflexion, weisen aber immer auf diese zurück. Der soziologische, auf das Wechselverhältnis von Allgemeinem und Besonderem fokussierte Blick hat sowohl verschiedene Zugänge und Erhebungsmethoden als auch eine Vielzahl theoretischer Verständnisse hervor gebracht. Es wäre erschlagend und wahrscheinlich auch nicht besonders erhellend, einen Überblick über die vorhandenen Ansätze zu geben. Stattdessen werden im Folgenden lediglich zwei ausgewählte Perspektiven exemplarisch vorgestellt und diskutiert: die Sozialisationsforschung und die Lebensstilforschung. Am Beispiel dieser beiden Perspektiven werden zentrale Fragen, Zugänge und auch Lücken bzw. Leerstellen der soziologischen Beschäftigung mit dem Thema veranschaulicht.

1.1 Jugend als Lebensphase

1.1.1 Institutionalisierung, Destandardisierung und Variationen

Historisch betrachtet entsteht Jugend als eigenständige Lebensphase in Folge der Trennung zwischen Familie, Schule, beruflicher Ausbildung und Erwerbsarbeit seit der Industrialisierung. Die Ausdifferenzierung moderner Gesellschaften macht es erforderlich, Jugendlichen Wissen und Qualifikationen zu vermitteln, die über das hinausgehen, was in der Familie gelernt wird. Mit der Durchsetzung der allgemeinen Schulpflicht und der damit einher gehenden Vorstellung, dass Lernprozesse dem Lebensalter angemessen sein und in Gleichaltrigengruppen erfolgen sollen, etablieren sich Einrichtungen und Praktiken, die auf eine Absonderung eines Altersklientels hin ausgerichtet sind. Jugend ist, so gesehen, die Etablierung einer Übergangsphase, in der Bildungseinrichtungen besucht werden, die Jugendlichen ein bestimmtes Verhalten abverlangen. Im Prozess einer solchen Institutionalisierung von Jugend vollzieht sich deren Einfügung in ein eigens für diese Gruppe geschaffenes Regelsystem. Walter Hornstein formuliert:

> „Das allgemeinste Merkmal moderner Jugend besteht in der Tatsache ihrer Ausgliederung aus dem Produktionsprozess zum Zweck des Lernens in eigens dafür geschaffenen Institutionen ... und in dafür charakteristisch werdenden Sozialformen, nämlich der Gruppe der Altersgleichen" (Hornstein 1990, S. 32).

Die „eigens geschaffenen Institutionen" für die Jugend beschränken sich jedoch nicht auf Bildungseinrichtungen. Parallel dazu entstanden eigene Rechtsordnungen, das Kinder- und Jugendhilfegesetz und das Jugendstrafrecht, spezifische Abteilungen in den Bereichen Politik und Soziales, z.B. Jugendberatungsstellen, Jugendämter, Jugendressorts und entsprechende Forschungseinrichtungen, wie das 1963 gegründete Deutsche Jugendinstitut in München (DJI). Alle diese Einrichtungen nehmen – in Entsprechung zu gesellschaftlichen Vorgaben und Veränderungen – Einfluss auf die Zugehörigkeit und Ausgestaltung der Lebensphase Jugend.

Zur institutionalisierten Jugendphase gehören derzeit:
- 11,5 Mio SchülerInnen[1]
- Etwas über 1,5 Mio Azubis[2]
- Mehr als 2,2 Mio Studierende[3]
- 163.000 in Qualifizierungsmaßnahmen der Agentur für Arbeit[4]
- 30,9% Arbeitslose von unter 25-Jährigen[5].

Mit der Besonderheit des Jugendalters und der Herstellung eigener Einrichtungen, und Regelsysteme manifestiert sich die Vorstellung von Jugend als einer Übergangszeit, einer Zeit des Wachsens, Werdens und Sich-Entwickelns, die einerseits mit Freiräumen und Räumen zum Experimentieren verbunden und andererseits von Anforderungen und Aufgaben begleitet ist. Die Lebensphase Jugend wird zu einem eigenen sozialen Raum, und das traditionelle soziologische Konzept von Jugend charakterisierte diese als eine Standardabfolge von Übergangsereignissen, wie z.B. dem Ende der Schulzeit, dem Eintritt in die Ausbildung und die Erwerbsarbeit, dem Auszug aus dem Elternhaus und der Heirat. Diese Übergänge verlaufen geschlechts- und klassenspezifisch differenziert. Sie können, so lautet die gängige Annahme, keinesfalls frei und selbstständig gestaltet werden, sondern sie folgen normativen Vorgaben, z.B. der sozialen Aufforderung, eine Geschlechtsrolle auszubilden, Kompetenzen für den Status der Berufstätigkeit zu entwickeln, die Elternbindung zugunsten neuer affektiv bedeutsamer Beziehungen zu lockern, und schließlich eigene ethische, moralische und ideologische Vorstellungen und Konzepte zu entwickeln (vgl. z.B. Abels 1993; Hurrelmann 1986; Silbereisen 1996).

Alle diese sozialen Anforderungen, die zur Bestimmung von Jugend dienen, sind heute aufgrund umfassender Strukturveränderungen in den westlichen, nachindustriellen Gesellschaf-

---

[1] „11,5 Millionen Schülerinnen und Schüler besuchen nach vorläufigen Angaben im Schuljahr 2010/11 allgemeinbildende und berufliche Schulen in Deutschland" (Quelle: http://www.destatis.de/jetspeed/portal/cms/Sites/destatis/Internet; abgerufen 25.07.2011)
[2] Statistisches Bundesamt, Wiesbaden: 1.508 476 Auszubildende am 30.12.2010, vorläufiges Ergebnis
[3] Statistisches Bundesamt, Wiesbaden: 2.214 112 Studierende im WS2010/2011, vorläufiges Ergebnis
[4] Statistik der Bundesagentur für Arbeit, Nürnberg: Stand Juli 2011, vorläufiges Ergebnis
[5] Statistik der Bundesagentur für Arbeit, Nürnberg: für das Jahr 2010

ten relativiert: Weder kann sicher angenommen werden, dass sich die Abfolge Schule, Ausbildung, Beruf selbstverständlich und bruchlos vollzieht noch ist der Auszug aus dem Elternhaus notwendigerweise mit einer Heirat verbunden oder endgültig. Vielfalt und Variabilität von Liebesbeziehungen und sexuellen Orientierungen werden zunehmend normaler und dies hat Auswirkungen auf moralische Haltungen und politische Einstellungen. Hinzu kommt, dass sich diese Vorgänge schon vor langer Zeit von dem biologischen Alter abgekoppelt haben. Zwischen Geschlechtsreife und Heirat liegen zumeist viele Jahre und auch die körperliche und die sozial-affektive Entwicklung können deutlich voneinander abweichen. Stattdessen nimmt die Bedeutung von Erfahrungen und Einflüssen zu, die Jugendliche in eigenen Lebenswelten machen. Sie prägen und bestimmen das, was man „soziales Alter" nennt, also eine Alterseinteilung, die nicht auf der Grundlage von körperlicher Entwicklung beruht, sondern soziale Denk- und Verhaltensweisen zur Basis hat.

Ein Verständnis von Jugend, das die Lebensphase Jugend strikt von dem Erwachsen-Sein abtrennt und danach sucht, wie „Übergänge" und „Brüche" zwischen beiden Phasen ablaufen, passt deshalb nur teilweise zu den flexiblen und oft lang anhaltenden Suchbewegungen, die im 21. Jahrhundert weit verbreitet sind. Da es zunehmend schwieriger geworden ist, einheitliche Bilder und Daten von Jugend empirisch nachzuweisen, diagnostiziert die Jugendforschung seit den 1980er Jahren eine „Entstrukturierung" und „Destandardisierung" der Lebensphase Jugend und verweist damit auf Diversifizierung von Lebenslagen und Pluralisierung von Lebensstilen sowie neuen Suchbewegungen und erweiterten Möglichkeiten, Lebensentwürfe zu gestalten (vgl. z.B. Bilden 1997; Ferchhoff 2007; Hitzler/Honer 1994; Hurrelmann 1983; Scheuch 1975; Zinnecker 2000).

Auch die regelmäßig erscheinenden großen Jugendstudien, z.B. die seit 1953 kontinuierlich durchgeführten Shell-Jugend-Studien, die Jugendberichte der Bundesregierungen oder auch die Publikationen des Deutschen Jugendinstituts in München und Leipzig geben ein eher breites Bild von Jugend. Sie basieren auf Befragungen und Interviews mit 15- bis 24-jährigen oder auch 13-bis 29-jährigen Jugendlichen aus verschiedenen Milieus und Lebenswelten. Sie sammeln zum einen Haltungen und Einschätzungen der jeweiligen Jugendgenerationen und zum zweiten erheben sie Daten, z.B. über Freizeitaktivitäten, Wahlverhalten und Schulabschlüsse. Diese Informationen gehen in das gesellschaftliche Wissen über die Bevölkerungsgruppe der 13- bis 29-Jährigen ein, werden interpretiert und von verschiedenen Seiten kommentiert und bewertet und erhalten und stabilisieren so den gesellschaftlichen Diskurs über Jugend. Dabei stellt die Jugendforschung den Gegenstand ihres Forschens auch immer selbst mit her, z.B. indem sie Altersgrenzen festlegt und indem sie spezifische, ausgewählte Fragestellungen verfolgt und manches andere nicht thematisiert. Eine Forschung beispielsweise, welche die Phase der Berufseinmündung von Jugendlichen untersucht, macht die Berufseinmündung als Kriterium für den Übergang vom Jugendalter zum Erwachsenenalter. Dafür gibt es eine Reihe von sachlogischen Gründen, zugleich wird aber auch davon abstrahiert, dass viele Jugendliche bereits arbeiten und eine Reihe von Erwachsenen keinen Beruf im klassischen Sinne haben, sondern in ihrem Leben verschiedenen Tätigkeiten zur Sicherung ihres Lebensunterhalts nachgehen. Eine so gewählte Fragestellung orientiert sich also zum einen an der Norm der Berufstätigkeit und zum zweiten am Bild von Jugend als einer Zeit ohne Berufsarbeit. Damit befestigt und aktualisiert die Forschung die Vorstellung von Jugend als „Mündigkeit ohne wirtschaftliche Grundlage" (Gillis 1980, S. 39).

In vielen repräsentativ angelegten Studien geht es zentral darum, aktuelle Daten zum Stand der Jugend zu erheben, um ein regelmäßig von der Politik und den Medien nachgefragtes

Interesse zur sozialen Lage von Jugendlichen, zur Zufriedenheit von Jugendlichen und über jugendliche Verhaltensweisen empirisch fundiert bereit zu stellen. Hier ist die Jugendforschung wenig akademisch und selten theoriegeleitet, sondern überwiegend pragmatisch ausgerichtet und auf Politik und sozialpädagogische Interventionen bezogen. Es gibt deshalb in der Jugendforschung Konjunkturen, die gesellschaftlich virulente Themen aufgreifen und mit ihnen auch wieder von der Bildfläche verschwinden; beispielsweise war die Forschung über Erscheinungsformen und Ursachen jugendlichen Rechtsextremismus' in den 1990er Jahren deutlich umfänglicher und sichtbarer als heute (vgl. den Überblick bei Kleinert 2004; Scherr 1996). Auch die Forschungsliteratur zum Thema Jugend-Gewalt zeigt Phasen von Präsenz und Aufmerksamkeit, die auf einen Zusammenhang mit aktuellen Ereignissen und deren Skandalisierung verweisen: Randalierende „Hobos" im Chicago der 1890er Jahre, aufbegehrende „Halbstarke" in den 1950er Jahren oder jugendliche Amokläufer im 21. Jahrhundert bilden einen Anlass, die Thematik jeweils neu und mit leicht verschobener Akzentsetzung in den Blick zu nehmen und im Kontext von Alkoholkonsum, Musik oder Medieneinflüssen zu diskutieren (vgl. z.B. Griese 2000; Bohnsack 2000; Maase 1991; Hellmer 1966). Derartige Konjunkturen tragen zu der Einschätzung bei, dass die Jugendforschung den wechselnden gesellschaftspolitischen Diskussionen hinterher laufe statt „theoriegeleitete Fragestellungen zu verfolgen" (von Trotha 1982, S. 254). Auch wird immer wieder konstatiert, dass die Jugendforschung häufig auf einen Verwendungszusammenhang ausgerichtet sei, also vor allem die Verwertung und Abnehmer ihrer Ergebnisse etwa von politischen Parteien, Jugendverbänden, Industrie, Marketing und Werbung, Medien, Schulen, Kirchen, Wohlfahrtsverbänden, Gewerkschaften, Bundeswehr, Institutionen der Erwachsenenbildung, Sportverbänden etc. im Blick habe. Der Entstehungskontext, die gesellschaftliche Produktion von Jugend sei hingegen eher weniger reflektiert worden (vgl. Hornstein 2002; Ferchhoff 2007, S. 116).

Zu der gesellschaftlichen Herstellung von Jugend hat auch die Sozialisationsforschung als ein interdisziplinäres Arbeitsfeld der Anthropologie, Soziologie, Psychologie, Politologie und Pädagogik beigetragen. Sie wurde in Deutschland durch ein weit verbreitetes Interesse an individueller und kollektiver Selbstreflexion im Rahmen der Studentenbewegung befördert und etabliert. Seit den 1970er Jahren waren die Forschungen auf die Frage konzentriert, wie objektiv gegebene, historisch entstandene Lebensbedingungen subjektiv verarbeitet werden. Die Erforschung eines wechselseitigen Zusammenhangs von „Sozialstruktur und Persönlichkeit" (Hurrelmann 1986), der in diskursiven, institutionellen und sozialen Praktiken hergestellt wird, stand lange Zeit im Mittelpunkt der Jugendsoziologie. In den 1990er Jahren veränderte sich die theoretische Begrifflichkeit wie auch die Formen der empirischen Erforschung dieses Themengebiets. Mit Beginn des 21. Jahrhunderts nahm die Kritik an unzeitgemäßen und normierenden Konzeptionen der Sozialisationsforschung zu (vgl. z.B. Dausien 1999; Zinnecker 2000).

1.1.2 Sozialisation im Jugendalter – eine Frage, viele Zugänge und Begriffe

Prozesse des Geworden-Seins und Werdens von Individuen im Schnittpunkt von Institutionen, sozialen Strukturen, sozialen Praktiken, Diskursen und Normierungen werden mit den Begriffen „Sozialisation", „Biografie", „Identität", „Habitus", „Lebenslauf" sowie „Subjekt-Konstitution" beschrieben und erklärt. Die Begriffe unterscheiden sich hinsichtlich ihrer

Forschungstraditionen wie auch ihrer theoretischen Bezüge. Auch sind der Fokus der Untersuchungen und die Fragestellung jeweils unterschiedlich.

- *Sozialisation*stheoretische Forschungen und Überlegungen kreisen um die Frage des Zusammenhangs von sozialer Prägung und individueller Aneignung und postulieren seit dem Jahr 2000 auch eine „Selbstsozialisation" (Zinnecker 2000; siehe z.B. Hurrelmann 1983; 1986; 2002; Nestvogel 2004),
- *Biografie*theoretische Thesen reflektieren das Verhältnis von Erfahrung und diskursiver, textueller Konstruktion bei der Erzählung von Lebensgeschichten (siehe z.B. Rosenthal 1995; Fuchs-Heinritz 2005),
- *Identität*stheoretische Untersuchungen bearbeiten die Frage der Integration von sozialen Widersprüchen und Ambivalenzen in das Konzept einer als körperliche Einheit begriffenen Einzelperson (siehe z.B. Giddens 1991; Liebsch 2000; Keupp/Höfer 1997),
- die *Lebenslauf*-Forschung ist konzentriert auf Fragen des Generationenvergleichs und des Vergleichs von milieu- und altersphasenspezifischen Lebensläufen, um gegenwartstypische Tendenzen zu benennen (siehe z.B. Kohli 1978; Mayer 1990),
- der Begriff der *Subjekt-Konstitution* problematisiert die Ideen von Subjektivität und Identität als normative Anweisung und beleuchtet deren Normierungs- und Disziplinierungscharakter (siehe z.B. Butler 1991; 2001).

Während die Sozialisations- und die Lebenslaufforschung wie auch Teile der sozialpsychologischen Identitätsforschung die sozialen Strukturen und Handlungsvollzüge als Bestandteil einer faktisch bestehenden Realität untersuchen, betrachten biografietheoretische Ansätze wie auch normativitätskritische Subjekt-Theorien auch die diskursiven Effekte in biografischen Erzählungen und identitäts- und subjektphilosophischen Überlegungen. Damit rückt die ideologische und inszenierte Qualität von Selbst-Bildern und Zuschreibungen stärker in den Blick. Darüber hinaus gibt es Unterschiede der Herangehensweise und des methodischen Instrumentariums: So favorisiert der erst genannte Forschungszusammenhang Beobachtungen, Umfragen und sozial-statistische Erhebungen, während in der zweiten Perspektive hermeneutische und diskursanalytische Verfahren der Textproduktion und Textanalyse dominieren.

Die Pluralität der Perspektiven gründet in dem gemeinsamen Gegenstand der Erforschung von Individuation und Vergesellschaftungsprozessen: Biografische Erzählungen, konkrete Individuations- und Entwicklungsprozesse, milieu- und generationsspezifische Vorlieben und Verhaltensformen wie auch historisch und interaktiv tradierte Thematisierungsweisen und Diskurse konstituieren gemeinsam den Prozess des Werdens und Wachsens eines Individuums. Allerdings gibt es kaum theoretische Bemühungen, welche die verschiedenen Perspektiven aufeinander beziehen und ihre Integration zum Zwecke der Erforschung des gemeinsamen Gegenstands vorantreiben. Dies mag auch daran liegen, dass die theoretische Herausforderung einer solchen Zusammenschau sehr groß ist, und dass ein solches theoretisches Ansinnen höchstwahrscheinlich sehr abstrakt wäre und nur eine geringe konkrete Erklärungskraft erzielen würde.

So bleibt es der jugendsoziologischen Forschung nicht erspart, diese Vielfalt von Ansätzen zur Kenntnis zu nehmen und je nach spezifischer Fragestellung, eine oder auch mehrere Zugänge vorrangig zu berücksichtigen und anzuwenden. Dabei ist es allerdings wichtig, die Begrenztheit der gewählten Perspektive deutlich zu machen und das Ergebnis nicht als allgemein und übergreifend zu pauschalisieren.

Für die jugendsoziologische Theoriebildung wirft die genannte Vielfalt von Zugängen und Perspektiven die Frage nach deren Zusammenhängen und Unterschieden auf. Über einen langen Zeitraum galt die Sozialisationsforschung bzw. Sozialisationstheorie als die Leit-Idee für das Verständnis von Jugend. Sie war im 20. Jahrhundert das Paradigma, das die jugendsoziologischen Überlegungen maßgeblich beeinflusste und strukturierte. Das Verhältnis von Sozialisationstheorie zu Konzepten wie Biografie, Lebenslauf, Identität und Subjektkonstitution aber ist von der Jugendsoziologie nie systematisch geklärt worden; teilweise koexistierten die Perspektiven und bezogen sich aufeinander, teilweise nahmen sie keine Kenntnis voneinander. Es wäre die – noch ausstehende – Aufgabe einer theoretisch reflektierten Jugendsoziologie eine solche theoretische Suchbewegung und Selbstreflexion vorzunehmen und die zentralen Prämissen der Sozialisationsforschung mit den Perspektiven der Biografie-, Lebenslauf-, Subjektkonstitutions- und Identitätsforschung abzugleichen. In einer solchen abgleichenden Gegenüberstellung theoretischer Konzepte können – wie im Folgenden anhand der Konfrontation von Sozialisationstheorie und der Theorie der Subjekt-Konstitution veranschaulicht werden soll – Leerstellen und offen gebliebene Fragen jugendsoziologischer Zugänge sichtbar gemacht werden. Die bislang in der Jugendforschung kaum berücksichtigte theoretische Perspektive der kritischen Dekonstruktion von Subjekt-Positionen bringt ein Verständnis von Individuation und Vergesellschaftung mit, das, so soll hier zumindest angedeutet werden, das Verständnis von Jugend zu präzisieren und zu erweitern vermag. Dazu soll zunächst der Begriff der Subjekt-Konstitution theoretisch verortet, dann mit Überlegungen aus der Sozialisationsforschung konfrontiert werden und schließlich die Produktivität einer solchen theoretischen Suchbewegung anhand begrifflicher Differenzierungen sichtbar gemacht werden.

1.1.3 Der Begriff „Subjekt-Konstitution" als kritische Dekonstruktion gängiger Perspektiven

Mit dem Begriff der Subjekt-Konstitution ist die Vorstellung verbunden, dass Subjekte (lateinisch: das Unterworfene, das Untergeordnete) der Ratio und Vorstellungen unterworfen sind, die im und durch den Prozess der Modernisierung konstituiert, hervorgebracht und inhaltlich variabel definiert wurden. Damit verbunden ist die Annahme, dass Konzepte der Persönlichkeit, Individualität, Autonomie und Identität, die mit dem Begriff des Subjekts assoziiert sind, als Zuschreibungen und normative Anweisungen „das Subjekt" erst hervorbringen. In diesem Denken wird Subjektivität nicht an der Handlungsfähigkeit und der Reflexionsfähigkeit von Einzelpersonen festgemacht, sondern vielmehr davon ausgegangen, dass „das Subjekt" ein Effekt von Diskursen sei, dass es diskursiv erzeugt werde. Fähigkeiten und Qualitäten von Individuen werden deshalb nicht als anthropologische Möglichkeiten verstanden, die es in einem Prozess der Erziehung zu unterstützen gelte oder die sich im Rahmen eines Sozialisationsprozesses schlicht entwickelten. Vielmehr wird davon ausgegangen, dass immanente Erklärungs- und Beschreibungslogiken sowie spezifische Diskurse und Konzepte von Subjektivität für das Subjekt-Sein ursächlich seien und eine zentrale Voraussetzung für die Konstruktion von Subjektivität darstellten.

An diesem Konstruktions- und Konstitutionsprozess nehmen Einzelpersonen aktiv teil, indem sie sich der vorgegebenen Diskurse und Logiken bedienen, darüber Sinn und Bedeutungen herstellen. Diese Diskurse, und das ist das zentrale Argument der dekonstruktivistischen Perspektive der Subjekt-Konstitution, bringen sprachlich erzeugte Differenzen hervor: soziale Unterscheidungen, kollektive Formen von Erinnerungen und Vergessen, Normen und soziale Handlungsbezüge. Indem beispielsweise durch gesellschaftliche Institutionen und Konventionen, wie z.B. die Beichte, die Autobiografie oder auch die Psychotherapie, Sprechweisen etabliert werden, die einen Blick auf das eigene Leben und dessen Beurteilung und Bewertung ermöglichen, entsteht qua Narration und Diskurs die Idee einer Biografie und einer Identität (vgl. Hahn 1982).

Darüber hinaus können die so produzierten Sinn-Konstrukte selbst als Handlungen und Tätigkeiten aktiv werden. In Anlehnung an den Linguisten John Austin lassen sich Sprech-Akte unterscheiden in solche, die abbilden oder bezeichnen, und solche, die selbst eine Handlung darstellen. Austin hatte darauf aufmerksam gemacht, dass Formen konventionalisierten und ritualisierten Sprechens Handlungen darstellen, wenn das Sprechen selbst eine Handlung ist: Zu sagen „Ich gratuliere Dir zum Geburtstag" ist der Akt der Gratulation. Es braucht die Worte, um die Tat zu vollziehen, und Austin bezeichnet einen solchen Sprechakt als „performativ" (Austin 1962). Diese performative Qualität des Sprechens verweist auf eine Realität erzeugende Wirkung von Worten: Indem etwas wieder und wieder gesagt wird, etablieren die Worte nachfolgend eine wachsende Selbstverständlichkeit und ‚Normalität', die ihrerseits Wirklichkeit selbsttätig strukturieren, „performative Wirkungen" entfalten. Die These der performativen Qualität des Sprechens hat auch in die Jugendforschung Eingang gefunden, z.B. indem die wirklichkeitsstrukturierende Wirkung von Sprechhandlungen in der Schule oder in Cliquen performativitätstheoretisch untersucht wird (z.B. Wulf/Göhlich/Zirfas 2001). Die US-amerikanische Philosophin Judith Butler fasst diese Perspektive noch etwas radikaler und bringt sie auf die Formel: „Es gibt keinen Täter hinter der Tat" (Butler 1991, S. 53). Basierend auf den Überlegungen des französischen Philosophen Jacques Derrida zur „Dekonstruktion" postuliert Butler, dass Worte – und nicht handelnde Individuen – als das steuernde und organisierende Prinzip anzusehen seien.

Das dekonstruktivistische Denken Jacques Derridas entwickelte sich im Zuge der antikolonialen Linken in den 1950/60er Jahren und begründete die These einer imperialen Philosophietradition Europas. Derrida moniert eine Logik des Ursprungs und ein Denken, das meint, auf tatsächlich Vorhandenes rekurrieren zu können, und das darauf abzielt, „Eigennamen" zu vergeben. Dies sei, so Derrida, eine Art metaphysisches Denken, welches die eigenen Voraussetzungen setzt, statt sie zu durchdringen und zu verstehen. Als die in westlichen Gesellschaften und Denktraditionen vorherrschende Perspektive habe diese Art von Denken ihren Erkenntnis- und Erklärungsanspruch zunehmend ausgeweitet. Gegen die Dominanz eines solchen metaphysischen Denkens setzt Derrida nun ein Verständnis von Philosophie als diskursivem Phänomen und widmet sich vor allem der Analyse der Bezeichnungsvorgänge durch Sprache. Dazu begreift er Bezeichnungen als ein formales Spiel von Differenzen, als Bewegung zwischen phonetisch-zeitlichen und graphisch-räumlichen Aspekten von Zeichen. Diese Bewegungen, so lautet seine These, konstituieren Bedeutungen in einem Prozess der ständigen Verrückungen und Verschiebungen. Diese sprachlichen Bewegungen zwischen Laut und Abbild sind im Derridaschen Denken nicht logische Gegebenheiten, sondern vielmehr „Effekte" derjenigen Phänomene, die in der westlichen Philosophietradition als „Präsenz" bezeichnet werden (Derrida 1972; 1988). Im Derridaschen Denken ist jede Darstellung und Äußerung der Bewegung von Zeichen und den Bedeutungsfeldern eines Textes unterworfen. Diese den Darstellungen zu Grunde liegenden Konstruktions-Logiken und das Gerüst des Textes, der gesprochen und als „präsent" präsentiert wird, können, so meint Derrida, aufgespürt werden in einem Verfahren, das er „Dekonstruktion" nennt. Dabei geht es um die

Sichtbarmachung von Gegensätzen, Logiken und Hierarchien, die in jedem Sprechen enthalten sind. Ziel ist es auch, die Relationalität des Gesagten, die Vermittlung zwischen Denken und Materie zu veranschaulichen. Durch das Verfahren der „Dekonstruktion" werde die Universalität des vorherrschenden Denkens relativiert. Es ermögliche, dem Fundament hegemonialer Logiken Risse oder kleine Erschütterungen zuzufügen und diese könnten die metaphysische Denkordnung ein Stück weit de-stabilisieren. Indem das vorherrschende, westliche, von Derrida als „metaphysisch" kritisierte Denken in den Kontext von internationaler Arbeitsteilung und Kolonialismus gestellt wurde, zeigte sich in der Konfrontation und im Abgleich mit marginalisierten, unterworfenen und kolonialisierten Kulturen der Anspruch des Nordens und Westens, Wahrheiten, institutionalisierte Finalisierungen und normative Verallgemeinerungen hervorzubringen und durchzusetzen. Die Auseinandersetzung mit fremden Formen von Handeln, Wissen und die Sichtbarmachung von anderen gesellschaftlichen Prozessen und Aushandlungen machte die Dominanz des westlichen Denkens und seiner Normen deutlich und spürte zugleich das im vorherrschenden Denken Ausgeschlossene auf. Heute werden unter dem Label „postkoloniale Kritik" die gesellschaftlichen ‚Gegebenheiten' samt ihrer politischen und institutionellen Strukturen im Rahmen kritischer Lektüre analysiert. Gestützt durch antikoloniale, antirassistische und feministische Protestbewegungen geht es dieser theoretischen Lesart darum zu klären, was es Individuen ermöglicht, sich und ihre Welt in einer bestimmten Logik zu erklären und zu beschreiben, und welche Aspekte, Themen und Erfahrungen dabei keine Erwähnung und Benennung finden (Spivak 1993, S. 53 ff). Unter Zuhilfenahme des Begriffs vom „situierten Wissen" (Haraway 1996) werden soziale Kontexte, Redeweisen, Hierarchien und Zwänge des sozialen Daseins analysiert. So soll vermieden werden, die Beschreibung und Analyse mit einem universellen Geltungsanspruch zu belegen.

Angesichts solcher Ansinnen und Ansprüche stellt sich für die Sozialisationsforschung die Frage, welche der genannten Überlegungen sie teilt, welche sie aufgreifen und welche ihrer eigenen Grundannahmen sie demgegenüber stark machen will. Auch wäre zu prüfen, ob sie dem von Derrida als „metaphysisch" kritisierten „Denken in Eigennamen" zuzurechnen ist – also ob sie zur Verabsolutierung des Untersuchungsgegenstandes Jugend beiträgt oder ob es ihr gelingt, zum Thema Jugend Dimensionen von Vielfalt und Perspektiven von Kritik zu entwickeln.

1.1.4 Leerstellen und offene Fragen der Sozialisationsforschung

Auch die sozialwissenschaftliche Sozialisationsforschung zeigt die Widersprüchlichkeiten und Ambivalenzen in den Lebensumständen von Individuen und thematisiert die geschichtlichen und regionalen Unterschiede in den objektiven Lebensbedingungen und den subjektiven Verarbeitungsstrategien. Beschäftigt mit den Fragen des Einflusses sozialer Institutionen und der Reproduktion sozialer Verhältnisse durch die Individuen macht der überwiegende Teil der Sozialisationsforschung jedoch gerade die ontogenetische Entwicklung derjenigen individuellen Qualitäten von Subjektivität zur Voraussetzung, welche die dekonstruktivistische und postkoloniale Kritik als ideologische Strategie der Konstruktion von Subjekten charakterisiert. Subjektivität als Ausgangspunkt und Ziel von Sozialisationsprozessen zu setzen, ist aus dekonstruktivistischer Perspektive gewissermaßen selbst ein ideologisches Vorgehen, das die Voraussetzungen und Ausblendungen des eigenen Vorgehens und Denkens nicht reflektiert.

Insofern unterliegt die Sozialisationsforschung der Gefahr der impliziten Setzung des eigenen Gegenstands, beispielsweise wenn die Entwicklung einer handlungsfähigen Persönlichkeit im Jugendalter als Notwendigkeit angesehen und als „Entwicklungsaufgabe" (Fend 2000) postuliert wird. Demgegenüber beansprucht eine dekonstruktivistische Beschreibung der Prozesse von „Subjekt-Konstitution", die Selbstverständlichkeiten der Person-Werdung zu befragen, die Logiken der Beschreibung kritisch zu betrachten wie auch Ausblendungen und Differentes stärker in den Blick zu nehmen.

Aus dieser Perspektive stellen sich drei grundlegende Fragen an die Sozialisationstheorie:

In sozialisationstheoretischen Annahmen wird schon zu Beginn der Ontogenese von einer Interaktion zwischen Subjekten und einer gegebenen Außenwelt ausgegangen, obwohl sich doch die Subjekte selbst und mit ihnen ihre Wahrnehmung der sozialen Außenwelt erst ausbilden müssen. Dies verweist auf den ungeklärten theoretischen Status der gegebenen Außenwelt einerseits und den Status der Konstruktivität der Subjekte andererseits. Auch ist damit die Frage aufgeworfen, warum die Handlungs- und Interaktionsfähigkeit als an ein subjektives „Inneres" Gebundenes konzipiert werden und wie das Verhältnis von „Innerem" und „Äußerem" theoretisch angemessen begriffen werden können (vgl. Sutter 1999).

Damit verbunden ist eine zweite Frage nach der theoretischen Konzeptualisierung des Verhältnisses von Körper und Psyche. Die Sozialisationsforschung unterscheidet einen gegenständlichen, mit Wahrnehmungsfunktionen ausgestatteten Körper einerseits und eine immaterielle, sprachlich und spirituell konstituierte Psyche andererseits. Sie beschreibt, wie Körper gesellschaftlich geprägt und geformt werden, aber sie hat kein begrifflich-theoretisches Verständnis für Emotionen und Fühlen entwickelt. Offen bleibt, wie Prozesse emotionaler Sozialisation beschrieben werden können, die sowohl körperlich erfahren (z.B. in Form von Schwitzen oder Rot-Werden) als auch kognitiv gedeutet, in Form eines Körperwissens bewahrt und als Erfahrungswissen kognitiv zugänglich sind.

Drittens schließlich ist durch die kritische Perspektive der Subjekt-Konstitution die Frage aufgeworfen, wie in Sozialisationsprozessen nicht nur Bekanntes weitergegeben und reproduziert wird, sondern auch Grenzen erweitert werden und Neues entsteht. In der Sozialisationsforschung wurde diese Frage lange Zeit auf die Formel des „produktiv realitätsverarbeitenden Subjekts" (Hurrelmann 1983; Hurrelmann 1986) gebracht, die dann vom Begriff der „Selbst-Sozialisation" abgelöst wurde (vgl. den Überblick bei Zinnecker 2000 oder auch Bilden 1991, die den Perspektivwechsel in der Sozialisationsforschung der 1980er Jahre beschreibt). Dies zeigt, dass die Sozialisationsforschung die Frage des Geprägt-Werdens durch gesellschaftliche Strukturen allmählich in Richtung Aneignung struktureller Bedingungen durch die Individuen verschob, und so Kreativität und Handlungsfähigkeit der Einzelnen mehr Berücksichtigung erfuhren. Eine theoretische Konzeptualisierung des individuellen Aneignungsprozesses der äußeren Umwelt aber hat die Sozialisationsforschung nicht systematisch entwickelt. Sie beschreibt das Verhalten von Kindern und Jugendlichen in ihren sozialen Umwelten, erklärt es zumeist aber nicht. Wenn also Jugend heute stärker unter dem Vorzeichen von Aktivität und Wahlhandlungen betrachtet wird und die Bedeutung eines „Akteurs" die Vorstellung von „Prägung" abgelöst hat, ist aus der kritischen Perspektive der Dekonstruktion zum einen zu fragen, ob sich in diesem Wechsel nicht erneut der Mythos vom (autonomen) Subjekt zeigt. Zum zweiten stellt sich die Frage, wie genau Prägungs- und Aneignungsprozesse eigentlich ablaufen und funktionieren.

Die aufgeworfenen Fragen zeigen die Produktivität einer Konfrontation unterschiedlicher Forschungs- und Denk-Perspektiven. Der Abgleich verschiedener Sichtweisen fordert dazu auf, Theoreme, Begrifflichkeiten und Betrachtungsweisen zu überprüfen und neu zu begründen. Für die in der Jugendforschung dominante Sozialisationsforschung legt die Gegenüberstellung zu den stärker sozialphilosophisch und grundlagentheoretisch ausgerichteten Überlegungen zum Thema Subjekt-Konstitution drei Differenzierungen nahe:

1. Das sozialisatorische Verhältnis von „Innen" und „Außen" als diskursiv erzeugte Vorstellung

Die sozialisationstheoretische Annahme einer gegebenen Außenwelt einerseits und der Innerlichkeit eines aneignenden und lernenden Individuums andererseits wird in der Theorieperspektive der Dekonstruktion zum einen als Ergebnis einer historisch entstandenen Diskurs-Formation und zum anderen als sprachlich erzeugt verstanden. Damit ist für die Sozialisationsforschung in Erinnerung gebracht, dass die Idee des neuzeitlichen Subjekts, die sich im ausgehenden achtzehnten Jahrhundert zu artikulieren begann und im Zuge derer Ziele von Identitätsprozessen und Sozialisationsverläufen festgelegt wurden, eine soziale Erfindung und kein anthropologisches Erfordernis darstellt. Um die sozial festgelegten Entwicklungsziele zu erreichen, entstanden soziale Institutionen, die den Individuen eine Rückbesinnung auf das eigene Dasein ermöglichen: Autobiografien, Psychotherapien oder auch das Tagebuch (Hahn 1982; Taylor 1996).

Die Beschäftigung mit Fragen der Sozialisation kann deshalb von der Versprachlichung des Erlebten und mithin auch der Einordnung und Bewertung des Prozesses nicht abstrahieren. Diese Versprachlichung ist ihrerseits nicht ohne Bezugnahme auf bestehende Sozialisations- und Identitätsdiskurse möglich, schreibt also gängige Betrachtungsweisen immer ein Stück weit fort. Die dabei im Mittelpunkt der inhaltlichen Beschreibung stehenden Aspekte der Kontrolle durch eine rationale Vernunft sowie dem Vermögen zur expressiven Selbstartikulation, die sich aus einer Vorstellung von einer inneren Tiefe speist, bilden die Basis für die Vorstellung einer Spannung zwischen einer kontrollierten, gefühlsgestützten Eigenmaßstäblichkeit einerseits und einer Ausrichtung an „äußeren" Ideen andererseits. Die Annahme, dass beide in einem Prozess der Sozialisation zusammengebracht und in der Idee von Identität in eine (vorübergehende) Beruhigung geführt werden müssen, ist der normative Maßstab einer jeden Sozialisationstheorie.

2. Körper und Psyche konstituieren sich im Prozess der Sozialisation über Normierungen

In den Ansätzen der Sozialisationsforschung wird der Körper in der Regel als gegeben und vorhanden sowie als Ausgangsort der Sozialisation verstanden. Die körperliche Reifung und Entwicklung der physischen Grundausstattung gilt als Basis der Person und Persönlichkeit. Demgegenüber hat die dekonstruktive Kritik die Frage aufgeworfen, wie es überhaupt dazu kommt, dass Personen ihre Körper als fest, begrenzt, mit einer eindeutigen Geschlechtlichkeit ausgestattet begreifen, und hat vorgeschlagen, diese Art der Erfahrung von Körperlichkeit als Produkt einer Normierung und Reglementierung zu begreifen. Als eine der wichtigsten Vertreterinnen dieser Denkrichtung ist Judith Butler der Auffassung, dass Identitätsentwicklung nur möglich sei, wenn Vorstellungen über die eigene Person und den eigenen Körper nach außen getragen werden und in der Interaktion mit anderen symbolisch belegt und benannt werden. Der Prozess der Benennung und symbolischen Markierung kann als eine Art vorübergehender Selbst-Entwurf verstanden werden, der sich nur erhält, wenn er ständig wiederholt und erneuert wird. Dafür ist es erforderlich, dass kontinuierlich auf Normen, Regeln und Zwänge zurückgegriffen wird, ein Verfahren, das Butler „zitatförmige Strategie" nennt (Butler 1993, S. 131–162). Dieses Verständnis von Körperlichkeit betont also die Bedeutung der sprachlichen Normierung bei der Erfassung und Erfahrung der eigenen Körperlichkeit. Damit ist für die sozialisationstheoretische Jugendforschung in Erinnerung gebracht, dass die normative Anpassung an sogenannte Entwicklungsnormen begleitet ist von emotional-affektiven Empfindlichkeiten, die als Bestandteil körperlicher Sozialisation auch theoretisch konzeptualisiert und auf den Begriff gebracht werden müssen.

3. Sozialisation als dialektisch-ambivalenter Prozess

Das Denken des Ansatzes der Dekonstruktion betont, dass Begriffe verschieden gedeutet werden und mit ihrem historischen, kulturellen und situativen Kontext variieren: Jede diskursive und symbolisierende Aktivität besteht aus einem Gewebe von Verweisungen, hat keine letzte, abschließende Referenz und muss deshalb immer unabgeschlossen bleiben. Jacques Derrida hat diese begriffliche Variation, diese Kluft zwischen verschiedenen Bezeichnungsformen mit dem Begriff der „differance" bezeichnet. Indem er den Begriff „difference" mit dem Zeichen des Anderen „a" versieht (differ*a*nce), will er eine grundlegende Bedeutungskluft sichtbar machen. Dies ist weniger eine theoretische oder philosophische Spitzfindigkeit, sondern vielmehr eine politische Offensive gegen den Wunsch nach Eindeutigkeit und gegen Verallgemeinerungen oder, wie Francois Lyotard es formulierte, ein Versuch, nicht „Wirklichkeiten zu liefern, sondern Anspielungen auf ein Denkbares zu erfinden, das nicht dargestellt werden kann" (Lyotard 1987, S. 30).

Dieses Plädoyer für die Anerkennung von Vielfalt und Pluralität macht hinsichtlich der Sozialisationsprozesse eines Individuums deutlich, dass es im Begriff der „differ*a*nce" nicht um die Pluralisierung von Erfahrungen in der Gegenwartsgesellschaft oder um verschiedene „Teil-Selbste" (Bilden 1997) geht, die im Sinne einer „Bastel-Existenz" (Hitzler/Honer 1994) zusammengebracht werden müssten. Vielmehr verweist die „differ*a*nce" auf einen Zustand des Bruchs, der die Einzelnen in sich spaltet und voneinander trennt und sie gleichzeitig in dieser Trennung miteinander verbindet. Sozialisation als Prozess der Bedeutungszuweisung und der Verständigung unter den Individuen vermag also dem Prinzip der „differ*a*nce" den Hinweis entnehmen, dass Sozialisationsprozesse eine Oberfläche und eine Tiefenstruktur haben, dass sie nicht nur glatt, sondern auf vielfache Weise gebrochen und dialektisch-ambivalent verlaufen. Dies zu erfassen und zu beschreiben, kennzeichnet eine noch offene Aufgabe der Sozialisationsforschung.

Insgesamt ist die Sozialisations- und Jugendforschung durch die Perspektive der Dekonstruktion also dazu aufgefordert, eine Ungewissheit der zugeschriebenen Bedeutung und die Verstrickung in eine Beziehung zu Nicht-Sichtbarem, Fremdem, Anderem zumindest in Erwägung zu ziehen. Wenn man umgekehrt davon ausgeht, dass die sprachlichen Bezeichnungsbewegungen der „differ*a*nce" im Rahmen von Sozialisationsprozessen konkret und sichtbar werden und als Ereignisse, Kontexte, Interaktionen und Erfahrungen in Erscheinung treten oder zumindest darin enthalten sind, dann stellt sich die genuin soziologische Frage nach dem Verhältnis von Individuum und Gesellschaft. Oder konkret formuliert: Wie ist der Zusammenhang zu fassen von Akteuren, die „sich selbst sozialisieren" und die handelnd in ihre Umgebung eingreifen einerseits und den gesellschaftlichen Normen, Bezeichnungspraxen und Bedeutungsüberschüssen, die Personen, soziale Kontexte und die Situationen organisieren andererseits?

Eine kritische Perspektive auf die Prozesse der „Subjekt-Konstitution" ist deshalb vor allem als ein Bemühen zu verstehen, die Sozialisationsforschung in Bewegung zu halten und sie daran zu erinnern, dass die Reproduktion des Bestehenden *eine* Facette der Individuation ist, und die Entdeckung und Begründung von Differentem und Neuem eine weitere. Die Aufgabe der Jugendforschung wäre es deshalb auch, solche gesellschaftlichen Bedingungen und sozialen Voraussetzungen zu verdeutlichen, in denen historische, kulturelle und soziale Konstellationen sozialer Veränderungen möglich sind. So könnte die sozialisationtheoretische Jugendforschung dem theoretischen Modell von „differ*a*nce" einen sozialen Ort geben.

1.2 Jugend als Gruppe mit einem eigenen Lebensstil: Doing Adolescence

Nicht nur in der sozialisationstheoretisch ausgerichteten Jugendforschung erfährt die Eigenaktivität Jugendlicher eine stetig größer werdende Berücksichtigung, sondern darüber hinaus haben sich auch unter Bezugnahme auf Begriffe aus der Kultur-, Wissens- und Praxistheorie Ansätze heraus kristallisiert, bei denen der „Jugendliche als sozialer Akteur" im Mittelpunkt steht. Sie fokussieren die relative Eigenständigkeit und die je gegenwärtige soziale Bedeutsamkeit jugendlicher Aktivitäten und gehen der Frage nach, mit welchen Handlungen Jugendlichkeit entworfen, inszeniert und hergestellt wird. Im Unterschied zur Sozialisationsforschung werden Jugendliche hier nicht als Heranwachsende verstanden und von Erwachsenen unterschieden. Dementsprechend wird Jugend nicht als Phase der Hervorbringung zukünftiger Gesellschaftsmitglieder, sondern als gegenwärtig wirksame soziale Strukturkategorie und diskursives Konstrukt begriffen (z.B. Bourdieu 1993; Hitzler/Bucher 2000; Hitzler/Eichholz/Euteneuer/Niederbacher 2009).

Mit diesem Wechsel von einem diachronen Blick, wie ihn Sozialisationstheoretiker und Entwicklungspsychologen einnehmen, hin zu einer synchronen soziologischen Perspektive auf Jugendliche als gesellschaftliche Gruppe, rücken jugendliche Vergemeinschaftungsformen, Interaktionsordnungen und kommunikative Praktiken von Jugendlichen in den Blick. Dabei werden sowohl Ethnografien von Peer cultures in Institutionen (z.B. Weißköppel 2001) als auch Forschungen von Jugendlichen in ihren Peer-groups und Szenen (z.B. Schmidt 2004; Stauber 2004; Pfadenhauer 2010) erstellt. Diese Forschungsrichtung thematisiert das Erleben von Jugend und fragt nach den Erfahrungen und Aktivitäten der Jugendlichen selbst. Studien über jugendkulturelle Zusammenhänge – z.B. bei Fußballfans, christlichen Jugendgruppen, Sportvereinen oder Musik-Szenen – zeigen, wie die Beteiligten das soziale Konstrukt Jugend in und durch ritualisierte Handlungen hervorbringen und stabilisieren. In diesen Forschungen erscheint Jugend sowohl als eine eigenständige soziale Gruppe als auch als soziales Phänomen, das „durch eigenständige Inhalte und Lebensvollzugsformen seine Konturen gewinnt" und „weitgehend gelöst von scharfen Altersgrenzen" (Hitzler/Bucher/Niederbacher 2005, S. 1) ist. Im Unterschied zu dem überwiegenden Teil der Jugendforschung werden Jugendliche hier nicht primär befragt, sondern ihre Interaktionen analysiert. Dazu wird an die interaktionistische und ethnomethodologische Forschungstradition (z.B. West/Fenstermaker 1995) wie auch an die Ethnografie und die Praxeologie (z.B. Kelle/Breidenstein 1996; Bourdieu 1972) angeknüpft.

1.2.1 Ritualität und symbolische Beziehungsanzeigen

Im Rahmen dieser Untersuchungsperspektive werden häufig gruppenspezifische Rituale und ritualisierte Handlungen von Gruppen oder Jugendkulturen untersucht. Veranschaulicht werden beispielsweise alltägliche, routinierte Umgangsformen von Jugendlichen untereinander, in denen Scherzhaftigkeit eine gewichtige Rolle spielt: Jugendliche tragen nicht nur das Erzählen von Geschichten, Klatsch und Beschimpfungen in der scherzhaften Modalität aus, sondern praktizieren außerdem untereinander Umgangsformen, bei denen übliche Höflichkeiten ausgeblendet bleiben. Sie pflaumen sich gegenseitig an, „dissen" und nehmen sich auf den Arm. Auf dem dünnen Eis zwischen Ernst und Scherz spielen sie mit den Ambivalenzen der Kommunikation (vgl. z.B. Schmidt 2004; Deppermann/Schmidt 2001). Die jugendlichen Aktivitäten werden als „performances" verstanden, deren rituelle, zeremoniale und theatrale Handlungsformen untersucht und als Zugehörigkeitsrituale veranschaulicht. Ein wichtiger theoretischer Bezugspunkt ist der Begriff des „Einsetzungsritus" von Pierre Bourdieu. Mit diesem Begriff will Bourdieu auf die Relevanz der Durchsetzung sozialer Konzepte im Feld der Praxis verweisen:

> „Von Einsetzungsriten zu sprechen heißt, die Aufmerksamkeit darauf zu lenken, dass jeder Ritus auf Bestätigung oder Legitimierung abzielt, also darauf, dass eine willkürliche Grenze nicht als willkürlich erkannt, sondern als legitim und natürlich anerkannt wird" (Bourdieu 1990, S. 84).

Bourdieu geht davon aus, dass die Funktion von Einsetzungsriten darin besteht, soziale Unterschiede zu etablieren und zu naturalisieren. Einsetzungsriten sind demnach nötig, um soziale Differenz zu artikulieren und um soziale Konzepte als natürliche Phänomene erscheinen zu lassen. Das, was als essentiell erscheint, als ein biologisches Wesensmerkmal oder als ein phänomenologisch Gegebenes ist im Bourdieuschen Denken ein Ergebnis der in sozialen Praktiken erworbenen Schemata.

Dies gilt auch für das Konzept der Jugend, die Bourdieu, wie ja bereits ausgeführt, nicht als eine anthropologisch gegebene, quasi natürliche Lebensphase versteht, sondern als ein gesellschaftliches Verständigungskonstrukt, als einen Kampfplatz politischer, ideologischer und moralisch-ethischer Auseinandersetzungen, eine Metapher für gesellschaftlichen Wandel, Fortschritt und Zukunft. Bourdieu postuliert, dass das soziale Konstrukt Jugend durch Einsetzungsriten legitimiert und durch diese als natürlich anerkannt wird; erst Einsetzungsriten begründen die willkürliche Grenze altersspezifischer Typisierung.

In der kultursoziologisch ausgerichteten Jugendforschung gibt es diesen Überlegungen folgend eine Reihe von Forschungen, die ritualisiertes Verhalten von Jugendlichen in Clubs und auf Raves, z.B. der Love Parade, untersuchen und dabei auf das Konzept der Einsetzungsriten von Bourdieu zurückgreifen (z.B. Klein 2003; Klein/Friedrichs 2004; Otte 2007). Clubs als Sonderwelten von Jugendlichen, als Räume des Ausgehens und des Treffens, sind ein interessantes Forschungsthema zum Thema Jugend, weil sie für die allermeisten Nicht-Jugendlichen fremde Welten sind. Hier scheint ein Raum zu existieren, in dem sich Jugendlichkeit par excellence herstellt. Gabriele Klein und Malte Friedrichs typisieren die Handlungsabläufe in einen Club folgendermaßen:

- Der Clubabend beginnt nicht erst mit dem Eintritt in den Club, sondern bereits zu Hause, wenn es um die Kostümierung, um die Auswahl der passenden Kleidung geht. Über Kleidung wird soziale Zugehörigkeit zur ‚Jugend' inszeniert, ein bestimmter Kleidungsstil verspricht Verhaltenssicherheit. Zudem markiert die Ausgeh-Kleidung die Abgrenzung vom Alltäglichen und die Selbst-Inszenierung eines Subjektes, das sich über einen bestimmten Kleidungscode (z.B. über die Verwendung bestimmter Markenartikel etc.) in einer spezifischen Szene symbolisch positionieren möchte. Die Kleidung ist zudem Bestandteil einer Autorisierungsstrategie und wird durch eine Art ‚Türpolitik' reguliert. Der Eintritt in den Club, die Auswahlkriterien für Einlass und Abgewiesen-Werden sind nicht festgelegt, sondern werden zwischen dem Türsteher und dem Gast ausgehandelt. Die Entscheidung, wann, wer, aus welchem Grund in den Club hineinkommt, vollzieht sich zwar im Rahmen der für Clubs üblichen Konventionen, ist aber im Wesentlichen ein aus der Situation entstandenes Ergebnis einer glaubhaft dargebrachten theatralen Inszenierung, für die es einen Beleg gibt: die Verzehrkarte.

- Ist der Clubraum betreten – und hierfür ist die Uhrzeit entscheidend – vollzieht sich ein erneuter Prozess der Autorisierung, indem die Akteure aufgefordert sind, sich im Clubraum sozial zu positionieren. Dieser Prozess beginnt bereits direkt nach dem Eintritt, sind doch viele Clubs architektonisch so gestaltet, dass der Eintritt über eine Treppe oder einen Gang erfolgt, die wie ein Laufsteg gestaltet ist und für den ersten ‚Auftritt' des Clubbesuchers von entscheidender Bedeutung ist. Hier beginnt der sich im Laufe der Clubnacht permanent aktualisierende Prozess sozialer Positionierung.
- Ein wichtiges Instrument dieser Positionierungspraxis sind Begrüßungsrituale, ein ausgefeiltes, hochspezialisiertes Vokabular an Begrüßungsformeln, die nicht nur szenespezifisch differenziert sind, sondern entsprechend der Beziehung der Partner zueinander, situativ und personell unterschiedlich abgerufen werden. So ist es beispielsweise keineswegs unwichtig, wo man sich platziert, ob an der Bar, an einem Stehtisch, auf einer der wenigen Sitzgelegenheiten oder in der Nähe der Tanzfläche. Die gewählte Position bietet den Rahmen für mögliche Interaktions- und Kommunikationspraktiken und bietet die Option von Selbstthematisierung in der räumlichen Ordnung. Diese räumliche Ordnung ist z. B. dadurch geprägt, dass es in den Clubs keine deutlichen Trennungen zwischen Tänzern und Zuschauern, Exhibitionisten und Voyeuren, tanzenden Frauen und beobachtenden Männern gibt. In der Clubkultur ist, im Unterschied zur Disco-Ära, die Tanzfläche nicht primär Ort der Selbstinszenierung. Tanzen ist eher ein kommunikativer Akt. Die Clubber tanzen zumeist in kleineren Gruppen und Kreisformationen mit Bezug aufeinander und/oder beziehen sich in ihrer Bewegungssprache aufeinander. Die Tanzenden bilden eine Gemeinschaft (vgl. Klein/Friedrichs 2004, S. 176–183).

So oder so ähnlich beschrieben, wird deutlich, dass der Club als jugendliche Begegnungsstätte nicht nur einen Ort, sondern vor allen Dingen einen Aktivitätsrahmen darstellt, in dem insbesondere solche Praktiken ritualisiert werden, in denen sinnliche Reize, Gefühle und Stimmungen eine wichtige Rolle spielen: Sich kleiden und stylen, tanzen, trinken, sich präsentieren, mit anderen in Kontakt kommen. Hier dominiert die kollektive Gestaltung ästhetischer Erfahrungen. Sie wird rituell hervorgebracht von all denjenigen, die Zugang zu der spezifischen Gruppenkultur des Clubs haben. Die Anwesenden praktizieren Jugend, indem sie das Gefühl von generationsspezifischer Erfahrung handelnd erzeugen. Damit wird die im Alltag nicht mehr so eindeutig feststellbare Grenze zwischen jenen gezogen, die zur Jugend gehören, und jenen, die jugendlich sein wollen, aber eben doch nicht mehr in Clubs gehen. Jugend erscheint hier nicht als etwas was man ist, sondern als etwas, was man tut – theoretisch formuliert: Doing Adolescence.

Dabei wird Jugend und Jung-Sein von den Akteuren nicht vollständig neu erfunden, sondern auf der Grundlage bereits existierender symbolischer und semantischer Formen in je spezifischen Aneignungs- und Umarbeitungsprozessen bearbeitet. Es ist deshalb für das Verstehen dessen, wie Jugend sozial konstruiert wird, wichtig, die unzählbar vielen Postulate, Redeweisen und Zuschreibungen zu betrachten, die sich seit mehr als hundert Jahren zu einem Diskurs verschränkt haben. Die Geschichte der Jugend enthält gleichermaßen wissenschaftliche Thesen, literarische Topoi und mediale Skandalisierungen und spiegelt die Diskursivierung der Thematik, die fast immer von Älteren, also von nicht-jugendlichen Erwachsenen, betrieben wird. Im Diskurs um die Jugend werden, wie im folgenden Kapitel verdeutlicht werden soll, immer auch das Generationenverhältnis und die Frage nach den Zukunftsoptionen der Gesellschaft verhandelt. Realität, Projektion und Wunschdenken vermischen sich dabei. Die Sichtweisen, die Forschung und öffentliche Meinung gegenüber Jugend einnehmen, die Generationstypiken, die erstellt werden, wie auch der öffentliche Diskurs, der sich um die Jugend rankt, spiegeln auf vielfältige Weise gesellschaftliche Ängste, Trends sowie Muster gesellschaftlicher Selbstverständigung. Man könnte fast sagen, dass die Geschichte des Jugend-Begriffs ein soziales Deutungs- und Verständigungskonstrukt, ein diskursives Feld der gesellschaftlichen Selbstvergewisserung darstellt. Dabei ist „Jugend" „nur ein Wort", das vielfach ausbuchstabiert und ausgedeutet wird.

1.3 Literatur

Abels, Heinz 1993. Jugend vor der Moderne. Soziologische und psychologische Theorien des 20. Jahrhunderts. Opladen: Leske und Budrich

Austin, John Langshaw 1979. Zur Theorie der Sprechakte. Stuttgart: Reclam

Bilden, Helga 1991. Geschlechtsspezifische Sozialisation. In: Hurrelmann, Klaus/Ulich, Dieter (Hg.): Neues Handbuch der Sozialisationsforschung. 4. völlig überarbeitete Auflage Weinheim/Basel: Beltz: 777–812

Bilden, Helga 1997. Das Individuum – ein dynamisches System vielfältiger Teil-Selbste. Zur Pluralisierung in Individuum und Gesellschaft. In: Keupp, Heiner/Höfer, Renate (Hg.): Identitätsarbeit heute. Klassische und aktuelle Perspektiven der Identitätsforschung. Frankfurt/M.: Suhrkamp: 227–250

Bohnsack, Ralf 2000. Jugendliche als Täter und Opfer – Das Fehlen der Jugend in der Forschung zur Jugendkriminalität. In: Sander, Uwe/Vollbrecht, Ralf (Hg.): Jugend im 20. Jahrhundert. Sichtweisen, Orientierungen, Risiken. Neuwied: Luchterhand: 316–336

Bourdieu, Pierre 1993. Jugend ist nur ein Wort. In: Bourdieu, Pierre: Soziologische Fragen. Frankfurt/M.: Suhrkamp: 136–146

Bourdieu, Pierre 1972. Entwurf einer Theorie der Praxis auf der ethnologischen Grundlage der kabylischen Gesellschaft. Frankfurt/M.: Suhrkamp

Bourdieu, Pierre 1990. Was heißt Sprechen? Die Ökonomie des sprachlichen Tausches. Wien: Braumüller

Butler, Judith 2001. Psyche der Macht. Das Subjekt der Unterwerfung. Frankfurt/M.: Suhrkamp

Butler, Judith 1993. Körper von Gewicht. Die diskursiven Grenzen des Geschlechts. Berlin: Berlin-Verlag

Butler, Judith 1991. Das Unbehagen der Geschlechter. Frankfurt/M.: Suhrkamp

Dausien, Bettina 1999. „Geschlechtsspezifische Sozialisation" – Konstruktiv(istisch)e Ideen zu Karriere und Kritik eines Konzepts. In: Dausien, Bettina et al. (Hg.): Erkenntnisprojekt Geschlecht. Feministische Perspektiven verwandeln Wissenschaft. Opladen: Leske und Budrich: 216–246

Deppermann, Arno/Schmidt, Axel 2001. „Dissen": Eine interaktive Praktik zur Verhandlung von Charakter und Status in Peer-Groups männlicher Jugendlicher. In: Sachweh, Svenja (Hg.): Sprechalter. Osnabrücker Beiträge zur Sprachtheorie. Bremen: Red. OBST: 79–98

Derrida Jacques 1988. Randgänge der Philosophie. Wien: Passagen-Verlag

Fend, Helmut 2000. Entwicklungspsychologie des Jugendalters. Ein Lehrbuch für pädagogische und psychologische Berufe. Opladen: Leske und Budrich

Ferchhoff, Wilfried 2007. Jugend und Jugendkulturen im 21. Jahrhundert. Wiesbaden: VS-Verlag

Fuchs-Heinritz, Werner 2005. Biographische Forschung. Eine Einführung in Praxis und Methoden (3. Auflage). Wiesbaden: VS-Verlag

Giddens, Anthony 1991. Modernity and Self Identity. Self and Society in Late Modern Age. Stanford: Stanford University Press

Gillis, John R. 1980. Geschichte der Jugend. Tradition und Wandel im Verhältnis der Altersgruppen und Generationen in Europa von der zweiten Hälfte des 18. Jahrhunderts bis zur Gegenwart. Weinheim/Basel: Beltz

Griese, Hartmut M. 2000. Jugend(sub)kultur(en) und Gewalt. Analysen, Materialien, Kritik. Soziologische und pädagogikkritische Beiträge. Münster: Lit-Verlag

Hahn, Alois 1982. Zur Soziologie der Beichte und anderer Formen institutionalisierter Bekenntnisse. Selbstthematisierung und Zivilisationsprozeß. In: Kölner Zeitschrift für Soziologie und Sozialpsychologie 34: 408–434

Haraway Donna 1996. Situiertes Wissen. Die Wissenschaftsfrage im Feminismus und das Privileg einer partialen Perspektive. In: Scheich Elvira (Hg.): Vermittelte Weiblichkeit. Feministische Wissenschafts- und Gesellschaftstheorie. Hamburg: Hamburger Edition: 217–248

Hellmer, Joachim 1966. Jugendkriminalität in unserer Zeit. Frankfurt/M.: Fischer

Hitzler, Ronald/Bucher, Thomas 2000. Forschungsfeld ‚Szenen'. Ein terminologischer Vorschlag zur theoretischen Diskussion. In: Journal der Jugendkulturen 02: 42–47

Hitzler, Ronald/Eichholz, Daniela/Euteneuer, Matthias/Niederbacher, Arne 2009. Auf der Suche nach (einem Begriff) der Jugend. In: Zeitschrift für Erziehungswissenschaft 12/1: 153–158

Hitzler, Ronald/Bucher, Thomas/Niederbacher, Arne 2005. Leben in Szenen. Formen jugendlicher Vergemeinschaftung heute. Opladen: Leske und Budrich, Wiesbaden: VS-Verlag

Hitzler, Ronald/Honer, Anne 1994. Bastelexistenz. Über subjektive Konsequenzen der Individualisierung. In: Beck, Ulrich/Beck-Gernsheim, Elisabeth (Hg.): Riskante Freiheiten. Individualisierung in modernen Gesellschaften. Frankfurt/M.: Suhrkamp: 307–315

Hornstein, Walter 2002. Jugendforschung und Jugendpolitik. Weinheim/München: Juventa

Hornstein, Walter 1990. Aufwachsen mit Widersprüchen. Jugendsituation und Schule heute. Stuttgart: Klett

Hurrelmann, Klaus 1983. Das Modell des produktiv realitätsverarbeitenden Subjekts in der Sozialisationsforschung. In: Zeitschrift für Sozialisationsforschung und Erziehungssoziologie 3: 91–103

Hurrelmann, Klaus 1986. Einführung in die Sozialisationstheorie. Über den Zusammenhang von Sozialstruktur und Persönlichkeit. Weinheim/Basel: Beltz

Hurrelmann, Klaus 2002. Selbstsozialisation oder Selbstorganisation? Ein sympathisierender, aber kritischer Kommentar. In: Zeitschrift für Erziehungssoziologie und Sozialisationsforschung 22: 155

Kelle, Helga/Breidenstein, Georg 1996. Kinder als Akteure. Ethnographische Ansätze in der Kindheitsforschung. In: Zeitschrift für Sozialisationsforschung und Erziehungssoziologie 16: 47–67

Keupp, Heiner/Höfer, Renate (Hg.) 1997. Identitätsarbeit heute. Klassische und aktuelle Perspektiven der Identitätsforschung. Frankfurt/M.: Suhrkamp

Klein, Gabriele 2003. Die Theatralität der Jugend. Zu Praktiken der Verkörperung und Vergemeinschaftung in Clubkulturen. In: Diskurs 3: 36–42

Klein, Gabriele/Friedrichs, Malte 2004. Is this real? Performativität und HipHop. Frankfurt/M.: Suhrkamp

Kleinert, Corinna 2004. Fremdenfeindlichkeit. Wiesbaden: VS-Verlag

Kohli, Martin 1978. Soziologie des Lebenslaufs. Darmstadt: Luchterhand

Liebsch, Katharina 2000. Identität und Habitus. In: Korte, Hermann/Schäfers, Bernhard: Einführung in die Hauptbegriffe der Soziologie, Opladen: Leske und Budrich 5. erweiterte und aktualisierte Auflage: 65–82

Lyotard, Jean-Francois 1987. Postmoderne für Kinder. Wien: Passagen-Verlag

Maase, Kaspar 1991. Vergebliche Kriminalisierung. Zum Platz der Halbstarken in der Geschichte des Alltags. In: Kriminologisches Journal 23: 189–203

Mayer, Karl Ulrich (Hg.) 1990. Lebensverläufe und sozialer Wandel. Opladen: Westdeutscher Verlag

Nestvogel, Renate 2004. Sozialisationstheorien: Traditionslinien, Debatten und Perspektiven. In: Ruth Becker/Beate Kortendiek (Hg.): Handbuch Frauen- und Geschlechterforschung. Theorie, Methoden, Empirie. Wiesbaden: VS-Verlag, GWV Fachverlage GmbH: 166–177

Otte, Gunnar 2007. Körperkapital und Partnersuche in Clubs und Diskotheken. Eine ungleichheitstheoretische Perspektive. In: Diskurs Kindheits- und Jugendforschung 2: 169–186

Pfadenhauer, Michaela 2010. Kompetenzen durch Szenen. In: Richard, Birgit/Krüger, Heinz-Hermann (Hg.): inter-cool 3.0. Jugend Bild Medien. Ein Kompendium zur aktuellen Jugendkulturforschung. München: Fink: 281–293

Rosenthal, Gabriele 1995. Erlebte und erzählte Lebensgeschichte. Gestalt und Struktur biographischer Selbstbeschreibung. Frankfurt/M.: Campus-Verlag

Scherr, Albert 1996. Zum Stand der Debatte über Jugend und Rechtsextremismus. In: Falter, Werner et al. (Hg.): Rechtsextremismus. Sonderheft der Politischen Vierteljahreszeitschrift (PVS): 97–120

Scheuch, Erwin K. 1975. Die Jugend gibt es nicht. Zur Differenziertheit der Jugend in heutigen Industriegesellschaften. In: Jugend in der Gesellschaft. Ein Symposium mit Beiträgen von Hartmut von Hentig, Heinrich Lübbe, Erwin K. Scheuch u.a.. München: Dt. Taschenbuch-Verlag: 54–78

Schmidt, Axel 2004. Doing peer-group. Die interaktive Konstitution jugendlicher Gruppenpraxis. Frankfurt: Peter Lang

Shell Deutschland Holding (Hg.) 2006. Jugend 2006. Eine pragmatische Generation unter Druck. Frankfurt/M.: Fischer-Taschenbuch-Verlag

Silbereisen, Rainer 1996. Jugendliche als Gestalter ihrer Entwicklung. Konzepte und Forschungsbeispiele. In: Schumann-Hengsteler, Ruth/Trautner, Hans Martin (Hg.): Entwicklung im Jugendalter. Göttinger/Bern/Toronto/Seattle: Hogrefe: 1–18

Spivak, Gayatri Chakravorty 1993. Outside in the Teaching Machine. New York/London: Routledge

Statistisches Bundesamt 2011. Aktuelle Ergebnisse zu Gesamtzahlen der Auszubildenden und Studierenden in Deutschland: vorläufige Ergebnisse. Wiesbaden

Statistik der Bundesagentur für Arbeit 2011. Aktuelle Ergebnisse zu Gesamtzahlen der Teilnehmenden in Qualifizierungsmaßnahmen der Arbeitsagentur. Online verfügbar unter: http://statistik.arbeitsagentur.de [zuletzt abgerufen am 09.08.2011], vorläufige Ergebnisse. Nürnberg

Stauber, Barbara 2004. Junge Frauen und Männer in Jugendkulturen. Selbstinszenierungen und Handlungspotentiale. Opladen: Leske und Budrich

Sutter, Tilmann 1999. Systeme und Subjektstrukturen. Zur Konstitutionstheorie des interaktionistischen Konstruktivismus. Opladen: Westdeutscher Verlag

Taylor, Charles 1996. Quellen des Selbst. Die Entstehung der neuzeitlichen Identität. 2. Auflage Frankfurt/M.: Suhrkamp

von Trotha, Trutz 1982. Zur Entstehung von Jugend. In: Kölner Zeitschrift für Soziologie und Sozialpsychologie Jg. 34: 255–277

Weißköppel, Cordula 2001. Ausländer und Kartoffeldeutsche. Identitätsperformanz im Alltag einer ethnisch gemischten Realschulklasse. Weinheim/München: Juventa

West, Candance/Fenstermaker, Sarah 1995. Doing difference. In: Gender & Society 9: Wiesbaden: VS-Verlag: 8–37

Wulf, Christoph/Göhlich, Michael/Zirfas, Jörg (Hg.) 2001. Kulturen des Performativen. Eine Einführung in die Zusammenhänge von Sprache, Macht und Handeln. Weinheim: Beltz

Zinnecker, Jürgen 2000. Selbstsozialisation – Essay über ein aktuelles Konzept. In: Zeitschrift für Soziologie der Erziehung und Sozialisation 20/3: 272–290

2 Geschichte(n) und Generationen: Prozesse gesellschaftlicher Transformationen

Katharina Liebsch

Wer die Jugend hat, der hat die Zukunft. (Karl Liebknecht)

Die Sozial- und Ideengeschichte beschreibt, wie sich die Vorstellung von der Jugend als eigenständige Lebensphase und als eigenständige soziale Gruppe bis zum Ende des 19. Jahrhunderts sukzessive durchsetzte (vgl. z. B. Griese 1977, S. 107/8; Mitterauer 1986, S. 10–12; Gillis 1984; Oerter 1987, S. 276; Levi/Schmitt 1997). Anders als in Ländern der südlichen Hemisphäre, in denen der Übergang von der Kindheit zum Erwachsen-Sein durch Initiationsriten relativ klar strukturiert und häufig nach Geschlechtern getrennt, z.B. über Mutproben und/oder durch eine besondere Kennzeichnung (Beschneidung, Tätowierung) vollzogen wurde, entwickelten sich in Mitteleuropa zunächst nur vereinzelte Vorstellungen von einer Vorbereitung auf den Erwachsenenstatus durch eine mehrjährige Zeit des Übergangs hin zu gesellschaftlichen Rechten und Pflichten. „Moderne Jugend" als ein Konzept von Selbstfindung und „Reifung" in spezifischen Möglichkeits- und Schutzräumen – der Sozialpsychologe Erik Homburger Erikson spricht vom „psychosozialen Moratorium" (Erikson 1946) – etablierte sich aber erst, als die Spannung zwischen biologischer Reife und der gesellschaftlich verweigerten sozialen Reife gesellschaftlich virulent wurde (Neidhardt 1967, S. 16). Die mit der Ausdifferenzierung moderner Gesellschaften verbundenen Entwicklungen, wie Arbeitsteilung, Verstädterung, Migration und die Zunahme weltweiter ökonomischer Verflechtungen machten es erforderlich, Heranwachsende nunmehr in einem mehrjährigen Prozess sukzessive an gesellschaftliche Positionen heran zu führen. Dabei war die Chance, Jugendlicher zu sein, schichtenspezifisch unterschiedlich groß. Jugend als neue Phase zwischen Kindheit und Erwachsenenalter, als Status des ‚Dazwischen', institutionalisierte sich zunächst über vier Positionsmerkmale, zu denen Jugendliche nicht oder nur teilweise Zugang hatten:

- Familienposition – obwohl sie doch geschlechtsreif sind;
- Berufsposition – auch wenn sie die gesetzlich vorgeschriebene Schulzeit bereits absolviert haben;
- Rechtsposition – erst stufenweise Einführung von Mündigkeit und Verantwortung;
- Politische Position – noch kein volles politisches Mitspracherecht, aber beispielsweise Pflicht zum Militärdienst (Neidhardt 1967, S. 18).

Über diese grundlegende gesellschaftliche Positionierung hinaus gab und gibt es bis heute eine Vielzahl variierender Bilder von Jugend, jugendlichen Orientierungen und Praktiken, die beispielsweise als bürgerliche oder Arbeiter-Jugend, als männliche Jugend, studentische, partei-politische oder kulturell-politisierte Jugend in Erscheinung traten. Die verschiedenen Jugend-Bilder und historischen Jugend-Vorstellungen entstanden aus einer Mischung aus neuen oder auch nur neu wahrgenommenen Verhaltensweisen und Gruppenkonstellationen, denen medial, politisch und kulturell Aufmerksamkeit zukam, so dass sie gesellschaftliche Bedeutung und Wirksamkeit entfalten konnten. Sie spiegeln die sozialen Bedingungen und gesellschaftlichen Dynamiken, unter denen sich das jeweilige Jugendbild historisch herauskristallisierte. Typisierende Benennung von Jugend(en) geben Hinweise auf relevante und strittige gesellschaftliche Fragen und Debatten; sie sind ein Indikator für die sozialen Probleme der jeweiligen Zeit. Umgekehrt wirken die gesellschaftlich und wissenschaftlich hergestellten Bilder von Jugend selbst als soziale Tatsache und dienen auch den entsprechend charakterisierten Jugendlichen als Bezugspunkt (Griese 1983, S. 2f).

Die Klassifikationen und Slogans über „die Jugend" können deshalb sowohl als Wirklichkeitsbeschreibungen als auch als Wirklichkeitserzeuger gelten. Das ihnen zu Grunde liegende empirische Material ist Bestandteil der Konstruktion und Konjunktur des gesellschaftlichen Diskurses über das zu erforschende Phänomen – dies gilt für archivierte Zeitungsberichte, amtliche Zeugnisse, orale und kulturelle Quellen und Befragungen und Umfragen gleichermaßen. Es ist deshalb schlechterdings unmöglich, *die* Geschichte der Jugend zu schreiben. Wohl aber können verschiedene historische Zugänge zur Jugend-Thematik sichtbar gemacht werden: erstens die geschichtlichen Rekonstruktionen der pädagogischen Idee und kulturellen Sozialform Jugend; zweitens die Entwicklung einer Vielzahl von Theorien, und zum dritten die Konstruktion von Jugendbildern und Generationstypologien durch die empirische Sozialforschung.

2.1 Ideen und Sozialformen

Das Verständnis von Jugend als Zeit des Aufwachsens und Lernens nahm im 18. Jahrhundert mit Jean-Jacques Rousseau seinen Anfang (Rousseau 1762). Eingebettet in Kultur- und Gesellschaftskritik definierte Rousseau Jugend erstmalig als eine Lebensphase mit eigenen Bedürfnissen. Anders als zu seiner Zeit üblich, berücksichtigte er in seinen Vorstellungen nicht die sozialen Stände und feudalen Lebensordnungen, sondern postulierte eine übergreifende und anthropologisch verallgemeinerte Eigenwertigkeit des Jugendalters, die eine lang anhaltende Wirkung entfaltete. Hier wird die Idee von Jugend als pädagogischer Raum mit zwei Momenten grundgelegt: Rousseau entwirft die Jugend zum einen als eine Zeit der Arbeit an Idealen von Solidarität und Verantwortung zum Zwecke der Zukunftsgestaltung. Zum zweiten konzipiert er sie als Moratorium, als Freiraum für Entwicklung, der in Familiengründung und ökonomischer Selbstständigkeit mündet. In der Figur des „Jüngling" wird das Bild vom männlichen, christlichen, bürgerlichen Zögling zum Leitbild und Ziel pädagogischer Anstrengungen, die bis ins 20. Jahrhundert reichen.

1924 konzipierte Eduard Spranger ein Idealbild vom „neuen deutschen Jüngling" (von Bühler 1990, S. 385), das er als männliche „geistige Wiedergeburt" beschrieb, die sich entlang dreier Leitlinien entfalten sollte: der Entdeckung des Ich, der Entstehung eines Lebensplans sowie dem „Hineinwachsen in einzelne Lebensgebiete" (Spranger 1924, S. 38). Spranger begründete eine wertorientierte Vorstellung von jugendlicher Entwicklung als vor allem „geistige" Krise und Reifung in Auseinandersetzung mit der Kultur und ihrem Wertesystem.

Er entwickelt eine Theorie kulturellen Lernens durch die Überwindung von Krisen, die er sozialtypologisch klassifizierte und als verschiedene Optionen kultureller Auseinandersetzung und Reifung verstand. Er unterschied den Intellektuellen, den Ökonomischen, den Ästhetischen, den Sozialen, den Politischen und den Religiösen und stellte damit Muster der Sinnstiftung und Orientierung vor, deren normative Wirkung in der Pädagogik bis in die 1960er Jahre auszumachen war.

Mit dem Begriff des „Jüngling" verband sich also deutlich eine idealistische und normative Idee von der prägenden und positiv gestaltenden Kraft der Erziehung. Als Ziel und Leitlinie zukünftiger Möglichkeiten war der Begriff des „Jüngling" kaum empirisch fundiert und übernahm vor allem eine normative Funktion. Der Begriff des „Jugendlichen" hingegen wurde am Ende des 19. Jahrhunderts zunächst unter Juristen gebräuchlich und diente der Bezeichnung verwahrloster und auffällig gewordener junger Menschen. Diese Bedeutung veränderte sich später, als ab 1911 staatliche Jugendpolitik aktiv daran arbeitete, eine Konzeption vom jungen Menschen zu verbreiten, der für Staat und Gesellschaft gewonnen werden sollte (Roth 1983, S. 137). Dies geschah vor dem Hintergrund einer größeren Sichtbarkeit junger Menschen als eigenständige Gruppe in den Metropolen des späten 19. Jahrhunderts. Hier mussten sich viele Kinder und Jugendliche alleine durchschlagen und organisierten sich in Banden, die einerseits durch kriminelle Aktivitäten die Reaktionen der Erwachsenen herausforderten, andererseits durch auffällige Lebensformen und besondere Kleidungsstile ihre Existenz als eigene Gruppe überhaupt erst wahrnehmbar machten. Das Phänomen wurde in den USA vor allem ordnungspolitisch diskutiert und mit Forderungen nach einer Veränderung und Verschärfung des Strafrechts kommentiert. In Europa wurde es eher sozialpolitisch debattiert und als Ergebnis von Industrialisierung, Arbeitslosigkeit und Verelendung angesehen (Savage 2009, S. 57). Hier wurde Jugend erstmals als eine neue Gruppierung sichtbar, die neue kulturelle Gepflogenheiten hervorbrachte, zum gesellschaftlichen Stein des Anstoßes wurde, und so dazu beitrug, auch das Selbstbewusstsein der neuen Gruppierungen zu stärken.

Der britische Publizist Jon Savage beschreibt die Wirkung eines Fotos, das der US-Reporter Jacob Riis 1890 in seinem wie ein Blitz einschlagenden Buch „How the other half lives" veröffentlichte (Riis 1890). Das Foto „A Growler Gang in Session" zeigt eine Gruppe von Jugendlichen, die sich die „Montgomery Guards" nannte. Die sieben Mitglieder der Gruppe blinzeln auf diesem Foto ins Sonnenlicht, tragen Hüte und dunkle Kleidung. In der Mitte des Fotos sitzt ein verächtlich blickender junger Mann, dem ein anderer an die Seite gestellt ist, der einen Krug ansetzt, um ihn zu leeren. Das Foto zeigt, so die Interpretation von Savage, den „Mut zur Unverschämtheit" der jungen Männer und sorgte als „neue Ikonografie Krimineller" (Savage 2009, S. 49) für Furore. Jugend begann zu einem explosiven, sensationellen Thema zu werden, einer Verbindung von Kriminalität und seltsamen, als barbarisch titulierten Gepflogenheiten. Umgekehrt aber sorgte die Veröffentlichung von Bildern und Nachrichten dieser Art für die Etablierung eines jugendlichen Status', der sich im ausgehenden 19. Jahrhundert und zu Beginn des 20. Jahrhunderts in den Großstädten flächendeckend zeigte: Hier wollte eine Gruppe von Jugendlichen ihr Leben auf ihre Weise leben und artikulierte ihre materiellen Wünsche – Rauschmittel, Waffen und Kleidung, die sie sich auf legalen und illegalen Wegen zu beschaffen wusste.

Die in Banden organisierten Arbeitslosen und Arbeiter-Jugendlichen nahmen, wie sie selbst verlautbarten, ihr Schicksal in die eigenen Hände. Der Zusammenschluss in Banden und die damit verbundenen Gebietsstreitereien boten eine Möglichkeit, den Sackgassen des Alltags zu entfliehen. Sie rühmten sich, nicht in die Schule zu gehen, betrieben Diebstahl und Hehlerei und verdingten sich auch als Träger, Botenjungen und Straßenverkäufer. Viele von ihnen konnten lesen, und Savage beschreibt einen sich etablierenden Markt von Jugendliteratur, auf dem ab 1890 verstärkt auch Comics und Zeitschriften erschienen, in denen Erwachsene als Feinde dargestellt und von Helden einer Bande erfolgreich bekämpft wurden. Diese Geschichten, die viele Erwachsenen schockierten, fanden reißenden Absatz.

Demgegenüber waren Heranwachsende aus den mittleren und oberen Schichten in den neuen Massenmedien nicht gleichermaßen prominent vertreten. Sie folgten vielmehr den etablierten Angeboten von Religion und Sport; Baseball, Football und Bodybuilding galten in England und in den USA als die wichtigsten Freizeitaktivitäten männlicher Angehöriger der Mittelschicht. Anders als die Heranwachsenden aus den unteren Schichten wurden die Jugendlichen der mittleren und oberen Klassen nicht als eigene Gruppe aufgefasst. Sie wurden in Privatschulen darauf vorbereitet, gesellschaftliche Aufgaben zu übernehmen, und erlebten ihre Jugendphase unter Anleitung und Aufsicht von Erwachsenen. Trotzdem schlugen sich die neuen Entwicklungen zu Beginn des Jahrhunderts auch in Form einer wissenschaftlichen Theorie nieder. 1904 erschien das umfangreiche Werk des Psychologen Stanley Hall mit dem Titel „Adolescence", in dem er die Notwendigkeit begründete, Jugend als Lebensphase allgemein anzuerkennen. Er verstand die neuen Auffälligkeiten Heranwachsender weniger als biologische denn als sozial konstruierte Erscheinungen und forderte die gesellschaftliche Anerkennung und Regelung des Übergangs in das Erwachsenenalter (Hall 1904, S. 12).

Wenig später zeigten sich dann auch in der Mittelschicht neue Formen des Selbstbewusstseins als eigenständige Gruppe. In Deutschland nahm 1901 mit der Gründung des Vereins „Wandervogel – Ausschuss für Schülerfahrten" in Berlin die bürgerliche Jugendbewegung ihren Anfang. Mit dem Ziel, das Wandern in der Natur als Mittel und Zweck neuer Erfahrungen von Ungebundenheit und persönlicher Freiheit zu etablieren, wurde die Idee von jugendlicher Eigentlichkeit und besonderer Kulturalität postuliert. Nach dem Ersten Weltkrieg ging die Wandervogelbewegung in der „Bündischen Jugend" auf, einer Vereinigung verschiedener Organisationen politischer Strömungen der damaligen Zeit, und verlor an zahlenmäßiger wie auch inhaltlicher Bedeutsamkeit. Die meisten Jugendlichen waren in Jugendorganisationen wie den „Verbänden für Leibesübungen" und den christlichen, bürgerlichen und sozialistischen Jugendverbänden organisiert und folgten damit Einrichtungen und Strukturen, die Erwachsene für sie eingerichtet hatten. Nach 1933 wurden selbstständige, von Jugendlichen initiierte Organisierungen verfolgt, ihre Mitglieder zum Teil in Konzentrationslager interniert, und die Hitler-Jugend als staatliche Organisationsform von Jugendlichkeit verpflichtend etabliert (vgl. z.B. Fend 1988, S. 190–202; Jaide 1988; Kerbs/Reulecke 1998; Hermann 2006).

In den USA erschien im September 1944 eine Zeitschrift auf dem Markt, die Demokratie, nationale Identität, altersorientierte Kultur und Konsum mit Zielgruppenmarketing verband: „Seventeen", ein Mix, so lautet der Untertitel, aus „junger Mode & Schönheit, Kino & Musik, Ideen & Menschen". Das Magazin adressierte Jugendliche als Erwachsene in einem Jargon, der bis heute wenig an Aktualität eingebüßt hat. So heißt es beispielsweise in dem ersten Editorial:

> „Ihr müsst den Laden schmeißen, also je früher ihr anfangt, darüber nachzudenken, umso besser. In einer Welt, die sich so schnell und so grundlegend verändert wie die unsere, hoffen wir, euch hiermit ein Forum für eure Ideen bieten zu können" (Savage 2009, S. 457/8).

Die Zeitschrift startete mit einer Erstauflage von 530.000, war ein großer Erfolg und präsentierte und thematisierte vor allem Mode – als Ausdruck des Bedürfnisses der Jugendlichen nach allem, was neu und aufregend war. Die soziologische Reflektion dieser Entwicklung nahm dann kein Geringerer als Talcott Parsons vor. Er verfasste 1942 einen Artikel mit dem Titel „Alter und Geschlecht in der Sozialstruktur der Vereinigten Staaten", in dem er den Begriff „Jugendkultur" zur Beschreibung einer „Reihe von Mustern und Verhaltensweisen" aus dem Vergleich zwischen deutscher und amerikanischer Jugend ableitete. Er konstatierte, dass Heranwachsen in den USA in der Fähigkeit bestünde, an den Mustern der Jugendkultur teilzunehmen, die sich deutlich von denen der Erwachsenen unterscheiden. Dabei vertrat er die Ansicht, dass die amerikanische Jugend „unverantwortlich" sei und dass sie vor allem daran interessiert sei, „sich gut zu amüsieren" (Parsons 1942, S. 91).

Unabhängig von der Wertung, die mit dieser Typisierung verbunden ist, bringt sie zum Ausdruck, dass es den amerikanischen Jugendlichen gelungen war, eine Welt zu schaffen, die sich von derjenigen der Kinder und der Erwachsenen deutlich unterschied: „Teenager waren nun weder mit Heranwachsenden noch mit jugendlichen Straftätern gleichzusetzen. Konsum war das perfekte Gegengewicht zu Aufruhr und Rebellion" (Savage 2009, S. 462). Sukzessive verbreitete sich diese spezifische Kultur dann auch im kriegsgeschüttelten Europa. Als sozial, kulturell und ökonomisch abgegrenztes Lebensalter bezeichneten die Begriffe Teenage und Teenager nicht nur die neu definierte Jugend als etwas Eigenes und Eigenständiges, sondern markierten zugleich auch ein neues Zeitalter. Und so wurde der Begriff des Teenagers in den Zeiten des Wirtschaftswunders auch in Deutschland zum Etikett eines Lebensstils, der sich in der Werbung für den expandierenden Konsumgütermarkt einen festen Platz eroberte. Eine wichtige Rolle spielte dabei die Etablierung einer Zeitschriftenlandschaft speziell für ein jugendliches Publikum, die in drei Rubriken aufgeteilt werden kann:

- die Literatur der „Re-Education", die auf demokratische Tugenden zielte, zu Engagement verpflichten wollte und von den Alliierten lizenziert war (z.B. Zeitschriften wie „Pinguin", Zukunft", „Horizont");
- der „Jugendpflege" und dem „Jugendschutz" verpflichtete Publikationen, die zumeist weltanschaulich gebunden waren und durch Bund und Länder finanziell unterstützt wurden (z.B. Zeitschriften wie „Aufwärts", „Der Fährmann", „Jugend unterm Wort");
- kommerzielle Publikationen, welche die neue populäre Kultur einbezogen und Konsumorientierung propagierten (Hussong 1988, S. 572).

Als erste Zeitschrift des letztgenannten neuen Typs erschien 1953 die Zeitschrift „Rasselbande" mit einer Auflage von 300.000. Sie wurde unterstützt vom „Verein zur Förderung guter Jugendzeitschriften" und verfolgte eher unspektakuläre Themen, war aber bunt aufgemacht und mit Comics illustriert und wirkte als Wegbereiter für die Zeitschrift, die bis heute eine kommerzielle Jugendkultur repräsentiert: die BRAVO. Sie kam im August 1956 auf den Markt und stellte Erzeugnisse amerikanischer Popkultur vor, die in der Bundesrepublik nicht bekannt waren. Mit dem „Starschnitt", eine Art Puzzle eines großformatigen „Star"-Fotos, etablierte die Zeitschrift nicht nur einen bedeutenden Kaufanlass, sondern auch Idole, die tausende von Kinder- und Jugendzimmer schmückten. Die aufgeschlossene Haltung gegenüber Informellen aber hatte ihre Grenzen, wenn es um Alltag und Politik ging, und BRAVO vermied es weitestgehend, zu tagesaktuellen Fragen Stellung zu nehmen (Maase 2005, S. 16).

Parallel zu derartigen Leitbildern entwickelten sich sozialwissenschaftliche Theorien, die die Funktion und Bedeutung dieser neuen, sich gesellschaftlich etablierenden Formen von Jugend samt der mit ihnen verbundenen Normen und Normierungen thematisierte. Ausgewählte vier Ansätze sollen im Folgenden vorgestellt werden.

2.2 Jugend-Theorien: Thematisierungen von „Generation" und „Entwicklung"

Generationstypologische Perspektive: Karl Mannheim 1928

Das Bemühen, Jugend aus einer Generationen-Perspektive zu verstehen, begann im 18. Jahrhundert mit dem Pädagogen und Philosophen Friedrich Schleiermacher. Er begründete 1826 die Vorstellung, dass die Erziehung des Kindes eine familiäre Aufgabe sei, die Erziehung des „Knaben" – also des Adoleszenten – hingegen eine in Teilen öffentliche Angelegenheit sei, mittels derer die „Einwirkung der älteren auf die jüngere Generation" reflektiert und geregelt von statten gehen solle. Schleiermachers Frage „Was will denn eigentlich die ältere Generation mit der jüngeren?" (Schleiermacher 2000, S. 9) fragt nach dem Verhältnis der Generationen zueinander, eine Frage, die der Frankfurter Soziologe Karl Mannheim in einem berühmt gewordenen Aufsatz aus dem Jahr 1928 aufnahm und systematisierte.

Mannheims „formalsoziologische Analyse des Problems der Generationen" (Mannheim 1928) untersucht die Weitergabe kulturellen Wissens und gesellschaftlicher Errungenschaften an die nachfolgenden Generationen im Zusammenhang mit sozialem Wandel. Obwohl Mannheim selbst keine Bezüge zur Jugendforschung herstellte und außer der von Eduard Spranger keine einschlägige Literatur rezipierte, schrieb er seine Überlegungen doch am Ende der Jugendbewegung auf. Seine Vorstellungen zur Generationsbildung gehen davon aus, dass aus benachbarten Geburtsjahrgängen aufgrund der gemeinsam durchlebten historisch-gesellschaftlichen Phase und prägenden Erfahrungen – etwa durch Kriege und politische Systemwechsel – in der Jugend so genannte „Generationseinheiten" entstehen können. Unter solchen Voraussetzungen seien Jugendgenerationen, so die Annahme, gekennzeichnet durch ähnliche Formen der biografischen Erfahrungsverarbeitung. Dabei verwendete und prägte Mannheim eine besondere Begrifflichkeit: Als „Generationenlagerung" bezeichnet er, dass Gleichaltrige gesellschaftliche Erfahrungshintergründe teilen, weil sie in die gleiche historische Zeit hinein geboren sind. Deshalb, so lautet seine Vermutung, entwickeln sie ähnliche kulturelle Stile oder bilden sogar einen gemeinsamen Habitus aus, den Mannheim als „Generationszusammenhang" bezeichnet, und aus dem sich ein „Wir-Gefühl", die von ihm so bezeichnete „Generationseinheit" entwickeln könne.

Generation ist nach Mannheim keine konkrete Gruppenbildung, sondern zunächst ein bloßer Zusammenhang, eine Potenzialität, die eine ebenso „schicksalsmäßig-verwandte Lagerung" im gesellschaftlich-historischen Raum ist wie die auch nicht freiwillig gewählte Klassenzugehörigkeit. Diese Zugehörigkeit beschränkt Individuen auf einen bestimmten „Spielraum möglichen Geschehens" und damit auf eine „spezifische Art des Erlebens und Denkens". Entscheidend für die Formierung von Bewusstsein sei, welche Erlebnisse sich als prägende Jugenderlebnisse niederschlagen und welche dann als weitere Schichten hinzukommen.

Mannheim ging davon aus, dass es für die Aufrechterhaltung und Weiterentwicklung von gesellschaftlichen Ordnungen notwendig ist, „akkumulierte Kulturgüter" in der Generationenabfolge zu übertragen. Mit dieser Anforderung sei jede Gesellschaft konfrontiert, da sich ohne das Neueinsetzen neuer Kulturträger auch der Abgang der früheren Kulturträger nicht vollziehen kann. Es besteht, so lautete seine Überlegung, die schlichte Notwendigkeit eines steten „Tradierens der akkumulierten Kulturgüter", da die Träger eines jeweiligen Generationenzusammenhangs immer nur an einem zeitlich begrenzten Abschnitt der Geschichte teilhaben, Aktualität und Gemeinsamkeiten also nie per se gegeben sind, sondern kulturell erzeugt und durchgesetzt werden müssen. Erst mit Hilfe von gestalteten Generationenbeziehungen stellen Gesellschaften sicher, dass das produzierte Wissen und die entwickelte Kulturalität über die Zeit hinweg eine Chance haben, erhalten zu bleiben. Dabei stellt der Generationenwechsel eine gesellschaftliche Aufgabe dar, die kontinuierlich im Verlauf der Zeit erhalten bleibe und die selbst gesellschaftliche Kontinuität stifte (Karl Mannheim 1928, S. 37). Mannheim postuliert aber, dass weder die einfache Generationenabfolge noch eine lediglich gemeinsame Lagerung (Generationenlage) im historisch-gesellschaftlichen Raum bereits hinreichende Bedingungen für sozialen Wandel durch die nachfolgende Generation darstellen. Erst mit einem auf ähnlicher Erlebnisschichtung beruhenden Generationszusammenhang als „gemeinsames Bewusstsein" sei die Grundlage für ein kollektiv organisiertes (und gegebenenfalls gesellschaftsveränderndes) Handeln als Generationseinheit gelegt. Ein solches „seinsverbundenes Wissen", das Mannheims Generationenbegriff an den Faktor „Lebensalter" mit der Jugendphase als besonders prägenden Lebensabschnitt und der jeweiligen historischen Situation koppelt, liefert in seiner generationstypischen Aneignung den zentralen Schlüssel zum Verständnis von „Jugend und gesellschaftlichem Wandel".

Dazu entwickelt er aber keinen Erziehungsbegriff, der eine bewusste Steuerung der Kulturvermittlung zwischen den Generationen vornimmt. Er vertritt stattdessen ein Konzept von Sozialisation und Enkulturation, spricht vom „Einsickern" der selbstverständlichen und praktikablen „Einstellungen und Gehalte". Diesen Prozess der Enkulturation von Generation zu Generation umschreibt er wie folgt:

> „Alle jene Gehalte und Einstellungen, die in der neuen Lebenssituation unproblematisch weiterfunktionieren, die den Fond des Lebens ausmachen, werden unbewusst, ungewollt vererbt, übertragen; sie sickern ein, ohne dass Erzieher oder Zögling davon etwas wüssten (...) Deshalb ist auch jener Fond, der in der ersten Jugendzeit durch ‚Milieuwirkung' einfach einsickert, oft die historisch älteste Schicht im Bewusstsein, die als solche die Tendenz hat, sich als natürliches Weltbild festzulegen und zu stabilisieren" (Mannheim 1928, S. 42).

In einem Rückblick auf Mannheims Ansatz moniert der Soziologe Joachim Matthes, dass Mannheim zwar Generationsbildungsprozesse thematisiere, nicht jedoch Verhältnisse *zwischen* den Generationen (Matthes 1985). In dieser Tradition, so kritisierte auch Walter Hornstein, verkürze die Jugendforschung die zu untersuchenden Themen (Hornstein et al. 1999). Dabei geraten die relevanten Fragen nach der „Struktur und Qualität generationeller Verhältnisse" sowie danach, „wie ihre Beziehungen organisiert sind", aus dem Blickfeld (ebd., S. 58). Der Soziologe Mark Szydlik zog in seinem Überblick zur Generationenforschung das Fazit, dass die gängigen Konzepte entweder familiale *oder* gesellschaftliche Generationen thematisieren und theoretisch unterschiedlich ausgerichtet sind. Aufgrund dessen haben sich zwei divergierende Forschungsrichtungen entwickelt. Während die Generationenbeziehungen hauptsächlich für den familialen Raum untersucht werden, findet für die außerfamilialen

– insbesondere politischen – Determinationen vorwiegend der Generationsbegriff im Mannheim'schen Sinne Verwendung. Die gesellschaftliche „Struktur und Qualität generationeller Verhältnisse" der Jugend oder Adoleszenz hingegen werden bis heute eher weniger thematisiert (Szydlik 2001).

Identitätstheoretische Perspektive: Erik H. Erikson 1946

Eriksons Modell einer gestuften individuellen Entwicklung basiert auf der Theorie der Ontogenese der Psychoanalyse Sigmund Freuds. Diese erweiterte er dahingehend, dass er ein Modell lebenslanger Entwicklung konzipierte und sich damit vom Primat der Bedeutung der frühen Kindheit in der klassischen Psychoanalyse distanzierte. In seinem „epigenetischen Diagramm" unterteilt Erikson das menschliche Leben in acht Phasen, in deren Mittelpunkt jeweils als typisch deklarierte Krisen stehen, die in Auseinandersetzung mit der Umwelt überwunden werden sollen.

> „Alles, was wächst, (hat) einen Grundplan, dem die einzelnen Teile folgen, wobei jeder Teil eine Zeit des Übergewichts durchmacht, bis alle Teile zu einem funktionierenden Ganzen herangewachsen sind" (Erikson 1946, S. 57).

Erikson verstand sein Modell als kulturübergreifend und war der Ansicht, dass lediglich die Art und Weise, wie Krisen erlebt und überwunden werden, kulturell variieren. Seine Einteilung des menschlichen Lebens in Phasen bestimmt er über „Zonen, Modi und Modalitäten" (Erikson 1968, S. 66), die er in Anlehnung an die psychoanalytische Entwicklungstheorie formuliert. Die „Zonen" entsprechen den drei Körperöffnungen Mund, After, Genitalöffnungen einschließlich ihrer Steuerung durch das zentrale Nervensystem, die „Modi" sind die Art und Weise, in der Heranwachsende auf die Reize der „Zonen" reagieren und sich dazu verhalten, und als „Modalitäten" werden die Formen sozialer Wechselwirkung zwischen Kind und Umwelt bezeichnet.

Für die Phase der Adoleszenz, die fünfte in Eriksons Modell, stellt Erikson die Thematik „Identität vs. Identitätsdiffusion" in den Mittelpunkt: Mit dem Beginn der sexuellen Reife gehe die Kindheit zu Ende, und die körperlichen Veränderungen und die damit verbundenen Reaktionen der Umwelt führen dazu, dass Heranwachsende sich verstärkt mit sich selbst beschäftigen, ihre soziale Umwelt und die bisherigen Prioritäten in Frage stellen, und anfangen, sich neu in der Welt zu positionieren. Die „Ich-Identität", die sich nach der krisenhaften Zeit der Adoleszenz heraus bilden soll, entwickelt sich, so die Eriksonsche Vorstellung, auf Basis der Identifikationen und Fertigkeiten früherer Phasen. Sie baut auf dem „Vertrauen" der ersten Lebensphase auf und verknüpft Inhalte der frühen Kindheitsphasen mit denen der Latenzzeit. Dabei führe die Ungewissheit der adoleszenten Situation bezüglich zukünftiger Rollen und Aufgaben sowie die Schwierigkeiten, die eigenen körperlichen Veränderungen und ihre Bedeutung für das eigene Selbst zu verstehen, dazu, dass mit der Phase der Adoleszenz Beunruhigung und Unsicherheit verbunden sind; Erikson spricht hier von „Identitätsdiffusion", von dem drohenden „Verlust der Individualität" und der „Unfähigkeit, sich auf eine berufliche Identität festzulegen" (Erikson 1968, S. 135).

Die mit dieser Phase verbundene Diskrepanz zwischen biologischer und sozialer „Reife" ist zentraler Bestandteil der individuellen, intersubjektiven wie auch gesellschaftlichen Verunsicherung, und damit macht Erikson deutlich, dass er das jeweilige Verhältnis von individuellkörperlicher Entwicklung einerseits und der gesellschaftlichen Reaktion, Bewertung und

Institutionalisierung der körperlichen Entwicklung andererseits als bestimmend für die Ausgestaltung der Entwicklungsphase Adoleszenz ansieht.

Eriksons Konzept ist trotz seiner normativen und generalisierenden Anteile bis heute ein Bezugspunkt des Verstehens von adoleszenter Entwicklung. Es bietet eine Folie für die Betrachtung der Lebensphase Jugend in ihren vielfachen Wechselwirkungen zwischen individuellen Momenten, intersubjektiven Aushandlungen und gesellschaftlichen Erwartungen und Vorgaben, die anders als die meisten jugendsoziologischen Betrachtungen eine Subjekt bezogene Sichtweise in den Mittelpunkt stellt. Trotz dieser Ausrichtung hält Eriksons Konzept auch die gesellschaftlichen Einflüsse und Strukturierungen auf die Entwicklung, auf die Sozialisation und Biografie von Individuen fest. Zwar sind diese in seinem Konzept statisch und normativ festlegt und in ihren inhaltlichen Bestimmungen teilweise wenig aktuell und für die heutige Zeit unpassend, bringen aber in Erinnerung, dass gesellschaftliche Anforderungen und Zwänge Bestandteil des Aufwachsens sind und dass ihre Wirkung und Prägung auch als Bestandteil eines Konfliktes zwischen den Generationen analysiert werden sollte.

Strukturfunktionalistische Perspektive: Shmuel N. Eisenstadt 1956

Auf der Basis des strukturfunktionalistischen Ansatzes von Talcott Parsons entwickelte Shmuel N. Eisenstadt 1956 seine Überlegungen zum Thema „Von Generation zu Generation". Er will mit dieser Schrift sowohl empirisches und ethnologisches Material über jugendliche Verhaltensweisen aufarbeiten als auch einen Beitrag zum Verständnis der Stabilität und Kontinuität sozialer Systeme leisten. Sein Ansatz sucht die Frage zu klären, unter welchen sozialen Bedingungen sich Altersgruppen bilden, und welche Bedeutung diese Gruppen sowohl für die Gruppenmitglieder als auch für die Gesellschaft haben und welche sozialen Funktionen sie erfüllen.

Er argumentiert, dass in modernen komplexen Gesellschaften Rituale und Institutionen nicht mehr ausreichen, um den kulturellen Bestand und den Erhalt der gesellschaftlichen Struktur zu sichern. Deshalb würden Gleichaltrigengruppen wichtig, deren soziale und gesellschaftliche Funktion darin bestehe, dass sie Heranwachsende darauf vorbereiten, gesellschaftliche Verhaltensanforderungen zu bewältigen, die sich von denen in Familien und Verwandtschaftsbeziehungen prinzipiell unterscheiden. Familien und Verwandtschaftsbeziehungen sind, so Eisenstadt, durch persönliche, diffuse, affektive und partikularistische Verhaltensorientierungen gekennzeichnet; in gesellschaftlichen Beziehungen seien dagegen unpersönliche, spezifische, affektiv-neutrale und universalistische Prinzipien vorherrschend. Zudem werden in der Familie soziale Positionen zugewiesen, in anderen gesellschaftlichen Bereichen müssen diese Positionen durch Leistungen erworben werden.

In Gleichaltrigengruppen nun, so lautet die Annahme Eisenstadts, werden zum einen solidarische Gruppenbeziehungen auf der Grundlage ähnlicher Erfahrungen und Bedürfnisse gebildet, die zugleich emotionale Bindungen schaffen, die eine Ablösung von der Herkunftsfamilie erleichtern. Zum zweiten stellen altershomogene Gruppen Jugendliche vor die Aufgabe, Beziehungen zu bislang unbekannten Personen einzugehen und in Zusammenhängen zu handeln, in denen funktional spezifische Rollenerwartungen bedeutsam sind und in denen von persönlichen Besonderheiten weitgehend abgesehen wird. Damit unterscheiden sich die altershomogenen Gruppen-Beziehungen maßgeblich von der Primärgruppe Familie, in der nur gering differenzierte, persönliche Beziehungen existieren. Altershomogene Gruppen, die sogenannten Peers, so schlussfolgert Eisenstadt, bilden demzufolge eine „interlinking sphere" zwischen primärem familialem und sekundärem, außerfamilialem Sozialisationsbereich (Eisenstadt 1956, S. 45).

Verbunden mit den Unterschieden zwischen familialen und außerfamilialen Kommunikations- und Interaktionszusammenhängen sei zudem, dass sie Identifikations- und Solidaritätsprobleme mit sich brächten. Bei den zunächst vor allem familial sozialisierten jugendlichen Individuen existierten Defizite bei Verhaltensweisen und Wertorientierungen, die es ihm erschweren, die volle Mitgliedschaft und Anerkennung im sozialen Gefüge der Gesellschaft zu erwerben. Eisenstadt schreibt:

> „In universalistischen Leistungsgesellschaften (wie etwa in der modernen amerikanischen Gesellschaft) kann ein Einzelner nicht den vollen Status erreichen, wenn er sein Verhalten bei der Arbeit nur nach den zugeschriebenen partikularistischen Kriterien des Familienlebens ausrichtet; ein solches Verhalten würde sich als Spannungsmoment im sozialen System erweisen" (Eisenstadt 1956, S. 37).

Dies mache eine Distanzierung von den Sozialisationsinhalten der Familie erforderlich und verlange den Erwerb von Verhaltensmustern und Orientierungen, die dem Gesellschaftssystem angemessen sind, und so entwickele das Individuum „Bedürfnispositionen für eine neue Art von Interaktion mit anderen Individuen, die ihm den Übergang erleichtern" (ebd., S. 39). Die neue Art von Beziehungen, die altershomogene Gruppen Jugendlichen bieten, sind nach anderen, diffusen und zugewiesenen Kriterien geregelt und haben auch, so Eisenstadts These, eine Tendenz zur Solidarität aufgrund der strukturellen Ähnlichkeit der Lebenssituation:

> „Ihre Funktion liegt in der Ausweitung der Solidarität des Verwandtschaftssystems auf das ganze Sozialsystem, und zwar durch die Betonung einer diffusen Altersgruppenmitgliedschaft" (ebd., S. 45).

Mit der Akzentuierung der Unterschiede zwischen familialen und außerfamilialen Kommunikations- und Interaktionszusammenhängen benennt Eisenstadt eine gesellschaftsstrukturelle Bedingung für das Verständnis von Jugend als Übergangsphase. Zugleich macht er damit sichtbar, dass mit und in dieser Transitionsphase auch die Entstehung von Jugendgruppen und Jugendkulturen befördert wird. In seiner struktur-funktionalistischen Perspektive ist Jugend notwendigerweise ein institutionalisierter Übergangsbereich, in dem individuelle Persönlichkeiten integriert und soziale Systeme stabilisiert werden. Aus der Perspektive dieses theoretischen Ansatzes kann Jugend nicht zum gesellschaftlichen Problem werden, „im Gegenteil: Jugend löst gesellschaftliche Probleme, löst Folgeprobleme der wachsenden Differenzierung des sozialen Systems, indem sie das reibungslose Lernen des gesamtgesellschaftlichen Normen- und Wertsystems beim Übergang in den sekundären Bereich ermöglicht" (Griese 2007, S. 111). Damit ist zwar ein grundlegender gesellschaftlicher Mechanismus in der Wechselbeziehung zwischen Generation und Entwicklung benannt, über dessen konkrete Abläufe und Prozesse samt der dabei möglicherweise auftretenden Konflikte und Krisen aber wenig gesagt. Eisenstadt charakterisiert hier das Prinzip, nicht den Prozess generationeller Zusammenhänge (siehe auch Eisenstadt 2006).

Gegenwartsanalytische Perspektive: Helmut Schelsky 1957

Schelskys Bestandsaufnahme der deutschen Jugend nach 1945 bedient sich empirischer Materialien und beabsichtigt, einen „soziologischen Beitrag zur Jugendkunde" zu formulieren. Er unterscheidet einen „gesamtgesellschaftlichen Aspekt" der Thematik von einem „jugendsoziologischen Aspekt", die er mit den Fragen „Was bedeutet die Jugend für die Gesellschaft?" und „Was bedeutet die Gesellschaft für die Jugend?" (Schelsky 1957, S. 25) verknüpft und dazu nutzen will, jugendliches Verhalten aus sozialen Faktoren heraus zu erklären. Dabei hält er „soziale Grundgebilde" (Familie, Geschlechterrollen, öffentliche Ordnung, überfamiliäre Herrschaftsinstitutionen), die „epochale Sozialstruktur" (die Gesellschafts- und Produktionsformen, z.B. als postindustrielle Gesellschaft) sowie die „zeitgeschichtliche-politische Situation" für zentrale Faktoren des jugendlichen Verhaltens und veranschaulicht die Bedeutung dieser Bedingungskonstellation am Beispiel der Geburtsjahrgänge der 1920er und frühen 1930er Jahre, die als HJ-Generation, als Flakhelfer-Generation oder einfach als Kriegsgeneration bezeichnet wurden.

Seine Charakterisierung dieser Kohorten als „Skeptische Generation" wurde zum Synonym für das Selbst- und Fremdbild der Jugendlichen, die 1945 materiell und mental vor einer Welt in Trümmern stand. Schelsky zeigt, dass diese Jugendlichen die von Hitler endgültig diffamierten und zerstörten Begriffe Frieden und Demokratie gar nicht oder nur negativ besetzt in ihrem Denken mitführten, und dass sie aber trotzdem – allerdings mit der Hilfe der Alliierten – zu einer tragenden Kraft im langfristigen „Aufbau des Friedens" wurden. Er liefert in seinem Werk ein Panoramabild, das diese Jugend-Generation nicht nur in Familie, in Arbeit, Beruf, Schule und Freizeit zeigt, sondern auch sozial nach den Teilgruppen der bürgerlichen, akademischen, weiblichen, Arbeiter-, Flüchtlings- und Landjugend differenziert. Als übergreifendes Moment aber beschreibt er:

> „Diese Generation ist in ihrem sozialen Bewusstsein und Selbstbewusstsein kritischer, skeptischer, misstrauischer, glaubens- oder wenigstens illusionsloser als alle Jugendgenerationen vorher, sie ist tolerant, wenn man die Voraussetzung und Hinnahme eigener und fremder Schwächen als Toleranz bezeichnen will, sie ist ohne Pathos, Programme und Parolen. Diese geistige Ernüchterung macht frei zu einer für die Jugend ungewöhnlichen Lebenstüchtigkeit. Die Generation ist im privaten und sozialen Verhalten angepasster, wirklichkeitsnäher, zugriffsbereiter und erfolgssicherer als je eine Jugend vorher. Sie meistert das Leben in der Banalität, in der es sich dem Menschen stellt, und ist darauf stolz. ... [W]as sich auch ereignen mag, diese Generation wird nie revolutionär, in flammender kollektiver Leidenschaft auf die Dinge reagieren. Sie trägt kein Bedürfnis in sich, elitäre Gemeinschaften zu stiften oder Ordnungsprinzipien zu verwirklichen. Sie wird alles Kollektive ablehnen, ohne daraus ein Gegenprogramm zu machen. ... Aber wie die revolutionäre Haltung verschwindet, so auch die eigentlich traditionalistische oder konservative: die strengen Formen sind allzu zerstört, als dass man sie noch im Ernst bewahren könnte. ... Man wird sich auf keine Abenteuer einlassen, sondern immer auf die Karte der Sicherheit setzen, des minimalen Risikos, damit das mühselig und glücklich wieder Erreichte, der Wohlstand und das gute Gewissen, die gebilligte Demokratie und die private Zurückgezogenheit, nicht wieder aufs Spiel gesetzt wird. In allem, was man so gern weltgeschichtliches Geschehen nennt, wird diese Jugend eine stille Generation werden, eine Generation, die sich damit abfindet und es besser weiß als ihre Politiker, dass Deutschland von der Bühne der großen Politik abgetreten ist. Eine Generation, die sich auf das Überleben eingerichtet hat" (Schelsky 1957, S. 488).

Bis heute dient Schelskys Buch sowohl der Jugendforschung wie auch einer historisch reflektierenden Öffentlichkeit immer wieder als Fokus der Analyse und Erinnerung von NS-, Kriegs- und Nachkriegszeit. Auch markiert das Bild und Selbstverständnis der „Skeptischen Generation" einen Teil des mentalitäts- und generationsgeschichtlichen Referenzrahmens der Konflikte um die Studentenproteste 1968. Denn nicht wenige Angehörige der älteren und mittleren westdeutschen Jahrgänge erlebten und interpretierten „1968" als „Angriff" auf die „Skeptische Generation" (Kersting 2002, S. 492). Vorausgegangen war dem Erscheinen des Buchs 1956/57 eine Welle so genannter Halbstarken-Krawalle, bei denen sich vor allem Arbeiterjugendliche nach Konzerten und Film-Besuchen Pöbeleien, Randale und Straßenschlachten mit der Polizei geliefert hatten. Schelskys Angebot einer Standortbestimmung der jungen Generation bediente hier ein Informationsbedürfnis vieler irritierter Erwachsener.

Neben dem thematisch-erklärenden Gehalt dokumentieren die skizzierten Jugendtheorien die vorherrschenden Sichtweisen auf gesellschaftliche Probleme und Fragen der Zukunft. Sie spiegeln auch die Besorgnisse und Fragen von Erwachsenen, die am Thema Jugend veranschaulicht und reflektiert werden. Das, was als Aufgabe, Ziel und Funktion von Jugend deklariert wird, ist zugleich ein Hinweis auf das, was im Prozess gesellschaftlicher Veränderungen als schwierig, problematisch oder bedroht erscheint: die Kontinuität kultureller Güter und gesellschaftlicher Konventionen und Werte, Persönlichkeiten und gefestigte Identitäten, Flexibilität und die Fähigkeit, sich Neuem anzupassen sowie Frustrationstoleranz und Pragmatik als Reaktion auf Schuld und Verbrechen.

Eine solche quasi-seismografische Funktion erhält Jugend auch durch eine Form der Jugendforschung, die auf der Basis von Umfragen basiert. Diese begann nach dem Ende des Zweiten Weltkriegs, wurde im Zuge des Besatzungsziels Demokratisierung und Re-Education in Form von „surveys" durchgeführt und hatte nicht zuletzt auch eine institutionelle und finanzielle Förderung der Sozialwissenschaften zur Folge (Gerhardt 2005). Beispielsweise finanzierte die Rockefeller-Foundation 1946 die Gründung der Sozialforschungsstelle Dortmund, ein großes Institut, das viele Umfragestudien zur Situation im Nachkriegsdeutschland durchführte und an dem auch Helmut Schelsky arbeitete. Das Neue der empirischen Sozialforschung – die statistisch validen Methoden von Datenerhebung, Datenaufbereitung und Datenanalyse – wurde ab 1950 auch in der Jugendforschung eingesetzt. Die erste bundesweite Repräsentativstudie über Jugend wird 1952 vom Deutschen Gewerkschaftsbund initiiert und unter der Wissenschaftlichen Leitung von Helmut Schelsky durchgeführt (Deutscher Gewerkschaftsbund/Sozialwissenschaftliche Arbeitsgemeinschaft zur Erforschung von Jugendfragen 1952). Parallel dazu wuchs das Interesse an Teilgruppen, wie zum Beispiel an der Arbeiter-Jugend oder der Land-Jugend (siehe z.B. Wurzbacher et al. 1958; Wollenweber/Planck 1956).

2.3 Konstruktionen der empirischen Sozialforschung

In den 1950er Jahren kursierten neben dem Topos vom konsumorientierten Teenager und dem pragmatischen Skeptiker auch Vorstellungen vom traumatisierten Kriegskind, vom rebellischen Halbstarken und dem prärevolutionären Studenten. Diese Bandbreite von Bildern, die von der Jugend der frühen Bundesrepublik gezeichnet wurden, werfen die Frage auf, was sich in diesen Bildern eigentlich transportiert: die wandelnden Erwartungen der Gesellschaft an die nachkommende Generation, ein Abbild der Pluralität jugendlicher Lebensformen oder die Verallgemeinerung von ursprünglich auf spezifische Fragestellung ausgerichteten Forschungsergebnissen? In der Vielzahl der Bilder und Typisierungen verschwimmt die Unterscheidung zwischen Jugend und Jugendbildern; ein Problem, das auch in der Wissenschaft thematisiert wurde. Schon 1935 sprach der Adoleszenzforscher Siegfried Bernfeldt von „jene(r) unerschöpfliche(n) Fülle von Verlaufsformen, welche die Verzweiflung des Wissenschaftlers bildet, der eine einheitliche Form für die Pubertät sucht" (Bernfeld 1935, S. 360), und der Soziologe Erwin Scheuch hielt fest, dass die untersuchten Jugendlichen in völlig unterschiedlichen Welten lebten, und kam zu dem Schluss „Die Jugend gibt es nicht" (Scheuch 1975, S. 54).

Trotzdem etablierte sich in den 1950er Jahren eine Vorgehensweise, die auf eine Produktion von Typisierungen und Verallgemeinerungen abzielt. Die empirische Sozialforschung, insbesondere die Umfrageforschung, hielt Einzug in die Jugendforschung und damit setzte sich die Vorstellung durch, dass die „Wirklichkeitswissenschaft Soziologie" ein geeignetes Instrument zur Verfügung habe, die „tatsächlichen" Einstellungen und Verhaltensweisen von Bevölkerungsgruppen „objektiv" und „repräsentativ" zu erheben. Die Jugendforschung erhielt so eine neue Funktion: Sie sollte in der Wiederaufbaugesellschaft der 1950er Jahre anwendungsbezogene Forschung leisten – dies zeigte sich beispielsweise in Slogans wie „Jugend von heute – Gesellschaft von morgen" – dem Titel einer Vortrags- und Diskussionsveranstaltung der Gesellschaft für Sozialen Fortschritt am 29. Mai 1957 in Berlin (vgl. Janssen 2010, S. 76ff).

Den Anfang bildete die erste EMNID-Umfrage unter Jugendlichen 1952, die ab 1953 von der Deutschen Shell finanziert wurde. Die Deutsche Shell AG verfügte über ein Jugendwerk, das Jugendverkehrsschulen einrichtete und Studienfahrten und Kinderverschickungsaktionen durchführte und sich von der Finanzierung der Studie eine Option auf Werbung und Imagepflege versprach. Der Mineralölkonzern sicherte zu, keinerlei Einfluss auf die Studie zu nehmen und Anlage, Durchführung und Auswertung in den Händen der Sozialforscher zu belassen, war jedoch an der öffentlichkeitswirksamen Besprechung der Erhebungsergebnisse interessiert (vgl. EMNID I, S. 5; Zinnecker 1985, S. 417–427; Allerbeck/Hoag 1986; Zinnecker 2001; Liebel 2008). Seither wird in bislang sechzehn Studien in regelmäßigen Abständen eine sogenannte Shell-Jugend-Studie auf der Basis von Repräsentativbefragungen unter Jugendlichen zwischen 12 und 25 Jahren, ergänzt um Leitfadengestützte Interviews zu ausgewählten Aspekten und Fragen durchgeführt. Sie gilt als Stimmungsbarometer der jeweiligen Jugend-Generation und Trend-Indikator. Dabei handelt es sich um keine Langzeitstudie, obwohl die Abfolge dies suggerieren könnte. Eine Auflistung von Erscheinungsjahren und Themenstellungen der Shell-Studien (vgl. Shell 2002) veranschaulicht die Konjunkturen und Schlaglichter, die diese Studien warfen.

- 1952: „Jugend zwischen 15 und 24. Eine Untersuchung zur Situation der deutschen Jugend im Bundesgebiet" fragte nach den Einstellungen Jugendlicher zum Nationalsozialismus und nach ihrer Beurteilung der Demokratie und sammelte Daten zur sozialen, beruflichen und ökonomischen Situation von Jugendlichen;
- 1955: „Jugend zwischen 15 und 24: Zweite Untersuchung zur Situation der deutschen Jugend im Bundesgebiet" befragte eine „Jugend in der Ära des Wiederaufbaus" u.a. nach „seelischen Problemen", Vorbildern und bewunderten Persönlichkeiten sowie der Bedeutung von Sport. Sie dokumentiert eine nüchterne Jugend;
- 1966: „Jugend – Bildung und Freizeit: Dritte Untersuchung zur Situation der Deutschen Jugend im Bundesgebiet" war die erste Shellstudie mit einem thematischem Schwerpunkt. Sie fragte nach dem Verhältnis der Jugend zu Erwachsenen, nahm die Familie als Ort von Sozialisation und als Ort der Freizeitgestaltung und eruierte dabei auch die Bedeutung und Wirkung der Massenmedien (Fernsehen);
- 1974: „Die Einstellung der jungen Generation zum Unternehmer in seinem wirtschafts- und gesellschaftspolitischen Umfeld" fand heraus, dass den Befragten „persönliche Frei-

heit" und Verdienstchancen sehr wichtig waren, dass die Leistungsgesellschaft als positiv eingeschätzt wurde, und dass die politischen Forderungen der Jugendlichen auf „Verbesserung des Umweltschutzes", „Reform der Bildungssysteme", „Ausweitung der Arbeitnehmerbestimmungen und Schaffung neuer Arbeitsplätze" konzentriert waren;

- 1974: „Die Einstellungen der jungen Generation zur multinationalen Gesellschaft";
- 1975: „Jugend zwischen 13 und 24: Vergleich über 20 Jahre" diskutierte die Frage nach dem Beginn und dem Ende der Jugend und fragte Jugendliche nach dem Erleben von Jugendlichkeit. Sie konstatierte Unterschiede in wesentlichen Bereichen des Lebensstils und der Einstellung gegenüber Elternhaus, Schule Beruf oder Politik zwischen den Jugendlichen 1975 und denen von vor zehn und vor zwanzig Jahren;
- 1977: „Jugend in Europa: ihre Eingliederung in die Welt der Erwachsenen. Eine vergleichende Analyse zwischen der Bundesrepublik Deutschland, Frankreich und Großbritannien";
- 1980: „Die Einstellung der jungen Generation zur Arbeitswelt und Wirtschaftsordnung 1979" erfragte die Zufriedenheit mit der Marktwirtschaft, Anforderungen in der Schule und dem Beruf, wirtschaftliche Zukunftserwartungen, Hinderungsgründe des individuellen Aufstiegs, Gründe der Jugendarbeitslosigkeit, Bedeutung und Einflussmöglichkeiten von Gewerkschaften;
- 1981: „Jugend '81: Lebensentwürfe, Alltagskulturen, Zukunftsbilder" erfragte die Wahrnehmung der jungen Generation von sich selbst und beschrieb jugendliche Alltagskulturen. Erstmals wurden auch Eltern befragt;
- 1985: „Jugendliche und Erwachsene '85. Generationen im Vergleich" konstatiert das jugendliche Engagement in der Friedensbewegung und der Hausbesetzer-Szene;
- 1992: „Jugend '92. Lebenslagen, Orientierungen und Entwicklungsperspektiven im vereinigten Deutschland" ermittelt bei 50 Prozent der Befragten optimistische Zukunftsperspektiven;
- 1997: „Zukunftsperspektiven, gesellschaftliches Engagement, politische Orientierung" fragt nach den Gefühlen die Arbeitslosigkeit und die Zukunftsperspektiven betreffend und macht Ungewissheit, Druck und Angst sichtbar. Jugendkulturen sollen keinen Gegenentwurf darstellen, sondern dienen als Zufluchtsorte;
- 2000: „Jugend 2000". Erstmals wurden ausländische Jugendliche in allen Phasen der Untersuchung mit einbezogen. Die Studie wirft Schlaglichter auf einzelne Bereiche und dokumentiert Positionen zu ausgewählten Fragen, z.B. Familie und Beruf: kein Gegensatz, aber Probleme für junge Frauen; Werte: Gesellschaft der Zwischentöne statt Schubladendenken;
- 2002: „Jugend 2002" dokumentiert erstmals Porträts einzelner engagierter Jugendlicher und zeichnet insgesamt ein pragmatisches Bild der Jugendlichen, die an Aufstieg statt an Ausstieg orientiert, optimistisch und offen gegenüber Europa und Globalisierung eingestellt sind;
- 2006: „Jugend 2006 – Eine pragmatische Generation unter Druck" veranschaulicht die Rolle von Bildung, die Leistungsstärke von Mädchen, die Absage an politischen Extremismus;
- 2010: „Jugend 2010 – 16. Shell Jugendstudie. Eine pragmatische Generation behauptet sich": Trotz Finanz- und Wirtschaftskrise blickt die befragte Generation optimistisch in die Zukunft; die Zuversicht derjenigen aus sozial schwachen Haushalten ist dagegen weiter gesunken.

Die Studien fragen, wie die meisten Jugendsurveys, nach Vorbildern, nach demokratischen Überzeugungen und nach Formen und Aktivitäten jugendlicher Gemeinschaften. Ihre jeweiligen Schwerpunktsetzungen bilden zugleich gesamtgesellschaftliche Fragen und Entwicklungen ab; beispielsweise spiegelt die Ausrichtung der Studie aus dem Jahr 1966 auf Bildung und Freizeit die Debatte um Georg Pichts Thesen von der Bildungskatastrophe oder auch die deutsche Rezeption von David Riesmans Buch „The Lonely Crowd", in dem das Thema Freizeit ein zentrales Analysefeld darstellt (Picht 1964; Riesman 1958). In den 1970er Jahre rücken in der Folge der Studentenbewegung die Themen Jugendprotest und Jugendkultur auf die Themenliste und die Shell-Studie von 1975 erkundet neue Lebensstile und die Frage nach der Akzeptanz des demokratisch-kapitalistischen Wertesystems und beschreibt eine überwiegende Tendenz zur Systemakzeptanz und zugleich ein latentes Protestpotenzial und eine starke Politisierung der Jugendlichen. Ein Jahrzehnt später betont angesichts von atomarer Bedrohung, Umweltzerstörung und schwieriger Bildungs- und Berufsaussichten die 9. Shell-Studie von 1981 den ausgeprägten Zukunftspessimismus der jüngeren Generation; zum ersten Mal seit den 1950er Jahren wird Jugendarbeitslosigkeit wieder zum Thema. Den Mauerfall 1989 bildet die vergleichende Untersuchungen von in zwei verschiedenen politischen Systemen sozialisierten Jugendlichen ab, in der die ostdeutschen Jugendlichen – in Parallele zu den 1950er Jahren – auf ihr demokratisches Potenzial hin befragt werden. Die ab Mitte der 1990er Jahre zunehmend auftretenden Probleme von Arbeitslosigkeit und Lehrstellenmangel werden in der 12. Shell-Studie von 1997 subjektiv gewendet: „Nicht die Politikverdrossenheit der Jugend, die Jugendverdrossenheit der Politik wird hier zum Thema" (Jugendwerk der Deutschen Shell 1997, S. 17). Im 21. Jahrhundert illustrieren die Shell-Studien eine auch für wissenschaftliche Studien gewachsene Anforderung, sich öffentlichkeitswirksam und mediengerecht zu präsentieren, die sich in Form einer Zunahme plakativer Labels zeigt. In der 14. Shell-Jugendstudie von 2002 werden die Jugendlichen in zwei etwa gleich große Gruppen von potenziellen Gewinnern und potenziellen Verlierern geteilt. Die Gruppe der Gewinner wiederum teilt sich auf in die „selbstbewussten Macher" als „Leistungselite" und die „pragmatischen Idealisten" als „Engagementelite" (Deutsche Shell 2002, S. 20). Insgesamt konstatiert die 14. Shell-Jugendstudie (2002) eine Konvergenz von „pragmatischem Idealismus" und „robustem Materialismus", die Jugendlichen des neuen Jahrtausends seien vor allem Technik-Optimisten, interessieren und engagieren sich nach einem „Sampling-Prinzip". Diese Tendenz wird dann in der 15. Shell-Studie von 2006 akzentuiert, indem von einer „pragmatischen Generation unter Druck" die Rede ist, und 2010 im Untertitel „eine pragmatische Generation setzt sich durch" fortgesetzt.

Diese Zunahme an Generationsetikettierungen steht im Widerspruch zu den Zeitdiagnosen von Enttraditionalisierung und Pluralisierung, da eine Vielfalt von Sozialität die typisierende Charakterisierung schwieriger, wenn nicht gar unwahrscheinlich werden lässt. Schon am Ende des 20. Jahrhunderts konstatierte der Jugendforscher Wilfried Ferchhoff, dass aufgrund der Vervielfältigungen der Lebensläufe von einer Homogenität, wie sie der Begriff Generation impliziere, nicht mehr ausgegangen werden könne (Ferchhoff 1999). Dies legt die Frage nahe, was in den Shell-Studien denn eigentlich erfasst – oder auch konstruiert – wird und verweist auf eine alte soziologische Auseinandersetzung um die Rolle und Bedeutung der standardisierten Sozialforschung. Diese bestand – plakativ gesprochen darin – dass eine Seite die Position vertrat, dass aus Empirie potenziell Ideologie werde, und die andere Seite der Auffassung war, dass Umfragen ein reflexives Steuerungs- und Legitimationswissen lieferten. Bereits in den 1950er Jahren kritisierte der Soziologe Wilhelm Hennis die Anfänge der

Umfrageforschung in der Bundesrepublik als grundlegenden Wechsel der Methoden und Ziele wissenschaftlicher Erkenntnis. Er war der Ansicht, dass der Typ des Befragungstechnikers den „philosophisch und historisch gebildeten, über umfangreiche Allgemeinkenntnisse verfügenden Soziologen" (Hennis 1957, S. 62) zu ersetzen beginne, und monierte:

> „Der Bruch der empirisch-quantifizierenden Arbeitsweise mit der älteren Tradition muß zur Verdunkelung aller wissenschaftsgeschichtlichen Zusammenhänge führen. Die Folgen sind Schrumpfung der Probleme auf die mit den neuen Instrumenten zu lösenden einerseits, Fehlurteile über die eigene Stellung im Rahmen der Wissenschaftsgeschichte andererseits" (Hennis 1957, S. 15/6).

Heute ist die „Stellung" der Umfrageforschung „im Rahmen der Wissenschaftsgeschichte" eindeutig; sie findet als Diagnose- und Orientierungsinstrument breite Anwendung, was sich auch darin zeigt, dass diese Art der Informationsbeschaffung seit 1965 im § 84 SGB VIII sogar gesetzlich verankert ist:

In jeder Legislaturperiode wird im Auftrag der Bundesregierung ein Kinder- und Jugendbericht durch eine unabhängige Sachverständigen-Kommission erstellt. Die Geschäftsführung für die Berichte liegt beim Deutschen Jugendinstitut e.V. in München. Bislang sind 13 Berichte erschienen, die jeweils mit unterschiedlichen Schwerpunktsetzungen, die Situation von Kindern und Jugendlichen darauf hin betrachten, welcher Unterstützung diese Gruppe durch die Politik bedarf. Die in den Jahren 1965, 1968, 1972, 1978, 1980, 1984, 1986, 1990, 1994, 1998, 2002, 2006 und 2009 erschienenen Berichte haben für ausgewählte Bereiche Leitlinien der Bildungs- und Sozialpolitik erarbeitet. Beispielsweise lag der Schwerpunkt des 12. Kinder und Jugendberichts 2006 auf dem Thema „Bildung, Betreuung und Erziehung vor und neben der Schule" und der 13. Kinder- und Jugendbericht 2009 trug den Titel „Mehr Chancen für gesundes Aufwachsen – Gesundheitsbezogene Prävention und Gesundheitsförderung in der Kinder- und Jugendhilfe". 2010 wurde der 14. Kinder- und Jugendbericht in Auftrag gegeben. Er soll den Beitrag der Kinder- und Jugendhilfe zur Wahrnehmung der Verantwortung für die nachfolgende Generation anhand von Daten und Fakten kritisch beleuchten und Empfehlungen zur weiteren Entwicklung geben.[1]

Diese Berichte wie auch die Shell-Jugendstudien haben eher beschreibenden Charakter. Dass dabei Erklärungen komplexeren Zuschnitts häufig unterbleiben, wurde immer wieder als eine Lücke oder gar als ein „Theoriedefizit" von Jugendforschung problematisiert (vgl. z.B. Heitmeyer 1986; Baacke/Heitmeyer 1985; Mansel/Griese/Scherr 2003). Der wechselseitige Zusammenhang von Entwicklung (der adoleszenten Individuen) und Generation (als Faktor von historischer Dynamik und Veränderung, so wie Mannheim sie beschrieben hat) dient zwar häufig zur Veranschaulichung empirischer Phänomene, bedarf aber in seiner theoretischen Konzeption der Weiterentwicklung und Ausdifferenzierung (siehe dazu Fietze 2009).

2.4 „Generationsgestalten": Kohortenbeschreibung oder Zeitdiagnose?

An Karl Mannheim anknüpfend wurden und werden – besonders in der Bundesrepublik Deutschland – ständig neue Jugendgenerationen identifiziert. Mit deren immer kürzer wer-

---

[1] Alle Berichte sind abrufbar unter http://www.bmfsfj.de/doku/kjb/data/archiv.html

dender Bestandsdauer nahm auch die Kritik an diesen Etikettierungen zu: Statt Kontinuität, so lautet ein Einwand, erzeugten neue Generationen jetzt Umbrüche, da „die Generationslagerungen differenter" würden und die „Anschlussfähigkeit des sozialen Wissens der Generation" abnehme (Zinnecker 2002, S. 91). Gleichermaßen existiert auch die umgekehrte These: Da die hohe Geschwindigkeit von Veränderungen eine ständige Überlagerung und Verdeckung von Generationszusammenhängen erzeugt, werde eine Neuausbildung ausgewiesener Generationen verhindert (Steiner 1997, S. 18). Der Generationsbegriff ist flexibel und ermöglicht Hypothesenbildung diverser Art: Er kann sowohl als Geburtsgeneration, als zeitgeschichtliche Generation (z.B. „68er-Generation") oder auch als Lebensalter-Generationen (z.B. die heutige Kinder-Generation) gefasst werden, lädt zu begrifflicher Assoziation mit Kreislauf, Umbruch und Vertrag ein, und macht es erforderlich, zwischen der Mikroebene generationaler Beziehungen und der Makroebene generationaler Ordnungen und generationaler Verhältnisse zu unterscheiden. Gleichermaßen ist auch die historische Veränderung von Gesellschaft zu berücksichtigen, im Zuge derer sich Generation als soziales Gefüge selbst veränderte, sich von der Drei-Generationen-Familie beispielsweise in ein generationelles Gefüge verschiedener Patchwork-Familien verwandelt hat. Auch unterscheidet der Generationsbegriff sich von ähnlichen Begriffen, wie z.B. den der Kohorte, durch eine kulturellsinnliche Wesensähnlichkeit, die Mannheim als „Seinsgebundenheit" bezeichnete. Diese spezifische Qualität fehlt dem Kohortenbegriff, der, folgt man der Definition von Leopold Rosenmayer, als ein Aggregat von Individuen oder Gruppen verstanden wird, „die in einem identischen Zeitintervall (z.B. während eines Jahres oder Jahrzehnts) geboren werden oder in ein bestimmtes System (z. B. Schule, ein Krankenhaus, einen Betrieb usw.) zu gleicher Zeit ‚eintreten' und sich in diesem System nach gewissen Veränderungsparametern beobachten lassen" (Rosenmayr 2000, S. 181).

Diesen Optionen folgend, hat die sozialwissenschaftliche Forschung diverse Zugänge und Typisierungen von Generation und Generationsgestalten beschrieben.

- In der Erziehungswissenschaft hat Helmut Fend eine streng an der Mannheimschen Begrifflichkeit abgeleitete Beschreibung von „Generationsgestalten im 20. Jahrhundert" vorgelegt (Fend 1988). Stärker an zeithistorischen Akzenten orientiert, machten Ulf Preuss-Lausitz 1983 und Thomas Ziehe 1991 in „Zeitvergleichen" (Ziehe 1991) Unterscheidung wie z.B. die in „Kriegskinder, Krisenkinder, Konsumkinder" (Preuss-Lausitz 1983) sichtbar.
- In der Soziologe Heinz Bude hat die Generationenforschung mit Forschungen über die Flakhelfer-Generation akzentuiert (Bude 1995; 1997) und die Fülle von sozialgeschichtlichen und kulturwissenschaftlichen Beschreibungen generationeller Jugendformen, wie z.B. die sogenannten Halbstarken (z.B. Kraushaar 1996; Kleindienst 2002; Bude 1999) und Konsumtypologien (z.B. Schildt 1993; Maase 1997) geben detaillierte Einblicke in Alltag, Zuschreibungen und Sichtweisen der entsprechenden generationellen Ausdifferenzierungen.
- Auch an der begrifflichen Differenzierung ist gearbeitet worden; beispielsweise hat der Münchener Soziologe Bernhard Giesen den Unterschied herausgearbeitet zwischen subkulturellen Generationen, die sich im Verlauf des Erwachsen-Werdens verflüchtigen, und geschichtlichen Generationen, denen große „erfahrungsentwertende Traumata" gemeinsam sind (Giesen 2003, S. 60).
- Darüber hinaus wird darüber nachgedacht, welche Rolle die Bevölkerungsstruktur zum Verständnis des Generationenbegriffes und seiner Verwendung und Rezeption in der Ju-

gendforschung spielt (z.B. Hoffmann/Schubarth/Lohmann 2008) und es werden die politischen Dimensionen der Thematik ausgeleuchtet (z.B. Schirrmacher 2004).
- Einen weiteren Typus der Beschäftigung mit Generationsfragen stellt die auf Generationenbeziehungen ausgerichtete familiensoziologische Generationenforschung dar. Hier wird auch der Frage nachgegangen, was die Jungen von den Alten lernen können und welche Vorstellung von Erziehung, Wertevermittlung, Wissensweitergabe, oder allgemein gesprochen, welche Vorstellung von Entwicklung mit Generationenbeziehungen verbunden sind (z.B. Ecarius /Müller/Herzberg 2010).
- Generationenbildende Institutionen thematisieren Ansätze, die sich beispielsweise mit Technik und Medien beschäftigen und zeigen, dass kulturelle und sozialstrukturelle Transformationen als Technikgenerationen (z.B. Weymann/Sackmann 1994), Mediengenerationen (z.B. Hörisch 1997), Wohlfahrtsgenerationen (Bude 2003) und Konsumgenerationen in Erscheinung treten; beispielsweise stellen Jugendliche heute eine Generationseinheit über das Internet her (z.B. Opaschowski 1999), wobei der dabei entstehende generationelle Zusammenhang aber weniger durch die Jugendphase bedingt ist als durch die Gemeinsamkeiten des Aufwachsens mit einem kommerziellen, medialen Massenkonsum (dagegen: Hörisch 1997). Der Einfluss und die Bedeutung kultureller Faktoren zeigt sich auch bei den diversen Klassifizierungen, die sich großer medialer und öffentlicher Aufmerksamkeit erfreuen und beispielsweise als „Generation Golf" (Illies 2000, kritisch dazu z.B. Klein 2003), „Generation kick.de" (Farin 2001) oder „Generation XTC" (Böpple/Knüfer 1996) in Erscheinung treten. Hier ist zumeist eine alltagssprachliche Verwendung des Generationen-Begriffs vorherrschend, die im Sinne eines ‚Danachs' einander ablösende Moden und kulturelle Trends abbildet.

2.5 „Generation P" – Zusammenschau von Lebenslage und Lebensalter

Eine Generationstypologie, die seit geraumer Zeit von sich reden macht und soziologische Auseinandersetzungen provoziert hat (z.B. Busch/Jeskow/Stutz 2010), ist die „Generation P" – zu deutsch: Generation Praktikum; im Französischen „Géneration précaire" (siehe auch: www.generation-praktikum.de). Hier ist der Hinweis auf die gesellschaftliche Tendenz der Prekarisierung, das Prekär-Werden, das Misslich-, Heikel- und Unsicher-Werden von Lebenssituationen und ihrer ökonomischen Absicherung zentral, das sich u.a. auch darin zeigt, dass in einigen Bereichen des Arbeitsmarkts ein Praktikum an die Stelle tariflich bezahlter Arbeit getreten ist. Die Bezeichnung „Generation P" aber meint mehr. Sie will nicht nur diejenigen erfassen, die von Prekarität betroffen sind und Praktika absolvieren statt einen Arbeitsplatz innehaben, sondern auch diejenigen, die ihren Unmut über diese Situation äußern und dagegen protestieren; Protest ist elementarer Bestandteil der Generationenetikettierung „Generation P". Weil die Betroffenen ihre Situation nicht als schicksalhaft oder zufällig empfinden, artikulieren sie ihren Anspruch auf gesellschaftliche Teilhabe mit der Erwartung, dass ein aktives Eintreten gegen Ungleichheiten soziale Veränderungen initiieren kann. Dies begann im Frühjahr 2006, als französische, überwiegend studierende Jugendlichen mit Massendemonstrationen die Abschaffung eines neuen Gesetzes zur Probezeit verlangten. Dabei gelang es ihnen nicht nur, das eigene Klientel zu mobilisieren, sondern auch bei Älteren und Nicht-Studierenden Solidarität und Unterstützung zu erhalten.

Dass diejenigen, die 2006 in Frankreich in großen öffentlichen Aktionen die zunehmende soziale Ungleichheit anprangerten, auch als „Generation P" für eine breite Öffentlichkeit sichtbar wurden, hängt auch damit zusammen, dass sie Veränderungen im Bereich des Arbeitsmarkts thematisierten, die für Viele spür- und erfahrbar sind: Obwohl die Jungen arbeiten, flexibel und mobil sind, niedrige oder gar keine Löhne erhalten, werden sie nicht in den Betrieb übernommen. Mit dieser Entwicklung des modernen Kapitalismus werden die gängigen Muster von Erwerbs- und Familienbiografien obsolet und mit ihnen verlieren auch die Vorbild-Funktion der Alten samt deren gut gemeinter Ratschläge und Empfehlungen an Bedeutung. Die Veränderung auf dem Arbeitsmarkt markiert eine Art von Erfahrungsbruch, etwas, was sich zwischen die jüngere und die ältere Generation stellt, und kollektiv wahrgenommen wird als Verkürzung des Zeitraums, in dem erworbenes Wissen gültig, bedeutsam und anwendbar ist. Dass dies nicht nur ein Problem der jungen Generation darstellt – auch die Lebensmuster der Älteren verlieren damit zunehmend an Bedeutung und Respekt – haben auch die Älteren verstanden, die sich in Frankreich 2006 den Protesten der Jüngeren anschlossen, und damit nicht das Gegeneinander der Generationen, sondern ein Miteinander und ein Füreinander unterstützten.

Aus einer theoriegeleiteten Perspektive zeigt sich hier die Funktion eines an Karl Mannheim angelehnten Generationenbegriffs, nämlich „den historischen Wandel in einer lebensgeschichtlich überschaubaren Zeitspanne kollektiv wahrzunehmen und ihn mit der generativen Erneuerung von Gesellschaften in Zusammenhang zu bringen" (Jureit 2006, S. 8), als das gemeinsame Eintreten für das demokratische Prinzip der Gleichbehandlung, als die erneute Forderung und Bestärkung eines Prinzips, das als bedroht wahrgenommen wird. Zugleich lässt sich das, was Mannheim „Generationeneinheit" nennt, zumindest erahnen: Die öffentliche Artikulation einer neu gemachten Erfahrung führt zu einer Gemeinsamkeit, die sich als generationsprägendes Ereignis in die Erinnerung und Gefühle der Beteiligten einschreibt. Damit ist ein Mechanismus von Kollektivität und gesellschaftlicher Transformation beschrieben, der aber im Unklaren belässt, wer eigentlich die Akteure dabei sind. Oder anders gefragt: Wer gehört zur „Generation P" und wer bestimmt, dass sie so heißt und wer mit dabei ist?

Die „Generation P" ist kein Massenphänomen, genauso wenig wie die „68er-Generation" von einer ganzen Kohorte getragen wurde. Ihre Akteure sind, den herkömmlichen Kategorien sozialer Klassifizierung folgend, eher privilegiert und den mittleren und oberen Schichten zugehörig. Sie studieren, haben eine abgeschlossene Berufsausbildung, sind aber mit gravierenden Veränderungen auf dem Arbeitsmarkt konfrontiert, die den Berufseinstieg erschweren. Sie thematisieren ein Problem, das gesamtgesellschaftlich infolge ökonomischer und politischer Umbrüche virulent ist, und sie benutzen dazu ein plakatives Bild, das einer empirischen Basis entbehrt – die Rolle von Praktika im Berufseinstieg ist, wie Studien zeigen, nicht so weit verbreitet, wie unterstellt (Briedis/Minks 2007, S. 11). Trotzdem entfaltet das Label „Generation P" eine große Wirkung. Dies macht deutlich, dass es weniger darum geht, ob diese Etikettierung zutreffend oder unangebracht ist, sondern wie und warum sie Wirkung entfaltet, wie sie verbreitet und aufgenommen wird. Die Medien, als diejenigen, die darauf aus sind, komplexe Entwicklungen immer wieder auf den Punkt zu bringen, sind am plakativen Gebrauch der Generationen-Typisierungen zentral beteiligt (vgl. z.B. Gloger 2008). Sie stellen Bilder zur Verfügung, die von Jugendlichen aller Milieus und Schichten zur Deutung der eigenen Lebenssituation herangezogen werden. Die Bilder und Diskurse bieten eine Option zur Identifikation, indem sie eine Begrifflichkeit und ein Konzept zum Verständnis von dynamisierten gesellschaftlichen Veränderungen bereitstellen. Umgekehrt bieten Jugendliche und ihre kollektiven Aktionen Anlässe für die mediale und rhetorische Konstruktion neuer Generationenbilder.

Das Aufbegehren und soziale Revoltieren englischer Jugendlicher im August 2011 aber zeigt, dass nicht jedes Aufbegehren gegen soziale Ungleichheit und gegen Abbau wohlfahrtsstaatlicher Maßnahmen gleichermaßen einen Anlass für eine Generationen-Etikettierung darstellt. Die hier aktive Gruppe sozial Ausgegrenzter erhielt, auch wenn viele von ihnen weniger als 25 Jahre alt sind, kein Generationen-Etikett. Auch hielt sich die kollektive Solidarität in Grenzen, obwohl außer Frage steht, dass die Möglichkeiten zu ökonomischer und gesellschaftlicher Teilhabe derjenigen, die in Manchester und London randaliert und geplündert haben, äußerst gering sind. Die sozialwissenschaftliche Forschung zur Generationenthematik könnte diese öffentliche und mediale Reaktions- und Ratlosigkeit zum Anlass nehmen, den Zusammenhang von Milieu und Generation empirisch-systematisch zu untersuchen und über eine Typisierung von Generation hinauszugehen.

2.6 Literatur

Allerbeck, Klaus R./Hoag, Wendy J. 1984. Umfragereplikation als Messung sozialen Wandels. Jugend 1962–1983. In: Kölner Zeitschrift für Soziologie und Sozialpsychologie 4: 755–772

Baacke, Dieter/Heitmeyer, Wilhelm 1985. Neue Widersprüche. Zur Notwendigkeit einer integrierten Jugendtheorie. In: dies. (Hg.). Neue Widersprüche. Jugendliche in den 80er Jahren. Weinheim/München: Juventa: 7–23

Bernfeld, Siegfried 1935. Über die einfache männliche Pubertät. In: Zeitschrift für psychoanalytische Pädagogik 9: 360–379

Böpple, Friedhelm/Knüfer, Ralf 1996. Generation XTC. Techno und Ekstase. Berlin: Verlag Volk und Welt

Briedis, Kolja/Minks, Karl-Heinz 2007. Generation Praktikum – Mythos oder Massenphänomen? In: HIS-Projektbericht (online verfügbar unter http://www.his.de)

Bude, Heinz 1995. Das Altern einer Generation. Die Jahrgänge 1938–1948. Frankfurt/M.: Suhrkamp

Bude, Heinz 1997. Deutsche Karrieren. Lebenskonstruktionen sozialer Aufsteiger aus der Flakhelfer-Generation. Frankfurt/M.: Suhrkamp

Bude, Heinz 1999. Von Machern und Halbstarken. Die Bundesrepublik und ihre Generationen. In: Die Zeit Nr. 21, 20. Mai 1999: 14

Bude, Heinz 2003. Generation. Element einer Erfahrungsgeschichte des Wohlfahrtsstaates. In: Lessenich, Stephan (Hg.): Wohlfahrtsstaatliche Grundbegriffe. Historische und aktuelle Diskurse. Frankfurt/M./New York: Campus: 287–300

Busch, Michael/Jeskow, Jan/Stutz, Rüdiger 2010. Zwischen Prekarisierung und Protest. Die Lebenslagen und Generationsbilder von Jugendlichen in Ost und West. Bielefeld: transcript

Deutscher Gewerkschaftsbund/Sozialwissenschaftliche Arbeitsgemeinschaft zur Erforschung von Jugendfragen 1952. Arbeitslosigkeit und Berufsnot der Jugend, erarb. von der Sozialwissenschaftlichen Arbeitsgemeinschaft zur Erforschung von Jugendfragen. Unter der wissenschaftlichen Leitung von Helmut Schelsky, 2 Bde.: Köln

Ecarius, Jutta/Müller, Hans-Rüdiger/Herzberg, Heidrun 2010. Familie, Generation und Bildung. Beiträge zur Erkundung eines informellen Lernfeldes. Opladen: Barbara Budrich

Eisenstadt, Shmuel N. 1956. Von Generation zu Generation. Altersgruppen und Sozialstruktur. München: Juventa 1966

Eisenstadt, Shmuel N. 2006. Der Wandel der Lebensphase Jugend in modernen Gesellschaften. In: ders. Theorie und Moderne. Wiesbaden: VS-Verlag: 577–590

Erikson, Erik Homburger 1946. Identität und Lebenszyklus. Frankfurt/M.: Suhrkamp 1966

Erikson, Erik Homburger 1968. Jugend und Krise. Stuttgart: Klett-Cotta 1970

Farin, Klaus 2001. generation kick.de. Jugendsubkulturen heute. München: Beck

Fend, Helmut 1988. Sozialgeschichte des Aufwachsens. Bedingungen des Aufwachsens und Jugendgestalten im zwanzigsten Jahrhundert. Frankfurt/M.: Suhrkamp

Ferchhoff, Wilfried 1999. Jugend an der Wende des 20. Jahrhunderts. Lebensformen und Lebensstile. Opladen: Leske und Budrich

Fietze, Beate 2009. Historische Generationen. Über einen sozialen Mechanismus kulturellen Wandels und kollektiver Kreativität. Bielefeld: transcript

Gerhardt, Uta 2005. Soziologie der Stunde Null. Zur Gesellschaftskonzeption des amerikanischen Besatzungsregimes in Deutschland 1944–1945/46. Frankfurt/M.: Suhrkamp

Giesen, Bernhard 2003. Generation und Trauma. In: Reulecke, Jürgen/Müller-Luckner, Elisabeth (Hg.): Generationalität und Lebensgeschichte im 20. Jahrhundert. München (= Schriften des Historischen Kollegs: Kolloquien; 58): 59–72

Gillis, John R. 1984. Geschichte der Jugend. Weinheim/Basel: Beltz

Gloger, Martin 2008. A generation to end all generations. Zur Entmythologisierung des Generationenlabels 89er. In: Vorgänge, Heft 182: 139–147

Griese, Hartmut 2007. Aktuelle Jugendforschung und klassische Jugendtheorien. Ein Modul für erziehungs- und sozialwissenschaftliche Studiengänge. Münster: Lit-Verlag

Griese, Hartmut M. 1983. Probleme Jugendlicher oder ‚Jugend als soziales Problem'? – Thesen zur Vermittlung von Jugendtheorie und Theorie sozialer Probleme. In: Manfred Brusten/Peter Malinowski (Hg.): ‚Jugend' – ein soziales Problem? Wiesbaden: Westdt. Verlag: 2–16

Griese, Hartmut M. 1997. Sozialwissenschaftliche Jugendtheorien. Eine Einführung. Weinheim: Beltz

Grotum, Thomas 1994. Die Halbstarken. Zur Geschichte einer Jugendkultur der 50er Jahre. Frankfurt/M./New York: Campus

Hall, Stanley 1904. Adolescence. New York: Appelton

Heitmeyer, Wilhelm 1986. Interdisziplinarität als notwendige, aber ungelöste Problemstellung der Jugendforschung. In: ders. (Hg.): Interdisziplinäre Jugendforschung: Fragestellungen, Problemlagen, Neuorientierungen. Weinheim/München: Juventa: 9–16

Hennis, Wilhelm 1957. Meinungsforschung und repräsentative Demokratie. Zur Kritik politischer Umfragen. Tübingen: Mohr (Siebeck)

Herrmann, Ulrich (Hg.) 2006. „Mit uns zieht die neue Zeit …". Der Wandervogel in der deutschen Jugendbewegung. Weinheim/München: Juventa

Hoffmann, Dagmar/Schubarth, Wilfried/Lohmann, Michael (Hg.) 2008. Jungsein in einer alternden Gesellschaft Bestandsaufnahme und Perspektiven für das Zusammenleben der Generationen. Weinheim/München: Juventa

Hörisch, Jochen (Hg.) 1997. Mediengenerationen. Frankfurt/M.: Suhrkamp

Hornstein Walter/Fatke, Reinhard/ Lüders, Christian/ Winkler, Michael (Hg.)1999. Erziehung und sozialer Wandel : Brennpunkte sozialpädagogischer Forschung, Theoriebildung und Praxis. Weinheim: Beltz

Hornstein, Walter 1999. Generation und Generationsverhältnisse in der industrialisierten Moderne. In: Zeitschrift für Pädagogik 39: Beiheft: 51–68

Hussong, Martin 1988. Jugendzeitschriften von 1945 bis 1960. Phasen, Typen, Tendenzen. In: Doderer, Klaus (Hg.): Zwischen Trümmern und Wohlstand. Literatur der Jugend 1945–1960. Weinheim/Basel: Beltz: 521–585

Illies, Florian 2000. Generation Golf. Eine Inspektion. Berlin: Argon Verlag

Jaide, Walter 1988. Generationen eines Jahrhunderts, Wechsel der Jugendgenerationen im Jahrhunderttrend. Zur Sozialgeschichte der Jugend in Deutschland 1871–1985. Opladen: Leske und Budrich

Janssen, Philip Jost 2010. Jugend und Jugendbilder in der Frühen Bundesrepublik. Kontexte – Diskurse – Umfragen. Diss. Uni Köln, HSR-Transition Nr. 23

Jugendwerk der Deutschen Shell (Hg.) 1997. Jugend '97. Zukunftsperspektiven, gesellschaftliches Engagement, politische Orientierungen, 2 Bde. Opladen: Leske und Budrich

Jureit, Ulrike 2006. Generationenforschung. Göttingen: Vandenhoeck&Ruprecht

Kerbs, Diethart/Reulecke, Jürgen (Hg.) 1998. Handbuch der deutschen Reformbewegungen. Wuppertal: Hammer

Kersting, Franz-Werner 2002. Helmut Schelskys „Skeptische Generation" von 1957. In: Vierteljahreshefte für Zeitgeschichte Heft 3: 465–495

Klein, Markus 2003. Gibt es eine Generation Golf? Eine empirische Inspektion. In: Kölner Zeitschrift für Soziologie und Sozialpsychologie 55: 99–115

Kleindienst, Jürgen (Hg.) 2002. Halbstark und tüchtig. Jugend in Deutschland 1950–1960. 48 Geschichten und Berichte von Zeitzeugen. Berlin: Zeitgut-Verlag

Kraushaar, Wolfgang 1996. Die Protest-Chronik 1949–1959. Eine illustrierte Geschichte von Bewegung, Widerstand und Utopie. 4 Bde. Hamburg

Levi, Giovanni/Schmitt, Jean-Claude (Hg.) 1997. Geschichte der Jugend. Bd. II: Von der Aufklärung bis zur Gegenwart. Frankfurt/M.: Fischer

Liebel, Manfred 2008. Jugend jenseits des Moratoriums – Ausblicke auf andere Logiken des Aufwachsens. In: Hunner-Kreisel, Christine/Schäfer, Arne/Witte, Matthias (Hg.): Jugend, Bildung und Globalisierung. Sozialwissenschaftliche Reflexionen in internationaler Perspektive. Weinheim/München: Juventa: 25–43

Maase, Kaspar 2005. Medium jugendlicher Emanzipation. BRAVO in den 50ern. In: Archiv der Jugendkulturen e.V. (Hg.): 50 Jahre BRAVO. Bad Tölz: 13–34

Maase, Kaspar 1997. Grenzenloses Vergnügen. Der Aufstieg der Massenkultur 1850 bis 1970. Frankfurt/M.

Mannheim, Karl 1928. Das Problem der Generationen. In: Kölner Vierteljahreshefte für Soziologie. 6. Jg., Heft 2: 157–185; Heft 3: 309–330

Mansel, Jürgen/Griese, Hartmut M./Scherr, Albert (Hg.) 2003. Theoriedefizite in der Jugendforschung. Standortbestimmung und Perspektiven. Weinheim/München: Juventa

Matthes, Joachim 1985. Karl Mannheim „Das Problem der Generationen" neu gelesen. Generationen-„Gruppen" oder „gesellschaftliche Regelung von Zeitlichkeit"? In: Zeitschrift für Soziologie 14. Jg. 1985, Heft 3: 363–372

Mitterauer, Michael 1986. Sozialgeschichte der Jugend. Frankfurt/M.: Suhrkamp

Neidhardt, Friedhelm 1967. Die junge Generation. Jugend und Gesellschaft in der Bundesrepublik. Opladen: Leske und Budrich

Oerter, Rolf 1987. Das Jugendalter. In: ders./Montada, Leo (Hg.): Entwicklungspsychologie. München: 265–338

Opaschowski, Horst W. 1999. Generation @. Die Menschenrevolution entlässt ihre Kinder. Leben im Informationszeitalter. Hamburg: British American Tobacco (Germany) GmbH

Parsons, Talcott 1942. Alter und Geschlecht in der Sozialstruktur der Vereinigten Staaten. In: ders.: Beiträge zur soziologischen Theorie. Hg. Von Dietrich Rüschemeyer. Aus dem Englischen von Brigitta Mitchell. Neuwied/Berlin: Luchterhand 1964: 84–108

Picht, Georg 1965. Die Deutsche Bildungskatastrophe. München: Dt.-Taschenbuch-Verlag

Preuss-Lausitz, Ulf 1983. Kriegskinder, Konsumkinder, Krisenkinder. Zur Sozialisationsgeschichte seit dem Zweiten Weltkrieg. Weinheim und München: Juventa

Riesman, David 1958. Die einsame Masse. Eine Untersuchung der Wandlungen des amerikanischen Charakters. Mit einer Einführung in die deutsche Ausgabe von Helmut Schelsky, Hamburg (Original: The Lonely Crowd. A Study of the Changing American Character, New York 1950)

Riis, Jacob 1890. How the other half lives. London: Penguin 1997

Rosenmayr, Leopold 2000. Zwischen Sippe und Modernität. In: Kohli, Martin/Szydlik, Marc (Hg.): Generationen, Familie und Gesellschaft. Opladen: Leske und Budrich: 179–202

Roth, Lutz 1983. Die Erfindung des Jugendlichen. München: Juventa

Rousseau, Jean-Jacques 1762: Emil oder Über die Erziehung. Vollständige Ausgabe in neuer deutscher Fassung besorgt von Ludwig Schmidts. 13. unveränderte Auflage. Paderborn: Schöningh 1998

Savage, Jon 2009. Teenage. Die Erfindung der Jugend (1875–1945). Frankfurt/M.: Campus

Schelsky, Helmut 1957. Die skeptische Generation. Eine Soziologie der deutschen Jugend. Düsseldorf: Eugen Diederichs

Scheuch, Erwin K. 1975. Die Jugend gibt es nicht. Zur Differenzierung der Jugend in heutigen Industriegesellschaften. In: C.F. Siemens Stiftung (Hg.): Jugend in der Gesellschaft. München: 54–78

Schildt, Axel 1993. Von der Not der Jugend zur Teenagerkultur. Aufwachsen in den 50er Jahren. In: Schildt, Axel/Sywottek, Arnold (Hg.): Modernisierung im Wiederaufbau. Die westdeutsche Gesellschaft der 50er Jahre. Bonn: Dietz: 335–348

Schirrmacher, Frank 2004. Das Methusalem-Komplott. Eine Generationendebatte. München: Karl Blessing

Schleiermacher, Friedrich 2000. Texte zur Pädagogik. Kommentierte Studienausgabe, 2 Bde, hrsg. von Michael Winkler und Jens Brachmann. Frankfurt/M.: Suhrkamp

Shell (Hg.) 2002. 50 Jahre Shell Jugendstudien. Von Fräuleinwunder bis neuen Machern. München: Ullstein

Shell Deutschland Holding (Hg.) 2006. Jugend 2006. Eine pragmatische Generation unter Druck (15. Shell Jugendstudie). Frankfurt/M.: Fischer

Sinus-Institut 1993. Die verunsicherte Generation. Jugend und Wertewandel. Opladen: Leske und Budrich

Spranger, Eduard 1924. Psychologie des Jugendalters. Leipzig: Quelle&Meyer 7. Auflage 1926

Steiner, Uwe C. 1997. „68–89". Literarische und mediale Wendungen der Wende. In: Hörisch, Jochen (Hg.): Mediengenerationen. Frankfurt/M.: Suhrkamp: 16–59

Szydlik, Mark 2001. Generationensolidarität, Generationenkonflikt. In: Allmendinger, Jutta (Hg.): Gute Gesellschaft? Verhandlungen des 30. Kongresses der Deutschen Gesellschaft für Soziologie in Köln 2000. Opladen: Leske und Budrich: 573–596

von Bühler 1990. Die gesellschaftliche Konstruktion des Jugendalters. Zur Entstehung der Jugendforschung zu Beginn des 20. Jahrhunderts. Weinheim: Deutscher Studienverlag

Weymann, Ansgar/Sackmann, Rüdiger 1994. Die Technisierung des Alltags. Generationen und technische Innovationen. Frankfurt/New York: Campus

Wollenweber, Hellmut/Planck, Ulrich (Hg.) 1956. Die Lebenslage der westdeutschen Land-Jugend, 2 Bde.. München: Juventa

Wurzbacher, Gerhard/Jaide, Walter/Wald, Renate/von Recum, Hasso /Cremer, Marlis 1958. Die junge Arbeiterin. Beiträge zur Sozialkunde und Jugendarbeit. München: Juventa

Ziehe, Thomas 1991. Zeitvergleiche. Jugend in kulturellen Modernisierungen. Weinheim/München: Juventa

Zinnecker, Jürgen 1985. Die Jugendstudien von EMNID/Shell 1953–1955. Zur Archäologie repräsentativer Jugendforschung im Nachkriegsdeutschland und zugleich zu einigen Schwierigkeiten der Wiederholung solcher Studien. In: Fischer, Arthur/Fuchs, Werner/Zinnecker, Jürgen: Jugendliche und Erwachsene '85, Bd. 3: Jugend der fünfziger Jahre – heute. Opladen: Leske und Budrich: 409–480

Zinnecker, Jürgen 2001. Fünf Jahrzehnte öffentliche Jugend-Befragung in Deutschland. Die Shell-Jugendstudien. In: Merkens, Hans/Zinnecker, Jürgen (Hg.): Jahrbuch Jugendforschung, Bd. 1, Opladen: Leske und Budrich: 243–274

Zinnecker, Jürgen 2002. Das Deutungsmuster Jugendgeneration. Fragen an Karl Mannheim. In: Merkens, Hans/Zinnecker, Jürgen (Hg.): Jahrbuch Jugendforschung. Opladen: Leske und Budrich: 61–98

3 Race, Class, Gender: Strukturelle Differenzierungen

Katharina Liebsch

> Gute Mädchen kommen in den Himmel, böse kommen überall hin. (Graffitti)

Im Bild des Katholischen Arbeitermädchens vom Lande bündelte sich Ende der 1960er Jahre die Problematik sozialer Ungleichheit im Kindes- und Jugendalter (vgl. Sommerkorn 1993, S. 29). Diese spezifische Verbindung von sozialer Herkunft, regional-kultureller Verankerung und Geschlechtszugehörigkeit stellte in den 1960er und 1970er Jahren den Anlass und Ausgangspunkt für eine umfassende Bildungsreform dar und sorgte dafür, dass das Postulat der „Chancengleichheit" für Kinder und Jugendliche mit weniger günstigeren Startvoraussetzungen zum Ansinnen und Ziel von Pädagogik und Bildungspolitik wurde (kritisch dazu: Bourdieu/Passeron 1964). In dem Topos des Katholischen Arbeitermädchens vom Lande kam zusammen, was damals wie heute Lebens- und Bildungschancen maßgeblich beeinflusst. Er verweist auf grundlegende Merkmale gesellschaftlicher Positionierung, die in der Geschlechterforschung als „Strukturkategorien" (siehe z.B. Aulenbacher 2008) bezeichnet werden: Die Strukturkategorien Geschlecht, Klasse/Schicht und Rasse/Ethnie markieren nicht nur Zugehörigkeiten zu sozialen Gruppen und soziale Einteilungen und Unterscheidungen, sondern sie stellen auch sozial- und jugendpolitische Herausforderungen dar.

So hat es in den letzten Jahrzehnten immer wieder Debatten um Chancengleichheit, Diskriminierung und soziale Ungleichheit gegeben, die ihren Ausgangspunkt zunächst entlang der Kategorie Klasse/Schicht, später anhand der Kategorie Geschlecht und schlussendlich anhand der Kategorie Ethnie nahmen: In den 1960 und 1970er Jahren begannen die Auseinandersetzungen um die schichtenspezifische Benachteiligung von Kindern und Jugendlichen (siehe z.B. Bernstein 1970; Oevermann 1972), in den 1980er Jahren erfuhr die Thematisierung geschlechtsspezifischer Unterschiede eine große Aufmerksamkeit (siehe z.B. Krüger et al. 1988) und in den 1990er Jahren setzte die Forschung über soziale Ungleichheit von Migranten und Eingewanderten ein (siehe z.B. Gogolin/Nauck 2000). Seither kann von Jugend nicht mehr verallgemeinernd gesprochen werden. Es muss berücksichtigt werden, dass Jugend und Jugendlichkeit jeweils von der sozialen Herkunft, also schichten- und milieu- sowie kulturspezifischen familiären Kontexten und Erfahrungen sowie geschlechtsspezifisch variieren. Klasse, Rasse und Geschlecht strukturieren die alltägliche Lebensgestaltung der Jugendlichen, ihre Optionen, einen Ausbildungs- oder Arbeitsplatz zu finden, und beeinflussen auch die Zukunftsvorstellungen und Zukunftsperspektiven der Jugendlichen. Die Bandbreite und die Entwicklung der Forschungslandschaft im Zusammenhang mit den drei Strukturkategorien soll im Folgenden anhand ausgewählter Zeitpunkte und Themen skizziert, veranschaulicht und diskutiert werden.

3.1 Class: Soziale Ungleichheit und Marginalisierung

3.1.1 Bildungsferne und „besonderer Förderungsbedarf"

Die soziale Lage der Herkunftsfamilie (Arbeitserfahrung, Wohnverhältnisse, verfügbares Einkommen) und die soziale Position des Jugendlichen selbst (Position im Bildungswesen bzw. auf dem Arbeitsmarkt) bestimmen, wie Jugendliche leben, welches Selbstverständnis sie haben und welche sozialen Kontakte und Beziehungen sie führen. Insbesondere die marginalisierende Wirkung der Zugehörigkeit von Jugendlichen zu der Klasse der körperlich Arbeitenden ist gut dokumentiert. In einer Reihe von Untersuchungen wurde schon in den 1970er Jahren gezeigt, dass sich die Zugehörigkeit zur Unterschicht und der Arbeiterklasse negativ auf Kinder und Jugendliche auswirkt, weil sie den mittelschichtsorientierten Bildungseinrichtungen wenig entsprechen. Kinder und Jugendliche aus den unteren sozialen Schichten erfahren in der Schule nicht selten kulturelle Fremdheit und erhalten nur geringe Anerkennung für ihre schichtspezifischen Fähigkeiten und Interessen. In seiner zum Klassiker avancierten Studie „Learning to Labour. How working class kids get working class jobs" (Willis 1979) illustrierte Paul Willis das Scheitern von Arbeiterkindern in der Schule. Er zeigte, dass dieses Scheitern vor allem darin begründet liegt, dass die männlichen Arbeiterjugendlichen sich in einem Spannungsverhältnis zwischen den Werten der Arbeiterkultur und denen der Mittelschichtsinstitution Schule befinden. Ein Teil der Jugendlichen löst diese Spannung auf, indem sie die Werte der Schule ablehnen, nur körperliche Arbeit als erstrebenswert betrachten und die Chance zurückweisen, sich durch schulisches Lernen auf Angestellten- und Büroberufe vorbereiten. Eine ähnliche Problematik arbeitete fast zwanzig Jahre später John MacLeod heraus, als er der Frage nachging, wie sich eigentlich die Bildungsstrategien von Jugendlichen mit sozio-ökonomischem Arbeiter-Hintergrund tradieren und warum der Anteil der Jugendlichen aus unteren Schichten an höheren Bildungsabschlüssen sich in den letzten Jahrzehnten nicht relevant verändert hat. MacLeod erklärte diese Tradierung, indem er die gesellschaftspolitische Haltung des Herkunftsmilieus als zentrales Merkmal des jugendlichen Selbstverständnisses sichtbar machte (MacLeod 1995). Die schichtenspezifische Abwertung von Schreibtischarbeit und dem Akademischen einerseits und der Wertschätzung „solider" körperlicher Arbeit andererseits steht im Widerspruch zum gesellschaftlichen Prestige und dem Status der verschiedenen Berufssparten. In einer Untersuchung über „Erfahrungen junger Arbeiter im Prozess der Qualifizierung" (Panke 2005) kam Martina Panke zu dem Ergebnis, dass die gesellschaftliche Entwertung körperlicher Arbeit von Auszubildenden in traditionellen Handwerksberufen als „dramatische Entwertung ihres Berufsprestiges" (Panke 2005, S. 194) erlebt wird. Dies konstatierte auch Pierre Bourdieu, der in seinem Opus „Das Elend der Welt" familiäre, milieugebundene Traditionslinien herausarbeitete, die aber bei den Jugendlichen vielfach gebrochen und mit verschiedenen Formen von Frustration und Enttäuschung verbunden sind (Bourdieu 2000).

Die sozialwissenschaftlich breit dokumentierte und veranschaulichte Benachteiligung von Jugendlichen unterer sozialer Schichten wurde zu Beginn des 21. Jahrhunderts im Rahmen der großen international vergleichend angelegten Bildungsstudien PISA (Programme for International Student Assessment; Baumert et al. 2000), TIMMS (Trends in International Mathematics and Science Study; Baumert/Bos/Lehmann 2000) und IGLU (Internationale GrundschulLese-Untersuchung; Bos 2003) noch einmal empirisch dokumentiert und erhielt nachfolgend die mediale und politische Aufmerksamkeit, die es während der 1980er und

1990er Jahren so gut wie gar nicht gegeben hatte. Als Reaktion auf die Befunde der internationalen Vergleichsstudien zur Leistungsstandmessung, bei der die deutschen Kinder und Jugendlichen insgesamt eher schlecht abschnitten, wurden mit Beginn des 21. Jahrhunderts Reformbemühungen zur Neustrukturierung der Schuleingangsphase, der Einführung der Ganztagsschule und der verstärkten Kooperation von Schule, Jugendhilfe und außerschulischen Bildungsträgern auf den Weg gebracht. Das Thema Bildung hatte wieder Konjunktur.

Entsprechend der quantifizierenden Leistungsmessungen der großen Vergleichsstudien ging es nun vorrangig darum, nachzuweisen, dass die eingeleiteten Maßnahmen auch entsprechende Erfolge und Veränderungen hervor brachten. So wurde für den Grundschulbereich das Ziel formuliert, die bislang übliche Selektionspraxis am Beginn der Schullaufbahn zu verringern und den einzelnen Kindern flexible Förderangebote zu machen. Dazu wurde eine ausgefeilte Diagnostik zur Erfassung des individuellen Lernstandes und des Fähigkeitsniveaus eingeführt (Kelle 2009). Ein weiteres wichtiges Ergebnis der entsprechenden Studien betrifft die Übertrittsentscheidungen in die Sekundarstufe I. Hier wurde ein Zusammenhang zwischen der sozialen Herkunft der Kinder und ihren Bildungskarrieren, und zwar sowohl hinsichtlich eines allgemeinen Zusammenhangs als auch der Übergangsentscheidung im Besonderen nachgewiesen: Beim Übergang in eine weiterführende Schule spielen nicht nur die elterlichen Bildungserwartungen eine wesentliche Rolle (Paulus/Blossfeld 2007), sondern auch die Empfehlungen der abgebenden Grundschule, die eine Prognose über die zukünftige Kompetenz- und Leistungsentwicklung der Schülerin/des Schülers mitgeben. Diese Schullaufbahnentscheidungen sind nur bedingt valide (Bos 2003; Helsper/Hummrich 2005). Beispielsweise zeigen die Ergebnisse der IGLU-Studien, wie wenig konsistent der Zusammenhang zwischen den Übergangsempfehlungen der Lehrkräfte und den Leistungen der Kinder ist: Schülerinnen und Schüler, die im IGLU-Mathematiktest gleich abschnitten, erhielten von ihren Lehrkräften durchaus unterschiedliche Übergangsempfehlungen (Bos et al. 2004, S. 45f).

Die dokumentierte Schichtenspezifik der Bildungslaufbahnen von Kindern und Jugendlichen setzt sich noch immer bis in die berufliche Ausbildung fort. Jugendarbeitslosigkeit und die Krise der beruflichen Ausbildung spiegeln das anhaltende Problem der Schichtspezifik des deutschen Bildungswesens wieder.

Darüber hinaus wird in der Berufsbildungsforschung die im dualen System der Bundesrepublik strukturell verankerte Kopplung von Ausbildung und Arbeit als eine zentrale Ursache für Krisen im Bereich der Ausbildung herausgestellt. Sie führt dazu, dass sich jede konjunkturelle und ökonomisch-strukturelle Veränderung sofort auf dem Ausbildungsmarkt bemerkbar macht und so ist für Ausbildungsbetriebe vor allem ihre wirtschaftliche Situation entscheidend bei der Frage, ob sie ausbilden oder nicht (Ulrich 2003, S. 21f). Jedes Jahr gibt es dann das bildungspolitische Ritual der drei As „Appelle, Anreize, Androhungen" (Herdt 2003, S. 12), um die Ausbildungsbereitschaft von Industrie und Betrieben zu erhöhen. Die politische Forderung einer „Ausbildungsabgabe" wird mal lauter, mal leiser; derzeit hört man sie angesichts von Globalisierung, Euro-Krise und liberalisierten Arbeitsmärkten eher selten. Als ab 1995 Rationalisierung und Liberalisierung zu Umorganisation der betrieblichen Beschäftigungspolitik führten und beispielsweise qualifizierte Stammbelegschaft nicht mehr im Betrieb gehalten wurde, sondern in externe Firmen ausgelagert wurden, um flexibel auf Nachfrageschwankungen zu reagieren, machte das Postulat vom „Ende der Vollbeschäftigung" (Galuske 2002, S. 114) und die Rede von der „flexiblen Arbeitsgesellschaft" die Runde. Für die Jugendberufshilfe hatte dies die Folge, dass sie neben einer Arbeitsmarkt- und Berufsorientierung nun auch sozialpädagogische Angebote und Förderunterricht integrierte (Gaiser/Tully/Wahler; Krafeldt 2000; Gaupp 2011). Da der Arbeitsmarkt nicht allzu vielversprechend aussah, wurde die Arbeit an der Entwicklung und Stärkung der Persönlichkeit von Jugendlichen in das Zentrum der Bemühungen gerückt. Die Hoffnung, dass die Jugendlichen sich selbst zu der Ausbildungs- und Arbeitsmarktmisere in Beziehung setzen, sich nicht entmutigen lassen und erfinderisch damit umgehen, wurde unter dem Motto „Von der Arbeitsmarktorientierung zur Lebensweltorientierung" zum neuen Ziel der Berufsausbildungsförderungsstrategien.

3.1.2 Von den „benachteiligten Jugendlichen" zu den „Jugendlichen mit besonderem Förderbedarf"

Im Jahr 2002 etablierte das Bundesministerium für Bildung und Forschung die Bezeichnung „Jugendliche mit besonderem Förderbedarf". Dieser Begriff löste die stärker auf sozialstrukturelle Ungleichheiten verweisende Bezeichnung „benachteiligte Jugendliche" ab. Diese Verschiebung der Begrifflichkeit ist bedeutsam, weil sie den Wandel der Hilfeleistungen und der Politik markiert. Ziel der Bemühungen sind nun nicht länger die Abhilfe und die Kompensation wirtschaftlicher Ungleichheiten und sozialstruktureller Probleme, sondern ausgewählte Jugendliche selbst. Soziale Unterschiede erscheinen als Merkmale betroffener Jugendlicher und damit werden soziale Probleme individualisiert. Die Problemstruktur, der Abhilfe geschaffen werden muss, wird nun nicht mehr darin gesehen, zum Beispiel in einer Vorstadtsiedlung mit arbeitslosen Eltern zu leben, sondern darin, dass der bzw. die betroffene Jugendliche bestimmte Hilfestellung, z.B. bei den Hausaufgaben oder dem regelmäßigen Schulbesuch benötigt. Hier zeigt sich eine neue Ausrichtung auf die Einzelperson, die nun stärker die Einzelfallhilfe, z.B. Case-Management und personale Betreuung, und weniger auf strukturelle Kompensation, z.B. durch den Ausbau sozialpädagogischer Institutionen wie Jugendtreffs und ähnlichen Einrichtungen, ausgerichtet ist.

So ist in der Jugendberufshilfe für die Qualifizierung von Jugendlichen, die bisher ohne abgeschlossene Berufsbildung blieben, seit 2002 eine Förder-Ausrichtung etabliert worden, die unter dem Motto „Von der Maßnahmen- und Personenorientierung" mit den Jugendlichen im Rahmen eines Case-Managements individuelle Bildungspläne vereinbart und ihnen individualisierte Förderwege in regionalen und lokalen Netzwerken zugänglich macht. Als Voraussetzung für derartige, individualisierte, passgenaue Förderwege wurden verstärkt diagnostische Verfahren, wie Assessment Center, mit denen die Fähigkeiten und Berufsinteressen der Jugendlichen ermittelt werden sollen, sowie vernetzte Förderstrukturen in den Regionen etabliert. Die Förderinstrumente, die unter dem Schlagwort des „aktivierenden Sozialstaats" etabliert wurden, stärken dabei die Auffassung, dass trotz oder auch jenseits aller Krisen am Ausbildungs- und Arbeitsmarkt, den Einzelnen nichts anderes übrig bleibt, als ihren eigenen „Lebensentwurf der Erreichbarkeit" (BMBF 2002, S. 412) zu basteln, sich nach der sprichwörtlichen Decke zu strecken und realistische Optionen zu entwickeln. Die Kehrseite dieses, staatlich geforderten Pragmatismus ist die in den privaten Fernsehsendern präsentierte Variante, durch ein bisschen Glück, einem Talent und harter Arbeit an sich selbst, zum SuperStar, Millionär, Top-Model oder Ähnlichem zu werden. Gemäß der weit verbreiteten Annahme, dass es immer nur einen an der Spitze geben kann, bleibt dem überwiegenden Teil der Jugendlichen – mit oder ohne – Förderbedarf nichts anderes übrig, als an sich selbst zu glauben und auf eine gute Zukunft zu hoffen. Dass die Allermeisten genau dies tun, zeigen Studien über Zukunftswünsche und Zukunftsvorstellungen von Jugendlichen. So wünschte sich der überwiegende Teil der Befragten höhere Bildungsabschlüsse, eine gute Arbeit und eine glückliche Familie. Selten wird sich eine konkrete Berufsbiografie vorgestellt und die Befragten gehen nicht davon aus, nur einen einzigen Beruf ein Leben lang auszuüben, sondern dass Flexibilität erforderlich ist (Zinnecker et al. 2003; Mansel 2007).

Zukunftswünsche und faktische Lebensverläufe sind jedoch zwei verschiedene Dinge, und sich etwas zu wünschen und von etwas zu träumen, muss nicht damit verbunden sein, die Realisierung des Wunsches auch in Angriff zu nehmen. Dies zeigen Lebensverlaufsstudien des Max-Planck-Instituts für Bildungsforschung zum Thema Ausbildungslosigkeit. Hier wurde herausgearbeitet, dass Prozesse der Selbstselektion dazu führen, dass Jugendliche ihre Chancenlosigkeit antizipieren und sich erst gar nicht um einen Ausbildungsplatz bewerben (Solga 2002a; Solga 2002b). Insbesondere männliche Jugendliche sind angesichts der Lage auf dem Ausbildungsmarkt frustriert und versuchen gar nicht, ihre Chancen und Optionen zu testen. Dies ist nicht allein eine Einstellung oder psychische Befindlichkeit einzelner männlicher Jugendlicher, die es zu ändern gelte, sondern hat auch einen arbeitsmarktstrukturellen Hintergrund, auf den die Bremer Sozialwissenschaftlerin Helga Krüger schon 2001 aufmerksam machte. Sie argumentierte, dass angesichts der steigenden Bedeutung des Dienstleistungssektors für den Arbeitsmarkt damit zu rechnen ist, dass insbesondere die personenbezogenen Dienstleistungen als Domänen von Arbeit immer wichtiger würden. Da Dienstleistungen aber bislang vor allem von Frauen ausgeübt werden, erweisen sich die traditionellen Frauenberufe als zukunftsträchtiger als die sog. Männerberufe. Deshalb fordert Helga Krüger, in der Berufsberatung das Motto ‚Jungen in Frauenberufe' zu etablieren, und verbindet mit dieser Forderung gar die Hoffnung auf eine zukünftig bessere Bezahlung, stärkere sozial- und tarifrechtliche Absicherung dieses Beschäftigungssegments (Krüger 2001, S. 63ff).

Dieses Förder-Paradigma wirkte sich auch im Bereich der Sozialen Arbeit aus. Hier verbreitete sich unter dem Schlagwort der AdressatInnenorientierung ein Verständnis von Hilfe als individuell zugeschnitten und anpassungsfähig (Peters/Koch 2004), das „Jugendliche mit besonderem Förderbedarf" zumeist schon früh im Verlauf ihrer Schulbiografie ausmacht. Als Reaktion darauf wurde aber auch ein Gegenkonzept integrierter erzieherischer Hilfen entwickelt, das Flexibilisierung, Sozialraumorientierung und Integration verschiedener Maßnahmen zu realisieren versucht und die strukturellen Bedingungen des Aufwachsens – also die verschiedenen Dimensionen sozialer Ungleichheit und ihre Folgen (wie z.B. Armut, Zugangs- und Bildungsbenachteiligungen) – in den Blick nimmt und an der Herstellung besserer Lebensbedingungen für Kinder und Jugendliche interessiert ist und eine Reihe entsprechender Ansätze entwickelt hat (siehe z.B. Galuske 2002; Munsch/Zeller 2004; Oelerich 2008).

Welche der beiden Förderstrategien – die eher sozialstrukturell oder die stärker individuell ausgerichtete – sich der politischen Unterstützung vergewissern kann, ist in Zeiten der Logik einer evidence-based Pädagogik eigentlich bereits ausgemacht. In der Logik des neuen pädagogischen Paradigmas werden das Individuum und seine jeweiligen Leistungen und Erfolge zum nachweisbaren Maßstab der Wirksamkeit der etablierten Förderstrategien. So lässt sich zwar zeigen, wie weit welche Maßnahme reicht, sie werden aber, wenn die strukturellen Komponenten von Bildung, wie z.B. das System der Notengebung, die Dreiteiligkeit der Bildungsabschlüsse und die schichtenspezifischen Voraussetzungen der Schülerinnen und Schüler als gegeben voraus gesetzt werden, als Bildungserfolg verabsolutiert. Damit wird solchen Aktivitäten, die auf eine Veränderung der schulischen Organisation von Lehren und

Lernen zielen, – zumindest tendenziell – der Wind aus den Segeln genommen. Da sie nicht vorrangig darauf ausgerichtet sind, zu beweisen, dass sie eine effektivere Bildung zu bewirken in der Lage sind, sondern eher normative Überzeugungen, z.B. Chancengleichheit, Anti-Diskriminierung oder Transparenz, zu realisieren versuchen, ist der Vorwurf der Wirkungs- und damit Bedeutungslosigkeit schnell formuliert. Zu hoffen bleibt angesichts dieser polarisierten Gegenüberstellung von Förderstrategien, dass sich die Einsicht durchzusetzen vermag, dass auch die evidence-based Pädagogik einer Norm folgt, nämlich der des ökonomischen Kalküls von Effektivität, Output und Wirksamkeit, und dass umgekehrt auch eine auf sozialstrukturelle Veränderungen zielende Pädagogik nicht von der Hand zuweisenden Einfluss auf diskursive und politische Leitlinien nimmt. Darüber hinaus ist den betroffenen Kindern und Jugendlichen mit einem Entweder-Oder nur eingeschränkt geholfen. Sie brauchen sowohl individuelle Förderung als auch Verbesserungen ihrer strukturellen Lebenswelten.

3.2 Gender: Unterscheidungen und Gleichheitspostulate

Die zweite sozialstrukturell bedingte Differenzierung von Jugend vollzieht sich entlang der Kategorie Geschlecht. Die verallgemeinernde Rede von der Jugend war lange Zeit implizit und teilweise auch explizit auf männliche Jugendliche ausgerichtet. Mädchen und junge Frauen kamen zumeist überhaupt nicht vor. Dies änderte sich erst im Verlauf der 1980er Jahre, theoretische Konzeptualisierungen von weiblicher Adoleszenz und Jugend setzten erst in den 1990er Jahren ein (siehe z.B. Waldeck 1988; Apter 1990; Flaake/King 1992; Düring 1993). Danach brachen diese Bemühungen mehr oder weniger ab und wurden später von einer stärkeren Beschäftigung mit den Herausforderungen und Schwierigkeiten männlicher Adoleszenz abgelöst (siehe z.B. Bieringer 2000; Budde 2005; Jösting 2005; Bereswill/Meuser/Scholz 2006). Den ersten theoretischen Überlegungen zur weiblichen Jugend gingen eine ganze Reihe von empirischen Studien zur Erforschung und Beschreibung der Lebenssituation von Mädchen voran. Dies begann mit dem 6. Jugendbericht der Bundesregierung, der im Zeitraum von 1984 bis 1988 insgesamt 16 Expertisen zum Thema „Alltag und Biografie von Mädchen" mit einer Vielzahl an Daten und Publikationen erstellte (Krüger et al. 1988). Den Auftakt dazu bildete der als Meilenstein wirkende Überblickstext von Carol Hagemann-White „Sozialisation männlich – weiblich?" von 1984, es folgen Expertisen zu den Themen ‚Mädchen in der Jugendhilfe', ‚Koedukation', ‚ausländische Mädchen', ‚Mädchen in der Provinz' oder auch dem ‚Bild von Mädchen in den Medien und Mädchenbüchern' sowie Fragen nach rechtlicher und politischer Diskriminierung von Mädchen, um nur einige zu nennen. Darüber hinaus gab es diverse Untersuchungen, die sich mit den Lebensbereichen Familie, Schule, Peergroups, Freundschaften und Sexualität, dem abweichenden Verhalten sowie mit den Zukunftsperspektiven und Zukunftswünschen von Mädchen befassten (siehe z.B. Tillmann 1992; Ostner 1986; Flaake/King 1992).

Bis zu den 1990er Jahren dominierte der Befund, dass Mädchen „besser gebildet und doch nicht gleich" (Rabe-Kleeberg 1990) seien. Die einschlägigen Studien illustrierten den Einfluss und die Wirkung traditioneller, geschlechterstereotyper Annahmen und Einflüsse. Dies zeigt beispielsweise der Band von Klaus Jürgen Tillmann (1992), der vorhandene Studien sichtete, zusammenfasste und zu dem Schluss gelangte, dass das Leben von Mädchen in der Familie als konfliktreich eingeschätzt werden muss: Waren Auseinandersetzungen mit den Eltern um Kleidung, Frisur, Rauchen, dem Hören von lauter Musik und Taschengeld eher

3 Race, Class, Gender: Strukturelle Differenzierungen

geschlechtsunspezifische Themen, mit denen Jungen wie Mädchen gleichermaßen konfrontiert waren, so drehten sich die Konflikte, die Mädchen mit ihren Eltern austrugen, stark um Mithilfe bei der Hausarbeit und um das Ausgehen, die Zeit des Nachhause Kommens und um Jungenbekanntschaften. Mädchen wurden mehr als Jungen in die Hausarbeit einbezogen, dies führte zu verstärkten Auseinandersetzungen mit der Mutter, die Tochter lerne gleichzeitig Übernahme und Widerstand gegen die traditionelle Frauenrolle (Tillmann 1992, S. 45). In Auseinandersetzungen mit den Eltern, in denen das abendliche Weggehen und die Freundschaften mit Jungen ausgehandelt werden, mischte sich nach Umfragen unter Mädchen häufig der Vater ein. Die Studien zeigen, dass Mädchen hier einer schärferen Kontrolle als Jungen ausgesetzt waren. Sie mussten sich stärker rechtfertigen und waren häufiger damit konfrontiert, dass die Eltern ihre Freunde nicht billigten (Tillmann 1992, S. 46; Seidenspinner/Burger 1982, S. 43ff).

Empirische Studien aus dieser Zeit legen auch nahe, dass Eltern auf die Sexualität ihrer Töchter mit größeren Ängsten und stärkerer Abwertung reagierten als auf die ihrer Söhne. Damit korrespondierten auch die Formen der von den Eltern befürchteten Devianz. Als abweichend wurde männliches Verhalten häufig dann bezeichnet, wenn Gewalttätigkeit vorliegt, bei Mädchen galten frühe Schwangerschaft und Prostitution als Indizien (Ziehlke 1992). Dies prägt auch das töchterliche Erleben und Erfahrung von Sexualität. Georg Neubauer (1990) untersuchte den Einfluss von Sexualität auf das Selbstbild von Jugendlichen und stellte in seiner Studie geschlechtsspezifisch unterschiedliche Verhaltens- und Verarbeitungsformen im Hinblick auf Sexualität fest. Mädchen, so sein Fazit, haben insgesamt weniger Spaß und mehr Stress mit Sexualität und Geschlechtsverkehr. Ihre emotionale Befindlichkeit werde stark durch das elterliche Verhalten bestimmt und da sie stärkeren Restriktionen durch die Eltern ausgesetzt sind, hätten Mädchen größere Probleme mit ihrem Selbstbild nach ersten Sexualitätserfahrungen (Neubauer 1990, S. 124). Angelika Horstkotte (1985) berichtete, dass die Eltern sich zwar aufgrund verschiedener Sexualmoralen unterschiedlich reglementierend zu den heterosexuellen Beziehungen der Tochter verhielten, aber die heterosexuelle Entwicklungsnorm in der Regel nicht aus dem Blick verloren. Wenn die Tochter mit 17 noch keinen Freund hat, war das ein Grund für die Eltern, sich Sorgen zu machen (Horstkotte 1985, S. 40). 1985 hatten, folgt man der Studie von Klaus Allerbeck und Wendy Hoag, 27% der befragten 16-jährigen Mädchen einen festen Freund, wohingegen nur 14% der altersgleichen Jungen eine feste Freundin hatten (Allerbeck/Hoag 1985, S. 43). Fünf Jahre später stellte Helmut Fend in einer Befragung fest, dass 41% der Mädchen und 24% der Jungen feste Beziehungen zum Gegengeschlecht hatten (Fend 1990, S. 85/183). Das bedeutet in der Konsequenz, dass die Mädchen in der Regel ihre ersten heterosexuellen Erfahrungen nicht mit ihren männlichen Altersgenossen machten, sondern ältere Freunde hatten.

Gleichermaßen, so zeigen die Studien aus dieser Zeit, war auch die Beziehung zwischen Mutter und Tochter stark normativ durchsetzt und konflikthaft aufgeladen. Zwar beschrieben in mehreren Befragungen die Mädchen die Beziehung zu ihrer Mutter als nah und vertraut (Cramon-Daiber 1984; DJI 1989; Burger/Seidenspinner 1988) und es wurde festgestellt, dass speziell die 14-15 Jährigen, die keinen Freund hatten, sich stark mit der Mutter identifizierten und sich wenig gegen sie abgrenzten (Burger/Seidenspinner 1988, S. 119), aber die größere Nähe, die Mütter zu ihren Töchtern entwickelten, machte es den Töchtern auch schwer, sich aus dieser engen Beziehung ohne Verlustängste und Schuldgefühle zu lösen. Solche Ablösungsschwierigkeiten wurden in den Zusammenhang damit gestellt, dass die Töchter zwischen der Kritik und der Nähe zum mütterlichen Lebensentwurf hin- und hergerissen sind, solange es wenig anerkannte, kulturelle Zusammenhänge gibt, in denen die weibliche, gleichgeschlechtliche Beziehung nicht in ständiger Konkurrenz mit der heterosexuellen Beziehung steht. Dazu passen auch Befunde von Gerlinde Seidenspinner und Angelika Burger aus der Brigitte-Studie von 1982: Hier zeigten Mädchen mit alleinerziehenden Müttern eine starke Berufsorientierung und eine größere Offenheit in der Lebensplanung und waren in ihrer heterosexuellen Orientierung jedoch langsam und schüchtern (Seidenspinner/Burger 1982, S. 59). Hier wirkte sich das Aufwachsen in einer nicht traditionellen Kleinfamilie offenbar aus.

Des Weiteren trifft man in der damaligen Literatur auf die Hoffnung, dass sich in den Mädchenfreundschaften eine wechselseitige, weibliche Wertschätzung und Eigenständigkeit etablieren könnte. In empirischen Studien wurde dabei unterschieden in beste Freundin und Clique. Untersuchungen über Peergroups bezogen sich zumeist auf gemischtgeschlechtliche Gruppen (vgl. z.B. Engel/Hurrelmann 1989, S. 57ff, Fend 1990, S. 177f). Untersuchungen, die sich ausschließlich mit Mädchengruppen und deren Bedeutung beschäftigten, waren sehr viel häufiger im Bereich der ‚grauen' Literatur zu finden; in Form von Projektberichten, aber auch z.B. als Hessische Mädchenstudie 1986, (Schlapeit-Beck 1987; Engler/Ufer 1986; IB Mädchentreff). Beste Freundinnen, so behaupteten einige Autorinnen, seien für Mädchen wichtiger, enger und intimer als für Jungen und erfüllen oft die Funktion, sich aufgehoben und verstanden zu fühlen. Nicht selten werde die Mädchenfreundschaft gestört oder beendet dadurch, dass eine der beiden Mädchen einen Freund hat (Pagenstecher et al. 1985, S. 95f; siehe z.B. auch Jensen 1985, S. 113f). Diese Veränderung der Bedeutung von Mädchenfreundschaft sobald eine Jungenfreundschaft hinzukommt, habe, darauf wiesen Liesing Pagenstecher et al. (1985) hin, ihre Entsprechung im Erwachsenenalter. Auch dort bewältigen Frauen ihren Alltag mit und durch die Unterstützung anderer Frauen, wiesen dieser Beziehung häufig aber eine geringere Bedeutung als der gegengeschlechtlichen Beziehung zu (Pagenstecher et al. 1985, S. 117). In der Gruppe sorge der Erfolg beim anderen Geschlecht für Prestigegewinn; hier würden auch Erfahrungen mit dem Gegengeschlecht besprochen und diskutiert (Sander/Vollbrecht 1985, S. 227; Hagemann-White 1984, S. 99). Dies zeigte, dass die gesellschaftlich vorgegebene Orientierung auf den Mann auch in die Mädchenfreundschaften hinein wirkte und es den Mädchen erschwerte, andere, außerhalb dieser Norm liegende Bedürfnisse wahr- und ernst zu nehmen. Pagenstecher et al. forderten deshalb die Etablierung von feministischen Öffentlichkeiten und einer „Mädchenkultur als eigene Lebensräume", in denen Mädchenfreundschaften „nichts Ungewöhnliches sind und in denen sie auch ohne Freund als vollwertig gelten" (Pagenstecher et al. 1985, S. 138).

Diese Forderung basierte auf der Tatsache, dass öffentliche geschlechtshomogene Räume, sog. Mädchenräume, kaum existierten, und daran hat sich bis heute nichts geändert. Die moderne Schule als wichtiger Ort, wo Jungen und Mädchen verschiedenen Alters sich treffen und verabreden können, war und ist in der Regel koedukativ. Die in den 1980er Jahren intensivierte Diskussion über die Nachteile der koedukativen Schule hatte gezeigt, dass auch hier männliche Dominanz und weibliche Zweitrangigkeit direkt wie auch unterschwellig gelernt werden, obwohl Mädchen sowohl sozial und kognitiv kompetenter als Jungen eingeschätzt wurden (vgl. Horstkemper 1990; 1990a; Pfister 1990; Hannover 1992). Im Schnitt hatten die Mädchen, so zeigen diese Studien, die besseren Schulleistungen und waren in der Regel aufgeschlossener und beliebter als die Jungen (Horstkemper 1987, S. 141ff). Deutlich machten die Studien auch, dass dieser Vorsprung im Verlauf der Adoleszenz zu bröckeln beginnt. Die Studie von Helmut Fend (1990) konstatierte, dass es den Mädchen nicht gelänge, ihr

Können und ihre Erfolge auch in Selbstwertgefühl umzusetzen (Fend 1990, S. 124). So konnte gezeigt werden, dass die durchschnittlichen Schulleistungen der Mädchen und das Interesse an den als männlich definierten naturwissenschaftlichen Fächern ab der 7. Klasse mit verstärkt einsetzender Pubertät nachließen. Im Fazit: Die körperlichen und psychischen Veränderungsprozesse in der Adoleszenz und die damit verbundene normative Orientierung eines Attraktiv-Werdens für das männliche Gegenüber führten nicht selten zu Verunsicherung und zur Verringerung des Schulerfolgs. Die Studien zeigen, dass mit dem Beginn des sexuellen Interesses für das Gegengeschlecht auch die Konfrontation mit der heterosexuellen Norm einherging, die für Mädchen häufig eine weibliche Nachrangigkeit festschreibt.

Offen ließen die meisten der empirischen Untersuchungen, warum Mädchen ein geringeres Selbstwertgefühl entwickelten als Jungen und ob es zumindest in den Wünschen, Plänen und Lebensentwürfen Anzeichen für eine Veränderung der weiblichen Lebens- und Selbstentwürfe gab. Die Studien verdeutlichten, dass ein an der Geschlechtsrolle ausgerichtetes Normalitätskonzept mehr oder weniger bewusst in die weibliche Identität und Lebensplanung eingeht und dass Modelle, an denen Mädchen eigene Handlungsmöglichkeiten und Absichten ausrichten könnten, rar waren. Nichtsdestotrotz sorgte sowohl ein gewisses Unbehagen an der Geschlechterrolle als auch ein gesellschaftlich gestiegener Anspruch auf weibliche Selbstbestimmung und Gleichheit dafür, dass die Vorstellungen von privater und beruflicher Lebensplanung zum Teil von der Normativität der weiblichen Rolle abwichen. So hielten beispielsweise Barbara Keddi und Gerlinde Seidenspinner (1990), wie auch Birgit Geissler und Mechthild Oechsle (1994) fest, dass eine doppelte Perspektive auf Beruf und Familie ein Grundmuster weiblicher Lebensperspektive sei und junge Frauen sich in der Spannung zwischen Berufsorientierung und Beziehungsorientierung verhalten müssten. Studien, die sich mit Lebensentwürfen junger Frauen beschäftigten, kamen dabei nicht unbedingt zu ähnlichen Einschätzungen. Einige, wie z.B. Regina Klüssendorf (1992), Carol Hagemann-White (1992), Terri Apter (1990) hoben die Kontinuität der konventionellen Lebensplanung hervor, andere konstatierten eher eine Rollenveränderung im weiblichen Lebensentwurf (Keddi/Seidenspinner 1990; Faulstich-Wieland/Horstkemper 1985). Ulrike Popp (1992) stellte auf der Basis einer Längsschnittuntersuchung über Zukunftsperspektiven von Jugendlichen die These auf, dass Mädchen stärker als Jungen dazu aufgefordert seien, die traditionelle Geschlechtsrolle abzulehnen und dass es deshalb im weiblichen Lebensentwurf zu einer zeitlichen Ausweitung der Lebensphase komme, die Erik H. Erikson als „psychosoziales Moratorium" (Erikson 1980) beschrieben hatte. Mädchen, so formulierte Popp, fordern ein „Moratorium von den als weiblich deklarierten Aufgaben einer späteren Mutter und Hausfrau" (Popp 1992, S. 61). Die von ihr befragten Mädchen hatten unklare Lebensperspektiven, die Familienphase werde auf später verschoben, sie hatten häufig alternative Lebensvorstellungen, Spaß sei wichtiger als Karriere, nicht selten wünschten sie sich Auslandsaufenthalte als wichtigen Erfahrungsbereich für die nahe Zukunft. Laut Befragung gedachten die meisten Mädchen nach dem verlängerten Moratorium, die traditionelle Weiblichkeitsrolle zu erfüllen. Ob sie dies dann tatsächlich auch tun, hänge nach Einschätzung von Popp von „lebenswegrelevanten Faktoren und Erfahrungen" ab (Popp 1992, S. 63).

Die Untersuchung von Popp markiert die Veränderung des Verhaltens von Mädchen in der Adoleszenz, die das heutige Selbstverständnis junger Frauen bestimmen. Hier wird erstmalig berichtet, dass Mädchen Freiräume zum Ausprobieren und ein Recht auf eigene Erfahrung verlangen. Im Unterschied zu den befragten Jungen, die sich ihr Leben allesamt als berufliche Karriere mit einer Frau im Hause zu ihrer Verfügung vorstellten, forderten die Mädchen eine Phase des Ausprobierens anderer Identitätsentwürfe und Rollen, bevor sie bereit waren, sich mit dem klassischen Weiblichkeitsbild von Mutterschaft und der großen Bedeutung der heterosexuellen Beziehung auseinanderzusetzen. Versteht man die Weigerung der Mädchen, konkrete Lebensentwürfe zu entwickeln, als eine neue Art von Verlängerung des psychosozialen Moratoriums (statt sie als den Wunsch zu interpretieren, nicht erwachsen werden zu wollen), dann deutet sich hier an, dass ein solches Moratorium von den Ansprüchen der weiblichen Geschlechtsrolle dazu beitragen kann, im Laufe des Erwachsenen-Lebens eine veränderte Vorstellung von Weiblichkeit zu entwickeln. Ob diese Mädchen weibliche Rollenerwartungen dann auch tatsächlich erweitern, variieren und anders damit umgehen, hängt nicht zuletzt auch davon ab, welche gesellschaftlichen Erfahrungsräume ihnen zur Verfügung stehen und ob alternative Lebensformen von anderen (erwachsenen) Personen vorgelebt werden. Diese Frage wurde damals breit diskutiert und neben vielen anderen begründete auch die Psychoanalytikerin Margarete Mitscherlich-Nielsen 1975, warum eine Veränderung der gesellschaftlichen Geschlechterrollen erforderlich sei. Sie schrieb:

> „Ohne die Befreiung von sozialer, ökonomischer und familiärer Unterdrückung gibt es nur eine Emanzipation für wenige ausgewählte Frauen. Zugeben müssen wir allerdings, dass erst die kritische Distanz der Frauen selber zu der vom Mann geprägten Gesellschaft, ihr besseres Verständnis der Eigenart ihrer weiblichen Entwicklung zu einer dauerhaften Veränderung nicht nur der Stellung der Frau, sondern der gesellschaftlichen Wertvorstellungen überhaupt führen wird" (Mitscherlich-Nielsen 1975, S. 593).

Hier werden nicht nur sozialstrukturelle Veränderungen eingefordert, sondern darüber hinaus auch dafür plädiert, ein anderes Bild und eine neue Bewertung der Geschlechterhierarchie zu entwickeln und Weiblichkeit als etwas Eigenständiges und Positives zu verstehen. Elisabeth Beck-Gernsheim und Ulrich Beck (1990) standen solchen Veränderungsvorstellungen eher skeptisch gegenüber und vertraten die Ansicht, dass die „Widersprüche zwischen weiblicher Gleichheitserwartung und Ungleichheitswirklichkeit, zwischen männlichen Gemeinsamkeitsparolen und Festhalten an den alten Zuweisungen" (Beck/Beck-Gernsheim 1990, S. 24) sich zuspitzen und große geschlechtsspezifische Konflikte mit sich bringen würden. Die Gleichstellung der Geschlechter sei nur erreichbar, wenn Männer Privilegien abgeben, und da sie dies vermutlich nicht freiwillig tun würden, stünde nach Einschätzung von Beck/Beck-Gernsheim eine Zeit politischer und privater Auseinandersetzung zwischen Männern und Frauen bevor.

Dass junge Frauen sich in derartigen Auseinandersetzungen gut positionieren oder gar durchsetzen könnten, dazu gaben die Studien zur Lebenssituation von Mädchen und jungen Frauen in den 1980er Jahren wenig Hoffnung. Im Gegenteil veranschaulichte das empirische Material aus dieser Zeit, dass bislang selbstbewusste und kompetente Mädchen ihr positives Selbstbild und ihr Selbstbewusstsein verloren und sich mit dem Beginn der Adoleszenz verstärkt an den Blicken und Bewertungen anderer, an einer geschlechterhierarchischen Norm orientierten. Da aber aus den damals befragten Mädchen, wie wir heute wissen, erwachsene Frauen geworden sind, die aktiv und selbstbewusst neue Formen des Geschlechterverhältnisses erprobt und etabliert haben, ist zu vermuten, dass das getrübte Bild, das sich aus den damaligen Studien ergab, die weibliche Jugend und Adoleszenz nicht vollständig erfasste. Offen blieb beispielsweise, wo und wie die Mädchen und jungen Frauen der 1980er Jahre ihre narzisstischen, aufbegehrenden und kreativen Anteile befriedigten bzw. wo und wie sie diese zumindest so konservierten und schützten, dass sie im Erwachsenenalter wieder aktiviert werden konnten. Weibliche Wünsche nach sozialer Anerkennung, gesellschaftlicher

Mitwirkung und politischer Bedeutsamkeit kamen in der damaligen Jugend- und Adoleszenzforschung nur wenig vor. Es überwog die Darstellung der Reaktionen auf kulturelle Vorgaben der Geschlechterrolle, die deren Kehrseite – die produktive Dimension von Konflikten, z.B. als Grund für Widerstand oder Anlass für die Suche nach Alternativen zu fungieren – unberücksichtigt ließ. Die Frage, wie denn jenseits der Zwänge und Anpassungen auch die Chancen für andere und selbst bestimmte Entwicklungsziele von jungen Frauen beschrieben und begriffen werden könnten, mündete in der Forderung nach einer theoretischen Konzeptualisierung der weiblichen Adoleszenz als „zweite Chance" (Eissler 1958) (siehe z.B. Hagemann-White/Hermesmeyer-Kühler 1987; Flaake 1990; 1991). Damit sollte die bislang im theoretischen Verständnis dominierende Sichtweise von Adoleszenz als Phase der Krise (Erikson 1980) und der Stagnation (Winnicott 1965) weiter entwickelt werden.

3.2.1 Adoleszenz als „zweite Chance" auch für Mädchen?

Die Erziehungswissenschaftlerin Vera King veröffentlichte Überlegungen zur „Entstehung des Neuen in der Adoleszenz" (King 2002), in denen sie den Erikson'schen Gedanken der „Adoleszenz als Möglichkeitsraum" weiterentwickelte. Indem sie den Akzent ihrer Betrachtungen auf die Optionen und Chancen der Jugendphase legte, differenzierte sie den Aspekt der Krisenhaftigkeit und der Stagnation des Jugendalters und fragte, wovon es eigentlich abhängt, dass die Jugendphase bei einigen krisenhaft verläuft und Andere ohne größere Einbrüche und Konflikte erwachsen werden. Indem King die Erfahrungen im Jugendalter in den Kontext von familiären und außerfamiliären Beziehungen stellte, die Einflüsse verschiedener Institutionen (Schule, Familie, Medien) berücksichtigte und die Wünsche und Sehnsüchte aller an der Adoleszenz Beteiligten reflektierte, machte sie deutlich, dass nicht nur die Jugendlichen selbst, sondern auch ihr gesamtes soziales und kulturelles Umfeld an der Ausgestaltung und dem Ablauf der Adoleszenz beteiligt sind. Die hier von verschiedenen Beteiligten geleistete psychische, interaktive, kognitive und soziale Arbeit wird mit dem Begriff der Adoleszenz gefasst, der im Unterschied zum Begriff der Jugend die Prozesshaftigkeit, die intersubjektive Interaktion und insbesondere die intra-psychische Aufnahme und Verarbeitung jugendspezifischer Veränderungen betrachtet. Von Adoleszenz zu sprechen, heißt deshalb immer auch, eine psychoanalytische, auf unbewusste Anteile einer jeden Aktivität ausgerichtete Perspektive einzunehmen.

In Bezug auf die Frage, wie die Adoleszenz (auch für Mädchen) zur zweiten Chance werden kann, stellt ein älterer Text der niederländischen Psychoanalytikerin Jeanne Lampl de Groot (1960) interessante Thesen vor, die bis heute dazu anregen, über nicht offensichtliche Aspekte des Jugendalters nachzudenken. Die Autorin vertritt die Ansicht, – und darin folgt ihr Vera King – dass die Adoleszenz eine depressive Reaktion auf den Verlust der Kindheit sei. Dieser Verlust müsse, und darin bestünde die Entwicklungsaufgabe, Schritt für Schritt durch Trauerarbeit umgewandelt werden. Damit beginne ein Prozess, der ein Leben lang anhält, nämlich die Aufgabe, die innere mit der äußeren Welt miteinander in Verbindung zu setzen und zu halten. Als zentralen Unterschied zwischen der Entwicklung in der Kindheit und der Entwicklung in der Adoleszenz benennt die Autorin die Rolle des Über-Ichs: Die mit der Jugendphase verbundene Anforderung, Normen, Werte, Orientierungen und Einstellungen zu stabilisieren, mache eine Re-Organisation des Über-Ichs erforderlich. Eine solche Re-Organisation sei aber mit Konflikten verbunden, weil mit der Ablösung von den Eltern auch Teile des internalisierten Über-Ichs aufgegeben werden. Dies sei, so Lampl de Groot, immer auch ein Stück Selbstaufgabe, in dem die Eltern-Idealisierung verändert und auch die Größenfantasien umgearbeitet werden müssen. Wenn nun mit der Ablösung von den Eltern auch deren Idealisierung teilweise aufgegeben wird, so greife dies einen „Grundpfeiler der Idealbildung" (Lampl de Groot 1960, S. 483) an und gebe als narzisstische Kränkung Anlass zu Aggressionen wie auch zur Gefühls- und Reaktionslosigkeit auf äußere Impulse. Andererseits sei möglich, dass Jugendliche an archaischen, idealisierten Eltern-Imagines festhalten, weil sie als Abwehr gegenüber Scham- und Schuldgefühlen dienen, die durch intensive Feindseligkeit den Eltern gegenüber hervorgerufen werden. Die Prozesse der Adoleszenz führen – innerpsychisch betrachtet – zum Narzissmus und zur Herausbildung eines Ich-Ideals. Dieses Ich-Ideal wird neu organisiert und strukturiert, bereits verinnerlichte Eltern-Eigenschaften werden bekämpft. Die Herausbildung des Ich-Ideals als Instanz der Ethik und der Ideale ist dabei stärker für die Ausbildung von Oppositionsgeist und Allmachtsfantasien verantwortlich als die Re-Organisation des Über-Ichs, das als Instanz der Normen, Verbote und Gesetze auf die Notwendigkeit zur Anpassung drängt.

Obwohl diese Thesen geschlechtsunspezifisch formuliert sind, können sie doch als eine Erklärungsfolie für die verschiedenen, zum Teil einander gegenüberstehenden Befunde und Beschreibungen weiblicher Adoleszenz herangezogen werden. Zum einen geben die Überlegungen Lampl de Groots einen Hinweis darauf, warum einige junge Frauen eine krisenhafte Adoleszenz durchlaufen und andere die Lebensphase Jugend mehr oder weniger konfliktfrei erleben. Eine unterschiedliche Ich-Ideal Entwicklung ist für diese differente Ausgestaltung der Adoleszenz verantwortlich. In dem ersten Fall sorgt das Ich-Ideal für die Herausbildung von Omnipotenzfantasien, die Vorgefundenes in Frage stellen. Im zweiten Fall werden die Krisen verursachenden Größen- und Allmachtsfantasien durch eine narzisstische Identifikation mit der vorgegebenen weiblichen Rolle befriedet und bescheren einen unaufgeregten Einstieg in die Weiblichkeit. Die nicht-krisenhaften jungen Frauen verbleiben im Rahmen der vorgegebenen Identifikationsangebote; die Entwicklung eines starken Ich-Ideals, das zu Konflikten mit dem Real-Ich führen würde, findet nicht statt. Lampl de Groot (1960, S. 482) bezeichnet die Adoleszenz als „Prozess der Trauerarbeit" über den Verlust der frühen Elternimagines, der abhängig sei von der „nach innen gekehrten Aggression", die frühkindlich gegen die Eltern gerichtet war. Hass und Ambivalenzen gegen frühe Eltern-Objekte leben Mädchen und Frauen sehr viel stärker als Jungen in der Form aus, dass sie die Aggression nach innen und gegen sich selbst wenden. Das könnte erklären, dass eine Phase des Aufbegehrens, der Rebellion in den Studien über weibliche Jugend so selten vorkommt. Viel häufiger gibt es empirisches Material, das nach innen gekehrte Aggression in Form von Ess- und Menstruationsstörungen als Bewältigungsstrategie dieser Trauerarbeit dokumentiert.

Auch der empirische Befund der Mädchen-Studien, dass die Mutter für das emotionale Empfinden der Tochter während der Adoleszenz in der Regel wichtig bleibt (Burger/Seidenspinner 1988; Apter 1990), kann auf der Grundlage von Lampl de Groots Modell plausibilisiert werden. Wenn eine Abwendung vom mütterlichen Liebesobjekt nur eingeschränkt stattfindet, erfolgt auch die von Lampl de Groots konstatierte Zerstörung eines Teils ihrer Persönlichkeit nur in reduzierter Form. Dies kann möglicherweise dazu führen, dass die für die Idealbildung notwendigen Größen- und Allmachtsfantasien durch die Identifikation mit der Mutter zeitweise unterbunden werden. Gleichermaßen kann es aber auch vorkommen, dass die nur teilweise erfolgte Ablösung der Mädchen von der Mutter die Idealbildung neu stützt und nährt, da eine kontinuierliche Beziehungserfahrung auch Stärke und Stütze für die Konflikte mit der Divergenz zwischen Ich-Ideal und Realität bedeuten kann. Selbst wenn

Mädchen ein rigides, der patriarchalen Norm entsprechendes Über-Ich ausbilden, bleibt ein Potenzial für Idealbildung, d.h. auch für andere weibliche Selbstentwürfe vorhanden. Ein Potenzial, das im Laufe des Lebens dafür sorgen kann, dass erwachsene Frauen neue Weiblichkeitsbilder entwickeln, realisieren und für deren gesellschaftliche Anerkennung streiten.

Die Jugendforschung zeigt bis heute ein ambivalentes Bild zwischen Tradierung und Veränderung der Geschlechterrollen. Auch viele neuere Studien machen deutlich, dass trotz der Abschwächung geschlechtstypischer Sozialisationserfahrungen in der Kindheit, der Angleichung der Bildungschancen und der Erweiterung der Freizeitmöglichkeiten sich im Verlauf der Jugendphase eine Selbstzurücknahme der Mädchen wie auch ein Bruch im Selbstwertgefühl vieler Mädchen etablieren (vgl. den Überblick bei King 2002). Die psychoanalytisch orientierte Adoleszenzforschung geht deshalb davon aus, dass die Entwicklungsaufgaben der Adoleszenz – die Loslösung von der Herkunftsfamilie, die Klärung der eigenen Geschlechtsrolle und die Verortung in der Gesellschaft (wie z.B. die Stabilisierung eines Wertesystems, der Qualifikationserwerb und die Sicherung der eigenen Existenz) – für Mädchen im Widerspruch zueinander stehen. Einerseits sei Weiblichkeit noch immer primär durch ein Begehrt-Werden definiert und demgegenüber treten Bilder und Repräsentationen einer aktiven und selbstbewussten Weiblichkeit zurück. Andererseits zielten die Entwicklungsaufgaben der Adoleszenz auf Individuation, auf ein Unabhängig-Werden und auf die Entdeckung und Erfahrung der eigenen Leistungs- und Abgrenzungsfähigkeit. Dies steht in deutlichem Widerspruch zu einem Weiblichkeitsbild, das das Entdeckt- und Begehrt-Werden akzentuiert. Carol Hagemann-White schließt daraus, dass Selbstfindung und Individuation für Mädchen vor der Jugendphase oder nach der Jugendphase stattfinden (Hagemann-White 1992, S. 80); die Adoleszenz sei eine „Warteschleife" konstatiert die Soziologin Karin Flaake (Flaake 2004, S. 154).

Dies zeigt, dass die Möglichkeiten, die weibliche Adoleszenz produktiv zu gestalten, nach wie vor unterschiedlich eingeschätzt werden. Einig sind sich die verschiedenen Studien und Erklärungsansätze lediglich in der Einschätzung, dass ungleiche, hierarchische Geschlechterbeziehungen eine weitere, zusätzliche Herausforderung für die Gestaltung von Adoleszenz darstellen, die jedoch nicht nur von den Mädchen und jungen Frauen, sondern gleichermaßen von deren Umgebung aufgenommen, bearbeitet und verarbeitet werden. Oder, um es abstrakter mit Hilfe eines Zitats des US-amerikanischen Soziologen Erving Goffman zu sagen:

> „Der soziologisch interessante Aspekt an einer benachteiligten Gruppe ist nicht die Schmerzlichkeit ihrer Benachteiligung, sondern der Einfluss der Sozialstruktur auf die Entstehung und Stabilität der Benachteiligung (…) Der interessante Punkt ist also nicht, dass Frauen weniger bekommen, sondern in welchen Arrangements dies geschieht und welche symbolische Bedeutung diesen Arrangements zukommt" (Goffman 1994, S. 116f).

3.2.2 Die „symbolische Ordnung der Geschlechter"

Diese im Goffman-Zitat hervorgehobene Bedeutungszuschreibung von Geschlechterarrangements vollzieht sich über Normen, Werte und Leitbilder, die ihrerseits Bestandteil einer historisch und kulturell tradierten „symbolischen Ordnung der Geschlechter" sind. Es sind diese Muster und Zuschreibungen, und weniger die körperlichen Unterschiede per se, die soziale Bedeutung erhalten und als vermeintlich faktische Unterschiede zwischen den Geschlechtern erscheinen. Dass die Kategorie Geschlecht als eine von diversen Unterscheidungen zum anhaltenden sozialen Unterschied gemacht und kulturell, religiös und sozial befestigt und gerechtfertigt wurde und wird, kann als eines ihrer herausragenden Merkmale gelten. Nicht nur ist Geschlecht jeder Person eigen, sie ist zudem auch ein überpersönlicher Träger einer kulturellen Differenz, die sich in der symbolischen Ordnung, in diversen Bezeichnungs- und Benennungsvorgängen manifestiert.

Verbunden damit ist eine nach Geschlechtern unterschiedene Typisierung sozialer Organisation und Umwelt. Dies reduziert Komplexität, entlastet den Umgang mit Mehrdeutigkeit und reduziert unpassende Deutungen in der unmittelbaren Interaktion und in den vielen Zuschreibungen, in denen der Geschlechtsdualismus mit anderen Polaritäten aufgeladen wird: Natur und Kultur, emotional und rational, Privatheit und Öffentlichkeit, weich und hart, assoziativ und logisch. Diverse Zuschreibungen, die typisch Weibliches und typisch Männliches bezeichnen, wirken latent oder offensichtlich als Geschlechterstereotype und werden in mehrdeutigen Situationen aktiviert, um als Verstärker bestehender Plausibilitäten zu wirken. Durch anhaltende Wiederholungen erhalten die geschlechtstypisierten Polaritäten ihre Geltung und sprechen schließlich für sich selbst. Indem die beteiligten Männer und Frauen sie selbstverständlich und unreflektiert verwenden, verstetigen sie die Sinnhaftigkeit der symbolischen Zuordnungen über die Generationen hinweg.

Die symbolische Ordnung der Geschlechter zeigt sich in gängigen Geschlechterstereotypen und Zuschreibungen, die zum festen Bestandteil unserer Kultur und Alltäglichkeit gehören; beispielsweise in der Annahme, dass Männer größer und kräftiger sind als Frauen, dass Männer nicht weinen, dass Frauen Angst vor Spinnen haben oder Ähnlichem. Diese Annahmen etablieren zum einen Differenz, zum anderen Komplementarität. Weiblichkeit und Männlichkeit werden als je eigene Welten entworfen, zugleich wird aber auch ihre Zusammengehörigkeit unterstellt: Erst gemeinsam, in der Figur des asymmetrischen, aber doch aufeinander bezogenen heterosexuellen Paares, ergeben die komplementären Zuschreibungen ihren Sinn. Derartige Symbolisierungen und Typisierungen helfen adoleszenten Individuen dabei, sich als Männer und Frauen zu entwerfen. Mit Hilfe dieser Symbolisierungen etablieren die Jugendlichen sowohl gelebte Wirklichkeiten als junge Männer und Frauen als auch pauschalisierende Klischees und Geschlechtermythen. Dabei wird der Unterschied zwischen den Geschlechtern nicht nur in Interaktionen erzeugt, sondern zugleich auch von Institutionen geregelt. Die Mittel zur Anerkennung des Unterschieds zwischen den Geschlechtern werden institutionell – in der Paarbeziehung, in der Familie, in der Schule und am Ausbildungsort, durch explizite oder auch stillschweigende Formen der Arbeitsteilung – bereitgestellt und hergestellt. In den jeweiligen Institutionen und Lebensbereichen wird dasjenige sozialisierte Wissen reaktiviert, welches es den jugendlichen Akteuren leicht macht, Geschlechterpositionen zu reproduzieren.

Dies kann auch dann passieren, wenn die Beteiligten damit gar nichts (mehr) zu tun haben wollen. Heute gibt es in vielen Bereichen auf struktureller wie kultureller Ebene einen Abbau der Ungleichheit zwischen den Geschlechtern. Zu nennen sind hier insbesondere die Abschwächung einer geschlechterstereotypen Erziehung in Elternhaus und Schule, die steigende Erwerbsbeteiligung von Frauen und die weitgehende soziale Akzeptanz der Gleichheitsnorm. Dazu kommt eine Gleichstellungspolitik, die die Gleichstellung von Frauen und den Abbau von Benachteiligung verfolgt. Parallel dazu gibt es aber weiterhin geschlechtsspezifische Ungleichheitsstrukturen und nach wie vor ungleiche Lebenschancen im Hinblick auf gesellschaftliche Teilhabe und Möglichkeiten der Selbstbestimmung. Trotz gestiegner Qualifikation und Erwerbsbeteiligung von Frauen ist der Arbeitsmarkt weiterhin geschlechtsspezifisch aufgespalten mit allen damit verbundenen Nachteilen für Frauen. Schließlich gibt es immer noch Ungleichheiten im Bereich politischer Partizipation und eine Ungleichverteilung von bezahlter und unbezahlter Arbeit zu Lasten von Frauen.

Diese nachweisbaren und belegten Geschlechterunterschiede werden jedoch nicht immer als Ungleichheit oder gar Ungerechtigkeit erlebt. Vielmehr lässt sich zeigen, dass die Wahrnehmung von Ungleichheit zwischen den Geschlechtern sich lebensphasenspezifisch unterscheiden kann, z.B. im Erwachsenenalter im beruflichen Bereich noch immer ausgeprägt ist. Für Jugend und junges Erwachsenenalter ist hingegen davon auszugehen, dass geschlechtsspezifische Ungleichheiten nur selektiv wahrgenommen und in ihrer Bedeutung – auch für die eigene Lebensführung – eher unterschätzt werden. Im Elternhaus und im Bildungssystem sind junge Frauen heute selten mit manifester Ungleichbehandlung konfrontiert. Es dominieren Gleichheitserfahrungen, die sich mit der öffentlichen Gleichheitsrhetorik verbinden. Dies hängt auch damit zusammen, dass die Thematisierung von sozialer Ungleichheit zwischen den Geschlechtern heute durch ein individualisierendes Deutungsmuster der Zuschreibung von Selbstverantwortung für den eigenen Lebenslauf erschwert wird. Ungleichheitsstrukturen werden heute viel stärker als noch vor dreißig Jahren als Probleme individueller Lebensführung und biografischer Entscheidungen wahrgenommen. Die Abhängigkeit der alltäglichen Lebensführung von strukturellen Bedingungen verschwindet als Erfahrungshorizont und wird stattdessen stärker als Folge persönlicher Entscheidungen erlebt (Metz-Göckel 1998).

So lässt sich in Sachen Jugend und Geschlecht ein Spannungsfeld konstatieren, das Gleichheitsansprüche einerseits und Ungleichheitserfahrungen andererseits aufweist und welches zwischen (illusionärer) Selbstwahrnehmung und struktureller Ungleichheit angesiedelt ist. Die Grazer Soziologin Angelika Wetterer versteht diese Kluft bzw. diesen Widerspruch als einen Hinweis darauf, dass gesellschaftliche Ungleichzeitigkeiten nicht nur zwischen den Individuen und den Verhältnissen liegen, sondern auch in den Individuen selbst zu finden sind. Dies zeige sich beispielsweise daran, „dass Wissen und Tun nicht mehr richtig zusammen passen" (Wetterer 2003, S. 292). Dies hat strukturelle Ursachen: Die Modernisierung des Geschlechterverhältnisses hat gegenwärtig einen Stand erreicht, der durch Ungleichzeitigkeiten zwischen verschiedenen gesellschaftlichen Teilbereichen wie auch zwischen verschiedenen Regionen und sozialen Milieus gekennzeichnet ist. Dabei ist ein Nebeneinander verschiedener Gleichheits- und Ungleichheitsstrukturen entstanden. Angelika Wetterer ist deshalb der Ansicht, dass die Gleichstellung der Geschlechter geringer ausfällt, als die Rede davon uns glauben machen will. Sie spricht davon, dass wir es beim Thema Geschlecht, lediglich mit einer „rhetorische[n] Modernisierung" zu tun haben (Wetterer 2003, S. 291).

Konkret zeigt sich derzeit vor allem ein generationaler Unterschied. Die heute 15- bis 30-Jährigen befinden sich als Generation in einer neuen gesellschaftlichen und individuellen Situation. Angesichts der Unsicherheiten in Ausbildung und Arbeitsmarkt, in den Umbrüchen, die mit der Globalisierung und dem „Informationszeitalter" (Castells 2000/2003) und dem Ende der industriellen Arbeit in Europa einher gehen, sieht sich die jüngere Generation anderen Risiken gegenüber als die Generation der 1960er und 1970er Jahre. Dazu gehört auch, dass Frauen heute viele Qualifikationen des modernen Arbeitsmarkts genauso gut wie Männer erfüllen. Ob dies eine nachhaltige Veränderung im Geschlechterverhältnis bewirken konnte, ist noch unklar. Daten über das gestiegene Bildungsniveau junger Frauen, die Anerkennung der sozialen Norm, wonach (auch) Mädchen Anspruch auf eine qualifizierte Ausbildung haben, und die steigende Erwerbsbeteiligung von Frauen sprechen derzeit dafür. Auch lässt sich als hilfreich vermuten, dass Bildung die Selbstreflexion fördert und die individuelle Aufstiegsorientierung verstärkt, dass eine Integration in den Arbeitsmarkt das selbstbewusste Handeln und die Entwicklung einer biografischen Perspektive fördert. Da die moderne Gesellschaft vom Individuum verlangt, die Übergänge zwischen verschiedenen Lebensphasen zu überbrücken, haben Schlagworte, wie Flexibilität und Eigenverantwortung Hochkonjunktur. Diese Anforderung mutet Individuen viel zu, sie enthält aber auch ein gesellschaftliches Potenzial zur Veränderung stereotyper Selbst- und Fremdzuschreibungen und traditioneller Lebensweisen und Orientierungen im Geschlechterverhältnis.

3.3 Race: Migrationserfahrung und Migrationshintergründe

Die dritte sozialstrukturelle Differenzierung erfährt die Gruppe und die Lebensphase Jugend durch die Kategorie der Ethnie/Rasse/Kultur. Da im deutschsprachigen Raum der Begriff der Rasse stetig an seine Aufladung und Verwendung im Nationalsozialismus erinnert, hat sich hier stattdessen die Bezeichnung Ethnie etabliert. Dieser Begriff wird zumeist in Analogie zum englischen race verwendet und will darauf verweisen, dass mit der sozialen Unterscheidung von Hautfarbe, kultureller Herkunft und Migration je verschiedene soziale Erfahrungen und Zuweisungen verbunden sind, die auch Jugend unterschiedlich prägen und Jugendlichkeit zu einer anderen Erfahrung werden lassen.

3.3.1 Minderheit oder Kulturelle Vielfalt?

Im Jahr 2008 lebten insgesamt 15,3 Millionen Menschen mit Migrationshintergrund in Deutschland. Davon waren 16% in Deutschland geboren, 84% waren zugewandert und 91% lebten in Westdeutschland. Die Zahl der Menschen aus den Ländern der ehemaligen Sowjetunion hat inzwischen die Zahl der Menschen aus der Türkei überschritten (Statistisches Jahrbuch 2010, S. 48). Darüber, wie diese Zahlen zu deuten und zu werten sind, wird breit diskutiert und das Spektrum reicht von einer positiven Einschätzung der Effekte von Einwanderung und Multi-Kulti bis hin zum Postulat der Überfremdung und der mangelnden Bereitschaft zur Integration. Insbesondere Jugendliche mit Migrationshintergrund gelten im Rahmen solcher Debatten zumeist als Problemgruppe. Sie haben es auf dem Arbeits- und Berufsbildungsmarkt schwer und geraten überdurchschnittlich häufig durch auffälliges bzw. abweichendes Verhalten in die öffentliche Aufmerksamkeit. Sie sind zudem auch institutionell marginalisiert, wenn sie nicht eingebürgert sind und wenn sie von Seiten der deutschen Mehrheitskultur nur wenig kulturelle Anerkennung erhalten.

Seit den PISA-Studien 2001 aber ist sichtbar und deutlich geworden, dass die Gruppe von Jugendlichen mit Migrationshintergrund keinen Minderheitenstatus hat. Sie macht ein Drittel der jugendlichen Population in der Bundesrepublik aus und stellt in den Stadtstaaten West-Deutschlands bei den 15-Jährigen sogar bis zu 40 Prozent (Deutsches PISA-Konsortium 2001; 2002; 2003). Da es aber nicht überzeugend ist, ein Drittel der jungen Bevölkerung pauschal mit einer Defizitperspektive zu belegen, setzten nachfolgend Untersuchungen und Überlegungen ein, in denen genauer hingeschaut wurde. Untersucht werden sollte, wie Jugendliche mit Migrationshintergrund die Balance zwischen den Kulturen gestalten und erleben, mit welchen Verlusten und Vorteilen sie Anpassung und Assimilation in die deutsche Gesellschaft realisieren und wie sie ihre Zweisprachigkeit als Ressource und Fähigkeit einzusetzen in der Lage sind (siehe z.B. Weidacher 2000; Glatzer/Krätscher-Hahn 2004; Hormel/Scherr 2004; Boos-Nünning/Karakasoglu 2005; Konsortium Bildungsberichterstattung 2006; King 2006; Spohn 2007; Wippermann/Calmbach 2008; Siminovskaia 2008; Reinders/Sieler/Varadi 2008; Arikan/Ham 2009; Bonfadelli/Hanseder/Hermann 2009; Di Croce 2009; Fincke 2009; Hans 2010). Sichtbar wurde hier eine Bandbreite an Migrationsbiografien, sozialen Bedingungen, räumlichen Umfeldern, kulturellen Vorlieben und Lebensformen, die dazu aufforderten, das Negativ-Stereotyp vom marginalisierten Jugendlichen mit Migrationshintergrund zu differenzieren.

Auch die Ende 2008 abgeschlossene SINUS-Studie über Migranten-Milieus in Deutschland illustriert die Situation und die Lebenswelten von Migrantinnen und Migranten in der Bundesrepublik. Sie wurde durchgeführt mit dem Ansinnen, nicht von vornherein, die unterschiedlichen in Deutschland lebenden ethnischen Gruppierungen zu einer Gruppe zusammen zu fassen, sondern auch deren Verschiedenheit abzubilden und zu verstehen. Die Ergebnisse der Studie machen deutlich, dass die anhaltende Forderung nach der Integration ausländischer Mitbürgerinnen und Mitbürger wie auch die weit verbreitete Annahme, dass diese Bevölkerungsgruppe diverse Defizite mitbrächte, zu pauschal und deshalb unangemessen sind. Entgegen der mit der Bezeichnung Migrant bzw. Menschen mit Migrationshintergrund verbundenen Unterstellung, es handele sich um eine homogene Gruppe mit ähnlichen Werten, Interessen und Lebensstilen, brachte die Studie eine Vielzahl verschiedener Migrationskulturen zu Tage, z.B. eine Arbeitsmigrantenkultur, eine Teilhabekultur, Integrationskultur, Multikultur sowie eine Parallelkultur. Dies legt nahe, dass es gleichermaßen vorschnell und verkürzt ist, von der Herkunftskultur auf das Milieu zu schließen wie umgekehrt vom Milieu die Herkunftskultur abzuleiten. Zum zweiten fordern die Ergebnisse der Studie dazu auf, den mit der Bezeichnung Migrant verbundenen negativen Stereotypisierungen samt dessen stigmatisierenden und diskriminierenden Wirkungen energisch entgegen zu treten. Die Studie zeigt, dass im Vergleich mit deutscher Bevölkerung ohne Migrationshintergrund die Migrantenmilieus eine etwas jüngere Altersstruktur, einen höheren Anteil mit niedrigem Schulabschluss aber gleichermaßen einen höheren Anteil mit Akademikern aufweisen und dass sie über deutlich weniger Einkommen verfügen. Hohe Leistungsorientierung und Deutsch als Alltagssprache sind weit etabliert und Kontakt mit Deutschen durchaus üblich: Nur 17% haben noch nie eine deutsche Familie zu Hause besucht und 50% verbringen überwiegend Zeit mit Menschen aus dem gleichen Migrationshintergrund. Viele haben ein bikulturelles Selbstbewusstsein und eine postintegrative Perspektive.

Insgesamt differenziert die Studie vier Milieus, die ihrerseits jeweils noch einmal unterteilt sind, sodass insgesamt acht verschiedene Milieus sichtbar gemacht werden konnten:

- Bürgerliche Migranten-Milieus: a) Adaptives bürgerliches Milieu, b) Statusorientiertes Milieu
- Ambitioniertes Migranten-Milieu: a) Multikulturelles Performer-Milieu, b) Intellektuell-kosmopolitisches Milieu
- Traditionsverwurzeltes Migranten-Milieu: a) Religiös-Verwurzeltes Milieu, b) traditionelles Arbeitermilieu
- Prekäre Migranten-Milieus: a) Entwurzeltes Milieu, b) Hedonistisch-subkulturelles Milieu (SINUS-Sociovision 2008).

Jugendliche mit Migrationshintergrund wachsen also nicht nur in sehr verschiedenen Migranten-Milieus auf, sie setzen sich darüber hinaus auch auf je eigene, individuelle Art und Weise zu den ja auch keineswegs einheitlichen deutschen Teil-Kulturen in Beziehung, mit denen sie im Rahmen von Schule, Freundschaften und Medien Kontakt haben. Mit dem Begriff der „hybriden Identitäten" (Bhabha 2000) wird das breite Feld der Aushandlungen kultureller Zugehörigkeiten zu bezeichnen versucht. Der Begriff zielt darauf, die kulturellen Suchbewegungen von Menschen mit Migrationserfahrung als positiven und produktiven Bestandteil von Kulturalität zum Ausdruck zu bringen. Da in jeder kulturellen Begegnung auch die Chance auf ein produktives Aushandeln von Unterschieden, Andersartigkeiten und Unvereinheitlichungen liegt, sind soziale und kulturelle Grenzen nicht fest und statisch. Sie werden verschoben und überschritten, wenn in und durch kulturelle Interaktion mit Neuverortungen von Identität experimentiert wird. Die dabei entstehenden hybriden Identitäten treten vielfältig und uneindeutig in Erscheinung: Sie sind interkulturell, transkulturell und multikulturell; ein Produkt der Interaktion verschiedener Kulturen miteinander (interkulturell), ein neuartiges kulturelles Nebeneinander und Einschluss ehemals fremder Kulturen (transkulturell) sowie ein Mosaik aus diversen kulturellen Einflüssen (multikulturell). Diese Vervielfältigung von Kultur zu kultureller Hybridität vollzieht sich, so die theoretische Überlegung des New Yorker Anthropologen Homi Bhabha, weil der erzwungene Akt der Anpassung und Unterwerfung der Migranten unter die dominante Kultur auch eine dialektische Verkehrung beinhaltet: Die dominanten kulturellen Diskurse werden, wenn sie den Migranten aufgezwungen und dann von ihnen wiederholt und praktiziert werden, auch immer ein Stück weit unterwandert und umgeschrieben. Es entsteht ein Moment der Andersartigkeit, der sowohl die herrschenden Diskurse und Kultur als auch die marginalisierten Eingewanderten und ihre Ausdrucksformen verändert. Das, was Homi Bhaba als „Hybridisierung der Symbole der Autorität" bezeichnet, zeigt sich als ein Moment der Transformation und Destabilisierung der dominanten Kultur, als sichtbar gewordene Differenz (vgl. z.B. Werbner/Modood et al. 1997; Mecheril 2004; Lang 2005; Gerlach 2006; Fincke 2009; Foroutan/Schäfer 2009).

Aus dieser Perspektive ist die polarisierende Aufteilung in eine Kultur der Eingewanderten einerseits und eine Kultur der Aufnahmegesellschaft andererseits eine sachlich nicht angemessene Simplifizierung, in der existierende, vielfältige Formen von Heterogenität und Diversität nicht vorkommen. Damit werden nicht nur selbstverständliche Erfahrungen von Migranten-Jugendlichen heute unsichtbar gemacht, sondern es bleiben gleichermaßen deren Produktivität und Kreativität unerwähnt – die von den Jugendlichen selbst entwickelten Integrationsstrategien, ihre besondere Art des mixing cultures, ihr individuelles diversity management.

Wie diese Balancierung von Elementen der Herkunfts- und der Aufnahmekultur aussehen kann, soll hier beispielhaft an zwei großen Umfrage-Studien veranschaulicht werden: erstens an der 2005 veröffentlichten Studie „Viele Welten leben", welche sich erstmalig systematisch der Erforschung der Lebenssituation von Mädchen mit Migrationshintergrund in Deutschland zuwendete (Boos-Nünning/Karakasoglu 2005), und zweitens an der 2008 abgeschlossenen FRIENT-Studie, in der die sozialen Kontakte zwischen deutschen und eingewanderten Jugendlichen und die Rolle und Bedeutung der deutschen Sprache für Jugendliche mit Migrationshintergrund untersucht wurden (Reinders/Varadi 2009).

3.3.2 „Viele Welten leben" – Differenzierung der Perspektiven und der Bezeichnungen

Die erste umfassende Studie zur Lebenssituation von Mädchen mit Migrationshintergrund befragte 2002 insgesamt 950 Mädchen und unverheiratete junge Frauen im Alter von 15 bis 21 Jahren aus den Ländern der ehemaligen Sowjetunion sowie Mädchen mit griechischem, italienischem, ehemals jugoslawischem (überwiegend serbischem und bosnischem) und türkischem Hintergrund mittels eines voll standardisierten Fragebogens. Knapp 20 Jahre früher hatte es im Rahmen des sechsten Jugendberichts der Bundesregierung bereits eine Expertise zum Thema „Ausländische Mädchen in der Bundesrepublik" (Rosen/Stüwe 1985) gegeben, deren Titel wie Inhalt die Veränderung der Thematisierungsweise illustriert. Nicht nur wurden aus den „ausländischen Mädchen" die „Mädchen mit Migrationshintergrund", auch überwog in der Studie aus den 1980er Jahren noch die Einschätzung, dass „ausländische Frauen dazu angehalten werden", ein traditionelles „Rollenkonzept rigide einzuhalten" (Rosen/Stüwe 1985, S. 10), während die Studie aus dem Jahr 2005 antrat, um das „Bild des vom Vater abhängigen, in Konflikt zwischen heimatlichen und deutschen Normen lebenden Mädchens ausländischer Herkunft" (Boos-Nünning/Karakasoglu 2005, S. 14) zu differenzieren. Die jüngere Studie erhob zu diesem Zwecke Daten und Informationen zu den Themenbereichen Religion, Körper, Geschlechterrollenbilder, Zweisprachigkeit, Bildung, Freizeit, Familienbeziehungen sowie zu den Lebensbedingungen der befragten Mädchen und ihrer Bereitschaft, sich im Falle von Krisen und Problemen, dem sozialpädagogischen, medizinischen und amtlichen Hilfesystem zuzuwenden. Angesichts der Vielfalt der Herkunftskulturen der befragten Mädchen entstand bei der Forscherinnengruppe die Einschätzung, dass man eigentlich auf den Sammelbegriff „Mädchen mit Migrationshintergrund" verzichten müsste (Boos-Nünning/Karakasoglu 2005, S. 25).

Die Sammelbezeichnung ist unscharf und ungeeignet, die vielfach begründeten Unterschiede zwischen den Befragten auszudrücken. Andererseits würde aber mit dem Verzicht auf den Begriff die zweifelsohne hohe sozialisatorische Bedeutung der familiären Migration nicht zum Ausdruck gebracht werden. Wenn man den Begriff dahingehend präzisierte, dass zwischen Mädchen mit türkischem Migrationshintergrund und solchen mit bosnischem Migrationshintergrund sprachlich unterschieden würde, hätte dies womöglich zur Folge, dass die Bedeutung der familiären Herkunftskultur überhöht und die Gemeinsamkeiten der beiden Mädchengruppen überbetont würden. Es würde so im Vorhinein eine Bedeutsamkeit akzentuiert, die doch im Rahmen einer empirischen Befragung erst geprüft bzw. aufgezeigt werden müsste.

Das mit der Bezeichnung mit Migrationshintergrund verbundene Dilemma, das in der Pauschalisierung kultureller Vielfalt einerseits und in der Überbetonung kultureller Unterschiede – die Wissenschaft nennt dies Reifizierung – andererseits liegt, kann dabei nur benannt, nicht aber aufgelöst werden.

Die folgende Zusammenfassung der wichtigsten Ergebnisse dieser Studie schwankt deshalb zwischen Verallgemeinerung und kultureller Typisierung. Zumindest aber scheint zwischen den beiden Polen Verallgemeinerung und Typisierung auf, wie die Befragten sich selbst sehen. Damit wird immerhin vermieden, das als Tatsache zu unterstellen, was die deutsche Mehrheit vermutet. Die wichtigsten Befunde der Untersuchung lauten wie folgt:

Ungefähr zwei Drittel der befragten Mädchen lebten in Familien mit niedrigem sozialen Status. Dies wurde ermittelt durch eine auf einem Schichtindex basierende Abfrage der beruflichen Position und dem Bildungsniveau der Eltern. Trotzdem waren die Mädchen überwiegend mit ihrer Lebenssituation und ihrem räumlichen Umfeld zufrieden. Ein Drittel der Befragten bzw. die Hälfte der befragten Mädchen mit türkischem Hintergrund verfügten über kein eigenes Zimmer, waren an der Bewahrung familialer Traditionen interessiert und äußerten den Wunsch, ihr Leben an den Erwartungen der Eltern zu orientieren. Hilfe und Beratung bei schwierigen Themen erwarteten die Mädchen aber nicht nur von ihren Familienmitgliedern, sondern auch von Freundinnen und Bekannten. Externe professionelle Hilfsangebote allerdings wurden für die Besprechung von Problemen im familiären Kontext als nicht passend verstanden. Lediglich für Themen und Problemlagen, die außerhalb des familiären Kontextes lagen, gaben die Befragten an, Hilfe von außen nachzufragen. Ihre Freizeit verbrachte der überwiegende Teil der Mädchen in der eigenen Wohnung oder der einer Freundin oder eines Freundes. Einige suchten Cafés und Kneipen auf. Kaum genutzt wurden organisierte Angebote der Jugend- und Mädchenarbeit oder kulturelle oder religiöse Zentren. Die meisten Mädchen gestalteten ihre Freizeit mit Musik hören und Telefonieren, die zweit häufigsten Nennungen waren Einkaufsbummel und Café Besuche, die seltensten Sport und Musizieren. Interethnische Freundschaften waren bei Mädchen aus Aussiedlerfamilien und mit türkischem und griechischem Hintergrund sehr selten, aber auch in ethnisch homogenen Freundschaften gaben die Mädchen an, sowohl die deutsche Sprache als auch die Herkunftssprache zu sprechen. Die Zugehörigkeit zu einer Religionsgemeinschaft war mit Ausnahme der Mädchen aus Aussiedlerfamilien selbstverständlich. Dabei zeigte sich, dass neben der Religionsgruppenzugehörigkeit der nationale Hintergrund entscheidenden Einfluss auf die Stärke der religiösen Orientierung hatte.

Der überwiegende Teil der Mädchen aus Familien, die im Zuge der Arbeitsmigration nach Deutschland kamen, absolvierte ihre Bildung ausschließlich in Deutschland. Dabei zeigte sich, dass der Kindergartenbesuch mittlerweile als selbstverständlicher Bestandteil der Bildungslaufbahn angesehen wird und dass das Fehlen des Kindergartenbesuchs in engem Zusammenhang mit einem niedrigen Bildungsniveau steht. Unterstützung bei schulischen Aufgaben erhielten die Befragten in erster Linie durch ihre Geschwister. Es gab jedoch auch viele, die niemanden hatten, der ihnen bei den Hausaufgaben half. Die meisten Mädchen und jungen Frauen verfügten über Fertigkeiten in mindestens zwei Sprachen, wobei die Fertigkeiten in der Herkunftssprache zumeist als schlechter als die im Deutschen beurteilt wurden. Wiederholungen von Schuljahren gehörten zur Schulbiographie eines großen Teils der befragten Mädchen und so illustriert auch diese Studie den Zusammenhang zwischen Bildungsniveau und sozialem Status der Familie. Die Befragten artikulierten aber ein großes Interesse an sozialem Aufstieg und zeigten insgesamt eine Aufwärtsmobilität.

Fragen, die auf die Veranschaulichung der Rolle und Bedeutung von Kultur und Ethnizität zielten, illustrierten eine starke Bindung an die eigene (Herkunfts-) Ethnie und eine geringe Bindung an die deutsche Kultur. In der ethnischen Selbstverortung fühlten sich die Mädchen überwiegend der Herkunftskultur zugehörig und wiesen zumeist die Selbstverortung als Deutsche wie auch die Bekundung einer bikulturellen Zugehörigkeit zu beiden Kulturen zurück. Eine Bereitschaft, die Kultur der Eltern aufzugeben, zeigte sich nirgends und die Vorstellung, einen deutschen Mann zu heiraten, gab es bei den meisten nicht. Am deutlichsten waren Mädchen und junge Frauen mit türkischem Migrationshintergrund an dem Leben in Deutschland orientiert. Allerdings machten sie deutlich, dass sie als Angehörige der türkischen Minderheit in Deutschland leben wollen. Der überwiegende Teil der Befragten aller Herkunftsgruppen sah die eigene Zukunft in Deutschland, ohne dies allerdings mit einer

Anpassung an deutsche Lebensformen verbinden zu wollen. Mädchen mit türkischem und jugoslawischem Hintergrund wünschten sich die deutsche Staatsangehörigkeit oder hatten sie beantragt und gaben Nützlichkeitserwägungen dafür an. Alles in allem aber gaben die befragten Mädchen und jungen Frauen aller Herkünfte an, sich in Deutschland wohl zu fühlen und mit ihrer Lebenssituation zufrieden zu sein (vgl. Boos-Nünning/Karakasoglu 2005).

Die Studie illustriert die interessante Verbindung von hoher Lebenszufriedenheit, großer Frustrationstoleranz, Bildungsaufstieg trotz negativer Erfahrungen einerseits und dem Wunsch nach Beibehaltung eigener kultureller und religiöser Traditionen und Orientierungen andererseits. Ein relevanter Teil der befragten Mädchen und jungen Frauen hat in der Freizeit wenig oder keine Kontakte zu deutschen Gleichaltrigen und das Selbstverständnis der Mädchen ist überwiegend auf die Herkunftsgruppe und nur sehr wenig auf Deutsches oder die Deutschen ausgerichtet (Boos-Nünning/Karakasoglu 2005, S. 469f). Ausgeprägt ist hingegen das Interesse an Freundschaften mit Deutschen, dem nicht selten das Wohnumfeld und das unterschiedliche Freizeitverhalten entgegenstehen. Ein solcher Befund deutet darauf hin, wie wichtig es ist, auch die anderen, in der deutschen Gesellschaft existierenden Kulturalitäten anzuerkennen und zu repräsentieren, beispielsweise indem ausgewählte Schulfächer auch in anderen Sprachen als Deutsch unterrichtet werden oder indem Vertrauenslehrerinnen und Berater Angebote für Jugendliche anderer Herkunftskulturen bereit stellen und Möglichkeiten zum interethnischen Erfahrungsaustausch initiieren.

Begrenzend und kulturell einengend wäre es hingegen, die Ergebnisse der Studie im Rahmen des Stereotyps von den rückständigen, traditionalen und wenig emanzipierten Mädchen und Frauen mit Migrationshintergrund zu verstehen, in dessen Kontext die Emanzipation westlicher Frauen umso heller erstrahlt. Nicht nur geraten bei einer solchen Gegenüberstellung die Anstrengungen und Schattenseiten westlicher Geschlechter-Emanzipation aus dem Blick, wie sie z.B. in der Anpassung der Frauenrolle an männliche Normen oder in der Verdoppelung von Aufgaben in Beruf und Familie zu sehen wären, auch verschiebt sich die im Rahmen der Emanzipationsdebatte zentrale Perspektive der Ungleichheit zwischen Männern und Frauen auf Unterschiede zwischen westlichen und eingewanderten Frauen. Auf diese Weise treten dort kulturell-ethnische Unterschiede in den Vordergrund, wo es vormals um geschlechtsspezifische Unterschiede ging. Wenn sich zu dieser Verschiebung dann auch noch milieu- und klassenspezifische Unterschiede gesellen, verhärtet sich das kulturelle Stereotyp vollends im weit verbreiteten Bild der Kopftuch tragenden türkisch stämmigen Putzfrau oder Fließbandarbeiterin. Dass es hingegen in der deutschen Gesellschaft wenig Akzeptanz für Ärztinnen, Rechtsanwältinnen und Lehrerinnen gibt, die ein Kopftuch tragen, zeigt einmal mehr, wie ungewöhnlich die Kombination von erfolgreichem sozialem Aufstieg eingewanderter Frauen und kultureller Eigenheit noch immer ist.

Als kulturelles Symbol eines traditionellen Geschlechterverhältnisses bildet das Kopftuch in Deutschland und in anderen westlichen Ländern immer wieder den Anlass für heftige Auseinandersetzungen um das Verhältnis von Integration, sozialem Aufstieg und akzeptierendem Umgang mit Vielfalt und Andersartigkeiten. Allerdings ist es etwas verwunderlich, dass hier ausgerechnet das aufgeklärt-emanzipatorische Verhältnis der Geschlechter zum Maßstab von Integration und Anpassung gemacht wird, da auch in den westlichen Ländern das Wahlrecht für Frauen und die verfassungsrechtliche Gleichstellung von Männern und Frauen erst relativ spät im Verlauf des 20. Jahrhunderts durchgesetzt wurde. Weil aber die Auseinandersetzung und das Ringen um die Gleichstellung von Männern und Frauen an die für westliche Gesellschaften zentrale Forderung nach Freiheit und Gleichheit gemahnt, ist die Forderung nach

Gleichbehandlung von Frauen mit Kopftuch heute eine weitere Variante dieses Postulats (Sacksofsky 2008). Bezogen auf die Ergebnisse der Studie von Ursula Boos-Nünning und Yasemin Karakasoglu gemahnt dieser übergreifende Bezugsrahmen daran, das Ansinnen der befragten Mädchen nach Teilhabe an der deutschen Gesellschaft ohne ihre kulturelle Zugehörigkeit verändern zu müssen, ernst zu nehmen und gesellschaftlich zu unterstützen (siehe auch Haubner 2005).

3.3.3 Forderungen nach Integration

Die Frage, wie Jugendliche mit den mit ihrem Heimatland verbundenen Stereotypen umgehen und welchen Einfluss Vorurteile auf den interkulturellen Umgang nehmen, war schon häufig Gegenstand von Untersuchungen. 2004 legten Wolfgang Glatzer und Rabea Krätschmer-Hahn eine Studie vor mit dem Titel „Integration und Partizipation junger Ausländer vor dem Hintergrund ethnischer und kultureller Identifikation". Die Untersuchung verarbeitete einen im Jahr 2000 vom Bundesinstitut für Bevölkerungsforschung (BIB) erhobenen Datensatz, der den Vergleich deutscher, türkischer und italienischer Jugendlicher zum Inhalt hatte. Ziel war es, die sozialstrukturelle und sozialkulturelle Partizipation der genannten jugendlichen Bevölkerungsgruppen zu untersuchen und gleichzeitig zu prüfen, ob mit der Rückbesinnung auf kulturelle Traditionen des Herkunftslandes eine verschärfte gesellschaftliche Problemlage verbunden ist. Die Studie zeigte, dass die jungen Erwachsenen aller drei Herkunftsländer sich bezüglich des Haushaltseinkommens, der Bildungsabschlüsse und der Erwerbsbeteiligung angleichen (Glatzer/Krätschmer-Hahn 2004, S. 103) und auch Verhaltensweisen und Einstellungen ähnlicher geworden sind, so das „fließende Übergänge anstatt eindeutiger Grenzen" auszumachen seien (ebd., S. 106). Nur ein kleiner Teil der Befragten fühlte sich in Deutschland fremd und alles in allem ließ sich eine Identifikation zur „binationalen Zugehörigkeit" feststellen (ebd., S. 103). Am wenigsten partizipierten Jugendliche aus binationalen Familien und eingebürgerte Befragte mit deutscher Staatsangehörigkeit und ausländischer Herkunft an der deutschen Kultur. Auch war insgesamt nur eine geringe politische Partizipation auszumachen, wobei allerdings die Bereitschaft der jungen Erwachsenen mit ausländischer Herkunft, in Deutschland politisch aktiv zu werden, häufig vorhanden war (ebd., S. 105). Das Interesse, die deutsche Staatsbürgerschaft anzunehmen, war alles in allem eher gering (ebd., S. 106) und die Autoren empfahlen deshalb, das Ziel der sozialkulturellen Partizipation der Befragten nicht an der Option auf Einbürgerung zu orientieren, sondern kulturelle Pluralität zu fördern.

Einen eigenen Datensatz und eine etwas andere Frage-Perspektive wurde ab 2002 im Rahmen der Würzburger Studie „FRIENT – Freundschaftsbeziehungen in interethnischen Netzwerken" entwickelt. Hier wurden Jugendliche mit Migrationshintergrund im Alter von 12 bis 17 Jahren per Fragebogen nach ihren sozialen Netzwerken befragt. Die Befragung wurde in zwei Phasen durchgeführt und an der zweiten, abschließenden Befragung nahmen von 2005 bis 2007 insgesamt 1140 Personen teil. Davon waren 46 Prozent türkischer Herkunft, 16 Prozent italienischer und 38 Prozent osteuropäischer wie auch griechischer Herkunft. Die Studie veranschaulicht, dass ein relevanter Teil der befragten Jugendlichen auf die Frage nach der Herkunft ihrer Freunde einen Freund oder eine Freundin deutscher Herkunft nennt. Dieser Befund ist erwartungsgemäß für türkische Jugendliche weniger ausgeprägt als für die italienischen Jugendlichen, von denen fast die Hälfte der Befragten mit einem Jugendlichen deutscher Herkunft befreundet war. Es zeigt sich aber bei den türkischen Jugendlichen zwischen 2005 und 2007 eine deutliche Zunahme an interethnischen Freundschaften bzw. an einem Ausbau der interethnischen Netzwerke. Auch wurde deutlich, dass sich die befragten Jugendlichen türkischer Herkunft stärker als bislang realisiert Freundschaftsnetzwerke wünschen, in denen nicht nur türkische, sondern auch deutsche Jugendliche vertreten sind: 2005 äußerten 57 Prozent der Befragten diesen Wunsch, 2007 waren es knapp 63 Prozent. Darüber hinaus konnten die Forscher einen Zusammenhang zwischen den interethnischen Freundschaften und dem Integrationsansinnen zeigen:

> „Je länger eine solche interethnische Freundschaft dauert, desto wichtiger wird es den Jugendlichen mit Migrationshintergrund auch, die eigene und die Lebensweise des Aufnahmelandes miteinander zu verbinden" (Reinders 2009, S. 22).

Innerhalb der Gruppe türkischstämmiger Jugendlicher waren insbesondere die befragten Mädchen daran interessiert, eine Balance beider Kulturen zu realisieren. Sie äußerten zudem stärker als die befragten türkischen Jungen den Wunsch nach Eigenständigkeit bei der Wahl von Freunden, der autonomen Gestaltung der Freizeit und der Unabhängigkeit von den Eltern. Auch hinsichtlich der Einschätzung des eigenen Sprachgebrauchs wurden Veränderungen registriert: 2005 gaben knapp 88 Prozent der türkischen Migranten an, im Alltag sowohl deutsch als auch türkisch zu sprechen. Zwei Jahre später gaben dies bereits über 95 Prozent an.

Diese Daten weisen darauf hin, dass die heranwachsende Migrantengeneration mittels verschiedener Wege und Möglichkeiten, Elemente ihrer Herkunfts- und der Aufnahmekultur balanciert. Für die zwei im Rahmen der Studie untersuchten Faktoren Sprache und soziale Integration konnte dabei eine deutliche Integrationsbereitschaft wie auch die bereits realisierte Integration gezeigt werden (siehe auch Bils 2009; Bednarz-Braun 2011). Dass ein solches Integrationspotenzial zudem, wie die Studie weiterhin zeigt, ohne akzeptable Chancen auf dem Bildungs- und Ausbildungsmarkt existiert, macht es umso dringlicher, der medialen Rede von einer nicht vorhandenen bzw. gering vorhandenen Integrationsbereitschaft entgegen zu treten. Integrationsförderung, so legt die Studie nahe, müsste vor allem darin bestehen, die Partizipation der Jugendlichen mit Migrationshintergrund zu sichern und Bildung und Arbeit als deren zentrale Voraussetzungen zu realisieren. Genau dies gelingt aber bislang nur unzureichend.

3.3.4   Bildungsbenachteiligungen

Entgegen anders lautender Wünsche und trotz anspruchsvoller schulischer Karrierevorstellungen gibt es in Deutschland noch immer eine eklatante Bildungsbenachteiligung von Jugendlichen nicht-deutscher Herkunft. Im Unterschied zu deutschen Jugendlichen, die zu einem Viertel mit einem Hauptschulabschluss die Schulpflicht beenden, erreicht über die Hälfte der Heranwachsenden mit Migrationshintergrund lediglich einen Hauptschulabschluss. Während ein Drittel der deutschen Jugendlichen Abitur machen, sind es unter den Jugendlichen mit Migrationshintergrund nur etwa ein Siebtel. Am wenigsten erfolgreich sind, wie die PISA-Studien gezeigt haben, die Jugendlichen mit türkischem Migrationshintergrund:

Tabelle 3.1 Verteilung auf die unterschiedlichen Schultypen nach ethnischer Herkunft (Prozentangaben)

	Deutschland	Griechenland/ Italien	Türkei	Polen/ ehem. SU	Ehem. Jugoslawien	Andere Länder
Hauptschule	23.6	47.0	56.6	42.1	56.0	33.9
Realschule	34.5	26.4	19.3	29.5	19.9	24.9
Gymnasium	32.5	17.9	10.2	17.6	15.3	29.5
Gesamtschulen	9.3	8.8	13.9	10.7	8.9	11.7
Unteres Niveau	26.2	49.2	62.8	45.4	60.0	37.7
Oberes u. mittl. Niveau	73.4	50.8	37.2	54.6	40.0	62.3

Quelle: Deutsches PISA-Konsortium 2001, S. 196

Gleichermaßen wurde festgestellt, dass unabhängig von Leistung und Schulerfolg deutsche Kinder gegenüber Schülern und Schülerinnen, deren Eltern im Ausland geboren wurden, eine um 1,66 erhöhte Chance haben, eine Gymnasialempfehlung zu erhalten (vgl. Bos u.a. 2004; Alba/Handl/Müller 1994). Nicht nur der Mangel an Sprachkompetenzen oder geringere soziale und ökonomische Möglichkeiten, sondern der Migranten-Status selbst kann mit Benachteiligung verbunden sein, beispielsweise durch überproportionale Zurückstellung bei der Einschulung, der häufigeren Überweisung an Sonderschulen und der seltener ausgesprochenen Gymnasialempfehlung bei entsprechenden Leistungen und individuellen Kompetenzen (Gomolla/Radtke 2002). Auch für den Bereich der Berufsbildung ist die Benachteiligung insbesondere männlicher Jugendlicher mit Migrationshintergrund für die Bundesrepublik und die Schweiz nachgewiesen. Eine „Ethnisierung von Ausbildungschancen durch das Ausbildungsangebot" sorgt dafür, dass in stark dual geprägten Systemen auch bei Kontrolle der Schulabschlüsse Ausbildungschancen verwehrt werden, wohingegen in stärker vollzeitschulisch geprägten Systemen der Zugang zur Ausbildung im Vergleich zu den Einheimischen mit niedrigeren Schulabschlüssen häufig verwehrt wird (Seibert/Hupka-Brunner/Imdorf 2009; Ramsauer 2011; Eulenberger 2011).

Darüber hinaus erfahren Jugendliche mit Migrationshintergrund im schulischen Alltag eine Reihe von Benachteiligung und Andersbehandlung durch ihre Lehrkräfte. Diese Erfahrung, so zeigt eine neuere Studie, nehmen Jugendlichen, deren Eltern oder Großeltern im Herkunftsland eine gehobene soziale Position innehatten, als Herausforderung und als Ansporn auf. Sie fühlen sich durch diese Negativerfahrung heraus gefordert und versuchen umso stärker, ihre Fähigkeiten unter Beweis zu stellen. Bei Jugendlichen mit geringerer familiär gestützter Bildungsmotivation hingegen haben die Diskriminierungserfahrungen desillusionierende Wirkung und führen zu Wut, Verärgerung und Hoffnungslosigkeit (Mansel/Spaiser 2010). Diese Unterschiedlichkeit macht einmal mehr deutlich, wie wichtig es ist, die Kategorie Jugendliche mit Migrationshintergrund nicht als Sammel- und Oberbegriff zu verwenden, sondern die Vielfältigkeit innerhalb dieser Gruppe entsprechend zu benennen.

3.3.5 Interkulturelle Kommunikation und Wege der Beteiligung

Alltagskontakte und Freundschaften, insbesondere solche, die auf jugendlichen Terrains – „vom Sportplatz bis zur LAN-Party" (Vogelsang 2008, S. 213) – stattfinden, tragen erheblich dazu bei, kulturelle Fremdheit zwischen deutschen Jugendlichen und Jugendlichen mit Migrationshintergrund zu überwinden. Im Rahmen virtueller wie auch konkreter Interaktion und Kommunikation findet eine Auseinandersetzung mit den ethnischen, kulturellen und religiösen Unterschieden statt, in denen diese Merkmale sowohl bestärkt als auch relativiert werden. Auch wenn nach wie vor stereotype Zuschreibungen, Klischees und Vorannahmen vorhanden sind und einen Anlass für Konflikte und Auseinandersetzung bilden, so haben die Erfahrungen alltäglicher Begegnungen und Kontakt doch gleichermaßen eine normalisierende Wirkung und etablieren eine Selbstverständlichkeit und Vertrautheit im Umgang mit Andersartigkeit und Fremdheit, die langfristig dazu führen kann, dass die Bedeutung der migrationsbedingten Unterschiede relativiert und zunehmend auch die Gemeinsamkeiten wahrgenommen werden (vgl. z.B. Dannenbeck/Lösch 2000; Vogelsang 2008).

Diese Potenziale interkultureller Kommunikation entfalten sich jedoch nicht automatisch, sondern bedürfen besonderer politischer und (sozial)pädagogischer Aufmerksamkeit und Unterstützung. Die Basis dafür bildeten nicht zuletzt Informationen, Einsichten und Thesen, die im Rahmen eines Schwerpunktprogramms erhoben und produziert wurden, das die Deutsche Forschungsgemeinschaft zum Thema „Folgen der Arbeitsmigration für Bildung und Erziehung" (FABER) von 1991 bis 1997 durchführte (Gogolin/Nauck 2000). Hier wurden nicht länger die Defizite und Benachteiligung in der familiären Umwelt und der kulturellen Herkunft gesucht, sondern auch sichtbar gemacht, dass diese Benachteiligungen als Produkt organisatorischen Handelns, als „institutionelle Diskriminierung" (Gomolla/Radtke 2002) in der Schule, in der betrieblichen Ausbildung und in der Berufsberatung angesehen werden können. Auch gesetzliche Regelungen, wie beispielsweise der „Staatsvertrag zur Vergabe von Studienplätzen", der mit dem Wintersemester 1993/4 die Gleichbehandlung deutscher und ausländischer Bewerberinnen und Bewerber vorsah, sorgten dafür, dass insbesondere der Anteil weiblicher Studierender türkischer Herkunft im Verlauf der 1990er Jahre deutlich zunahm und zwar auch in Disziplinen wie Rechts- und Wirtschaftswissenschaften (vgl. Apitzsch 2010, S. 948). Des Weiteren initiierte die Bundeszentrale für Politische Bildung Studien und Überlegungen zur Frage, wie das politische Interesse von Jugendlichen mit Migrationshintergrund als ein Aspekt von gesellschaftlicher Integration gestärkt werden könnte. Um insbesondere migrantische „Jugendliche aus bildungsfernen Milieus" in die politische Bildung zu integrieren, wurde auf der Basis von Befragungen ein Maßnahmenkatalog entwickelt, welcher der Projektentwicklung in der Politischen Bildung dienen sollte (Roth et al. 2005, S. 4). Dazu wurde unter anderem angeregt, dass Sozialpädagogen in Moscheen, Jugendzentren oder Fußballvereinen in sozialen Brennpunkten gezielt Jugendliche ansprechen und dass Angebote auch deren Seh- und Hörgewohnheiten berücksichtigen. Die Angebote, so lautete die Empfehlung, sollten mehrsprachig gestaltet sein, neue Spiel- und Gestaltungsräume eröffnen und sie sollten zur Identifikation mit den angebotenen Projekten, Vorhaben, Institutionen und Quartieren einladen (Roth et al. 2005, S. 68f). Hier zeigt sich, dass die Kultur des aufnehmenden Landes nicht immer passende Angebote zur Integration parat hat, sondern solche suchen und erfinden muss. Die Forderung nach Integration richtet sich deshalb nicht nur an die Zu-Integrierenden, sondern gleichermaßen an die Integrierten.

3.4 Sowohl Marginalisierung als auch Positivierung von Differenz und Vielfalt

Die Betrachtung von Jugend unter Berücksichtigung ihrer strukturellen Unterschiede class, gender und race macht es schwer, ein einheitliches Bild von der Jugend zu zeichnen. Im Gegenteil ist deutlich geworden, dass im Jugendalter die sozialen Unterschiede als hemmender oder unterstützender Faktor jugendlicher Entwicklung sichtbar werden und mit je spezifischen Ausgangslagen, Problemstellungen und Herausforderungen verbunden sind. Unberücksichtigt bleibt dabei, wie die zum Zwecke der Beschreibung und der Analyse voneinander getrennt betrachteten Strukturkategorien in der konkreten Lebenswirklichkeit von Jugendlichen ineinander greifen und Wirkungen entfalten, in denen sich die jeweiligen Einflüsse verstärken, aufheben oder auch zu höchst widersprüchlichen Einflüssen verbinden können. Lediglich in Einzelstudien werden die Auswirkungen der Verbindungen mehrerer sozialstruktureller Einflüsse in den Blick genommen, beispielsweise wenn anhand der Aufstände in den Vorstädten französischer Großstädte untersucht wird, wie die Verquickung von Armut, Männlichkeit und Migrationshintergrund im 21. Jahrhundert anfängt, eine problematische Allianz zu bilden (vgl. z.B. Keller/Schultheis 2008) oder wenn die Bildungserfolge junger Frauen mit und ohne Migrationshintergrund in ihrer Schichtspezifik als ambivalent, und keinesfalls als linearer Emanzipationserfolg sichtbar gemacht werden (vgl. z.B. Mc Robbie 2010).

Deutlich macht das Material darüber hinaus, dass mit der Verflechtung der drei untersuchten Strukturkategorien eine Aufteilung in eine empirisch dokumentierte Tendenz der Marginalisierung einerseits und eine rhetorisch-politische Tendenz zur Positivierung von Differenz und Vielfalt verbunden ist. Während die empirischen Untersuchungen von PISA bis Jugendberichte einen Schwerpunkt darauf legen, soziale Problemkonstellationen und soziale Ungleichheiten in den Fokus der Aufmerksamkeit zu rücken und dies konjunkturell mal mit einem geschärften Blick für Mädchen, Jungen, eingewanderte Jugendliche oder Jugendliche aus unteren sozialen Schichten tun, erwachsen aus diesen Studien fast immer normative Postulate nach Anerkennung und Würdigung von Vielfalt und Differenz.

So lässt sich für die Untersuchungen sozialstruktureller Unterschiede im Jugendalter festhalten, dass ihre sozialstatistische Beschreibung und jugendsoziologische Erforschung selten politisch neutral, sondern zumeist im Hinblick auf Verminderung und Prävention sozialer Probleme pädagogisch und/oder sozialpolitisch akzentuiert sind. In den von Erwachsenen durchgeführten Studien zeigt sich deren eigene Position in der symbolischen Ordnung sozialstruktureller Unterschiede, die in der Form dominant-hegemonialer Fürsorglichkeit zum Ausdruck kommt. Sie spiegelt zugleich die kulturelle Fremdheit der Untersuchenden wie auch einen Mangel an Selbstreflexivität im Forschungsprozess.

3.5 Literatur

Alba, Richard/Handl, Johann/Müller, Walter 1994. Ethnische Ungleichheit im deutschen Bildungssystem. In: Kölner Zeitschrift für Soziologie und Sozialpsychologie. 46/2: 209–237

Allerbeck, Klaus/Hoag, Wendy 1985. Jugend ohne Zukunft? Einstellungen, Umwelt, Lebensperspektiven. München/Zürich: Pieper

3 Race, Class, Gender: Strukturelle Differenzierungen

Apitzsch, Ursula 2010. Ausländische Kinder und Jugendliche. In: Krüger, Heinz-Hermann/Grunert/Cathleen (Hg.): Handbuch Kindheits- und Jugendforschung. 2. aktualisierte und erweiterte Auflage: 935–956

Apter, Terri 1990. Altered Loves. Mothers And Daughters During Adolescence. New York: Fawcett Columbine

Arikan, Erkan/Ham, Murat 2009. Jung, erfolgreich, türkisch. Ein etwas anderes Porträt der Migranten in Deutschland. Bergisch Gladbach: Ehrenwirth

Aulenbacher, Brigitte 2008. Geschlecht als Strukturkategorie. Über den inneren Zusammenhang von moderner Gesellschaft und Geschlechterverhältnissen. In: Wilz, Sylvia Marlene: Geschlechterdifferenz – Geschlechterdifferenzierungen. Ein Überblick über gesellschaftliche Entwicklungen und theoretische Positionen. Wiesbaden: VS-Verlag: 139–166

Badawia, Tarik 2002. „Der dritte Stuhl" – Eine Grounded Theory-Studie zum kreativen Umgang bildungserfolgreicher Immigrantenjugendlicher mit kultureller Differenz. Frankfurt/M.: IKO

Baumert, Jürgen et al. 2001. PISA 2000. Basiskompetenzen von Schülerinnen und Schülern im internationalen Vergleich. Deutsches PISA-Konsortium. Opladen: Leske und Budrich

Baumert, Jürgen/Bos, Winfried/ Lehmann, Reiner (Hg.) 2000. TIMSS/II. Dritte Internationale Mathematik- und Naturwissenschaftsstudie – Mathematische und naturwissenschaftliche Bildung am Ende der Schullaufbahn. Bd. 1: Mathematische und naturwissenschaftliche Grundbildung am Ende der Pflichtschulzeit. Opladen: Leske und Budrich

Beck, Ulrich/Beck-Gernsheim-Elisabeth 1990. Das ganz normale Chaos der Liebe. Frankfurt/M.: Suhrkamp

Bednarz-Braun, Iris 2011. Interethnische Beziehungen unter Auszubildenden im Betrieb – aus sozialkonstruktivistischer Perspektive. In: Krekel, Elisabeth M./ Lex, Tilly (Hg.): Neue Jugend, neue Ausbildung? Beiträge aus der Jugend- und Bildungsforschung. Berichte zur beruflichen Bildung. Schriftenreihe des Bundesinstituts für berufliche Bildung. Bonn: 63–77

Bereswill, Mechthild/Meuser, Michael/Scholz, Sylka 2006. Dimensionen der Kategorie Geschlecht. Der Fall Männlichkeit. Münster: Westfälisches Dampfboot

Bernstein, Basil 1970. Soziale Struktur, Sozialisation und Sprachverhalten. Amsterdam, deutsche Erstausgabe: De Munter

Bhabha, Homi 2000. Die Verortung der Kultur. Tübingen: Stauffenburg-Verlag

Bieringer, Ingo 2000. Männlichkeit und Gewalt. Konzepte für die Jungenarbeit. Opladen: Leske und Budrich

Bils, Barbara 2009. Deutschland: Generationsunterschiede bei der Integration. In: Migration und Bevölkerung 7: 2–3

BMBF 2002. Bundesministerium für Bildung und Forschung (Hg.): Berufliche Qualifizierung Jugendlicher mit besonderem Förderbedarf – Benachteiligtenförderung. Berlin/Bonn

Bonfadelli, Heinz/Hanetseder, Christa/Herrmann, Thomas 2009. An der Identität arbeiten. Medienumgang von Jugendlichen mit Migrationshintergrund. In: Diskurs Kindheits- und Jugendforschung 4/1: 57–74

Boos-Nünning, Ursula/Karakosoglu, Yasemin 2005. Viele Welten leben. Zur Lebenssituation von Mädchen und jungen Frauen mit Migrationshintergrund. Münster: Waxmann

Bos, Winfried/Lankes, Eva-Maria/Prenzel, Manfred/Schwippert, Kurt/Valtin, Renate/Walther, Gerd 2004. IGLU. Einige Länder der Bundesrepublik Deutschland im nationalen und internationalen Vergleich. Münster: Waxmann

Bos, Winfried et al. (Hg.) 2003. Erste Ergebnisse aus IGLU. Schülerleistungen am Ende der vierten Jahrgangsstufe im internationalen Vergleich. München/Berlin: Waxmann

Bourdieu, Pierre et al. 2000. Das Elend der Welt. Zeugnisse und Diagnosen alltäglichen Leidens an der Gesellschaft. Konstanz: Universitätsverlag Konstanz

Bourdieu, Pierre/Passeron, Jean-Claude 1971. Die Illusion der Chancengleichheit. Untersuchungen zur Soziologie des Bildungswesens am Beispiel Frankreichs. Stuttgart: Klett

Budde, Jürgen 2005. Männlichkeit und gymnasialer Alltag. Doing gender im heutigen Bildungssystem. Bielefeld: transcript

Burger, Angelika/Seidenspinner, Gerlinde 1988. Töchter und Mütter. Ablösung als Konflikt und Chance. Opladen: Leske und Budrich

Castells, Manuel 2000/2003. Das Informationszeitalter. Drei Bände. Opladen: Leske und Budrich

Cramon-Daiber, Birgit 1984. Ablösungskonflikte zwischen Töchtern und Müttern. In: Gravenhorst, Lerke et al. (Hg.): Lebensort Familie (Alltag und Biographie von Mädchen, Bd.2). Opladen: Leske und Budrich: 115–150

Dannenbeck, Clemens/Lösch, Hans 2000. Zugehörigkeit als Verhandlungsgegenstand – Ein Beitrag zur Entmythologisierung von Ethnizität. In: Gogolin, Ingrid/Nauck, Bernhard (Hg.): Migration, gesellschaftliche Differenzierung und Bildung. Resultate des Forschungsschwerpunktprogramms FABER. Opladen: Leske und Budrich: 113–127

Deutsches Jugendinstitut 1989. Familienalltag. Frauensichten – Männersichten. Reinbek: Rowohlt

Deutsches PISA-Konsortium 2003. PISA 2000 – Ein differenzierter Blick auf die Länder der Bundesrepublik Deutschland. Opladen: Leske und Budrich

Deutsches PISA-Konsortium 2002. PISA 2000-E: Die Länder der Bundesrepublik im Vergleich. Opladen: Leske und Budrich

Deutsches PISA-Konsortium 2001. PISA 2000. Basiskompetenzen von Schülerinnen und Schülern im internationalen Vergleich. Opladen: Leske und Budrich

Di Croce, Bernardino (Hg.) 2009. (Nicht) auf Augenhöhe? Erfahrungen und Lebensgeschichten zum Thema Migration und zweiter Generation in Deutschland. 1. Aufl. Karlsruhe: Von-Loeper-Literaturverlag

Düring, Sonja 1993. Wilde und andere Mädchen. Freiburg: Kore

Eissler, Kurt 1958. Bemerkungen zur Technik der psychoanalytischen Behandlung Pubertierender nebst einigen Überlegungen zum Problem der Perversion. In: Psyche 20/1966: 837–872

Engel, Uwe/Hurrelmann, Klaus 1989. Psychosoziale Belastungen im Jugendalter. Empirische Befunde zum Einfluss von Familie, Schule und Gleichaltrigengruppe. Berlin/New York: de Gruyter

Engler, Renate/Ufer, Gisela 1986. „Auf die Dauer hilft nur Mädchenpower" – Feministische Mädchenarbeit eines Mädchentreffs. In: Enders-Drägässer, Uta/Stanzel, Gabriele (Hg.): Frauen, Macht, Schule. Frankfurt: Dokumentation der Fachtagung Frauen und Schule; 4: 175–180

Erikson, Erik Homburger 1980. Jugend und Krise. Stuttgart: Klett

Eulenberger, Jörg 2011. Junge AussiedlerInnen auf ihrem Weg nach der Hauptschule. In: Gewerkschaft Erziehung und Wissenschaft Sachsen-Anhalt (Hg.): Zeitschrift Erziehung und Wissenschaft 1: 11

Faulstich-Wieland, Hannelore/Horstkemper, Marianne 1985. Lebenspläne und Zukunftsentwürfe von Jungen und Mädchen am Ende der Sekundarstufe I. In: Die deutsche Schule 6: 478–491

Fend, Helmut 1990. Vom Kind zum Jugendlichen. Band 1. Bern/Stuttgart/Toronto: Huber

Fincke, Gunilla 2009. Abgehängt, chancenlos, unwillig? Eine empirische Reorientierung von Integrationstheorien zu MigrantInnen der zweiten Generation in Deutschland. Wiesbaden: VS-Verlag

Flaake, Karin 2004. Geschlecht und Sozialisation. Psychoanalytisch-sozialpsychologische Perspektiven auf Körpererfahrungen und Körpererleben junger Frauen in der Adoleszenz. In: Hoffmann, Dagmar/Merkens, Hans (Hg.): Jugendsoziologische Sozialisationstheorie. Impulse für die Jugendforschung. Weinheim/München: Juventa: 143–156

Flaake, Karin/King, Vera (Hg.) 1992. Weibliche Adoleszenz. Zur Sozialisation junger Frauen. Frankfurt/M./New York: Campus

Foroutan, Naika/Schäfer, Isabel 2009. Hybride Identitäten muslimischer Migranten. In: Aus Politik und Zeitgeschichte 5: 11–18

Foroutan, Naika/Schäfer, Isabel/Werbner, Pnina/Modood, Tarik (Hg.) 1997. Debating cultural hybridity – Multi-cultural identities and the politics of anti-racism. London: Zed Books

Gaiser, Wolfgang/Tully, Claus J./Wahler, Peter 1985. Arbeitsmarkt – Risikoschwelle fürs Erwachsenwerden. In: Deutsches Jugendinstitut (Hg.): Immer diese Jugend! Ein zeitgeschichtliches Mosaik. 1945 bis heute. München: 179–198

Galuske, Michael 2002. Flexible Sozialpädagogik. Elemente einer Theorie Sozialer Arbeit in der modernern Arbeitsgesellschaft. Weinhein/München: Juventa

Gaupp, Nora 2011. Stuttgarter Haupt- und Förderschulabsolvent/innen auf dem Weg von der Schule in die Arbeitswelt. Zentrale Ergebnisse aus der Stuttgarter Schulabsolventenstudie. In: Lehren und Lernen Heft 3: 18–22

Geissler, Birgit/Oechsle, Mechtild 1994. Lebensplanung. In: Beck, Ulrich/Beck-Gernsheim, Elisabeth (Hg.): Riskante Freiheiten. Individualisierung in modernen Gesellschaften. Frankfurt/M.: Suhrkamp: 139–167

Gerlach, Julia 2006. Zwischen Pop und Dschihad. Berlin: Links

Glatzer, Wolfgang/Krätschmer-Hahn, Rabea 2004. Integration und Partizipation junger Ausländer vor dem Hintergrund ethnischer und kultureller Identifikation. Ergebnisse des Integrationssurveys des BiB (=Materialien zur Bevölkerungswissenschaft, Heft 105c). Wiesbaden

Goffman, Erving 1994. Geschlecht und Interaktion. Frankfurt/M./New York: Campus

Gogolin, Ingrid/Nauck, Bernhard (Hg.) 2000. Migration, gesellschaftliche Differenzierung und Bildung. Resultate des Forschungsschwerpunktprogramms FABER. Opladen: Leske und Budrich

Gomolla, Mechthild/Radtke, Frank-Olaf 2002. Institutionelle Diskriminierung. Die Herstellung ethnischer Differenz in der Schule. Opladen: Leske und Budrich

Hagemann-White, Carol 1984. Sozialisation: weiblich-männlich? (Alltag und Biographie von Mädchen Bd.1). Opladen: Leske und Budrich

Hagemann-White, Carol 1992. Berufsfindung und Lebensperspektiven in der weiblichen Adoleszenz. In: Karin Flaake/Vera King (Hg.): Weibliche Adoleszenz. Zur Sozialisation junger Frauen, Frankfurt/M./New York: Campus: 64–83

Hannover, Bettina 1992. Spontanes Selbstkonzept und Pubertät. Zur Interessensentwicklung von Mädchen koedukativer und geschlechtshomogener Schulklassen. In: Bildung und Erziehung Heft 1: 31–46

Hans, Silke 2010. Assimilation oder Segregation? Anpassungsprozesse von Einwanderern in Deutschland. Wiesbaden: VS-Verlag

Haubner, Angela 2005. Ausländische Inländerinnen. Migrantentöchter in der Postmoderne. Frankfurt/M./London: IKO-Verlag für Interkulturelle Kommunikation

Helsper, Werner/Hummrich, Merle 2005. Erfolg und Scheitern in der Schulkarriere. Ausmaß, Erklärungen, biografische Auswirkungen und Reformvorschläge. In: Sachverständigenkommission Zwölfter Kinder- und Jugendbericht (Hg.): Band 3: Kompetenzerwerb von Kindern und Jugendlichen im Schulalter. München: DJI Verlag: 95–173

Herdt, Ursula 2003. Jährliches Drama mit den drei A's. Appelle, Anreize und Androhungen. In: Erziehung und Wissenschaft. Zeitschrift der Bildungsgewerkschaft GEW Heft 9: 12

Hessische Mädchenstudie 1986. Zur Situation von Mädchen in der offenen Jugendarbeit. Hg. von der Bevollmächtigten der Hessischen Landesregierung für Frauenangelegenheiten. Frankfurt

Hormel, Ulrike/Scherr, Albert 2004. Bildung für die Einwanderungsgesellschaft. Perspektiven der Auseinandersetzung mit struktureller, institutioneller und interaktioneller Diskriminierung. Wiesbaden: VS-Verlag

Horstkemper, Marianne 1987. Schule, Geschlecht, Selbstvertrauen. Eine Längsschnittstudie über Mädchensozialisation in der Schule. Weinheim/München: Juventa

Horstkemper, Marianne 1990. „Jungenfächer" und weibliche Sozialisation – Lernprozesse im koedukativen Unterricht. In: Die deutsche Schule 1. Beiheft: 97–109

Horstkemper, Marianne 1990a. Zwischen Anspruch und Selbstbeschneidung – Berufs- und Lebensentwürfe von Schülerinnen. In: Die deutsche Schule 1. Beiheft: 17–31

Horstkotte, Angelika 1985. Mädchen in der Provinz (Alltag und Biographie von Mädchen Bd. 11). Opladen: Leske und Budrich

IB-Mädchentreff Frankfurt (Hg.) ohne Jahr. Oh, island in the sun .... Zehn Jahre Mädchentreff. Ein Stück Geschichte der Mädchenarbeit. Vervielfältigtes Manuskript

Jensen, Larry Cyril 1985. Adolescence: Theories, Research Applications. St. Paul: West Pub. Co.

Jösting, Sabine 2005. Jungenfreundschaften. Zur Konstruktion von Männlichkeit in der Adoleszenz. Wiesbaden: VS-Verlag

Keddi, Barbara/Seidenspinner, Gerlinde 1990. Veränderter weiblicher Lebensentwurf und Individualisierung des Lebenslaufs. In: Neue Sammlung 4: 633–644

Kelle, Helga 2009. Kindliche Entwicklung und die Prävention von Entwicklungsstörungen. Die frühe Kindheit im Fokus der childhood studies. In: Honig, Michael Sebastian (Hg.): Ordnungen der Kindheit. Problemstellungen und Perspektiven der Forschung. Weinheim: Juventa: 79–102

Keller, Carsten/Schultheis, Franz 2008. Jugend zwischen Prekarität und Aufruhr. Zur sozialen Frage der Gegenwart. In: Swiss Journal of Sociology 34/2: 239–260

King, Vera 2002. Die Entstehung des Neuen in der Adoleszenz. Opladen: Leske und Budrich

King, Vera 2006. Ungleiche Karrieren. Bildungsaufstieg und Adoleszenzverläufe bei jungen Männern und Frauen aus Migrantenfamilien. In: King, Vera/Koller, Hans-Christoph (Hg.): Adoleszenz – Migration – Bildung. Bildungsprozesse Jugendlicher und junger Erwachsener mit Migrationshintergrund. Wiesbaden: VS-Verlag: 27–46

Klüssendorf, Regina 1992. Soviel Mutter wie möglich – soviel Beruf wie nötig – Identität und Lebenspläne von jungen Bankkauffrauen. In: Tillmann, Klaus-Jürgen (Hg.): Jugend weiblich – Jugend männlich. Sozialisation, Geschlecht, Identität. Opladen: Leske und Budrich: 65–78

Konsortium Bildungsberichterstattung (Hg.) 2006. Bildung in Deutschland. Ein indikatorengestützter Bericht mit einer Analyse zu Bildung und Migration. Bielefeld

Krafeld, Franz-Josef 2000. Die überflüssige Jugend der Arbeitsgesellschaft. Eine Herausforderung an die Pädagogik. Opladen: Leske und Budrich

Krüger, Helga 2001. Geschlechterverhältnis in einer Gesellschaft ohne Arbeit. In: Mansel, Jürgen/Schweins, Wolfgang/Ulbrich-Herrmann, Matthias: Zukunftsperspektiven Jugendlicher. Wirtschaftliche und soziale Entwicklungen als Herausforderung und Bedrohung für die Lebensplanung. Weinheim/München: Juventa: 57–71

Krüger, Helga/Frasch, Gerhild/Bode, Elfriede/Baacke, Dieter/v.Ungern, Renata/Naundorf, Gabriele 1988. Alltag und Biografie von Mädchen. Bericht der Kommission „Verbesserung der Chancengleichheit von Mädchen in der Bundesrepublik Deutschland". Sechster Jugendbericht. Opladen: Leske und Budrich

Lampl de Groot, Jeanne 1965. Zur Adoleszenz. In: Psyche 7: 477–485

Lang, Susanne 2005. Die „illegitimen Anderen". Befunde über Selbst- und Fremdwahrnehmung Jugendlicher. Schwalbach: Wochenschau Verlag

MacLeod, John 1995. Ain't no making it. New York: Westview Press

Mansel, Jürgen 2007. Ausbleibende Bildungserfolge der Nachkommen von Migranten. In: Harring, Marius/Rolhfs, Carsten/Palentien, Christian (Hg.): Perspektiven der Bildung. Kinder und Jugendliche in formellen, nicht-formellen und informellen Bildungsprozessen. Wiesbaden: VS-Verlag: 99–116

Mansel, Jürgen/Schweins, Wolfgang/Ulbrich-Herrmann, Matthias 2001. Zukunftsperspektiven Jugendlicher. Wirtschaftliche und soziale Entwicklungen als Herausforderung und Bedrohung für die Lebensplanung. Weinheim/München: Juventa

Mansel, Jürgen/Spaiser, Viktoria 2010. Hintergründe von Bildungserfolgen und -misserfolgen junger Migrant/innen. In: Diskurs Kindheits- und Jugendforschung 2: 209–225

Mc Robbie, Angela 2010. Top Girls. Feminismus und der Aufstieg des neoliberalen Geschlechterregimes. Wiesbaden: VS-Verlag

Mecheril, Paul 2004. Andere Deutsche gibt es nicht. Zusammenhänge zwischen subalterner Erfahrung und diskursiver Praxis. In: AntiDiskriminierungsBüro Köln und cyberNomads (Hg.): The Black Book. Deutschlands Häutungen. Frankfurt/M.: IKO-Verlag: 82–90

Metz-Göckel, Sigrid 1998. Mikropolitik in den Geschlechterbeziehungen. Selbstvertrauen, Anerkennung und Entwertung. In: Mechtild Oechsle/Geissler, Birgit (Hg.): Die ungleiche Gleichheit. Junge Frauen und der Wandel im Geschlechterverhältnis. Opladen: Leske und Budrich: 259–279

Mitscherlich-Nielsen, Margarethe 1975. Neid und Emanzipation. Psychoanalytische Bemerkungen über den Feminismus. In: Neue Rundschau 4: 546–595

Munsch, Chantal/Zeller, Maren 2004. Die Bedeutung des Stadtteils für Jugendliche. Ein rekonstruktiver Zugang zur Belebung des Diskurses um sozialraumorientierte Erziehungshilfen. In: Projekt ‚Netzwerke im Stadtteil' (Hg.): Grenzen des Sozialraums. Kritik eines Konzepts – Perspektiven für Soziale Arbeit. Wiesbaden: VS-Verlag: 277–288

Neubauer, Georg 1990. Jugendphase und Sexualität: Eine empirische Überprüfung eines sozialisationstheoretischen Modells. Stuttgart: Enke

Oelerich, Gertrud 2008. Hilfen zur Erziehung. In: Coelen, Thomas/Otto, Hans-Uwe (Hg.): Grundbegriffe der Ganztagsbildung. Das Handbuch. Wiesbaden: VS-Verlag: 485–495

Oevermann, Ulrich 1972. Sprache und soziale Herkunft. Frankfurt/M.: Suhrkamp

Ostner, Ilona 1986. Die Entdeckung der Mädchen. Neue Perspektiven für die Jugendsoziologie. In: Kölner Zeitschrift für Soziologie und Sozialpsychologie: 352–371

Pagenstecher, Liesing et al. 1985. Mädchen und Frauen unter sich. In: Kavemann, Barbara u.a. (Hg.): Sexualität – Unterdrückung statt Entfaltung. Alltag und Biographie von Mädchen Bd. 9. Opladen: Leske und Budrich: 99–106

Panke, Martina 2005. Arbeiten lernen. Erfahrungen junger Arbeiter im Prozess der Qualifizierung. Wiesbaden: VS-Verlag

Paulus, Wiebke/Blossfeld, Hans-Peter 2007. Schichtspezifische Präferenz oder sozioökonomisches Entscheidungskalkül? Zur Rolle der elterlichen Bildungsaspiration im Entscheidungsprozess beim Übergang von der Grundschule in die Sekundarstufe. In: Zeitschrift für Pädagogik 53/Heft 4: 491–508

Peters, Friedhelm/Koch, Joseph (Hg.) 2004. Integrierte erzieherische Hilfen. Flexibilität, Integration und Sozialraumbezug in der Jugendhilfe. Weinheim/München: Juventa

Pfister, Getrud 1990. Zurück zur Mädchenschule? Beiträge zur Koedukation. Pfaffenweiler: Centaurus-Verlagsgesellschaft

Popp, Ulrike 1992. „Heiraten – das kann ich mir noch nicht vorstellen". Das psychosoziale Moratorium bei Jungen und Mädchen in der Oberstufe. In: Tillmann, Klaus-Jürgen (Hg.): Jugend weiblich – Jugend männlich. Sozialisation, Geschlecht, Identität. Opladen: Leske und Budrich: 51–64

Rabe-Kleberg, Ursula (Hg.) 1990. Besser gebildet und doch nicht gleich! Frauen und Bildung in der Arbeitsgesellschaft. Bielefeld: Kleine Verlag

Ramsauer, Kathrin 2011. Bildungserfolge von Migrantenkindern. Der Einfluss der Herkunftsfamilie. München: Deutsches Jugendinstitut

Reinders, Heinz 2009. Integrationsbereitschaft jugendlicher Migranten. In: Aus Politik und Zeitgeschichte 5: 19–23

Reinders, Heinz/Sieler, Vanessa/Varadi, Enikö 2008. Individuationsprozesse bei Jugendlichen deutscher und türkischer Herkunft. Ergebnisse einer Längsschnittstudie. In: Zeitschrift für Soziologie der Erziehung und Sozialisationsforschung 28, Heft 4: 429–444

Reinders, Heinz/Varadi, Enikö 2009. Interethnische Freundschaften, Akkulturationsorientierungen und Autonomieentwicklung bei Jugendlichen türkischer und italienischer Herkunft. In: Psychologie in Erziehung und Unterricht 56/02: 123–136

Roth, Hans-Joachim unter Mitarbeit von Andreas Deimann und Uğur Tekin 2005. „Das ist nicht nur für Deutsche, das ist auch für uns" – Politische Bildung für Jugendliche aus bildungsfernen Milieus unter besonderer Berücksichtigung von Jugendlichen mit Migrationshintergrund. Expertise für die Bundeszentrale für Politische Bildung. Bonn

Sacksofsky, Ute 2008. Religion and Equality – the Headscarf Debate from a „constitutional perspective". In: Schiek, Dagmar/Chege, Victoria (Hg.): European Union Non-Discrimination Law. Comparative Perspectives on Multidimensional Equality Law. London: Routledge: 353–370

Sander, Uwe/Vollbrecht, Ralf 1985. Zwischen Kindheit und Jugend – Träume, Hoffnung und Alltag 14–15 Jähriger. Weinheim/München: Juventa

Schlapeit-Beck, Dagmar 1987. Mädchenräume-Initiativen-Projekte-Lebensperspektiven. Hamburg: VSA-Verlag

Seibert, Holger/Hupka-Brunner, Sandra/Imdorf, Christian 2009. Wie Ausbildungssysteme Chancen verteilen In: Kölner Zeitschrift für Soziologie und Sozialpsychologie 61/4: 595–620

Seidenspinner, Gerlinde/Burger, Angelika 1982. Mädchen '82. Eine repräsentative Untersuchung über die Lebenssituation und das Lebensgefühl 15–19jähriger Mädchen in der Bundesrepublik. Durchgeführt vom DJI-München im Auftrag der Zeitschrift Brigitte. Hamburg

SINUS Sociovision 2008. Die Milieus der Menschen mit Migrationshintergrund in Deutschland. Eine qualitative Untersuchung von Sinus Sociovision. Heidelberg

Solga, Heike 2002a. „Ausbildungslosigkeit" als soziales Stigma in Bildungsgesellschaften. Ein soziologischer Erklärungsbeitrag für die wachsenden Arbeitsmarktprobleme von Personen ohne Ausbildungsabschluss. In: Kölner Zeitschrift für Soziologie und Sozialpsychologie 53/3: 476–505

Solga, Heike 2002b. „Stigmatization by negative selection": Explaining less-educated persons' decreasing employment opportunities. In: European Sociological Review 18/2: 159–178

Sommerkorn, Ingrid 1993. Soziologie der Bildung und Erziehung. In: Korte, Hermann/ Schäfers, Bernhard (Hg.): Einführung in Spezielle Soziologien. Opladen: Leske und Budrich: 29–55

Spohn, Cornelia (Hg.) 2007. „Zweiheimisch". Bikulturalität in Deutschland. Bonn: Bundeszentrale für Politische Bildung

Statistisches Jahrbuch 2010. Statistisches Bundesamt Wiesbaden. Online verfügbar: http://www.destatis.de/jetspeed/portal/cms/Sites/destatis/SharedContent/Oeffentlich/B3/Publikation/Jahrbuch/StatistischesJahrbuch,property=file.pdf [zuletzt abgerufen 19.09.2011]

Tillmann, Klaus-Jürgen (Hg.) 1992. Jugend weiblich – Jugend männlich. Sozialisation, Geschlecht, Identität. Opladen: Leske und Budrich

Ulrich, Joachim Gerd 2003. „Man weiß nicht mehr, was man tun soll". Trotzdem ist die Lage im Westen weniger dramatisch. In: Erziehung und Wissenschaft. Zeitschrift der Bildungsgewerkschaft GEW 9: 21–22

Vogelgesang, Waldemar 2008. Jugendliche Aussiedler. Zwischen Entwurzelung, Ausgrenzung und Integration. Weinheim/München: Juventa

Waldeck, Ruth 1988. Der rote Fleck im dunklen Kontinent. In: Zeitschrift für Sexualforschung 3: 189–205 (Teil 1) und Zeitschrift für Sexualforschung 4: 337–350 (Teil 2)

Weidacher, Alois (Hg.) 2000. In Deutschland zu Hause. Politische Orientierungen griechischer, italienischer, türkischer und deutscher junger Erwachsener im Vergleich. DJI Ausländersurvey. Opladen: Leske und Budrich

Wetterer, Angelika 2003. Rhetorische Modernisierung. Das Verschwinden der Ungleichheit aus dem zeitgenössischen Differenzwissen. In: Knapp, Gudrun-Axeli/Wetterer, Angelika (Hg.): Achsen der Differenz. Gesellschaftstheorie und feministische Kritik II. Münster: Westfälisches Dampfboot: 267–319

Willis, Paul 1979. Spaß am Widerstand. Gegenkultur in der Arbeiterschule. Frankfurt/M.: Syndikat-Verlag

Winnicott, Donald W. 1978. Das Jugendalter. Der mühsame Weg durch die Stagnation. In: Winnicott, Donald: Familie und Individuelle Entwicklung. München: Kindler: 116–139

Wippermann, Carsten/Calmbach, Marc 2009. Wie ticken Jugendliche? Sinus-Milieustudie U27. Düsseldorf: Verlag Hans Altenberg

Zielke, Brigitte 1992. „Fehlgeleitete Machos" und „frühreife Lolitas" – Geschlechtstypische Unterschiede der Jugenddevianz. In: Tillmann, Klaus-Jürgen (Hg.): Jugend weiblich – Jugend männlich. Sozialisation, Geschlecht, Identität. Opladen: Leske und Budrich: 28–39

4 Szenen, Stile, Tribes und Gangs: Lebenswelt Jugendkulturen

Katharina Liebsch

> Ja, so ist die Jugend heute, schrecklich sind die jungen Leute. (Wilhelm Busch)

Nach dem Zweiten Weltkrieg führte der Einfluss US-amerikanischer Musikstile wie Jazz und Rock 'n' Roll dazu, dass sich auch in Deutschland verschiedene Vorlieben und Moden bei verschiedenen Gruppen von Jugendlichen etablierten. Zudem war mit der Vermehrung des Wohlstands in den 1960er Jahren die Entstehung eines internationalen Markts von Konsum- und Vergnügungsgütern verbunden, der durch Massenmedien vermittelt vor allem Jugendliche ansprach. Als sich dann durch Bildungsreformen die Ausbildungszeiten verlängerten, wurden die in Gleichaltrigengruppen entwickelten Beziehungen und Umgangsformen für die Jugendlichen wichtiger und für die Erwachsenen sichtbarer. Dies alles trug zur Entwicklung neuer Lebensstile und Jugendkulturen bei, die in den 1950er Jahren mit den „Halbstarken" und den „Jazzern" erstmalig in Erscheinung traten. Von Bedeutung dabei war auch, dass hier nicht länger der männliche Gymnasiast oder Student den Vergleichsmaßstab für Jugend bildete, sondern sich die sozialen Gruppen derjenigen, die am Freiraum Jugend teilhatten, allmählich vergrößerten. Der Kulturwissenschaftler Kaspar Maase konstatiert, dass mit dem Beat ab Anfang der 1960er Jahre die proletarisch geprägte „Populärkultur ihren Einfluss auf die künftigen Vertreter der tonangebenden gebildeten Mittelschichten und akademischen Eliten erweiterte" (Maase 2003, S. 11). Auch der Historiker Philipp Jost Jansen zeigt in seiner Auswertung diverser empirischer Studien der 1950er und 60er Jahre, dass das jugendliche Freizeitverhalten milieu- und geschlechtsspezifisch differenziert war. Er beschreibt vier dominierende Freizeitformen:

- Eine körperorientierte, sportliche Freizeit, die vor allem von männlichen Jugendlichen praktiziert wurde und zumeist am Sonntag stattfand.
- Eine kulturelle bzw. Bildungsfreizeit, die zwar allgemein anerkannt war, faktisch aber nur von einer Minderheit aus dem bildungsbürgerlichen Milieu ausgeübt wurde.
- Peergruppen bezogene Sozialkontakte und Vergnügungen, wie z. B. Kino und Tanzen-Gehen, die die Freizeit aller Jugendlicher zunehmend bestimmte.
- Die Familienfreizeit, bei der das Radiohören eine herausragende Rolle spielte, als die übliche Form, den kurzen wochentäglichen Feierabend zu verbringen (Jansen 2010, S. 396).

Das von Jansen gesichtete Material zeigt, dass der Kultur- und Medienkonsum in der frühen Bundesrepublik hochgradig bildungs- und milieuabhängig war, dass beispielsweise finanzielle und zeitliche Restriktionen dafür sorgten, dass die familienzentrierte, häusliche Freizeit für die überwiegende Zahl der Jüngeren und der Mädchen dominierte. Auch machen die empirischen Erhebungen aus den 1950er und 1960er Jahren deutlich, dass sich das, was nachfolgend von der Forschung als „Jugendkultur" bezeichnet wird, aus verschiedenen Formen von Vergnügen und der Gestaltung spezifischer Sozial- und Gruppenkontakte entwickelte und einer Dynamik folgte, die der Jugendforscher Wilfried Ferchhoff als eine „von den sozialmilieuspezifischen Jugendsubkulturen zu den individualitätsbezogenen Jugendkulturen" (Ferchhoff 1990) charakterisierte. Was sich hinter diesen Begrifflichkeiten genau verbirgt, welche empirischen Phänomene und welche theoretischen Ableitungen damit verbunden sind, ist Gegenstand dieses Kapitels.

4.1 Kultur als „whole way of life"

Aufgrund ökonomischer und sozialer Unterschiedlichkeit verschiedener Bevölkerungsgruppen fällt es komplexen Gesellschaften schwer, eine allgemeine Gesamtkultur zu entwickeln, die in der Gemeinsamkeit von Verhaltensmustern und Wertorientierungen zum Ausdruck gebracht wird. Die Beschreibung und Analyse dieses „Verlusts" stellt gewissermaßen den Beginn soziologischen Denkens dar und wurde bereits von Karl Marx, Emile Durkheim und Max Weber aus jeweils unterschiedlicher Perspektive zum Gegenstand des Nachdenkens gemacht. In modernen Gesellschaften, so zeigt die Soziologie seither, werden die sozialen und materiellen Lebenserfahrungen verschiedener Gruppen oder Klassen in spezifischen Lebensformen und in jeweils eigenen Kulturen zum Ausdruck gebracht, die neben materiellen Produkten auch Ideen und Bedeutungen einschließen. Um die distinkte Lebensweise einer Gruppe oder Klasse zu beschreiben, arbeitet der britische Kulturforscher John Clarke mit einem Verständnis von Kultur als „whole way of life". Er schreibt:

> „Kultur ist die Art, die Form, in der Gruppen das Rohmaterial ihrer sozialen und materiellen Existenz bearbeiten ... Eine Kultur enthält die ‚Landkarte der Bedeutungen', welche die Dinge für ihre Mitglieder selbstverständlich macht" (Clarke et al. 1979, S. 41).

So gesehen sind jugendkulturelle Praktiken und Lebensstile nur vor dem Hintergrund der sozialen Position der Akteure verständlich. Ihre Kulturen und Stile sind Ausdrucksformen von Bemühungen, sich im Spannungsfeld zwischen klassenspezifischen Erfahrungen und dem Herkunftsmilieu einerseits und der gesellschaftlich dominanten politischen und medialen Kultur andererseits zu verorten. Da die verschiedenen Teilkulturen hierarchisch in einem Verhältnis von Über- und Unterordnung zueinander stehen und zumeist von dem Anspruch auf Allgemeingültigkeit der Mittelschichtskultur dominiert werden, entstehen John Clarke zufolge „Subkulturen". Diese zeichnen sich darüber aus, dass sie in Beziehung zu einer „Stammkultur" ein Netzwerk von kleinen, stärker lokalisierten und differenzierten Strukturen ausbilden. Die Subkulturen haben eine eigenständige Struktur und Form, stehen aber mit der „Stammkultur" aufgrund geteilter Erfahrungen und Handlungsweisen in Verbindung. Subkulturen können sich freiwillig konstituieren (z.B. Freikirchen) oder durch Zwang hergestellt werden (z.B. durch Strafhaft) und sie können auf die Veränderung politischer Verhältnisse gerichtet sein (z.B. attac) oder auf ästhetische, spirituelle und sinnliche Erfahrungen zielen (z.B. Bhagwan-Anhänger).

Dabei geben Subkulturen immer wieder Anlass zu der Frage, wie eigenständig und unabhängig sie sind bzw. wie stark sie von der herrschenden Kultur vereinnahmt und schlussendlich deren Bestandteil sind. Bezogen auf Jugendliche und ihre kulturellen Aktivitäten wird im Zuge solcher Überlegungen versucht zu klären, ob sie als eigenständig-kreative Produzenten von neuen kulturellen Ausdrucksformen tätig sind oder als vom Markt gesteuerte Konsumentinnen und Konsumenten angesehen werden sollten. Da sich heute ökonomische Maximen mit großer kultureller Präsenz und Unausweichlichkeit zeigen, verwischen sich auch die Grenzen zwischen Ökonomie und Lebensform. Wenn gesamtgesellschaftlich der Trend besteht, sich vorwiegend als Wirtschaftssubjekt zu verstehen, ist es auch in Subkulturen zunehmend schwerer, davon abweichende, eigene Wertmaßstäbe und Ausdrucksformen zu finden. Die französischen Sozialwissenschaftler Luc Boltanski und Éve Chiapello haben sich in ihrem Werk über den „neuen Geist des Kapitalismus" (Boltanski/Chiapello 2001) eingehend mit dieser Tendenz auseinandergesetzt. Ihr Interesse an subkulturellen Positionen ergibt sich aus der Frage, aus welchen Kräften der Kapitalismus seine Rechtfertigung bezieht und was insbesondere die Kritik am Kapitalismus zu seiner Rechtfertigung beiträgt.

4.1.1 Subkulturen und der „neue Geist des Kapitalismus"

Boltanski und Chiapello unterscheiden verschiedene Sinnhorizonte, in denen sich der Kapitalismus historisch legitimierte. Der „erste Geist des Kapitalismus", so zeigen die Autoren, entspringt dem 19. Jahrhundert und verspricht eine Beteiligung am Fortschritt. Der Kapitalismus nutzt moderne Technologien und treibt die Befreiung aus lokalen und traditionalen Strukturen und persönlicher Abhängigkeit voran. Der „zweite Geist des Kapitalismus" verkörpert den organisierten Kapitalismus der industriellen Massenproduktion zwischen 1930 und 1975. Er bringt einen Zuwachs an materiellem Wohlstand, Sicherheit und Konsummöglichkeiten. Der dritte und „neue Geist des Kapitalismus" entwickelt sich seit den achtziger Jahren des 20. Jahrhunderts aus einer Kritik an der Schwerfälligkeit des Industriekapitalismus. Neue gesellschaftliche Tendenzen entstehen, die Individualität und Autonomie in das Zentrum der Ansprüche rücken. Das *New Management* des flexiblen Kapitalismus präsentiert sich als eine Ordnung, die die Selbstverwirklichung der Individuen befördert und zugleich verlangt.

Der zentrale Punkt in der Analyse von Boltanski und Chiapello ist, dass sie die Antriebskräfte dieser kulturellen Veränderungen des Kapitalismus nicht in den kapitalistischen Strukturen selbst verorten, sondern in den Kräften der Kritik, die *gegen* diese Strukturen gerichtet sind. Der Kapitalismus integriert die gegen ihn gerichtete Kritik, indem er Einsprüche und Alternativen zu Elementen seines eigenen Funktionierens macht.

Diese Perspektive relativiert die Idee von eigenständigen und widerständigen Subkulturen und verschiebt die Gegenüberstellung von einer kapitalistischen Konsumkultur einerseits und einer eigenständigen Subkultur andererseits zu der Frage, wie Kultur(en) und kulturelle Bedeutungen eigentlich hergestellt werden und wie sich gesellschaftliche Veränderungen auch als kulturelle Transformationen zeigen. Diese Frage wurde auch in dem 1964 gegründeten Centre for Contemporary Cultural Studies (CCCS) in Birmingham gestellt, das in der Figur des Kulturforschers Paul Willis insbesondere jugendliche Alltags- und Freizeitkulturen zu beschreiben und zu verstehen suchte.

4.1.2 „Common culture" und „symbolische Kreativität"

Paul Willis, der in Deutschland mit seinen Publikationen „Spaß am Widerstand" (Willis 1982) und „Profane Culture" (Willis 1981) bekannt wurde, zeigte, dass die Institutionen, Praktiken, Gattungen und Ausdrucksweisen der sog. Hochkultur für Jugendliche in der Regel eher ausgrenzend wirken (Willis 1990, S. 1). Die offizielle Kultur als Sphäre des Besonderen und Erhabenen zielt auf Aneignung, nicht auf Partizipation, setzt Bildung voraus und ist marktförmig organisiert. Diese Struktur der sog. Hochkultur kann auch durch Bemühungen, Jugendliche teilhaben zu lassen, wie es beispielsweise versucht wird im Rahmen von Kinder- und Jugendtheater oder auch in dem von der medialen Öffentlichkeit mit großer Aufmerksamkeit bedachten Projekt „Rhythm is it" des Berliner Philarmonie-Chefs Simon Rattle, nicht verändert werden. Davon unterscheiden sich Kulturformen, die auf den lokalen und alltäglichen Lebenswelten basieren und beispielsweise im Rahmen stadtteilbezogener Kulturprojekte oder auch als alltägliche Praktiken und Aktivitäten in Erscheinung treten, in denen sich eine andere Form kultureller und künstlerischer Lebendigkeit und Kreativität zeigt. Diese andere Kulturalität bezeichnet Paul Willis als „common culture" und er interessiert sich für deren eher wenig beachtete kulturelle Besonderheiten. Die Kulturalität der common culture nimmt, so die Argumentation von Willis, ihren Ausgangspunkt im Umgang mit der Warenwelt, den Konsumgütern und den alltäglichen Dienstleistungen. Dabei betont er, dass auch die kommerziellen Waren und ihr Konsum eine Ressource für symbolische und kreative kulturelle Ausdrucksformen sein können, also nicht nur passiv konsumiert werden, sondern auch zu einem aktiven Sich-ins-Verhältnis-Setzen anregen. Er überlegt:

> "Consumer Commodities no longer simply make and place. They strike back, criticize and make conditional. They implicitly and explicitly pose questions and propositions: 'It might be more fun consuming than ... being traditional, ... being a housewife, ... being bored stiff of work ...'. These are productive direct questions for the symbolic work and creativity of informal cultures. They help to demystify previous certainties and to destabilize common-sense assumptions" (Willis 1990, S. 138).

Im alltäglichen Handeln, im Umgang mit Waren und bei scheinbar passiven Aktivitäten, wie Fernsehen oder Musik hören, vermutet Willis eine „symbolische Kreativität", die er als eine für jede Art der Bedeutungsgebung erforderliche „symbolische Arbeit" versteht. Er begreift „symbolische Kreativität" als ein schöpferisches Potenzial alltäglicher Kommunikation und sieht in ihr ein wichtiges Mittel gegen die Standardisierung von Arbeit, Kommunikation und Kunst im Alltäglichen. Die „symbolische Kreativität" umfasst sowohl Sprache und handelnde Körper als Praxis und Symbolvorrat als auch verschiedene Formen der Darstellung, wie Tanzen, Singen, Geschichten erzählen, Spaßmachen. Mit ihrer Hilfe verankern sich Menschen in der kulturellen Welt und setzen sich zu Traditionen und Gebräuchen in Beziehung. Für Jugendliche bedeutet „symbolische Kreativität" die Möglichkeit, den aufgrund ihrer wirtschaftlichen Abhängigkeit von den Eltern existierenden Mangel an Kontrolle über die unmittelbaren Lebensbedingungen zu thematisieren oder sich zu den aufgezwungenen und ideologischen Konstruktionen von „Jugendlichkeit" zu verhalten, die vorschreiben, was junge Leute tun oder fühlen sollten. In der alltäglichen Gestaltung von Arbeit und Spiel, Freizeit und Konsum und in der Ausübung elementaren Ästhetiken, wie z.B. sinnliche Wahrnehmung, Verlangen, Spaß, Vitalität oder auch einem Sinn für Zeitlosigkeit, hilft die „symbolische Kreativität" dabei, der eigenen Person einen räumlichen und sozialen Ort zu geben.

Aus dieser Perspektive rückt die Frage in den Mittelpunkt, wie Jugendliche in Auseinandersetzung mit den sie umgebenden kulturellen Gegenständen ihre eigenen jugendkulturellen Welten herstellen. Als „bricolage", als „Bastelei" wird dabei die Handhabung von Kleidungsstücken, Schmuck und Gebrauchsgegenständen bezeichnet, die diese gemäß der eigenen Lebenswelt verändernd einsetzt, entfremdet und mit neuer Bedeutung versieht. Dabei entsteht dann das, was der Soziologe Hans Georg Soeffner als „Stil" bezeichnet hat, eine „beobachtbare (Selbst-)Präsentation von Personen, Gruppen oder Gesellschaften", die „die Zugehörigkeit eines Individuums zu einer Gruppe oder Gemeinschaft" und „zu einem bestimmten Habitus und einer Lebensform markiert, denen sich diese Gruppen oder Gemeinschaften verpflichtet fühlen, kennzeichnet und manifestiert" (Soeffner 1992, S. 78). Stil, so macht Soeffner deutlich, ist Teil eines umfassenden Systems von Zeichen, Symbolen und Verweisungen für soziale Orientierung und ist gleichermaßen ein Ausdruck, Instrument und Ergebnis von sozialen Orientierungen wie auch von sozialer Abgrenzung. Am Beispiel der Punks und ihrer Bevorzugung der Farbe Schwarz zeigt Soeffner, dass Stilbildungen zwar an Traditionen, Bedeutungszusammenhänge und symbolische Kontexte anknüpfen, vor allem aber durch aktuelle „soziale Handlungsketten" (ebd., S. 88), durch soziale Interaktion, Beobachtung und Interpretation erhalten und neu belebt werden. Stile bilden sich nicht im luftleeren Raum, sondern benötigen ein Gegenüber, das beobachtet und interpretiert. „Stil", so Soeffners These, ist dabei mehr als eine alltägliche, routiniert vollzogene Handlung. Indem das Styling auf eine einheitlich abgestimmte Präsentation zielt, werde eine „ästhetisierende Überhöhung des Alltäglichen" vorgenommen, in die jede Einzelhandlung und jedes Detail eingearbeitet ist.

Ein solches Verständnis von bedeutungsvollen Praktiken und Ausdrucksformen verfolgt Paul Willis, wenn er das Verständnis der Beteiligten von ihrer Lebenssituation und ihren Alltagserfahrungen untersucht und daraus die sozio-symbolische Funktion einer „Kreativität des Alltagshandelns" zur Gestaltung von Kommunikation und von Lebenswelten ableitet. In einer Teilstudie über sogenannte Motorrad-Jungs zeigt er, wie sich um das Motorrad herum der gesamte Erfahrungsraum der Jugendlichen konstituiert, wie sich im Umgang mit der Technik, durch die Verzierung der Motorräder und die Auswahl der Motorrad-Kleidung das Gemeinsame dieser Gruppe und ihr Stil entwickelt. Das Motorrad, schreibt Willis, wurde in der Gruppe als

> „ein umfassendes und dialektisches Organ der menschlichen Kultur an(ge)sehen. Technische Qualitäten wurden als menschliche anerkannt, geschätzt, in solche ausgebaut und umgewandelt; diese setzen dann ihre eigene materielle Anerkennung durch und brachten so einen weiteren Kreislauf in Gang" (Willis 1981, S. 87).

Ähnlich, aber doch symbolisch völlig anders akzentuiert, beschreibt Willis zudem die Kultur der „Hippies", bei denen Musik das Ausdrucksmittel ihrer „symbolischen Kreativität" war:

> „Musik bedeutete für die Hippies direkte Wahrnehmung, die Musik selbst und sonst nichts: was Musik ausmachte, konnte nur musikalisch ausgedrückt werden. Musik war nicht zu dekodieren. Sie konnte die widersprüchlichen, ansonsten unausgesprochenen und profunden Sinngehalte sicher fassen. ... Die Hippies kannten sich in ihrer Musik enorm gut aus und besaßen ein nuanciertes Verständnis für die Unterschiede zwischen den verschiedenen Gruppen und Musikstilen. Ihr Geschmack war keinesfalls flach, zufällig oder wahllos. Und ganz sicherlich war er nicht kommerziell bestimmt" (Willis 1981, S. 139).

Der Stil, das machen die Beispiele deutlich, zeigt sich als symbolische Verarbeitung und Deutung von sozialstrukturell bedingten Lebenswirklichkeiten. Die Stile sind Ausdruck der Aneignung und der Interpretation der Lebensbedingungen und sie illustrieren das, was Soeffner als „ästhetisierende Überhöhung des Alltäglichen" bezeichnet hat. Stil ist deshalb weniger als Ausdrucksform der sozialstrukturellen Position der Akteure zu verstehen denn als symbolische Verarbeitung derselben. Willis will mit seinen Beschreibungen nicht zeigen, dass Inhalte und Themen der Motorrad-Jungs und der Hippies gesellschaftlich bestimmt sind, beispielsweise weil Motorräder und Musik ein Wegfahren oder Abtauchen aus der Wirklichkeit ermöglichen. Vielmehr interessiert ihn die Art und Weise, die Form, in der die Beziehung zur Gesellschaftsstruktur sichtbar gemacht wird. Stile sind so gesehen, die Form, in der sich das Verhältnis zwischen den vom Markt vermittelten Kulturwaren und den (jugendlichen) Konsumenten zeigt, in der „symbolische Kreativität" im Umgang mit den Kulturwaren neue kulturelle Ausdrucksformen hervorbringt, die dann, im nächsten Schritt einer gezielten Vermarktung unterzogen werden, um dann ihrerseits als Kult- und Trendobjekte kommerziell verbreitet zu werden (vgl. Göttlich 2010).

Aufgrund der wachsenden Verbreitung und Vervielfältigung von Jugendkulturen sowie deren umgehender Kommerzialisierung durch eine internationale Kulturindustrie wird heute eher selten von Subkulturen gesprochen. Die Grenze zwischen Dominanzkultur und Teilkulturen ist fließend und der Grad der Originalität und Eigenständigkeit der Teilkulturen wird nicht von allen so emphatisch und kreativ eingeschätzt wie von Paul Willis. Gleiches gilt für den Stil-Begriff, der nicht zwangsläufig auf Intensivierung und Formgebung durch Jugendkulturen verweist. Vielmehr trete, so argumentiert beispielsweise der Erziehungswissenschaftler Ralf Vollbrecht, Stil zumeist als eine Art Styling in Erscheinung, als eine eher nach Geschmack und Moden ausgerichtete Art der Selbst-Präsentation, der die Ernsthaftigkeit und Verbindlichkeit fehlt, die der Stil-Begriff zu bezeichnen sucht. Stil im Sinne von Styling sei eher ein Ausdruck der individuell vorgenommenen Wahl einer bestimmten Freizeit-Szene (Vollbrecht 1997, S. 23).

4.2 „Szenen" als Form einer „posttraditionalen Vergemeinschaftung"

Anders als der Begriff der Subkultur, bei der die Zugehörigkeit durch klare Kriterien geregelt ist und die Verbindlichkeit zwischen den Mitgliedern über Einschluss und Ausschluss realisiert wird, beschreibt der Begriff der „Szene" Formen des sozialen Miteinanders mit einem relativ geringen Grad an wechselseitiger Verbindlichkeit. Szenen, so führt der Soziologe und Begründer des Begriffs Ronald Hitzler aus, sind „thematisch fokussierte Erlebnis- und Selbststilisierungsräume", die prinzipiell offen für all diejenigen sind, die sich als ihr zugehörig verstehen (Hitzler 2003; 2007; 2008). Aufgrund ihrer wenig selektiven Zugangsregeln versammeln Szenen Personen unterschiedlicher sozialer Herkunft, verschiedenen Alters und differenter Weltanschauung. Auch sind Szenen nicht örtlich gebunden oder durch besondere Kommunikationsformen oder Kommunikationsanforderungen bestimmt. Dreh- und Angelpunkt von Szenen ist vielmehr das geteilte Interesse an einer Aktivität oder einem gemeinsamen Thema. Das die Szene-Mitglieder Verbindende kann dabei aus dem Sport, der Musik, Politik, Technik oder der Warenkultur stammen, von Bedeutung ist vor allem, dass alle Mitglieder das jeweilige Szene-Thema als ihr eigenes und selbst gewähltes Interesse verstehen und sich der Kontakt mit anderen genau über diese geteilte Gemeinsamkeit herstellt. Damit sind Szenen nicht Ausdruck einer bestimmten Klassen- oder Schichtzugehörigkeit oder Ergebnis geteilter Erfahrung oder eine Gemeinschaft, in die man hinein geboren oder hinein sozialisiert wurde, sondern eine Art informelle Interessensgemeinschaft, die sich in ähnlichen Verhaltensweisen und Umgangsformen zeigt. Die gemeinsame Teilhabe an Szenen realisiert sich in der Kommunikation über die thematische Gemeinsamkeit, in der kollektiven Verwendung von Symbolen, Gegenständen und anderen Objekten sowie in der Sprache und den Deutungsmustern der Beteiligten. Damit ist eine Sozialform beschrieben, die es individualisierten Akteuren ermöglicht, Gemeinsamkeit zu praktizieren und zu erfahren, ohne sich langfristig festzulegen, ohne sich bewähren und beweisen zu müssen und ohne der Gefahr von Ausschluss ausgesetzt zu sein. Diese vergleichsweise neue Möglichkeit zum Miteinander haben die Szene-Forscher Anne Honer, Michaela Pfadenhauer und Ronald Hitzler als „posttraditionale Vergemeinschaftung" bezeichnet (Hitzler/Honer/Pfadenhauer 2008). Sie bringen damit zum Ausdruck, dass die herkömmlichen Formen von Vergemeinschaftung, wie sie beispielsweise in Form der Schulklasse, des Sportvereins oder der Geschwistergruppe bestehen, durch eine strukturell und qualitativ andere Form ergänzt – und vielleicht sogar abgelöst – werden. Weil relativ statische und vorgegebene Gruppenzusammenhänge der Individualität und den subjektiven Interessen von eher individuell und autonom orientierten Personen nicht angemessen begegnen können, entstehen Vergemeinschaftungsformen, in denen die Beteiligten selbst definieren, worin das Gemeinsame besteht. Diese sind häufig über ästhetische Kriterien definiert und unterscheiden sich auch diesbezüglich von den herkömmlichen Gruppenzusammenhängen, die zumeist an intellektuelle und körperliche Merkmale, Fähigkeiten und Interessen gebunden bzw. auf diese ausgerichtet sind. In der „posttraditionalen" Vergemeinschaftungsform ‚Szene' geht es deshalb nicht selten um Formen von Selbststilisierungen, bei denen die selbst gewählten Lebensideen ästhetisch erprobt werden.

Da sich Szenen stetig neu definieren, transformieren oder auch zerfallen, sind die wissenschaftlichen Veröffentlichungen zwar um Aktualität bemüht, aber vor allem in ihrer Fokussierung ausgewählter Facetten und Elementen von Szenen und deren Reflexion und Bilanzierung im Kontext theoretischer Überlegungen interessant. Wissenschaftliche Szene-Beobachtungen und Untersuchungen finden sich beispielsweise im Berliner „Archiv der Jugendkulturen e.V." und im Internetportal „Jugendszenen.com", in denen Jugendszenen beschrieben, typisiert und einer breiteren Öffentlichkeit zugänglich gemacht werden. Zudem organisiert das Archiv der Jugendkulturen als Info-Portal und Vermittlungsinstanz zwischen Szenen und Interessierten regelmäßig thematisch einschlägige Veranstaltungen und gibt einen Infobrief heraus, in dem neue Publikationen und (Forschungs-)Projekte vorgestellt werden.

Hier wurde auch der aus der Volkskunde stammende Begriff der „Tribalisierung" auf die Entstehung der verschiedenen Jugendszenen übertragen, um die neuartige Bildung jugendlicher Gemeinschaften auf der Grundlage gemeinsamer kultureller Interessen als einen durch und durch kulturellen Prozess sichtbar zu machen. Die Rede von „jugendlichen Stammeskulturen" verweist auf deren jeweilige Stammesrituale, also auf kulturelle Praktiken, die in je spezifischen Kleiderordnungen, Konsumgewohnheiten, Sprachcodes, Freizeitaktivitäten, Musikpräferenzen, Lebensphilosophien, Haltungen zur Gesellschaft, zur Politik und zur Zukunft zum Ausdruck gebracht werden (Farin/Neubauer 2001). Zugleich betont der Begriff der „Tribalisierung" aber auch das Fremdartige von Jugendszenen und Jugendkulturen, dem sich erwachsene Forscher quasi ethnologisch, mit einem Blick von außen, nähern. Dies führt dann teilweise dazu, dass Jugendkulturen klassifiziert und exotisiert werden und sich neben Informationsgehalt auch die Befremdung der Beschreibenden abbildet. Beispielsweise wird in der systematisierenden Deskription, die der Jugendforscher Wilfried Ferchhoff für diverse Jugendszenen vorgenommen hat, die Szene zur Spezie, die dem interessierten Außenstehenden in der Form eines Lexikon-Eintrags präsentiert wird. Dabei liest sich beispielsweise die Beschreibung der „Skater/Surfer/Snowboarder" folgendermaßen:

> „*Kurzcharakterisierung*: Körperbezogene, sportive und kunstvolle, bewegungskönnerhafte Skateboardfahrer, die, hochgradig leistungsorientiert, möglichst viele und schwierige Tricks und Sprünge qua mehrstündiger Übung am Tag beherrschen wollen (Free- und Streetstyle, manchmal auch Halfpipe-Fahren, für Ältere im Stile einer gelenk- und sehnenschonenden Leichtigkeit des Gleitens auf dem Asphalt). Inliner haben in der Regel keine oder nur lose Szeneeinbindung oder Snowboarder mit Neigungen zum HipHop. Es gibt aber auch wenige Raver oder einzige Normalos, die besonders die Surferszene und noch dezidierter die Snowboardszene nicht nur in Neuss und Bottrop anzieht. Oftmals findet in diesen eindeutig jungenspezifischen Domänen (Mädchen sind meist in der Rolle des Publikums und haben – wie in vielen anderen Jugendkulturen auch – eine zuschauende, anfeuernde und bewundernde Funktion) eine Umfunktionalisierung von Räumen, die in der Szene Spots genannt werden, – über die offiziell genehmigten hinaus – statt. Skater leben in urbanen (Lebens)Welten und bearbeiten mit ihren Skateboards zweckfremde Gegenstände bzw. leblose Objekte (schräge Rampen, Absätze, Treppenstufen, Geländer, Beläge etc.). Die zentralen Lebensstilaspekte für *echte* Skater sind neben bestimmten Kleidungs- und Musikstilen – historisch zunächst Punk, danach Hardcore und seit einigen Jahren HipHop – vor allem sportive Beweglichkeit, Freiwilligkeit, Selbstverwirklichung, Leistung, Kreativität, Spaß.
>
> *Ausdrucksformen/Kultgegenstände, Devotionalien*: Kultboards, die quasi monatlich gewechselt werden müssen, einschlägige Szenezeitschriften wie bspw. *Limited Skateboard Magazin* oder *Monster Skateboard Magaz*in, zu jedem Contest, das sind formelle und auch informelle Events und Wettkämpfe, gibt es unterschiedlich aufwendig gestaltete Flyer und Plakate; Street-Wear, die insbesondere nach funktionalen und ästhetischen Gesichtspunkten ausgewählt wird, sehr markenbewusst nicht nur beim sehr wichtigen Schuhwerk, Schlabberlook, Wollmütze" (Ferchhoff 2007, S. 218f).

Diese Typisierung nach dem Muster biologischer Beschreibung der Arten- und Sortenvielfalt hat zweifelsohne einen hohen Informationsgehalt für den äußeren Betrachter. Sie verzichtet aber darauf, den spezifischen sozialen Sinn dieser kulturellen Aktivitäten zu rekonstruieren. Ihr fehlt eine Beschreibung der subjektiven Bedeutung, die das Skaten für die Akteure selbst hat, eine Beschreibung ihrer „symbolischen Kreativität", die in den beschriebenen Praktiken zum Ausdruck gebracht wird. Eine solche Reduktion kommt in den Forschungen zur Jugendkultur immer wieder vor und hat auch damit zu tun, dass jugendsoziologische Untersuchungen nicht selten von der theoretischen Überlegung geleitet sind, dass Jugendkulturen als Spielwiese der Selbst-Exploration, des Ausprobierens und Experimentierens mit Selbstentwürfen dienen. Sozialisations- und adoleszenztheoretischen Prämissen folgend – z.B. der Annahme einer notwendigen Ablösung von den Eltern, der Bedeutung von Anerkennung durch Gleichaltrigengruppen und einem pubertätsbedingten Erstarken von Bedürfnissen nach großen Gefühlen und Grenzerfahrungen – erhalten die Beschreibungen der verschiedenen Jugendszenen dann eine funktionalistische Ausrichtung. Die Erfassung und Darstellung der Jugendkulturen folgt dem Ansinnen, sichtbar zu machen, wofür Jugendkulturen im Prozess des Aufwachsens gebraucht und benötigt werden, und welche Funktionen sie bei der Bewältigung pubertätsbedingter Krisen auf dem Weg in die Erwachsenenrolle erfüllen. Eine solche, implizite und teilweise auch explizierte adoleszenztheoretische Ausrichtung versteht Jugendkulturen als ein Medium im Prozess ontogenetischer Entwicklung. Davon unterscheidet sich eine kulturwissenschaftlich akzentuierte Perspektive, wie sie am Beispiel von Paul Willis vorgestellt wurde, welche die kulturellen Praktiken selbst zum Gegenstand der Betrachtungen macht, und für die Jugendkulturen nur ein Beispiel für die Betrachtung und Untersuchung von Kulturalitäten darstellt. Wilfried Ferchhoff als Vertreter einer erziehungswissenschaftlichen Jugendforschung beschreibt, anders als die Forschungen im Kontext des Birmingham Centre for Contemporary Cultural Studies, kulturelle Praktiken im Format der Sozialisationstheorie. Diese ist weniger an der Deutung jugendkultureller Praktiken und symbolischen Inszenierungen interessiert als an der Veranschaulichung ihrer Funktion im Prozess des Aufwachsens.

4.3 Inszenierungen und Selbstpräsentationen

Ein weiterer Zugang zu Jugendszenen und Jugendkulturen ist die mikrosoziologische Analyse von Inszenierungs- und Selbstpräsentationspraktiken, z.B. des modischen Stylings wie der Ausübung invasiver Praktiken, wie z.B. Piercing und Tattooing, und auch der Darstellungsformen, die in Trendsportarten und an Fitness orientierten Formen eines Body-Stylings sichtbar werden (siehe z.B. Taylor/Thiele 1998; Neumann-Braun/Richard 2005). Alle diese jugendkulturellen Praktiken sind hochgradig geschlechtsspezifisch und es ist insgesamt auffällig, dass die symbolisch-ästhetischen Inszenierungen von männlich dominierten Jugendkulturen weitaus besser und umfänglicher empirisch dokumentiert und untersucht sind als die Phänomene und Ausdrucksformen weiblicher Jugendkulturen. Dies zeigt sich beispielsweise in der Erforschung von Abenteuer- und Risikokulturen, wie Bunjee-Jumping, S-Bahn-Surfen, Skateboardfahren (siehe z.B. Alkemeyer et al. 2003; Schwier 2006) oder auch in der empirisch umfänglich beschriebenen HipHop-Szene samt ihrer Bewegungskulturen und ästhetischen Praktiken (siehe z.B. Liell 2003; Klein/Friedrichs 2004), in der vor allem männliche Jugendliche zum Gegenstand der Betrachtung gemacht werden. Einschlägige Studien, in denen kulturelle Aktivitäten weiblicher Jugendlicher untersucht werden, sind hingegen eher selten (als Ausnahme siehe z.B. Fritzsche 2003). Dies legt die Vermutung eines Geschlechter-bias' in der Forschung nahe und fordert auch dazu auf, nach Beschreibungen von jugendkulturellen Realitäten, Praktiken und Erlebensformen von Mädchen und jungen Frauen weiter zu suchen.

Anknüpfungspunkte dazu finden sich bei der Tübinger Erziehungswissenschaftlerin Barbara Stauber, die davon ausgeht, dass im Zuge gesellschaftlicher Individualisierungsprozesse soziale Ordnungen neu über Zeichen und Symbole vermittelt werden müssen, und sich deshalb die Bedeutung des Symbolischen stetig vergrößere (Stauber 2004; 2006; 2007).

Für das Verstehen von Jugendkulturen meint dies, die Symbolik jugendkultureller Selbstinszenierungen in den Blick zu nehmen und heraus zu arbeiten, wo, wie und warum sich die symbolisch vermittelte kulturelle Sinngebung vollzieht. Da jugendkulturelle Ausdrucksformen vor allem durch Selbstinszenierungen und Selbstpräsentationen, in der Gestaltung und Bearbeitung der eigenen Körperlichkeit zum Ausdruck gebracht werden, liegt es nahe zu vermuten, dass Körperlichkeit und Sexualität zur Symbolisierung von Autonomie und Eigenständigkeit verwendet werden. Dabei müssen Jugendliche jedoch damit umgehen, dass Körper und Sexualität bereits mit Bedeutung aufgeladen sind und von gesellschaftlichen Diskursen und geschlechtsspezifischen Bildern geprägt sind. Diese existierenden geschlechtsspezifischen Bedeutungen des Körperlichen werden in den Selbstinszenierungen und Selbstpräsentationen jugendkultureller Prägung neu thematisiert.

Wie das konkret aussieht, soll im Folgenden am Beispiel der Gothic-Szene gezeigt werden. Die Auswahl des Beispiels berücksichtigt, dass die Gothic-Szene die einzige große Jugendkultur ist, die „von Anfang an weiblich dominiert (Farin/Wallraff 2001, S. 38) war. Neben der seit 2002 existierenden Visual-Kei-Szene und der Manga-Szene, die überwiegend weibliche Mitglieder haben, lässt sich an der Gothic-Szene deshalb gut verdeutlichen, wie jugendkulturelle Symbolisierung geschlechtlich akzentuiert werden. Der Stil der Gothics ist charakterisiert durch Kleidung, Assessoires und Inszenierungen, die als weiblich deklariert sind und die dafür sorgen, dass männliche Szene-Anhänger nicht selten als androgyn erscheinen (Farin/Wallraff 2001; El-Nawab 2007): Das männliche Schönheitsideal bei den Gothic sei, so postuliert der Gründer des „Archivs für Jugendkulturen e.V." Klaus Farin, nicht „der bodygebuildete kräftige, sportliche Typ, sondern der blasse, schmächtige kleine Vampir, der sich mindestens so gut zu schminken weiß wie die weiblichen Szene Angehörigen" (Farin/Wallraff 2001, S. 44).

4.3.1 Die Gothic-Szene und die soziale Konstruktion von Authentizität

Die Gothic-Szene definiert sich über das gemeinsame Interesse an Themen, die sich mit dem Menschsein und dem Lebenssinn in einem übergreifenden Verständnis befassen. Dabei werden insbesondere gesellschaftlich tabuisierte Themen, wie Tod, Sexualität, Fetischisierung und Okkultismus zum Thema des gemeinsamen Handelns und des geteilten Interesses (siehe z. B. Schmidt/Neumann-Braun 2004; Schmidt/Leyda 2007). Diese thematische Orientierung ist bis heute Bestandteil des Szene-Habitus der Gothics, tritt aber zumeist hinter den stark ästhetisch und modisch akzentuierten Praktiken der Gothic-Anhänger zurück. So entsteht der Eindruck, dass es in der Gothic-Szene vor allem um die Verwirklichung des szenespezifischen Stils bei den Mitgliedern geht. Der zentral Stil der Gothics hat sich, wie die Frankfurter Kunstpädagogin Birgit Richard (1995) beschreibt, seit ihrer Entstehung in den 1980er Jahren aus einem Konglomerat von stilistischen Elementen entwickelt. Damals war der typische Gothic-Stil charakterisiert durch die Verwendung weicher, traditioneller und historischer Stoffe, wie Samt, Spitze und Seide (Richard 1995, S. 119). Diese wurden ausschließlich in der Farbe schwarz getragen, um sich damit von einer lärmend-bunten und als oberflächlich und konsumorientiert verstandenen Gesellschaft symbolisch zu distanzieren. Durch die Kombination von schwarzer, romantisch anmutender Kleidung, schwarzem Make-up, weiß geschminkter Haut, Schnabelschuhen, toupierten Frisuren und Metallschmuck kreierten die Gothic-Frauen sich als eine „Stilisierung zu ‚schönen' Todesengeln nach historischen Schönheitsidealen (Richard 1995, S. 119). Durch lange wallende Kleidung brachten sie eine distanzierte Haltung zum eigenen Körper und eine „eher zurückhaltenden Einstellung" gegenüber der Sexualität zum Ausdruck. Diese, als „Gruftie-Stil" bezeichnete Form der Selbstinszenierung hat sich bis heute als Teil-Stil erhalten, und weitere stilistische Ausdifferenzierungen sind hinzugekommen, die sich aus der Punk-, Metal-, Techno- und Fetisch-Szene bedienen (vgl. Schmidt/Leyda 2007).

Die Gothic-Szene befindet sich in einem kontinuierlichen stilistischen Wandel, bei dem Stile verschiedener Szenen vermischt und transformiert werden. 1995 dominierte Birgit Richard zufolge ein recht einheitlicher, an die Romantik angelehnter Gothic-Stil, 2003 stellten Neumann-Braun/Richard/Schmidt schon vier Inszenierungstypen fest: die historische Retrofigur, „Kinder der Nacht", „Dark Wave" und „Cyberpunk" (Richard 1993; Neumann-Braun/Richard/Schmidt 2003). 2007 haben Schmidt/Leyda im Rahmen von Feldforschung zahlreiche Crossover-Formen beschrieben, die zum Beispiel als „schwarzer Romantik-Stil", als „historischer Romantik-Stil", als „Gothic-Punk", „Fetisch", „Gothic-Lolita", „Industrial-EBM" oder „Cyber-Gothic in Erscheinung treten. Entsprechend der Bezeichnung ist der jeweilige Stil durch die Be- und Weiterverarbeitung kultureller Ausdrucksformen eines ausgewählten Bezugssystems gekennzeichnet. Dabei kann es sich entweder um eine historische Epoche (Barock, Romantik, Zukunft), eine gesellschaftliche Gruppe (Punks, Lolitas) oder ein Segment der arbeitsteilig organisierten Gesellschaft (Industrie, Militär) handeln. Der Umgang mit dem kulturellen Material reicht von der Variation von Fantasiefiguren, wie z.B. Hexe, Vampir oder Magier, über eine möglichst authentische Rekonstruktion und Darstellung der historischen Stilelemente aus Barock und Rokoko bis hin zur Überzeichnung und Stilisierung, z.B. von Elementen der kindlichen Lebenswelten wie Schuluniformen, Schulranzen und Zöpfen im Gothic-Lolita-Stil oder dem Sampling von Plastik, Synthetik und Metall, die im Cyber-Gothic als Materialien der technisierten und künstlichen Zukunft in der Mischung von Schweißerbrillen, Gasmasken und Mundschutz und neonfarbenem Kunstfell und mit Applikation versehenen Plateauschuhen präsentiert werden.

Neumann-Braun et al. (2003) kategorisieren die Bandbreite an Stilisierungen in „historisch orientiert", „gegenwartsverhaftet" und „zukunftsorientiert". Allen Stil-Formen ist gemein, dass sie sich auf bestimmte Musikrichtungen beziehen und Musik zentrales Moment ihres Selbstverständnisses ist. So sind im „historischen Romantik-Stil" beispielsweise die Klänge von Geige, Harfe oder Flöte wichtig und im „Cyber-Gothic-Stil" kennzeichnen technoide, synthetische Klänge, die von Computern erzeugt werden, auch einen Interessensbereich der Szene-Aktiven. Darüber hinaus ist für alle Stile charakteristisch, dass die körperliche Inszenierung sehr detailreich ausfällt und zu ihrer Ausgestaltung viel Zeit, Energie und ökonomische Ressourcen aufgewendet und eingebracht werden. Aufwand und Engagement, die für die stilgemäße und stilechte Selbstinszenierung erforderlich sind, geben gleichermaßen einen Hinweis darauf, dass diese Aktivität nicht nur als eine vorübergehende Laune zu verstehen ist, sondern auf das Interesse, die Vorlieben und die ästhetischen Erfahrungen der Akteure verweist. Dementsprechend bezeichnen Schmidt/Leyda den jeweiligen Fokus der Stile und Teil-Szenen auch als eine „stilistische Einheit aus Musik, Körperinszenierung ... und ‚Lebensart', welche zentrale Überzeugungen, Einstellungen und Werte der Szene in ästhetisierter Weise zum Ausdruck bringt" (Schmidt/Leyda 2007, S. 4).

Aufgrund der Popularität und dem Wachstum der Szene hat sich ein Markt entwickelt, der die Mitglieder mit allen Utensilien der Körper- und Lebensgestaltung versorgt. So gibt es in größeren deutschen Städten Szeneläden und einschlägige Online-Versandhäuser (www.x-trax.de), welche die Stil-Bandbreite der Szene bis ins Detail versorgen. Diese Kommerzialisierung, so die Einschätzung von Schmidt und Leyda, reduziere den Spielraum für individuelle Körperpräsentationen und Kreativität und mache ein umso größeres Maß an Engagement, Ausdauer und Einfallsreichtum nötig, um eigene, „authentische" Darstellungen realisieren zu können (vgl. Schmidt/Leyda 2007, S. 3).

Trotz Stil-Vielfalt und unterschiedlicher ästhetischer Präferenzen ist es den Szenen-Aktivisten gemein, sich von dem gesellschaftlichen Mainstream abwenden zu wollen und dazu offensive und symbolisch akzentuierte Körperpräsentationen einzusetzen. Die Aufnahme und Bearbeitung von Themenkomplexen wie Tod, sexuelle Perversion und Religion jenseits des Christentums sind dabei weniger an einer inhaltlichen Auseinandersetzung ausgerichtet, als dass sie sich in Form einer symbolisierenden und zeichensetzenden Praktik zeigen. In der Intensität der thematischen Ausgestaltung der Selbstpräsentationen bringen die Aktiven aus der Gothic-Szene zugleich ihr elitäres Bewusstsein zum Ausdruck, mit dem sie sich von den Durchschnittsmenschen abzusetzen beabsichtigen (Schmidt/Neumann-Braun 2004, S. 318). Das Moment des Elitären und der Exklusivität wirkt auch zwischen den verschiedenen Teil-Szenen und sorgt dafür, dass die soziale Distinktion der Szene-Anhänger untereinander darüber zu realisieren versucht wird, möglichst individuelle Körperpräsentationen vorzunehmen. Das Selbst-Machen, z.B. die Erstellung eines „neonpinken Flokati-Röckchens", und des kreativen und experimentellen Umgangs mit dem eigenen Styling, z.B. der Umgang mit künstlichen Haarextensions oder auch die Inszenierung von Bisexualität als Styling-Element, haben hohen Distinktionswert. In der Kombination von individuell-ästhetischem Anspruch und themenspezifischer Beschäftigung werden die Inszenierung des Körpers und die Präsentation des Selbst in einer Art Wettbewerb miteinander verglichen, gegeneinander abgegrenzt und in ein Bewertungsschema von „authentisch" und „wahr" oder „Pseudo" und „Plastics" eingeordnet. Axel Schmidt und Nancy Leyda benennen drei Kriterien zur Beurteilung von Authentizität:

- Szenespezifische Kompetenzen und Wissensbestände,
- Szene-Involviertheit, die sich am Umfang des szeneinternen Kontaktnetzwerks und der Korrespondenz von Szene- und Alltagsleben bemisst,
- Individualität vs. Nachahmung von Stil- und Handlungspraktiken (Schmidt/Leyda 2007, S. 7).

In der szene-eigenen Verbindung von Stil und Inszenierung mit „Authentizität" zeigt sich, dass den jugendkulturellen Aktivitäten eine identitätsrelevante Bedeutung zugeschrieben wird. Sie sollen der „eigenen Weiterentwicklung" dienen, Personen sozial sichtbar machen und ihnen Anerkennung verschaffen. Dabei ist auch von Bedeutung, dass sich viele der Gothic-Stile in den vergangenen 15 Jahren zunehmend an sexualisierten und Fetisch inspirierter Kleidung ausgerichtet haben (Brill 2007; Richard 2006). Insbesondere Gothic-Frauen inszenieren durch Stilelemente wie Nylonstrümpfe, Strapse, Korsetts und Wäschestücke in der Kombination mit hochhackigen Schuhen eine sexuelle Körperlichkeit. Dunja Brill geht in ihrer Untersuchung über „Fetisch-Lolitas" davon aus, dass der sexualisierte Stil das Selbstbewusstsein von Frauen in der Szene fördere, weil es ihnen Macht, Autonomie und Sicherheit verleihe. Die Frauen sähen sich nicht als „passive Opfer männlicher Begierde" (Brill 2007, S. 63), sondern als selbstbewusste autonome Persönlichkeiten, die artikulieren, was sie mögen und sich wünschen. Durch die Konterkarierung vorherrschender Weiblichkeitsstereotype wirkten, so Brill, die Gothic-Frauen auf ihre Mitmenschen unnahbar und machtvoll, und zugleich machten diese Attribute sie zu Stil-Ikonen (ebd.).

In der sexualisierten Selbstpräsentation, so argumentiert Brill, stellten die Gothic-Frauen, einen eigenen normativen Rahmen her. Innerhalb dieses szenespezifischen Deutungsrahmens wird Geschlechtlichkeit und Sexualität nicht in Bezugnahme auf heteronormative Geschlechterbilder gestaltet, sondern über eine von beiden Geschlechtern vorgenommene Inszenierung von Weiblichkeit als eine überladene Anwendung von Stilelementen realisiert. Frauen wie

Männer tragen kurze Röcke, Korsetts und hochhackige Stiefel und verwenden Haarteile und Make-up. Für Frauen ergibt sich, wie Brill zeigt, daraus jedoch ein Dilemma: In der hochgradig auf Vergleich und Konkurrenz ausgerichteten Gothic-Szene konkurrieren die Frauen nicht nur mit anderen Frauen, sondern darüber hinaus auch mit feminin gestylten Männern. Weil Frauen sowohl dem szenetypischen Weiblichkeitsbild gerecht werden als auch dem Anspruch einer individuellen Ausgestaltung nachkommen müssen, werden Attribute von Weiblichkeit hochgradig plakativ und übersteigert inszeniert und präsentiert. Dennoch können sie damit auf der Authentizitätsskala gelungener Inszenierung kaum Punkte sammeln: „Bei den Frauen scheint diese Weiblichkeit lediglich eine quasi-natürliche Notwendigkeit" (Brill 2007, S. 60), die Männern hingegen erlangen aufgrund androgyner, Weiblichkeit betonender Inszenierungen Status und Prestige.

Im Sinne dieser Logik präsentieren Gothic-Frauen bisexuelle Attribute nicht als Ausdruck ihrer sexuellen Orientierung, sondern als Bestandteil einer Szene-Praxis, in der randständige Themen aufgegriffen und gesellschaftliche Konventionen inszeniert werden (vgl. Richard 2006). Sie folgen dabei einer szenespezifischen Kultur des Blicks, in der die eigene Extrovertiertheit, Originalität und Ausgefallenheit zur Schau gestellt und gern auch im Bild festgehalten werden. Fotos, die ins Internet gestellt werden, zeigen die große Bedeutung der visuellen Inszenierung, bei der es um das Auffallen und die Inszenierung von Auffälligkeiten geht.

Dabei sind die im Internet verfügbaren Bilder nicht nur als Abbild zu verstehen, sondern auch ein Produkt von Kreativität, die Birgit Richard als „mimetische Selbstdarstellung" bezeichnet (Richard 2010, S. 68). Zur Begründung dieses Begriffs bezieht sie sich auf Hans Ulrich Reck, der Mimesis als „Strategie eines nicht unbegrenzten Repertoires", als „Schöpfung" und „Variation im Bereich festgelegter Imitationsreihen" bezeichnet (Reck 1991, S. 83). Richard geht nun davon aus, dass die mit der Mimesis verbundenen Aspekte von Wiederholung, Verschiebung, Akzentuierung und Neugewinnung auch den jugendlichen Selbstbildern als leitende Prinzipien und Transformationsstrategien dienen. Die Posen und Maskeraden der Szene-Akteure widersprechen der herkömmlichen, bürgerlichen Idee des Authentischen und doch macht die Gothic-Szene das Kriterium der Authentizität zum Maßstab der Qualität der Aufführung. Damit vollziehe sich, so Richards, kein bloßes Nachahmen, keine erneute Anwendung des Begriffs, sondern deren Karikierung, deren Persiflierung. Indem die Gothic-Szene den Begriff auf Bilder und Präsentationen bezieht, die hochgradig artifiziell sind, widerspricht sie „den Ideologien eines von außen gesetzten ‚Authentischen'" (Richard 2010, S. 69).

Stattdessen entwickele die Szene eine eigene Wahrhaftigkeit, die sich daran bemisst, dass die Präsentationen innerhalb der eigenen Kultur als glaubwürdig erscheinen und dass sie den Stil der Szene und das mediale Format angemessen bedienen. Ob dies gelungen ist, überprüft dann die Szene selbst, die in der Öffentlichkeit des Internets die Bilder schätzt, kritisiert und einer Diskussion unterzieht. In diesem Sinne sei „mimetische Selbstdarstellung" obwohl sie die eigene Person zum Thema hat, kein narzisstischer, selbstbezüglicher Akt, sondern eine Form des kommunikativen Umgangs mit der Wirklichkeit. Dabei sind Individualität und Authentizität in der Gothic-Szene keine Entwicklungsziele im Prozess des Aufwachsens, sondern Medien der Kommunikation und der Produktion. Mit ihrer Hilfe wird Sozialität und soziale Sichtbarkeit erzeugt. Gleichzeitig wird durch den gezielten Einsatz und die systematische Inszenierung von Individualität und Authentizität auch deren soziale Konventionalität sichtbar gemacht. Oder anderes formuliert: Es wird deutlich, dass Individualität und Authentizität soziale Konstruktionen sind, die in Interaktionsprozessen sozial hergestellt werden. Im Zuge dessen können sie ihre inhaltliche Bestimmung, z.B. als Entwicklungsziel, verlieren und mit anderer, neuer Bedeutung versehen werden.

4.3.2 Gothic als „Lebensstil"? Die praxeologische Perspektive

Das Beispiel der Gothic-Szene zeigt, dass jugendkulturelle Praktiken dreifach strukturiert sind:
- Die Darstellungen und Inszenierungen von Kultur operieren mit Zitaten, also symbolischem Material, das zu Sinn und Bedeutung geformt und verdichtet wird.
- Die Auswahl des kulturellen Materials ist Ausdruck von gesellschaftlichen Bedingungen, beispielsweise technischen und materialen Möglichkeiten und verfügbaren Sozialräumen.
- Die Inszenierung ist Ausdruck deutender Individuen, die sich damit individuell und kollektiv verorten, positionieren und sich mit Interaktionspartnern und in Interaktionssituationen koordinieren.

Kultur ist, so gesehen, immer mehr als ein Produkt des Handelns, weil das Tun der Akteure im Rahmen gesellschaftlicher Kontexte stattfindet und die Beteiligten die Kultur durch ihre individuell-habituelle Prägung mitbestimmen. Der französische Soziologe Pierre Bourdieu hat, um diese drei Dimensionen des Handelns zusammen zu bringen, den Begriff des „Lebensstils" geprägt. Im Rahmen seiner „Theorie der Praxis" beschreibt er, wie sich die materielle Lebensführung mit der subjektiven Seite der ästhetischen Selbststilisierung verbindet und als „Habitus" den „sozialen Sinn" von Kultur mitbestimmt (Bourdieu 1987). Eine solche „praxeologische" Perspektive auf Kultur lehnt es ab, Kultur auf Mentalität, Text oder Bedeutungskonstruktionen zu verengen, und betont die Kollektivität von Verhaltensweisen als Momente des Kulturellen. Darüber hinaus ist mit der praxeologischen Perspektive verbunden, Tätigkeiten auch in ihrer Materialität zu erfassen, denn sie werden von Körpern und im Umgang mit Dingen vollzogen, und davon abzusehen, käme einer weiteren Verengung gleich. Zum dritten geht das praxeologische Denken davon aus, dass Handlungen einerseits von Wiederholung und Routine bestimmt sind, andererseits aber prinzipiell offen für Veränderung sind (vgl. Reckwitz 2003).

Aus der Perspektive dieses Verständnisses von kulturellen Praxen sind die ästhetischen Präferenzen und Aktivitäten der Akteure der Gothic-Szene nicht zu trennen von deren Wahrnehmungs-, Bewertungs- und Handlungsmustern. Praxen gründen sich auf einverleibte und habitualisierte Vorlieben und verweisen immer auf das Vorleben der Akteure, auf die Zeit als sie noch nicht in der Gothic-Szene aktiv waren. So gesehen, ist die Entscheidung zur Teilhabe an der Szene nicht losgelöst von sozialen Anforderungen und biografischen Erfahrungen. Um als „Lebensstil" deklariert zu werden, muss das Handeln der Szene-Aktivisten in einer Beziehung zur Umwelt und zur eigenen Lebensgeschichte stehen. Dies kann im Anknüpfen, Fortsetzen oder Verwerfen bestehen, aber die Verbindungslinien sollten bestimmbar sein, wenn der Begriff „Lebensstil" verwendet wird.

Da aber in den meisten Untersuchungen die Szene-Aktivität nicht im Prozess des Lebenslaufs betrachtet wird, sondern als Momentaufnahme und Gegenwartsaktivität erfasst wird, fällt es schwer, die Praxis der Gothic-Szene begründet als „Lebensstil" im Bourdieuschen Sinne zu bezeichnen. Frank Lauenburg hat in seiner Befragung von Szene-Anhängern in

Erfahrung gebracht, dass der Einstieg in eine Szene sukzessive und im Rahmen einer Suchbewegung von statten geht. Der Ausstieg aus einer Szene erfolgt zumeist nicht plötzlich, sondern schrittweise; ehemalige Akteure werden ruhiger und überlassen jüngeren das Feld, nicht selten tritt die Familiengründung an die Stelle der Szene-Aktivität und nur selten wird eine bewusste Entscheidung gefällt, aufzuhören oder die Szene zu verlassen (Lauenburg 2008, S. 222). Dies macht deutlich, dass „Stil" nicht automatisch zu einem habituell begründeten „Lebensstil" wird, sondern als inszenierende Praxis, als Aufführung, als Präsentation einer Selbst-Darstellung auf ganz verschiedenen Bühnen des Alltags in Erscheinung treten kann. Das kann durchaus „echt", „authentisch" und mit sinnlicher Präsenz geschehen und auch den Geschmack und die Vorlieben nachhaltig prägen, ist aber zur Bestimmung von „Lebensstil" nicht ausreichend. Hier bräuchte es auch eine Erklärung der Prozesse der Habitualisierung und eine solche wird in Untersuchungen zu Jugendkultur, die vor allem die Handlungen der Beteiligten beschreiben, nicht entwickelt.

4.4 Jugendkulturen als digitale Jugendkulturen – Zur Bedeutung von Medien

In allen Jugendkulturen spielt der Umgang mit Medien eine zentrale Rolle. Medien sind Bestandteil der Interaktion, Kommunikation, Selbstdarstellung von Jugendkulturen und sind selbst kulturelle Errungenschaften, die als Symbole und als Ausdruck von szene-typischen Aktivitäten verwendet werden. Die umfängliche Forschung zum Thema Jugend und Medien war lange Zeit auf die Erfassung von Nutzungszeiten und die Beschreibung der Rolle und Bedeutung von Medien bei der Freizeitgestaltung fokussiert. Dabei wurden Jugendliche vor allem als Nutzer und Konsumenten diverser Medien erfasst. Mit dem Erstarken der Bedeutung internetgestützter Medien aber ist dann auch in der Medienforschung der jugendliche Gestalter medialer Lebenswelten und dessen kulturelle und produktiv-kreative Aktivität in den Blick gerückt.

Jugendliche haben, wie die Forschung zeigt, einen spezifischen Mediengebrauch. Sie nutzen vor allem den PC, das Internet, das Fernsehen, ihr Handy und MP-3-Player. Während die Nutzung des Fernsehens von Jugendlichen seit vielen Jahren auf hohem Niveau angesiedelt ist – 90% der Jugendlichen sehen täglich oder mindestens mehrmals die Woche fern – geht die Lektüre von Tageszeitungen unter Jugendlichen kontinuierlich zurück. Dagegen ist der Gebrauch von Computer und Internet stetig angestiegen. Er lag 2008 bei 84% und entsprach damit dem Prozentsatz der Jugendlichen, die täglich bzw. mehrmals in der Woche ein Mobiltelefon benutzen (Klingler 2008, S. 627; Feierabend/Kutteroff 2008). Im Unterschied zu Erwachsenen, die das Internet vor allem zu Informations- und zu Kommunikationszwecken nutzen, verwenden Jugendliche das Internet zudem auch zu Unterhaltungszwecken, z.B. indem Audio- und Videodateien abgerufen, Spiele gespielt werden, und aus sozialen Motiven, zur Erweiterung und zur Pflege von Netzwerken und Freundschaftsbeziehungen auf Social Network Sites wie SchülerVZ, StudiVZ, Myspace oder Facebook.

Neben einer immer wieder auftauchenden Skepsis Medien gegenüber, bei der diverse Gefahren und ein potenzieller Kulturverlust beklagt werden, thematisiert die Forschung mittlerweile nicht nur den Konsum, sondern auch den aktiven Gebrauch und die bewusste Verwendung von Medien. Dies umfasst auch die klassischen Medien wie Fernsehen und Zeitschriften. Auch das Fernsehen hat sich verändert und auf Jugendliche eingestellt. Es gibt mittlerweile diverse Formate von Mitmach-Shows und Vorabend-Serien für Teenies, in denen Jugendliche zu bestimmten Darstellungen und Interpretationen aufgefordert werden. Indem sie die vom Fernsehen verbreiteten Codes kennen lernen, lernen sie auch, mit den Codes zu spielen, neue Interpretationen hervorzubringen und die Fernsehthemen mit ihren eigenen Ästhetiken in Beziehung zu bringen, beispielsweise indem sie sich darüber austauschen. Darüber hinaus bedeutet, sich einen Film samt der dazwischen geschalteten Werbe-Blöcke anzuschauen auch, über eigene Zeit zu verfügen und eine eigene Meinung einzuüben (Willis 1990, S. 55). Ähnliche Kommunikationsaufforderungen und Positionierungsgebote machen auch Jugendzeitschriften, allen voran die BRAVO sowie Publikationen wie Young Miss, Kicker, Musikzeitschriften und Fernsehbegleitzeitschriften.

Auch der Konsum von Musik ist nicht auf den Stöpsel des ipods im Ohr beschränkt, sondern umfasst eine breite Palette von Aktivitäten, die von Hören und Kaufen über das Herunterladen und Interpretieren bis hin zum Selbst Produzieren und Tanzen reicht, wie am Beispiel der umfänglich untersuchten HipHop-Szene veranschaulicht wird (vgl. z.B. Klein/Friedrichs 2005). Selbst den viel geschmähten Computerspielen wird mittlerweile eine Kultur fördernde Rolle zugeschrieben. So argumentiert beispielsweise Friedrich Krotz:

„Spielen ist ... die Basis für das Entstehen von Kultur in ihren Ausdifferenzierungen – hier werden Handlungsweisen erprobt, Probleme gelöst, Sinn produziert, Gewohnheiten und Traditionen geschaffen. Über das Spielen wird Kultur zudem reproduziert, weil Kinder darüber in die Kultur eingeführt werden, in die sie hinein geboren wurden. Daher können wir mit einiger Plausibilität vermuten, dass die Tatsache, dass die heutigen Kinder und Jugendlichen mit Computerspielen aufwachsen, unsere Kultur nicht unbeeinflusst lassen wird" (Krotz 2008, S. 28).

Die Betonung von Aktivität und Kreativität beim Umgang mit Medien im Allgemeinen steht im Zusammenhang mit der Beschreibung von Aktivität und Gestaltungsmöglichkeiten des vor allem von Jugendlichen genutzten Internets. Hier zeigte der Medien- und Kulturwissenschaftler Douglas Kellner bereits Mitte der 1990er Jahre das Aktivitätspotenzial des www auf. Er schrieb:

„Während Jugendliche größtenteils von der herrschenden Medienkultur ausgeschlossen sind, stellt die Computerkultur einen diskursiven und politischen Ort dar, an dem Jugendliche Einfluss nehmen, sich an Diskussionen beteiligen, ihre eigenen Web-Seiten anlegen und neue multimediale Formen für den kulturellen Austausch erfinden können. Das Spektrum reicht von Diskussionen über Themen öffentlichen Interesses bis zur Entwicklung eigener Kulturformen. Dabei können auch diejenigen, an der Kulturproduktion teilnehmen, die bisher davon ausgeschlossen waren" (Kellner 1997, S. 310).

Diese Einschätzung hat sich bis heute aufgrund von alltagskulturellen Kommunikationsformen wie Weblogs, Community-Seiten, Wikis, Podcasts und Videocasts bestätigt. Die Verbreitung moderner Informationstechnologien und die neuen Vernetzungsstrategien im Internet ermöglichen kollektive Kontakte und Beziehungen, die zuvor unmöglich waren. Losgelöst von geografischen Grenzen und unabhängig von Öffnungszeiten sind die neuen Kommunikationsbeziehungen zentral davon geprägt, dass es heute alltäglich und selbstverständlich ist, dass unterschiedliche Menschen in Medienöffentlichkeiten bereitwillig über sich selbst Auskunft geben. Das Neue und die vom Web 2.0 ausgehende Dynamik wird aber vor allem darin gesehen, dass hier Handlungen ermöglicht und erzeugt werden, dass es also nicht länger primär um die Präsentation und Darstellung von Wissen geht, sondern darum, kommunikative Handlungen hervor zu bringen und systematisiert zu erzeugen. Die digitale Medienkultur hat die Trennung von Wort, Bild und Ton aufgehoben und in einem Code vereinigt, der darauf zielt, eine Reaktion, ein Verhalten, eine Einstellung oder eine Haltung auszulösen. Die Netzmetapher, so der Kulturforscher Ramon Reichert, stehe heute für eine soziale Entgrenzungsdynamik gesellschaftlicher Zugehörigkeit und kennzeichne die Verflüssigung von Institutionen und die Entstehung von hybriden Strukturen der gegenwärtigen Gesellschaftsordnung (Reichert 2008, S. 5).

Mit den Web-2.0 Technologien haben sich anwenderfreundliche Softwarelösungen etabliert, die es auch unerfahrenen Nutzerinnen und Nutzern erlauben, multimediale Formate im Internet zu publizieren. Pitas und Blogger machen das Publizieren von Einträgen gänzlich ohne HTML-Kenntnisse möglich. Dabei findet zugleich eine Vermischung von Spielinhalten mit Markeninhalten und TV-Inhalten statt. Ermöglicht wird auch die Erstellung von Eigenschafts- und Präferenzprofilen der Nutzerinnen und Nutzer, die einer neuen Form von Kommerzialisierung Vorschub leistet, in der so adressatenspezifische Angebote gemacht werden können wie nie zuvor.

Die Debatte zwischen den Chancen und Risiken dieser neuen Medienformate und Kommunikationstechnologien pendelt zwischen zwei Argumentationslinien: Eine Seite postuliert gesteigerte Möglichkeiten von Befreiung und Emanzipation in internetbasierten Sozialräumen. Aufgrund ihrer offenen Struktur und ihrer hohen Zugänglichkeit, so die Hoffnung, stärken sie die Selbstermächtigung der Kommunizierenden und trügen dazu bei, demokratisierend zu wirken und nonkonformistische Kulturräume zu etablieren. Das Verhältnis von Repertoire, Kanon und Normierung gerate hier in Bewegung. Die Gegenposition zu dieser Empowerment-These vertritt die Ansicht, dass die digitale Kommunikationskultur zu einer Trivialisierung öffentlicher Kommunikation beitrage. Verbunden mit einer inhaltlichen Verflachung, die vornehmlich auf der Wiederholung des Bekannten basiere, würden qualitätsorientierter Journalismus und professionelle Expertenkultur immer mehr verdrängt (Reichert 2008, S. 10).

Festhalten lässt sich auf jeden Fall, dass im Web-2.0 heute statt erhoffter Demokratisierung und kritischer Netzöffentlichkeit vor allem ein unübersichtliches Gewirr von Subgruppen und eine Kommunikationskultur verschiedener Selbstthematisierungen zu finden ist. Unter dem Motto „Erzähle dich selbst" (Thomä 1998) haben sich diverse autobiografische Medienformate, wie persönliche Websites, Weblogs, Online-Diaries, E-Portfolios, Lifelong capture-Systems, Foreneinträge u. a. m. entwickelt. Veröffentlicht werden Informationen und Daten über Personen und ihr Leben, die jederzeit und weltweit mittels Netzrechnern abgerufen werden können.

Dies hat dazu geführt, dass es in der wissenschaftlichen Diskussion über internet-vermittelte Kommunikation eine breite Debatte darüber gibt, wie sich in und durch das Netz das Verständnis von Identität und der Begriff vom Selbst und der Biografie verändert. In digitalen Netzwerken entstehen tagtäglich neue Lebens- und Lernmodelle, Sub- und Minderheitenkulturen, die einen Anspruch auf Mitsprache, Selbstvertretung und eine eigenständige kulturelle Artikulation verbreiten. Sie produzieren nicht nur die Form einer intersubjektiv kontrollierten, kommentierten und korrigierten Selbstdarstellung und Selbstinszenierung im Netz, sondern machen darüber hinaus das Prinzip der andauernden Selbstreflexion und der Interpretation von Erfahrung zur sozialen Verpflichtung. Das, was die Sozialpsychologie schon lange mit dem Begriff der „Identitätsarbeit" (Keupp 1998) bezeichnet, wird, so die These, in der Netzkultur zur funktionalistischen Anforderung (Reichert 2008, S. 7).

In netzbasierten Blogs, Foren und Social Network Sites (SNS) verhandeln die Teilnehmerinnen und Teilnehmer die Möglichkeitsräume ihres eigenen Lebens immer wieder neu. Dabei erscheinen Lebenskontexte als anpassungsfähig, flexibel und veränderbar. Der einzelne User ist aktiv, er/sie entwirft Variationen der eigenen Lebensgeschichte und legt verschiedene Perspektiven auf die eigenen Lebens- und Problemlagen an. Dabei, und das wird in der Diskussion auch immer wieder kritisch gesehen, vermischen sich Selbstpraktiken und Medientechniken. Die Frage kam auf, ob es sich hierbei um medienspezifische Formen von Erzählung handelt, also, ob die Form und die Struktur der Internet-Kommunikation mit einer Standardisierung und Formatierung von Kommunikation verbunden ist.

Die damit verbundene Debatte, die in den Sozial- und Kulturwissenschaften geführt wird, kreist um die Frage, in welcher Form, mit welcher Dauer und welcher Intensität soziale Beziehungen im Netz gepflegt werden, und wie es um soziale Verbindlichkeit und um Emotionalität von Internetkommunikation bestellt ist (siehe z.B. Döring 1999; Thiedecke 2000; 2004; 2007; Zischke 2007). Es besteht Einigkeit in der Einschätzung, dass im Unterschied zu herkömmlichen Gemeinschaften die Net-Communities vergleichsweise voraussetzungslose Gemeinschaften sind. Sie bedürfen zwar auch einer gemeinsamen Sprache und eines geteilten Wissensbestands, aber sie arbeiten mit einem anderen Kommunikationsmodus, einem, der es ihnen ermöglicht, mit selbst gewählten „nicknames" mit Menschen zu kommunizieren, die sie nicht kennen und mit denen sie keine gemeinsame Erinnerung verbindet. Dabei entstehen transitorische Gemeinschaften, in denen die größere Anonymität und die geringere Verbindlichkeit Möglichkeiten des Experimentierens und Probehandelns eröffnet, die in den stärker auf wechselseitige Verbindlichkeit ausgerichteten face-to-face Gemeinschaften nicht akzeptiert sind (Hurrelmann/Liebsch/Nullmeier 2002). Damit wird Kommunikation erleichtert, aber die gesamte Debatte um die Netzkultur verdeutlicht, dass auch Kontrollen und Disziplinierungen ganz neuer Art entstehen, solche, die mit der Technik und ihrer Nutzung verbunden sind, und beispielsweise in der Ent-Privatisierung von persönlichen Daten bestehen oder darin, dass Blog-Einträge oder Facebook-Kontakte die Bedeutung der offline-Realität relativieren.

4.4.1 Jugendkulturen im Internet

Als „Digital Natives" (Palfrey/Gasser 2008) sind Jugendliche in die oben skizzierte Entwicklung stärker involviert als der überwiegende Teil der Erwachsenen. Darüber hinaus sind sie deutlich explorativer im Umgang mit dem Internet und eignen sich dessen Inhalte und Möglichkeiten offensiver und schneller an als Erwachsene (vgl. Medienpädagogischer Forschungsverbund 2008). Dies hat dazu geführt, dass es neben den Social Network Sites (SNS), die dem Aufbau von Freundschaftsnetzwerken dienen (Facebook, MySpace), sich gleichermaßen themenbezogene, austauschbezogene, transaktionsbezogene und unterhaltungsbezogen Netzwerke etabliert haben. Die SNS sind im Prinzip ein Konglomerat verschiedener Dienste, die es den Nutzern ermöglichen, Profildaten zu verwalten, Beziehung zu anderen Nutzern zu führen und eine Reihe von Verknüpfungen von Daten, Profilen, Video- und Audio-Dateien, Blogs, Kontaktlisten, Adressbüchern und Gästebüchern vorzunehmen. Mit den Sites können Personen gleichen Interesses gefunden und Bekanntschaften angebahnt werden, und es entsteht ein Netzwerk, in dem Inhalte ausgetauscht, Informationen weitergegeben werden und in dem Nutzer sich gegenseitig an ihren Aktivitäten, Interessen und Kontakten teilhaben lassen.

Eine solche mediale Grundstruktur ist für jugendkulturelle Aktivitäten nicht nur ein bestens geeignetes Mittel für Kommunikation und Austausch, sondern kann auch eine Jugendkultur initiieren oder selbst zu einer Jugendkultur werden. Dies soll am Beispiel der Internet-basierten Entstehung der deutschen Visual-Kei-Szene illustriert werden, einer Szene, die Themen und Ästhetik der oben thematisierten Gothic-Szene aufgreift, die aber im vollständigen Unterschied zur Gothic-Szene ihren Ursprung und Ausgangspunkt im Internet hat. Die Bielefelder Erziehungswissenschaftlerin Friederike von Gross hat im Rahmen ihrer Dissertation die Aktivitäten von Musikfans im Internet am Beispiel der Visual Kei-Szene untersucht. Ausgewählte Überlegungen daraus sollen im Folgenden vorgestellt werden (von Gross 2010).

4.4.2 Virtuelle Treffpunkte – Das Beispiel Visual Kei

Mit dem großen Erfolg der Band „X-Japan" entwickelte sich im Japan der frühen 1980er Jahre die Visual Kei-Szene als ein massentaugliches mainstream-Phänomen. Die Band spielte zunächst Musik aus dem Bereich von Speed-Metal, erweiterte ihr Repertoire aber bald um diverse Genres reichend von Rock, Jazz, Punk bis hin zu Pop und Rap, und inspirierte eine Reihe von weiteren Bands dazu, es ihr gleich zu tun. Die Bandbreite des Musikrepertoires bewirkte, dass nicht eine spezifische Musikrichtung in den Mittelpunkt der Szene rückte, sondern die besonderen Kostüme und Outfits der Band-Mitglieder zum Kennzeichen der Szene wurden und in das Zentrum des Interesses rückten. Die Kostümierung der Musiker umfasste Elemente des klassischen japanischen Kabuki-Theaters, Schuluniformen, Montagen asiatischer Kampfsportarten und die Gesichter wurden mit Schminke, Piercings und farbigen Kontaktlinsen verziert, um eine androgyne Performance zu erreichen. Accessoires und Attribute von Weiblichkeit, wie Röcke, Ketten, Puffärmel und laszive Blicke spielten dabei eine wichtige Rolle.

Da es über zwanzig Jahre lang keine Lizenzverträge mit europäischen Plattenfirmen und auch keine Konzerte in europäischen Städten gab, wurde die Musik der japanischen Visual Kei-Bands in Deutschland ausschließlich über das Internet gesucht, gesammelt und konsumiert. Im Internet entstand dann die Such- und Fan-Gemeinschaft der „Visuals", wie sich die Szene-Anhänger selbst nennen. Mittlerweile dient ihr die Manga- und Anime-website „Animexx" als zentraler Treffpunkt, an dem Musik, Fotos und Informationen eingestellt und ausgetauscht werden, das Kommunikationsforum „Animexx-Wiki" geführt wird, auf der sich die Nutzerinnen und Nutzer in Steckbriefen vorstellen. Der Szene-Kenner Marco Höhn klassifiziert die Visuals als „eine in Deutschland geradezu medial generierte, geradezu … internetgenerierte Szene" (Höhn 2007, S. 48) und bringt damit zum Ausdruck, dass es für die Visual-Kei-Szene in ihren Anfängen keinen realen Treffpunkt oder Ort des Austauschs gab, sondern das gemeinsame Interesse an den Bands aus dem fernen Land, dessen Sprache die allermeisten Interessierten weder lesen noch sprechen konnten, sich ausschließlich im Rahmen von online-Kommunikation entwickelte.

Die rein digitale Kommunikation hat sich mittlerweile erweitert. Es gibt es auf der Website „Animexx" einen Veranstaltungskalender, der Hinweise auf Partys und Konzerte sowie auf Bekanntschaften und Vor-Ort-Kontakte gibt, und „Sich-Kennen" und „Sich-Treffen" bezeichnet sowohl die eine als auch die andere als auch beide Kontaktformen. Fotos von Outfits, die auf Vor-Ort-Veranstaltungen präsentiert wurden, werden ins Netz eingestellt und dort kommentiert. Diskussionen über Kommerzialisierung der Szene, Moden, Trends und Preise einschlägigen Marken-Kleidung haben eine Tausch- und Kaufbörse etabliert, deren Objekte zur nächsten Party mitgebracht und übergeben werden. Hier vermengen sich die virtuelle und die sog. reale Welt zu einer gemeinsamen Welt. Auch hilft das Internet dabei, die auf Japanisch eingestellten Blog-Einträge von Musikern zu übersetzen. Mit der Anwendung „Babelfisch" werden die Einträge zumindest grob und ihrem Wortsinn gemäß übersetzt (von Gross 2010, S. 159). Damit werden in der online-Kommunikation auch im Hinblick auf Fremdsprachen Kommunikationshürden abgebaut, die im Face-to-Face-Kontakt deutlich schwerer überwunden werden können.

Darüber hinaus ist die Visual-Kei-Szene über die großen SNS wie „YouTube" und „MySpace" vernetzt. So zeigt die Videoplattform „YouTube" auf den Suchbefehl „Visual Kei" 11.700 Treffer an, die von Mitschnitten von Konzerten oder Radio- und Fernsehbeiträgen, über selbst gedrehte Spaßvideos von Szene-Anhängern bis hin zu mit Musik hinterlegten Bildserien reichen und die herunter geladen und zur eigenen Verfügung verwendet werden können. Bei „MySpace" findet man mit dem Suchbegriff Visual Kei Videos, Bilder und „Leute mit ähnlichen Interessen", die man als „Freund", als „Favorit" und „zur Gruppe" hinzufügen kann oder denen man eine Nachricht schreiben kann. Hier ist Kontaktaufnahme zur internationalen Szene wie auch zu den japanischen Künstlern selbst möglich. Es kann aber auch passieren, dass der suchende, anfragende Nutzer „ignoriert" wird. Zudem sind die Visuals in der Blog Community „LiveJournal" aktiv, auf der die Nutzerinnen und Nutzern ein Weblog anlegen, verschiedenen Communities beitreten und sich Links zu im Netz gefundenen mp3-Files, Bildern und News mitteilen oder auch selbstgestaltete Avatare oder Scans, z.B. aus japanischen Fan-Zeitschriften, hochladen können (von Gross 2010, S. 162).

Das Beispiel illustriert die Zunahme an Kommunikationsoptionen, die Veränderung der Formen des Austauschs und der sozialen Begegnung wie auch die Vergrößerung der Informationsmenge. Über die damit verbundenen qualitativen Veränderungen von Kommunikation, Interaktion und Kulturalität gibt es, wie ja bereits erwähnt, in Politik, Pädagogik, Feuilleton und den Sozial- und Kulturwissenschaften unterschiedliche Ansichten. Offensichtlich ist jedoch, dass die Art und Weise der Verwendung und des Gebrauchs des Internets die jüngere von den vorangehenden Generationen unterscheidet, in Teilen sogar trennt, und dass, so gesehen, die Web-Kulturen selbst als Jugendkulturen anzusehen sind. Wie sich digitale Jugendkulturen zukünftig entwickeln werden, ob sie beispielsweise in Entsprechung zu ihren historischen Vorgängern an Bedeutung verlieren und schließlich verschwinden (wie z.B. der „Wandervogel") oder sich durch Kommerzialisierung verändern und verflachen (wie z.B. Punk oder HipHop) oder als Web-Szene gemeinsam alt, Jahrzehnte später eine Renaissance erleben und dann Generationenübergreifend werden wird (wie z.B. bei den Heavy Metals) oder sich die Jugend-Szene durch fließende Generationswechsel aktualisiert und pluralisiert (wie z.B. bei den Gothics), – bleibt abzuwarten. Das Beispiel der Visual Kei-Szene legt diesbezüglich nahe, dass das Digitale zwar genuine Möglichkeiten mit sich bringt, dass diese sich aber als alleiniges Merkmal der Jugendkultur nicht über einen längeren Zeitraum zu halten vermögen. Indem die digitale Kultur in die face-to-face-Kultur integriert wird und sich mit ihr vermischt, wird sie zu einer Ausdrucksmöglichkeit unter mehreren. Damit rückt erneut das in den Blick, was Paul Willis schon in den 1970er Jahren herausstellte: die Rolle und Bedeutung von symbolischer Arbeit als notwendiger Bestandteil alltäglicher Kommunikation, die im vorliegenden Beispiel teilweise im Internet geleistet wird und teilweise außerhalb des Netzes stattfindet.

Da aber der Umgang und das Experimentieren mit Symbolik kein Spezifikum von Jugendkulturen sind und die Suche nach neuen Ausdrucksformen sowohl im Verlauf des Lebens als auch im historischen Prozess von Gesellschaft weiter gehen, müssen auch Jugendkulturen nicht notwendig als besonders oder besonders exotisch anmuten. Vielmehr erscheinen sie aus einer übergeordneten Perspektive als Teilkulturen einer mediatisierten und pluralisierten Gesellschaft, die sich im Medium (netzgestützter) Öffentlichkeit generieren und zum Ausdruck bringen.

4.5 Literatur

Alkemeyer, Thomas/Boschert, Bernhard/Schmidt, Robert/Gebauer, Gunter (Hg.) 2003. Aufs Spiel gesetzte Körper. Aufführungen des Sozialen in Sport und populärer Kultur. Konstanz: UVK

Boltanski, Luc/Chiapello Ève 2001: Der neue Geist des Kapitalismus. Konstanz: UVK 2003

Bourdieu, Pierre 1987. Sozialer Sinn. Kritik der theoretischen Vernunft. Frankfurt/M.: Suhrkamp

Brill, Dunja 2007. Fetisch-Lolitas oder junge Hexen? Mädchen und Frauen in der Gothic-Szene. In: Rohmann, Gabriele (Hg.): Krasse Töchter. Mädchen in Jugendkulturen. Berlin: Archiv der Jugendkulturen e.V.: 55–70

Clarke, John/Honneth, Axel 1979. Jugendkultur als Widerstand. Milieus, Rituale, Provokationen. Frankfurt/M.: Syndikat

Döring, Nicola 1999. Sozialpsychologie des Internet. Die Bedeutung des Internet für Kommunikationsprozesse, Identitäten, soziale Beziehungen und Gruppen. Göttingen: Hogrefe

El-Nawab, Susanne 2007. Skinheads, Gothics, Rockabillies: Gewalt, Tod und Rock'n Roll. Eine ethnografische Studie zur Ästhetik von jugendlichen Subkulturen. Berlin: Archiv der Jugendkulturen

Farin, Klaus/Neubauer, Hendrik 2001. Artificial Tribes – Jugendliche Stammeskulturen in Deutschland. Berlin/Bad Tölz: Tilsner

Farin, Klaus/Wallraff, Kirsten 2001. Die Gothics. Bad Tölz/Berlin: Tilsner

Feierabend, Sabine/Kutteroff, Albrecht 2008. Medien im Alltag Jugendlicher – multimedial und multifunktional. In: Media Perspektiven Heft 12: 612–624

Ferchhoff, Wilfried 1990. Jugendkulturen im 20. Jahrhundert. Von den sozialmilieuspezifischen Jugendsubkulturen zu den individualitätsbezogenen Jugendkulturen. Frankfurt/M.: Lang

Ferchhoff, Wilfried 2007. Jugend und Jugendkulturen im 21. Jahrhundert. Lebensformen und Lebensstile. Wiesbaden: VS-Verlag

Fritzsche, Bettina 2003. Pop-Fans. Studie einer Mädchenkultur. Opladen: Leske und Budrich

Göttlich, Udo 2011. Paul Willis: Alltagsästhetik und Populärkulturanalyse. In: Moebius, Stephan/Quadflieg, Dirk (Hg.): Kultur. Theorien der Gegenwart. Wiesbaden: VS-Verlag: 495–503

Hitzler, Ronald 2003. Jugendszenen. Annäherungen an eine jugendkulturelle Gesellungsform. In: Düx, Wiebken/Rauschenbach, Thomas/Züchner, Ivo (Red.): Kinder und Jugendliche als Adressatinnen und Adressaten der Jugendarbeit. Dortmund. Schriftenreihe: Jugendhilfe in NRW Heft 4: 11–21

Hitzler, Ronald 2007. Jugendszenen – eine „global microculture". Interview mit Edmund Budrich. In: Gesellschaft. Wirtschaft. Politik., 56. Jg., H. 1: 5–16

Hitzler, Ronald/Honer, Anne/Pfadenhauer, Michaela (Hg.) 2008. Posttraditionale Gemeinschaften. Wiesbaden: VS-Verlag

Höhn, Marco 2007. Visual Kei. Eine mädchendominierte Jugendkultur aus Japan etabliert sich in Deutschland. In: Rohmann, Gabriele (Hg.): Krasse Töchter. Mädchen in Jugendkulturen. Berlin: Archiv der Jugendkulturen: 45–54

Hurrelmann, Achim/Liebsch, Katharina/Nullmeier, Frank 2002. Wie ist argumentative Entscheidungsfindung möglich? Zur Mikroanalyse von Deliberation in Versammlungen. In: Leviathan 4: 544–564

Janssen, Philip Jost 2010. Jugend und Jugendbilder in der Frühen Bundesrepublik. Kontexte – Diskurse – Umfragen. Köln: Zentrum für Historische Sozialforschung

Kellner, Douglas 1997. Die erste Cybergeneration. In; SPoKK (Hg.): Kursbuch JugendKultur. Stile, Szenen und Identitäten vor der Jahrtausendwende. Mannheim: Bollmann: 310–316

Keupp Heiner 1998. Der Mensch als soziales Wesen. Sozialpsychologisches Denken im 20. Jahrhundert. Ein Lesebuch. München: Piper

Klein, Gabriele/Friedrichs, Malte 2005. Is this real? Performativität und HipHop. Frankfurt/M.: Suhrkamp

Klingler, Walter 2008. Jugendliche und ihre Mediennutzung 1998 bis 2008. In: Media Perspektiven Heft 12: 625–634

Krotz, Friedrich 2008. Computerspiele als neuer Kommunikationstypus. Interaktive Kommunikation als Zugang zu komplexen Welten. In: Quandt, Thorsten/Wimmer, Jeffrey/Wolling, Jens (Hg.): Die Computer Spieler. Studien zur Nutzung von Computergames. Wiesbaden: VS-Verlag: 25–40

Lauenburg, Frank 2008. Jugendszenen und Authentizität. Selbstdarstellungen von Mitgliedern aus Jugendszenen und szenebedingte Authentizitätskonflikte sowie ihre Wirkungen auf das (alltägliche) Szene-Leben. Münster: Lit-Verlag (= Jugendsoziologie 8)

Liell, Christoph 2003. Jugend, Gewalt und Musik. Praktiken der Effervenszenz in der HipHop-Szene. In: Luig, Ute/Seebode, Jochen (Hg.): Ethnologie der Jugend. Soziale Praxis, moralische Diskurse und inszenierte Körperlichkeit. Münster/Hamburg/London: Lit-Verlag: 123–153

Maase, Kaspar 2003. Körper, Konsum, Genuss – Jugendkultur und mentaler Wandel in den beiden deutschen Gesellschaften. In: Aus Politik und Zeitgeschichte 45: 9–16

Medienpädagogischer Forschungsverbund Südwest (Hg.) 2008. JIM 2008. Jugend. Information. (Multi-)Media. Begleitstudie zum Medienumgang 12- bis 19-Jähriger in Deutschland. Stuttgart

Neumann-Braun, Klaus/Richard, Birgit 2005. Coolhunters. Jugendkulturen zwischen Markt und Medien. Frankfurt/M.: Suhrkamp

Neumann-Braun, Klaus/Richard, Birgit/Schmidt, Axel 2003. Gothics – die magische Verzauberung des Alltags. In: Richard, Birgit/Drühl, S. (Hg.): Das Magische II – Zur Repräsentation okkulter Phänomene und Emanationen des Bösen. Kunstforum Internationale Bd 164. Online verfügbar unter: [http://www.birgitrichard.de/goth/texte/magisch.htm] (zuletzt abgerufen 21.09.2011)

Palfrey, John/Gasser, Urs 2008. Generation Internet. Die Digital Natives: Wie sie leben, was sie denken, wie sie arbeiten. München: Hanser

Reck, Hans Ulrich 1991. Imitation und Mimesis. In: Kunstforum International. Band 114: 60–85

Reckwitz, Andreas 2003. Grundelemente einer Theorie sozialer Praktiken. Eine sozialtheoretische Perspektive. In: Zeitschrift für Soziologie, Jg. 32/4: 282–301

Reichert, Ramon 2008. Amateure im Netz. Selbstmanagement und Wissenstechnik im Web 2.0. Bielefeld: transcript

Richard, Birgit 1995. Todesbilder Kunst, Subkultur, Medien. München: Wilhelm Fink

Richard, Birgit 2006. Schwarzes Glück und Dunkle Welle. Gotische Kultursedimente im jugendkulturelle Stil und magisches Symbolrecycling im Netz. In: Jacke, Christoph/Kimminich, Eva/Schmidt,

Siegrfied-J. (Hg.): Kulturschutt. Über das Recycling von Theorien und Kulturen. Bielefeld:transcript: 235–256

Richard, Birgit 2010. Das jugendliche Bild-Ego bei YouTube und flickr. In: Hugger, Kai-Uwe (Hg.): Digitale Jugendkulturen. Wiesbaden: VS-Verlag: 55–72

Schmidt, Axel/Leyda, Nancy 2007. Die Gothic-Szene.
http://www.jugendszenen.com/media/docman/Gothic.pdf (zuletzt abgerufen am 15. Juni 2011)

Schmidt, Axel/Neumann-Braun, Klaus 2007. Die Gothics – posttraditionales Traditionalisten. In: Hitzler, Ronald/Pfadenhauer, Michaela (Hg.): Posttraditionale Vergemeinschaftungen. Theoretische und ethnografische Erkundungen. Wiesbaden: VS-Verlag (= Erlebniswelten 14): 228–247

Schwier, Jürgen 2006. Repräsentationen des Trendsports. Jugendliche Bewegungskulturen, Medien und Marketing. In: Gugutzer, Robert (Hg.): body turn. Perspektiven der Soziologie des Körpers und des Sports. Bielefeld: transcript: 321–340

Soeffner, Hans-Georg 1992. Stil und Stilisierungshandlungen. Punk oder die Überhöhung des Alltags. In: ders.: Die Ordnung der Rituale. Die Auslegung des Alltags 2. Frankfurt/M.: Suhrkamp

Stauber, Barbara 2004. Junge Frauen und Männer in Jugendkulturen Selbstinszenierungen und Handlungspotentiale. Opladen: Leske und Budrich

Stauber, Barbara 2006. Mediale Selbstinszenierungen von Mädchen und Jungen – geschlechterbezogene Identitätsarbeit im Kontext riskanter gewordener Übergänge. In: Diskurs Kindheits- und Jugendforschung, Jg.1/3: 417–432

Stauber, Barbara 2007. Selbstinszenierung junger Szene-Aktivistinnen – Genderkonstruktionen in Jugendkulturen. In: Rohmann, Gabriele (Hg.): Krasse Töchter. Mädchen in Jugendkulturen. Berlin: Archiv der Jugendkulturen e.V.: 32–43

Taylor, Carl S./Thiele, Gisela 1998. Jugendkulturen und Gangs. Berlin: VWB Verlag für Wissenschaft und Bildung

Thiedecke, Udo (Hg.) 2000. Virtuelle Gruppen. Charakteristika und Problemdimensionen. Wiesbaden: Westdeutscher Verlag

Thiedecke, Udo (Hg.) 2004. Soziologie des Cyberspace. Medien, Strukturen und Semantiken. Wiesbaden: VS-Verlag

Thiedecke, Udo 2007. Trust, but test. Das Vertrauen in virtuellen Gemeinschaften. Konstanz: UVK

Thoma, Dieter 1998. Erzähle dich selbst. Lebensgeschichte als philosophisches Problem. München: Beck

Von Gross, Friederike 2010. Visual Kei – jugendliche Musikfans im Internet. In: Hugger, Kai-Uwe (Hg.): Digitale Jugendkulturen. Wiesbaden: VS-Verlag: 151–167

Vollbrecht, Ralf 1997. Der Wandel der Jugendkulturen von Subkulturen zu Lebensstilen. In: Spokk Symbolische Politik, Kultur und Kommunikation (Hg.): Kursbuch Jugendkultur. Mannheim: 22–31

Willis, Paul 1982. Spaß am Widerstand. Gegenkultur in der Arbeiterschule. Frankfurt/M.: Syndikat

Willis, Paul 1981. Profane Culture. Rocker, Hippies: Subversive Stile der Jugendkultur. Frankfurt/M.: Syndikat

Willis, Paul 1990. Common Culture. Symbolic work at play in the everyday cultures of the young Milton Keynes (dt. Jugend-Stile. Zur Ästhetik der gemeinsamen Kultur. Hamburg: Argument 1991)

Zischke, Vera 2007. Virtuelle Beziehungen. Chancen und Grenzen sozialer Beziehungen im Netz am Beispiel eines online-Selbsthilfeforums. Saarbrücken: VDM Verlag

5 Körper und Körperlichkeiten: Inszenieren, Präsentieren und Erleben

Marga Günther

5.1 Der Körper als Leerstelle der Jugendsoziologie

In der Jugendphase eignen sich Heranwachsende ihren Körper auf sozialer und psychischer Ebene neu an. Mit Einsetzen der Geschlechtsreife wird der Körper zu dem zentralen Ort physischer und psychischer Wandlungsprozesse. Diese adoleszente Auseinandersetzung mit dem eigenen Körper ist beeinflusst von sozialen Bedeutungen des (Geschlechts-)Körpers, familialen Beziehungsdynamiken und individuellen Situationen und Vorlieben und schlägt sich auch in den jugendlichen Lebensentwürfen nieder. Überraschenderweise aber ist die komplexe Thematik der adoleszenten Auseinandersetzung mit dem eigenen Körper und der Bedeutung, die der Körper für den adoleszenten Entwicklungsprozess hat, in der jugendsoziologischen Forschung nicht angemessen reflektiert. Zwar gibt es eine Reihe von Ansätzen, die auf ausgewählte Facetten und Aspekte des Themas fokussieren, eine umfassende Konzeption des Themas ‚Jugend und Körper' ist aber gerade erst im Entstehen (Niekrenz/Witte 2011).

So wird das Thema beispielsweise in einschlägigen Handbüchern, Jahrbüchern sowie großen Jugendsurveys wie die Shell-Studien so gut wie gar nicht behandelt. Auch in der ersten und zweiten Ausgabe des „Handbuch für Sozialisationsforschung" findet sich im Stichwortverzeichnis nur ein Hinweis auf das Thema Körper (Hurrelmann 1980, S. 1991). Dieser führt zu Helga Bildens Aufsatz „Sozialisation und Geschlecht", welcher die soziale Verkörperung von Männlichkeit und Weiblichkeit beschreibt und Körperkarrieren und Körperideale in den Zusammenhang mit gesellschaftlichen Bildern bringt. In der dritten überarbeiteten Ausgabe des Handbuchs (Hurrelmann 2008) kommt das Thema Körper im Stichwortverzeichnis gar nicht mehr vor. Der Artikel „Sozialisation und Geschlecht" stammt nun von Hannelore Faulstich-Wieland und thematisiert Körperlichkeit nicht.

Gleichzeitig entstanden im Zuge eines „neuen Kult um den Körper" (Bilstein/Klein 2002), der sich in zahlreichen Erscheinungsformen vom Styling durch Kleidung, Frisur und Schminke über Tattoo und Piercing, Fitness- oder Extremsport bis hin zu Diäten und Schönheitsoperationen zeige, eine Reihe von Studien, in denen neue körperliche Inszenierungen und Praktiken auch von Jugendlichen untersucht wurden. Obgleich sie nicht explizit in den jugendsoziologischen Kontext einzuordnen sind, widmen sie sich schwerpunktmäßig den Körperkulturen Heranwachsender, auch weil Jugendliche als Vorreiter dieser neuen Körperbetonung angesehen werden.

Auffällig an den gegenwärtigen Studien über jugendliche Körperkulturen ist eine einseitige Akzentsetzung auf den Körper als Objekt. Im Mittelpunkt steht die Dimension des ‚Körper haben', vernachlässigt wird hingegen das ‚Körper sein', also die leibliche und seelische Dimension des Körperlichen (vgl. Jäger 2004; Schroer 2005; Gugutzer 2006). Der Schwerpunkt der meisten Studien liegt auf dem Umgang mit dem Körper und lässt die Art und Weise unberücksichtigt, wie Jugendliche im Zuge ihrer Adoleszenz ihren Körper erleben und sich mit ihm befassen. Damit wird das Wechselverhältnis von Handlung, Erleben und Aneignung sozialer und kultureller Umwelten, in welches eine jede Körperkultur eingebettet ist, aufgelöst und einseitig akzentuiert. Im Folgenden werden verschiedene Ansätze, die den Körper Jugendlicher zum Gegenstand haben, in den Blick genommen. Konzepte des Individualisierungstheorems, des Lebensstils, der Technologien des Selbst sowie der Performativität werden darauf hin untersucht, welche Erkenntnisse aus ihnen für jugendliche Entwicklungsprozesse gewonnen werden können und welche Fragen jeweils offen bleiben. In einem weiteren Schritt wird eine adoleszenztheoretische Perspektive auf den Körper gelegt und gezeigt, in welcher Weise diese eine Erweiterung für das Verständnis des psychischen und physischen Wandlungsprozesses Jugendlicher darstellt.

5.2 Perspektiven auf den Körper in der Jugendforschung

5.2.1 Der individualisierte Körper

In der Jugendsoziologie überwiegt eine individualisierungstheoretische Perspektive auf die körperlichen Inszenierungen Jugendlicher. Diese versteht die zunehmende Bedeutung der Körperbetonung modernisierter Gesellschaften als Folge der Entgrenzung und Pluralisierung von Lebenswelten (Beck 1986), in der Einzelne immer mehr zu eigenverantwortlichen Gestaltern und Sinnstiftern ihres Lebens werden. Der Körper wird als die letzte verlässliche Instanz angesehen, mittels dessen man sich in der Welt verorten kann (Bette 1989). Studien dieser theoretischen Ausrichtung beruhen auf der Grundannahme, dass der Körper der zentrale Ort für jugendliche Identitätsarbeit ist, die zunehmend von Unverbindlichkeit und Uneindeutigkeit bestimmt sei (Reiss 2003).

Beispielhaft für diese Perspektive wird hier zum einen die breit angelegte Erhebung von Gaugele und Reiss (2003) herangezogen, die der Frage nachgeht, wie Jugendliche durch den Umgang mit Mode, Körper und Konsum ihre Geschlechtsidentitäten entwerfen und erleben, zum zweiten wird auf die Studie von Stauber (2004) Bezug genommen, welche die Selbstinszenierungen und Handlungspotenziale der jugendkulturellen Techno-Szene untersucht. Der Körper wird von Stauber als „Autonomiezentrum" (Stauber 2004, S. 23) aufgefasst, als ein Bereich, in dem sich Eigenständigkeit ausleben lässt, was zugleich für die Jugendlichen in der modernisierten Gesellschaft zunehmend zum Gebot der Individualisierung werde: Die Stilisierung des Körperlichen erhalte im Zuge der Auflösung fester Ordnungen eine wachsende Bedeutung und setze eine neue Qualität von Lebensstilen frei, die sich über die Symbolhaftigkeit der Körperinszenierungen vermittelt. Den Studien von Gaugele und Reiss zufolge sehen sich die Jugendlichen heute mit einem pluralen Angebot von Stilisierungsmitteln wie Kleidung, Mode, Tattoo und Piercing konfrontiert, aus dem sie jeweils einzelne Elemente auswählen und sich ihren individuellen Stil zusammenbasteln. Dieser ist aber nicht als feststehend anzusehen, sondern könne – mitunter täglich – wechseln (vgl. Reiss 2003). Jugendmode stellt nach Gaugele (2001) einen kreativen Akt dar, mittels dessen der Körper Identität durch das Sampling unterschiedlicher Kleidungsstile präsentiert. Unter Styling wird die bewusste Herstellung von Sichtbarmachung und ästhetische Präsentation des Selbst verstanden. Mit den vielfältigen Stildifferenzierungen, die die Jugendlichen vornehmen, spiegelt sich nach Gaugele „eine Oszillationsbewegung zwischen kultureller Verortung und autonomer Setzung wieder" (ebd., S. 40). Die Kreativität der Jugendlichen bestehe darin, nicht bloß mediale Images nachzuahmen, sondern im Konsum individuelle Distanz einzunehmen, die sich in einer taktischen Umgangsweise „mit den Produkten, die von der herrschenden Ordnung vorgegeben sind" (ebd., S. 38), ausdrückt. Nach Gaugele zeigt sich daran, wie Identität flüchtig wird und dass die Idee eines kohärenten authentischen Individuums nicht aufrechterhalten werden könne (ebd., S. 40). Mit dem „Verschwinden stilistischer Extreme" und einer „Stilverflechtung" (Richard 2002) entziehen sich die Jugendlichen einer eindeutigen sozialen und kulturellen Verortung. Körper-Mode in Form von Styling und Tattoos werden als Medium der Differenz im Sinne des Individualisierungstheorems verstanden (Barnard 2002). Hinsichtlich der Gender-Identitäten stellt Gaugele eine Retraditionalisierung der Geschlechterrollen fest, da die Jugendlichen beim Body-Styling vorwiegend geschlechtspolare Körperbilder reproduzierten.

Die Untersuchung von Gaugele und Reiss thematisiert die Ebene bewusster Selbstbeschreibungen und beschreibt lediglich das, was die Jugendlichen selbst zum Ausdruck bringen. Unberücksichtigt bleiben die symbolischen Sinngehalte des Stylings wie auch die familialen, kulturellen oder milieuspezifischen Kontexte. Die Studie von Stauber geht diesbezüglich einen Schritt weiter, indem sie die Selbstinszenierungen der untersuchten Jugendlichen vor dem Hintergrund der von ihnen zu bewältigenden Übergänge von der Kindheit zum Erwachsen-Sein interpretiert. Unter Selbstinszenierung versteht sie körperbezogenes Handeln mit symbolischer Bedeutung. „Techno als Inszenierungspraxis" (Stauber 2001, S. 128) dient den Heranwachsenden so verstanden im Zuge ihrer (geschlechtlichen) Identitätsfindung einerseits der Selbstvergewisserung in einer unsicher gewordenen Umwelt und den damit verbundenen Zumutungen der Selbstverantwortung. Andererseits hat die körperliche Inszenierung auch Abgrenzungsfunktion gegenüber der Erwachsenengeneration. Aber auch in dieser Studie wird der Körper funktionalistisch konzipiert. Er fungiert als Mittel zum Zweck und kann, wenn er den gewünschten Bildern nicht entspricht, zur „Stressquelle" (Stauber 2004, S. 23) werden. Dieser zweifelsohne zutreffende Befund verbleibt auf der Ebene der Beschreibung und bietet keine Erklärungen oder Kontexte an. So bleibt unberücksichtigt, dass der Körper von Jugendlichen im Zuge der adoleszenten Veränderungen immer in neuer Weise angeeignet werden muss und dass dieser Prozess von starken Ambivalenzen begleitet sein kann, die bei Heranwachsenden einen erheblichen psychischen Druck auslösen können.

Die hier beispielhaft vorgestellten Studien von Stauber und Gaugele/Reiss dokumentieren detailliert die Formen körperlicher Inszenierungen Jugendlicher und geben interessante Einblicke in deren Selbstbeschreibungspraktiken. Die Fokussierung auf die individualisierungstheoretische Perspektive gesellschaftlicher Veränderungsprozesse vernachlässigt jedoch den Blick auf die subjektive und innerpsychische Dynamik der Individualisierung. Fragen nach den Unterschieden der Körperinszenierungen, die mit vorhandenen Ressourcen und den Grenzen von Wahlmöglichkeiten zusammenhängen, finden bestenfalls Erwähnung, aber keine systematische Berücksichtigung. Ebenso wenig werden die Bedingungen reflektiert, die sich aus sozialer und familialer Herkunft, ethnischer Zugehörigkeit und Geschlechtsspezifik für die körperlichen Inszenierungen des individualisierten Individuums ergeben.

5.2.2 Körper und Lebensstil

Fragen, inwieweit unterschiedliche körperliche Ausdrucksweisen an soziale Kontexte gebunden sind und welchen Handlungsspielraum die Einzelnen dabei haben, widmen sich praxeologisch ausgerichtete Forschungen. Sie zielen auf Erklärung der Vermittlung zwischen den objektiven Strukturen und der sozialen Praxis und gründen auf Bourdieus Habituskonzept (Bourdieu 1982). Hier geht Bourdieu der Frage nach, wie sich soziale Strukturen in den Körper einschreiben und als gelebte Praxis reproduziert werden. Der Körper stellt die zentrale Vermittlungsinstanz dar, durch die sich der Habitus realisiert.

Bourdieu konzipiert den Habitus als „Leib gewordene Geschichte" (ebd,. S. 77ff). Damit nimmt er eine Sozialisationsperspektive ein, die besagt, dass der Habitus eine aktive und unbewusste Präsenz früher Erfahrungen gewährleistet. Die Jugend ist eine wichtige Phase der Habitusentwicklung. Der Habitus setzt sich aus Wahrnehmungs-, Denk- und Handlungsschemata zusammen, die bestimmen, wie ein Akteur seine Umwelt sensuell wahrnimmt und welche ethischen Normen und ästhetischen Maßstäbe er vertritt. Der Körper dient quasi als Speicher des praktischen Weltwissens, indem er die Einübung und Darstellung des Sozialen realisiert (vgl. Alkemeyer 2004). Die aktuellen körperlichen Ausdrucksweisen sind somit durch Verinnerlichungsprozesse an materielle und kulturelle Bedingungen und die spezifische Stellung gebunden, die ein Mensch innerhalb seiner sozialen Bezüge einnimmt. In der Realisierung der inkorporierten Vorlieben und Geschmacksrichtungen zeigt sich ein entsprechender „Lebensstil", z.B. bezüglich des Ernährungsverhaltens, der Kleidung, der Freizeitaktivitäten, des Kunst- und Konsumverhaltens. Umgekehrt kann dem Habituskonzept zufolge anhand des Kleidungsstils, der Ausübung einer bestimmten Sportart oder dem Musikgeschmack und den damit verbundenen Habitualisierungen auf die Herkunft aus einer bestimmten sozialen Schicht geschlossen werden.

Alexandra König (2007) hat im Rahmen dieses Ansatzes das „vestimentäre Handeln" Jugendlicher untersucht. Sie zeigt auf, wie soziale Ungleichheit sich über die Kleidung am Körper manifestiert und hinter dem Postulat des individuellen Geschmacks verschleiert wird. Anhand der ästhetischen Präferenzen und Praktiken sowie kollektiver Wahrnehmungs-, Bewertungs- und Handlungsmuster des Bekleidungsverhaltens bei den von ihr untersuchten Jugendlichen wird ersichtlich, dass der Wechsel von einer zur anderen jugendkulturellen Szene erstens nicht von allen Jugendlichen vollzogen wird. Zweitens ist dieses Switchen innerhalb eines pluralen Angebots verschiedener Stile nicht als beliebig zu betrachten, da die Wechsel an bestimmte biografische Erlebnisse geknüpft sind und nicht losgelöst von sozialen Anforderungen anzusehen sind.

Die verschiedenen Kleidungsstile Jugendlicher werden somit im Rahmen eines sozialen „Passungsverhältnisses" (ebd., S. 252) fassbar; das soziale Umfeld bestimmt darüber, wie die Jugendlichen sich kleiden. Geschmack entsteht König zufolge durch soziale Ein- und Ausschließungsprozesse, die durch Gefühle wie Scham reguliert werden. Die einverleibten kulturellen Fähigkeiten und Kenntnisse, die die Autorin anhand einer Typisierung herausarbeitet, sind jedoch nur bei denjenigen plausibel, die sich klar an einem familiär geprägten Geschmack orientieren. Die Umgestaltung dieses familialen Geschmacks aber, die andere Jugendliche durchaus vollziehen, bleibt unerklärt. Zwar wird die Gebundenheit an soziale Milieus benannt, aber weil Selbstwahrnehmung, psychische Dynamiken und innere Aushandlungsprozesse in der Studie von König keine Rolle spielen, können auch die Unterschiede in den Geschmacksrichtungen bzw. die Zuordnung zu verschiedenen Szenen, in denen ein jeweils anderer Geschmack vorherrscht, nicht plausibel gemacht werden. Fragen danach, woran sich Gefallen oder nicht Gefallen knüpft, bleiben unbeantwortet. Auch finden innovative Momente, die in kreativer Neuschöpfung jugendkultureller Körperinszenierungen münden, keine Berücksichtigung.

Damit ist eine Grenze des Habituskonzeptes aufgezeigt, die Alkemeyer und Schmidt (2003) damit begründen, dass das Konzept nicht die werdenden, sondern die bereits gewordenen körperlichen Ausdrucksweisen als Resultat von Sozialisationsprozessen thematisiert. Beide Autoren versuchen deshalb in ihren Forschungen, jugendliche Innovationspotenziale zu verdeutlichen. Sie untersuchen Trendsportarten wie Surfen, Inline-Skating oder Streetball sowie durch musikalische Genres hervorgebrachte Körperästhetiken. Im Rekurs auf das Habituskonzept interpretieren die Autoren diese jugendlichen Inszenierungen des Körpers als Mittel zur Darstellung neuer sozialer Differenzierung und als Grundlage für neue Formen der Gemeinschaftsbildung (Alkemeyer 2000; 2003; 2004; Schmidt 2002). Die jeweilige Szene-Zugehörigkeit wird dabei als Resultat eines selektiven Prozesses verstanden, der in „einem stummen Verfahren aufgrund kompatibler habitueller Dispositionen in die Gemeinschaft gewählt werden" (Schmidt 2002, S. 265). Offen bleibt aber auch hier, wie diese Wahl zustande kommt.

Die Schwäche des Habituskonzeptes – die Prozesse der Einverleibung nicht zu berücksichtigen und damit Veränderungen habitueller Prägungen nicht erklären zu können – setzt sich somit in den skizzierten Studien fort. Alkemeyer und Schmidt beabsichtigen, diese Leerstelle des Bourdieu'schen Habituskonzepts durch eine an Foucault angelehnte Erweiterung zu schließen. Prozesse der „Verflüssigung habitueller Prägungen" (Alkemeyer/Schmidt 2003, S. 78) sollen mit dem Konzept der „Technologien des Selbst" (Foucault 1993) erklärt werden. Diesem widmet sich der folgende Abschnitt.

5.2.3 Technologisch induzierte Körper

Die auf Michel Foucault und Judith Butler basierenden diskurstheoretischen Ansätze verstehen den (Geschlechts-)Körper als durch Sprache bestimmt. Sie gehen davon aus, dass gesellschaftlich jeweils vorhandene Vorstellungen – z.B. ‚weiblich' oder ‚männlich' – begrifflich in Sprache gefasst werden und sich aufgrund hegemonialer Diskurse im und am Körper manifestieren. So gründen sich alltägliche Redeweisen auf gesellschaftliche Konventionen darüber, was als schön bzw. hässlich, gesund bzw. krank oder natürlich bzw. künstlich angesehen wird. Diskurse erhalten ihre Wirkmächtigkeit aus bereits bestehenden Bedeutungen, die in Form einer „ständig wiederholende[n] und zitierende[n] Praxis" (Butler 1995, S. 22) eine stetige Erneuerung erfahren. Der Sprechakt selbst wird als produktive Handlung bzw. Struktur begriffen: „Hier ‚tut' Sprache etwas, nämlich das hervorzubringen, was bezeichnet wird" (Villa 2006, S. 146).

Der Mensch wird hier nicht als Individuum verstanden, welches sich von anderen durch jeweilige Besonderheiten unterscheidet. Unter „Subjektivierung" versteht Foucault (1977) die Einverleibung von Macht und die daraus hervorgehenden körperbezogenen Praktiken bzw. „Technologien". Der Begriff Subjektivierung markiert zudem das Prozesshafte dieser Einverleibung und bestimmt das Subjekt als etwas, das nie endgültig fertig ist. Mit „Selbsttechnologien" und in späteren Schriften auch mit „Selbstsorge" bezeichnet Foucault Strategien, durch die der Einzelne einen Selbstbezug herstellt und sich seiner Souveränität versichert. Unter „Technologien des Selbst" versteht Foucault solche, „die es den Individuen ermöglichen, mit eigenen Mitteln, bestimmte Operationen mit ihren eigenen Körpern, mit ihren eigenen Seelen, mit ihrer eigenen Lebensführung zu vollziehen, und zwar so, dass sie sich selber transformieren, sich selber modifizieren und einen bestimmten Zustand von Vollkommenheit, Glück, Reinheit, übernatürlicher Kraft erlangen" (Foucault 1984, S. 35f). Damit sind sowohl Disziplinierungsmaßnahmen gemeint, durch die der Körper mittels medizinischer, psychologischer und pädagogischer Instrumente in ein Normen- und Kontrollsystem angepasst wird, wie Foucault dies in seinem Buch „Überwachen und Strafen" demonstriert hat (Foucault 1977). Zugleich geht es auch um Manipulationen am Körper, wie sie beispielsweise in Form von Fitness- und Extremsportarten oder der Schönheitschirurgie in jüngerer Zeit zunehmend Verbreitung finden (vgl. Villa 2008).

Diese verschiedenen Formen von Körperarbeit werden aus diskurstheoretischer Perspektive als die Verkörperung vorherrschender sozialer Normen verstanden. Der menschliche Körper ist somit vielfältig variierbar und jeweils kulturell hervorgebracht. Unterschiedliche Körperpraktiken korrespondieren mit verschiedenen Formen des Selbstbezugs. Körperbezogene Selbsttechnologien lassen sich auch als Ausdruck einer neuen Form der Herrschaft verstehen, die sich in einer individuellen Selbst-Beherrschung realisieren kann, indem beispielsweise ökonomisch motivierte Normen, wie Flexibilität oder Optimierung mittels des Körpers umgesetzt werden (Möhring 2006; auch Lemke 2007). Aus dieser Perspektive erscheinen Körpertechnologien, also Handlungen am und mit dem Körper, als zweckgerichtete, absichtsvolle Vorgänge, „die soziale Inklusion organisieren" (Duttweiler 2004, S. 143).

Stefanie Duttweiler (2004) untersucht beispielsweise die Diskurse hinsichtlich der Angebote zur Körperpflege, -gesundheit bzw. -fürsorge und arbeitet heraus, wie mittels unterschiedlicher aktueller Selbstpraktiken jeweils körperliches Wohlbefinden erreicht werden soll. Gegenstand ihrer Analyse sind Ratgeber, Gesundheitsmagazine und Präventionsprogramme sowie Fitness-Anweisungen oder Packungsbeilagen entsprechender Produkte. Die in den Ratgebern und Magazinen transportierten Inhalte speisen sich aus generalisierten und popularisierten Erkenntnissen aus den medizinischen, ernährungsphysiologischen und psychosomatischen Wissenschaftsbereichen. Diese werden Duttweilers Analyse zufolge kombiniert mit vertrautem Alltagswissen, sowohl in Form von Körper- und Befindlichkeitsmetaphern als auch unter Bezugnahme auf individuelles Erfahrungswissen. Als Ergebnis stellt Duttweiler drei verschiedene Modi des Selbstbezugs vor, in denen der Körper zum Medium der Subjektivierung wird:

- Im Modus der „Body-Consciousness" erweist sich der Körper als Medium der Selbsterfahrung, welche die Erforschung der eigenen Wahrheit zum Ziel hat.
- Im Modus der „Fitness" dient der Körper als Medium der Selbstgestaltung zur Erfüllung selbst gesetzter Ziele.
- Im Modus der „Wellness" erweist sich der Körper als Medium der Selbstsorge, bei dem ein fürsorglicher Umgang mit sich selbst im Zentrum der Anstrengungen steht.

Je nachdem welchem Muster der Körpererfahrung jeweils gefolgt wird, kommen unterschiedliche Verstehensformeln zur Anwendung und es werden unterschiedliche Techniken praktiziert, um entsprechendes „Wissen am eigenen Körper zu produzieren" (Duttweiler 2004, S. 141).

Duttweiler zeigt, wie sich die jeweiligen Verstehensformeln der verschiedenen Modi in die Körper einschreiben und anhand der vermittelten Techniken stets wieder neu hervorgebracht werden. Ihnen gemeinsam ist „der Bezug auf sich selbst mittels des Körpers und eine Orientierung an Wissen und Diskursen, Leitbildern und Praktiken, die es erlauben, das eigene Selbst zu verstehen, eine Identität auszubilden und sich an sie zu haften und/oder sich rational und verantwortungsbewusst zu formen und zu pflegen" (ebd., S. 142). Körpertechnologien erweisen sich Duttweiler zufolge als Momente aktueller Machtformationen, die soziale Teilhabe durch Selbstverantwortung, Freiheit und Wahl organisieren.

Wie Duttweilers Studie beispielhaft zeigt, konzentriert sich das Konzept der „Technologien des Selbst" vorwiegend auf eine Beschreibung des Zusammenhangs von Körper und Macht und weniger auf die mit diesen Machtverhältnissen verbundenen individuellen Erfahrungen. Insofern geben die so ausgerichteten Studien wertvolle Hinweise auf die dem Umgang mit dem eigenen Körper zugrunde liegenden normativen Anforderungen. Wenngleich Sozialisationsprozesse als solche von der diskurstheoretischen Perspektive nicht explizit in den Blick genommen werden, so kann doch im Rahmen dieses Konzepts danach gefragt werden, in welcher Weise die diskursiv vorherrschenden Modi des Selbstbezugs auf Jugendliche im Zuge ihrer entwicklungsbedingten Beschäftigung mit ihrem Körper einwirken. Ausgespart bleibt hingegen, wie Körpertechnologien mit wechselnden oder auch widersprüchlichen Ereignissen und Erfahrungen verbunden sind.

5.2.4 Performative Aneignung des Körpers

Individueller Eigensinn spielt hingegen in wissenschaftlichen Perspektiven eine Rolle, die den Körper als Grundlage sozialen Handelns bei der Bildung und Aufrechterhaltung von Gemeinschaften versteht. Hier wird der Aufführungscharakter in den Vordergrund gestellt, die Performance sozialen bzw. kulturellen Handelns, also die Art und Weise, wie Menschen mit ihrem Körper umgehen, „welche Körperhaltungen sie zeigen, welche Gestiken sie entwickeln" (Wulf/Göhlich/Zirfas 2001, S. 9). Dabei geht es nicht um die Vorstellung eines autonomen, intentional agierenden Subjekts. Vielmehr gelten die auf körperlicher Ebene ausgetragenen ästhetischen Dimensionen und Formen des Handelns – Bewegung, Rhythmus, Gestik – als Grundlage menschlicher Kommunikation und werden daraufhin untersucht „welche Rolle Ansprache und Wiederholung für die Herausbildung geschlechtlicher, sozialer und ethnischer Identität spielen" (ebd., S. 10).

Mit dem Begriff der Performativität soll nicht nur die Wirkung einer Äußerung unterstrichen werden, vielmehr wird davon ausgegangen, dass die Handlung selbst erst durch den performativen Akt hervorgebracht wird. Dazu bedarf es ein System gesellschaftlich anerkannter Konventionen und Normen, im Rahmen dessen eine performative Äußerung ge- oder misslingen kann. Handeln konstituiert sich demnach zwar innerhalb eines kulturellen Rahmens, wird aber in Form von Nachahmung, Teilnahme und Gestaltung kultureller Praktiken, als ein kreativer Prozess konzipiert. Performativität sozialen Handelns wird in alltäglichen Gelegenheiten gelernt und bei entsprechenden Anlässen auf je spezifische Weise re-inszeniert. Dabei handelt es sich aber nicht um bloße Wiederholung, sondern um den Nachvollzug von Gesten, Posen, Bewegungen inklusive ihrer symbolischen Kodierung, die dem Vorbild nie exakt entsprechen, sondern in der jeweiligen Aneignung eine gewisse Variation erfahren. Dieser Vorgang wird mit Gebauer und Wulf (1998) als mimetischer Prozess bezeichnet. Mimetische Handlungen sind „Bewegungen, die auf andere Bewegungen Bezug nehmen" (ebd., S. 16), sie aber nicht genau auf dieselbe Weise kopieren, sondern – entsprechend des aktuellen Kontextes – abwandeln. Mimetische Prozesse bringen somit etwas zur Aufführung, was es in dieser Form noch nicht gegeben hat (Wulf 2001).

Prominente Untersuchungen im Rahmen des Mimesiskonzepts stellen die von Gabriele Klein zu jugendkulturellen Tanz- und Bewegungsformen wie die des HipHop und Techno dar (Klein/Friedrich 2003; Klein 2004). Klein versteht diese Tanzkulturen als Orte, an denen sich Verleiblichung durch mimetische Identifikation vollzieht.

> „In der Nachahmung des szenespezifischen Habitusmuster durch Videos oder Life-Performances werden nicht nur feldimmanente Regeln und Verhaltensweisen eingeübt, sondern in der mimetischen Aneignung werden sie als szenespezifischer Habitus sichtbar und damit aktualisiert und gegebenenfalls transformiert" (Klein/Friedrich 2003, S. 203f).

In diesem performativen Akt spielt gerade die über den Körper vollzogene sinnliche Erfahrung des Tanzens für Klein eine zentrale Rolle. Denn Tanz regiert nicht allein über das Bewusstsein, sondern ist vor allem eine Sprache des Körpers. Die Popkultur des Tanzes wird von ihr daher auch als Umkehrung des „langfristigen Trends der Distanzierung vom Körperlichen im Prozess der Zivilisation" (Klein 2004, S. 189) verstanden, demgegenüber der Tanz eine körpernahe, sinnenhafte Form der Kommunikation kultiviert. Veränderungen der habituellen Dispositionen bedürfen expressiver leiblicher Erfahrungswelten, wie die Tanzkulturen sie darstellen. Aneignung von Kultur, so Kleins zentrale These, ist ein „ästhetischer, sinnenhafter Vorgang", der „primär über Genuss und nicht über den Willen zur Distinktion erfolgt" (ebd., S. 261).

Mit der Beschreibung dieser sinnlich erfahrenen Aneignungsprozesse als mimetischem Vorgang sieht sie die „Erklärung, wie Kultur individuell angeeignet wird" (ebd.) eingelöst. Denn das Konzept der Mimesis berücksichtige sowohl „die Verbundenheit von ästhetischen und sozialen Vorgängen" und stelle auch „den Leib als Ort der Erfahrung ins Zentrum" (ebd.). Unterschiede der Aneignungspraxis erklären die vielfältigen Differenzen beispielsweise zwischen globalen und lokalen popkulturellen Ausprägungen. Die Tanzkulturen des HipHop und Techno sind somit nicht als jeweils einheitliche Kulturen zu verstehen, sondern differenzieren sich in verschiedene kulturelle Felder aus, indem sie an entsprechende lokale Bedingungen anknüpfen, die auf den Aneignungsprozess einwirken.

Klein erfasst darüber hinaus auch Bedeutungsgehalte der Tanzkultur hinsichtlich der Möglichkeit für Jugendliche neue Erfahrungsräume zu erschließen. So interpretiert sie zum Beispiel den HipHop als Bestätigung der vorhandenen sozialen Ordnung, da in den szenespezifischen Events eher wertkonservative, leistungsmotivierte Orientierungen sowie eine männlich dominierte Geschlechterordnung performativ bestätigt werden (Klein/Friedrich 2003). Demgegenüber sieht sie in der Technokultur ein größeres Innovationspotenzial, da Techno sich gerade von den Idealen der herrschenden Ordnung absetze, die Spaßkultur anstelle der Leistungsorientierung betone und mit Grenzverschiebungen geschlechtlicher Inszenierungen zumindest spiele (Klein 2004).

Das Konzept der Performativität, welches die Aufführung des Sozialen in den Mittelpunkt stellt, geht insofern über reine handlungstheoretische Ansätze hinaus, als es menschliche Sozialität nicht nur als vernunftgeleitet, sondern explizit als leiblich erfahrene versteht. Mit dem Fokus auf mimetische Prozesse, die den körperlichen Inszenierungen zugrunde liegen, erfasst sie darüber hinaus Veränderungspotenziale und kommt somit der Beschreibung des Körperhandelns in modernisierten Gesellschaften näher als Konzepte des Individualisierungstheorems, des Habitus oder der Selbsttechnologien. Beachtung finden aber auch hier nur solche körperlichen Erscheinungsformen, die durch Handeln sichtbar werden und sich als kulturelle Ausdrucksgestalten erfassen lassen. Der Körper wird als Instrument zur Herstellung von Gemeinschaft verstanden, welcher je nach kulturellem Feld unterschiedlich eingesetzt und entsprechend angeeignet wird. Individuelle Unterschiede der Erfahrungs- oder Erlebenswelten finden keine Berücksichtigung, die performative Aneignung wird vor allem als eine sich im gemeinschaftlichen Akt vollziehende beschrieben.

5.2.5 Zwischen-Resümee

Den diskutierten Perspektiven, die den Körper Jugendlicher wissenschaftlich in den Blick nehmen, ist gemein, dass sie sich den Jugendlichen mit einem theoretischen Konzept nähern und deren körperliche Inszenierungen im Rahmen ihrer jeweiligen theoretischen Vorannahmen verstehen. Dabei wird der Körper als Medium zwischen innerer und äußerer Realität stets einseitig in seiner Außenwirkung betrachtet. Es geht in allen vorgestellten Ansätzen vornehmlich darum, wie der Körper eingesetzt wird, um sich sozial zu positionieren, um Anerkennung zu erhalten. Diese Ausrichtung verstellt den Blick auf drei Spezifika des Heranwachsens, einem Prozess, dem immer etwas Vorläufiges und Unabgeschlossenes innewohnt.

1. Die adoleszente Identitätsgenese ist davon gekennzeichnet, dass eine Auseinandersetzung mit den Positionen anderer suchend und erprobend stattfindet. Es wird mit verschiedenen Mustern gespielt, von denen einige übernommen, andere wieder verworfen werden können (Fend 1991). So kann beispielsweise nur schwer entschieden werden, ob das Hin- und Her-Switchen verschiedener Kleidungsstile sich im Rahmen adoleszenten Probehandelns ereignet oder ob es als eine neue Form der individualisierten Stilbildung verstanden werden sollte.
2. Darüber hinaus tragen die vorgestellten Konzepte dem der Jugendphase innewohnenden Transformationspotenzial nicht genügend Rechnung. Das Mimesis-Konzept erscheint zu allgemein, um die jugendliche Auseinandersetzung in ihrer Bedeutung für die Entstehung neuer Habitusfigurationen zu erfassen. Denn die konkreten Bedingungen die sich innerhalb einer Generation entsprechend der unterschiedlich gelagerten sozialen Kontexte und familialen Dynamiken ausdifferenzieren und zu unterschiedlichen Inszenierungen des Körpers beitragen können, werden im Rahmen dieser Konzepte nicht systematisch betrachtet.
3. Drittens schließlich erfahren wir aus den Untersuchungen über Körperinszenierungen Jugendlicher nichts über die Bedeutung des Körpers im Zuge des geschlechtlichen und sexuellen Heranwachsens. Wie werden etwa Körperempfindungen, also die Erfahrungen mit dem eigenen Körper erlebt und wie verändern sich diese im Zuge gesellschaftlicher Wandlungen? In welcher Weise die „Aufdringlichkeit des Körpers in der Adoleszenz" (King 2002) wahrgenommen wird und die Jugendlichen zu einem veränderten Umgang mit ihrem Körper veranlasst und wie sie sich auf psychischer und physischer Ebene mit ihm befassen, sind Fragen, die in der Jugendsoziologie selten gestellt und kaum beantwortet werden.

Zur Überwindung dieses Theoriedefizits in der Jugendforschung (Mansel/Griese/Scherr 2003; Hübner-Funk 2003) wird im Folgenden das adoleszenztheoretische Konzept näher erläutert, welches eine Verknüpfung der körperbezogenen Deutungs- und Handlungsmuster mit den körperlichen und psychischen Entwicklungen Heranwachsender vornimmt. Damit einhergehend werden aktuelle Untersuchungen vorgestellt, die sich den Körperinszenierungen Jugendlicher aus adoleszenztheoretischer Perspektive nähern.

5.3 Der Körper aus adoleszenztheoretischer Sicht

5.3.1 Die Aufdringlichkeit des Körpers

Die Zusammenführung von Erkenntnissen der sozialwissenschaftlichen und psychoanalytischen Forschungen eröffnet einen anderen Blick auf die Entwicklungsdynamiken Heranwachsender. Sie ermöglicht die Erfassung der Wechsel-Wirkungen, die zwischen sozialstrukturellen Bedingungen und deren Bedeutungsgehalten sowie den psychischen Dimensionen auf der Ebene des Erfahrens und Erlebens bestehen. Die adoleszenztheoretische Perspektive legt ihren Fokus auf das Individuum und fragt nach den spezifischen Bedingungen für Entwicklungsprozesse. Ausgangspunkt ist das besondere Veränderungspotenzial, das der Adoleszenz innewohnt und welches den Jugendlichen die Transformation kindlicher Dispositionen – im Sinne einer „zweiten Chance" (Erdheim 1982) – ermöglicht (vgl. Bosse 1994; King 2002). Theoretisch werden die Bedingungen für diesen Veränderungsprozess im Konzept des „adoleszenten Möglichkeitsraums" gefasst, mit dem die Zeit- und Spielräume für jugendliche Entwicklungsprozesse bestimmt werden können. Demnach entscheiden die sozialen und psychischen Ressourcen, die für adoleszente Entwicklungsprozesse zur Verfügung stehen, darüber, wie viel Neues oder Konventionelles in den jugendlichen Lebensentwurf einfließt. Damit soll das komplexe Zusammenwirken sowohl von gesellschaftlichen und kulturellen Bedingungen, von familialen Voraussetzungen und Dynamiken wie auch von individuellen Ressourcen dieses Prozesses entschlüsselt werden. Entsprechend wird die „Chancenstruktur des adoleszenten Möglichkeitsraums über die Analyse der familialen Bedingungen, der Bedingungen der Aneignung des Körpers und der Strukturierung des jugendkulturellen Raums ermittelt" (King 2002, S. 17). In diesem Sinne wird bei der Entwicklung einer geschlechtlichen und sexuellen Identität dem Körper in der Adoleszenz eine prominente Rolle zugewiesen. Das Einsetzen der geschlechtlichen Reifung erschüttert die bisherige gewohnte Selbstverständlichkeit des leiblich-körperlichen Seins und leitet einen krisenhaften Prozess ein. Der bis dahin kindliche und eher unaufdringliche Körper wird „zum aufdringlich veränderten Körper" (King 2002, S. 172) und er provoziert eine Auseinandersetzung mit den jeweils vorherrschenden Geschlechterbildern. Gleichzeitig ist die Adoleszenz auch die Phase der Neugestaltung der Beziehung zur Elterngeneration. In den damit verbundenen und miteinander verschränkten Prozessen der „Identifizierung mit" und „Ablösung von" der Generation der Eltern stellt der Körper ein zentrales Vermittlungsinstrument dar (King 2002, S. 34ff). Der „adoleszente Körper wird zur Quelle und zum Austragungsort" (ebd., S. 174) der durch den adoleszenten Entwicklungsprozess hervorgerufenen inneren Spannungen.

Die Heranwachsenden setzen sich im Zuge der adoleszenten Entwicklung mit den psychischen und sozialen Bedeutungen des Geschlechtskörpers auseinander und nehmen sich selbst schließlich als Mann oder Frau an. In diesem Prozess der Geschlechtsreifung wird der Erfahrung, nur eins von zwei Geschlechtern sein zu können, eine zentrale Rolle zugewiesen. Sie ist verbunden mit einem Trauerprozess, im Zuge dessen die eigene körperliche Begrenztheit akzeptiert werden muss (King 2002; Rendtorff 2006). Nach Barbara Rendtorff ist die „Anerkennung dieser Begrenztheit nicht nur ein Moment individueller Freiheit (sofern es uns entlastet von der Idee, sein zu müssen wie die anderen), sondern zugleich die Voraussetzung dafür, im eigenen Geschlecht ‚ankommen' zu können" (ebd., S. 94).

Hier wird also die Herausbildung einer geschlechtlichen und sexuellen Identität und der damit verbundenen Selbstverankerung im eigenen Körper als zentraler Entwicklungsschritt konzipiert, dem erstens eine Entlastungsfunktion inne wohnt. Zweitens beruht er nicht auf einer biologischen Determiniertheit, sondern wird als psychischer und sozialer Aneignungsprozess verstanden. Aus adoleszenztheoretischer Perspektive spielen in diesem Aneignungsprozess körperliches Erleben und Erfahrungen mit und durch den eigenen Körper eine bedeutsame Rolle. Dabei wird dem Zusammenhang zwischen den sozialen Bedeutungen, die sich mit dem männlichen und weiblichen Körper jeweils verbinden, und den Auswirkungen dieser Bedeutungen auf individuelle Entwicklungsprozesse besondere Aufmerksamkeit gewidmet.

Der Frage, in welcher Weise gesellschaftliche Verhältnisse auf die Körperwahrnehmungen und das Körpererleben Heranwachsender einwirken, ist insbesondere Karin Flaake in ihren Forschungen nachgegangen (z.B. Flaake 1992; 1994; 2001; Flaake/King 1992; King/Flaake 2006). Sie hat das komplexe Zusammenwirken von Gesellschaft, Beziehungserfahrungen, Geschlecht und Körperlichkeit hauptsächlich bei jungen Frauen empirisch untersucht. Flaakes Perspektive ist auf die Vermittlung von psychischen Prozessen und sozialen Praxen gerichtet. Diese ermöglicht es, auch unbewusste Strebungen und damit eine Dimension menschlichen Verhaltens und Handelns jenseits intentionaler und rationaler Erwägungen zu erfassen. Als bedeutsam erweisen sich in Flaakes Studien die familialen Interaktionen und die in ihnen enthaltenen Dynamiken und Botschaften, hinsichtlich der Art und Weise, wie die heranwachsenden Mädchen ihre erwachende Sexualität erleben und welche Lösungen sie für die mit diesem Prozess verbundenen Wünsche, Vorstellungen und Fantasien finden. So arbeitet Flaake dezidiert heraus, wie Körpergefühle sich in Abhängigkeit von sozialen Bedeutungen entwickeln. Beispielsweise analysiert sie, in welcher Weise das Erleben der ersten Menstruation von den Dynamiken der Mutter-Tochter- sowie der Vater-Tochter-Beziehung bestimmt werden. Ebenso zeigt sie auf, wie bei jungen Mädchen im Zuge ihrer Weiblichkeitsentwicklung dem Wachsen der Brüste eine besondere Bedeutung zukommt. Denn anhand der Brüste werden sie unweigerlich „als sexuelle Wesen wahrgenommen, und auch eigene sexuelle Wünsche und Sehnsüchte sind häufig mit dem Wachsen der Brüste verbunden" (Flaake 2001, S. 109; siehe auch das folgende Kapitel dieses Bands). Die sich vielfach in diesem Wachstumsprozess einstellenden negativen Empfindungen versteht Flaake als Ausdruck von Ambivalenzen gegenüber diesen sexuellen Wünschen und Fantasien, die sich mit den Zuschreibungen der sozialen Umgebung verbinden. Wenn etwa junge Mädchen mit ihren neu sichtbaren Brüsten von Männern als sexuelles Wesen wahrgenommen und damit zugleich ein Objekt des Begehrens werden, kann dies Verunsicherung hervorrufen, Wünsche wecken oder erfüllen sowie als Bestätigung und Wertschätzung oder auch als Abwertung wahrgenommen werden. Welche körperlichen Selbstbilder und Körperempfindungen junge Mädchen im Prozess ihres sexuellen Heranwachsens entwickeln, hängt maßgeblich von gesellschaftlichen Bildern weiblicher Körperlichkeit ab, die sich in alltäglichen Beziehungserfahrungen vermitteln. Denn „erst im Kontext sozialer Definitionen und Bewertungen erhalten die körperlichen Veränderungen der Pubertät ihre spezifische Bedeutung" (ebd., S. 113).

In diesem Zusammenhang führt Flaake aus, dass es in den aktuellen hegemonialen Weiblichkeitsbildern kein Gleichgewicht zwischen Begehrt-Werden und Begehren gebe. Vielmehr finde sich ein gesellschaftlich dominanter Geschlechterentwurf, der das Begehren den Männern und das Begehrt-Werden den Frauen zuweist. Unter diesen Rahmenbedingungen spielen die Blicke der Männer eine besondere Rolle, da das „Begehrtwerden durch das andere Geschlecht eine größere Bedeutung erhalten kann als ein eigenes Begehren, also die vermutete Einschätzung anderer des Aussehens wichtiger sein kann als das eigene Selbstgefühl. Der Körper wird dann wahrgenommen mit dem Fantasierten Blick des anderen Geschlechts, bevor es ein eigenes positives Gefühl für ihn gibt" (ebd., S. 114). Ein Stolz auf den eigenen Körper stelle sich demgemäß bei adoleszenten Mädchen eher aufgrund des Aussehens und der Schönheit des eigenes Körpers ein, als aufgrund von eigenem körperlichem Begehren, welches in Aktivität und eigener Wirkmächtigkeit einen Ausdruck findet.

Damit zeigen Flaakes Forschungen einen Weg zur Entwicklung einer Definition von Körperlichkeit, die sowohl die sich aus symbolischer Ordnung und gesellschaftlichen Strukturen ergebenen sozialen Verhältnisse wie auch die mit der Eigenlogik psychischer Strukturen und Dynamiken (die sich durch Wünsche, Fantasien und Ängste ausdrücken) berücksichtigt. Dabei werden Körpererfahrungen, Körperbilder und Körperwahrnehmungen vom Beginn des Lebens an als sozial geformt konzipiert, indem sie als Ergebnis von Interaktionen mit den wichtigen Bezugspersonen verstanden werden (vgl. Flaake 2004). In den Interaktionen vermitteln sich kulturelle und gesellschaftliche Deutungsmuster von Körperlichkeit, die von den Jugendlichen im Prozess ihres Heranwachsens psychisch verarbeitet und zu männlichen und weiblichen Körperkulturen ausgestaltet werden.

5.3.2 Körperpraktiken als Austragungsort adoleszenter Konflikte

Jugendliche Körperkulturen und ihre Bedeutung als Austragungsort adoleszenter Konflikte betrachten auch solche Ansätze, die gemeinschaftliche Körperpraktiken Jugendlicher mit dem Konzept der „somatischen Kulturen" (Boltanski 1976) zu verstehen versuchen. Boltanskis Konzept der somatischen Kulturen analysiert den Umgang und den Gebrauch des Körpers am Beispiel medizinischer Bedürfnisse und Krankheitsempfindungen. In Anlehnung an Bourdieus Klassenbegriff macht Boltanski die Wechselwirkung zwischen der Zugehörigkeit zu einer bestimmten sozialen Gruppe und entsprechenden körperlichen Verhaltensweisen deutlich. Verbindet man Boltanskis Konzept mit einer adoleszenztheoretischen Perspektive, dann lassen sich die Körperpraktiken von Jugendlichen als erprobende Strategien „der kollektiven Probleme von Mädchen bzw. Jungen auf der Suche nach ihrer sexuellen Identität" (Helfferich 1994, S. 9) verstehen.

Cornelia Helfferich hat sich den Entwicklungskonflikten Jugendlicher zugewandt und die verschiedenen kulturellen Körperpraktiken mit der Suche nach sexueller Identität in Zusammenhang gestellt. Ausgangspunkt ist das – von Pädagogen häufig als Risiko- oder selbstgefährdendes bezeichnete – Verhalten Jugendlicher, welches sich im exzessiven Konsum von Alkohol, illegalen Drogen, Tabak oder Medikamenten sowie in Form von Kunstturnen oder Essstörungen ausdrückt. Ihr Blick richtet sich auf Jugendliche, die im Zuge ihrer Autonomieentwicklung in viele widersprüchliche Situationen geraten, die „neben Zweifeln an der eigenen Normalität mitunter massive Ängste" (ebd., S. 48) hervorrufen. Gemeinsam mit Gleichaltrigen finden Jugendliche Ausdrucksformen für diese Gefühle und „schaffen sich selbst Initiationsregeln, eigene Moralkodizes und Normen, die der Widersprüchlichkeit ihrer Situation angemessen sind" (ebd.). Die Verhaltensweisen von Jugendlichen lassen sich demgemäß als „symbolische Formen der (kollektiven) Verarbeitung der Ängste und Hoffnungen" (ebd.)

verstehen. Jugendkulturelle Körperpraxen stellen somit Ausdrucksformen für kollektive Probleme dar, die im Zusammenhang mit den virulenten Themen der Adoleszenz stehen.

Ausgehend von dieser theoretischen Perspektive können kollektive Stile der Auseinandersetzung mit der Umwelt, die in körperlichen Reaktionen und Verhaltensweisen ihren Ausdruck finden, erfasst werden. Diese Sichtweise ermöglicht, die Handlungspraxen (z.B. den Umgang mit dem eigenen Körper) als Prozesse der Konstruktion von sozialem Sinn zu beschreiben und die Erfahrungen des Leibes als Bereich der Sinnlichkeit (im Sinne der Befassung mit dem Körper) zusammen zu denken. Mit der Untersuchung der somatischen Kulturen Jugendlicher kann somit auf psychischer, somatischer und Verhaltensebene die Verarbeitung kollektiver und individueller Erfahrungen des Prozesss der Vergeschlechtlichung betrachtet werden. Darüber hinaus ermöglicht das Konzept der somatischen Kulturen es auch, die mit der adoleszenztheoretischen Perspektive verbundenen geschlechtsspezifischen und intergenerationalen Konflikte zu erfassen, die den Umgang mit dem eigenen Körper und die Erfahrungen des leiblichen Spürens der körperlichen Veränderungen begleiten. Geht man davon aus, dass Jugendliche ihr sexuelles Heranwachsen in der Gegenwartsgesellschaft in Form kultureller Körperpraktiken bearbeiten, so lassen sich diese Praktiken mit dem Konzept der somatischen Kulturen auch als erprobende Strategien auffassen, mit denen Jugendliche sich in Bezug zu ihrer sozialen Geschlechtsgruppe, der Erwachsenen-Generation und den gesellschaftlichen Normen und Regeln setzen und ihre Spielräume ausloten.

In welcher Weise aktuelle somatische Kulturen Jugendlicher als Austragungsort adoleszenter Konflikte zu verstehen sind, wurde auch in einer Studie über die Körperinszenierungen junger Mädchen untersucht, die im Folgenden vorgestellt wird (Liebsch/Schubert/Günther 2008). Das Projekt „Ästhetische Distinktion. Bedeutung, Funktion und Praxis körperlicher, geschlechtlicher und sexueller Inszenierungen adoleszenter Mädchen und junger Frauen" erhob themenzentrierte Interviews mit einzelnen Mädchen sowie Gruppengespräche, welche mittels hermeneutischer Rekonstruktion ausgewertet wurden (zur Methode vgl. Bereswill/Rieker 2008; Günther 2008). Die 15- bis 18-jährigen Teilnehmerinnen der Studie setzen sich aus Angehörigen der Mittelschicht und des sozial benachteiligten Milieus jeweils mit und ohne Migrationshintergrund zusammen.

In der Studie ging es unter anderem um die Frage, inwieweit der erprobende Umgang mit der gesellschaftlichen Bewertung von weiblicher Sexualität in den Körperpraktiken eine Rolle spielt und welche Spielräume die jungen Frauen gegenwärtig für eine kreative und spielerische Aneignung von geschlechtlichen Identitäten zur Verfügung haben. Mit der Studie konnten zum einen Einblicke in die individuelle Praxis und Bedeutungskonstruktion ästhetisch betonter Generationen- und Geschlechterdifferenzen gewonnen werden. Zum anderen wurde die in diesem Prozess vorhandene Dynamik zwischen den körperlichen und den leiblichen Erfahrungen, die sich in einer deutlichen Spannung zwischen innerem Erleben und äußerer Wahrnehmung des Körpers ausdrückt, beleuchtet (vgl. Günther 2009; 2011).

Die Ergebnisse auf der Ebene ästhetisch betonter Generationen- und Geschlechterdifferenzen schließen insofern an diejenigen anderer jugendsoziologischer Studien an, als sich zeigte, dass bei allen jungen Frauen der Studie eine mehr oder weniger starke Bezugnahme zur Stilbildung bzw. Stilisierung des Körpers deutlich hervortrat. Die jungen Frauen experimentieren im Zuge ihrer Identitätsbildung mit verschiedenen Körperstilisierungen und/oder setzen sich mit ihnen auseinander. Durchgängig messen sie der Ästhetisierung ihres Körpers eine hohe Bedeutung bei, die sie mitunter selbst labeln. Dies kann sich sowohl in einer konsequenten Zweifarbigkeit ihrer Kleidung und Accessoires ausdrücken oder in einem auf aufwändigem Styling, die Weiblichkeit betonenden und als „Schickimicki-Stil" titulierten Art, sich zu kleiden. Innerhalb der Peers markiert diese Körperstilisierung wichtige Zugehörigkeitsparameter, mit denen sich die jungen Frauen auseinander setzen und durch die sie sich zuweilen auch unter Druck gesetzt fühlen.

Die im Zuge der Weiblichkeitsentwicklung entstehende Dynamik zwischen körperlichen Veränderungen und leiblichen Erfahrungen drückt sich für die befragten Mädchen in einer offensichtlichen Spannung zwischen innerem Erleben und äußerer Wahrnehmung ihres Körpers aus. Beispielsweise tritt die Ambivalenz zwischen den gesellschaftlich vermittelten Weiblichkeitsidealen und der Aneignung der inneren Bedürfnisse und Wünsche bei den befragten adoleszenten Mädchen deutlich hervor. Die jungen Frauen beschäftigen sich zwar intensiv mit medial vermittelten Schönheitsidealen und setzen sich zu ihnen in Beziehung, erleben und besprechen die Wahrnehmung und Erfahrung ihrer Körperlichkeit aber in vielfältig strukturierten sozialen Settings von Familie und Peers. Im Kontext dieser sozialen Beziehungen werden verschiedene Formen des Körperausdrucks ausprobiert, sanktioniert, verteidigt oder auch verworfen. Dabei sind die adoleszenten Aneignungen eigener Körperlichkeit nicht nur bestimmt durch gesellschaftliche Diskurse etwa über Mode, sondern ebenso durch sinnliche Erfahrungen des Leibes. Gefühle von Scham, Erregung, die Wahrnehmung der eigenen Haut und die Betrachtung der eigenen Nacktheit sind begleitet von Empfindungen, die ihrerseits von den jeweiligen sozialen Kontexten und den in ihnen vorherrschenden Normen bestimmt sind. Hierzu gehören beispielsweise Erfahrungen von übergewichtigen Mädchen oder deren Familienangehörigen in einer vom Schlankheitsideal dominierten Umwelt oder die unterschiedlich gelagerten Schamgrenzen, aus denen verschiedene ästhetische Varianten der Körperpräsentationen resultieren, wie sie beispielsweise in einem Gruppengespräch zwischen zwei Mädchen verhandelt wurden: Während Clara einerseits darauf achtet, ihre Haut stets gänzlich verdeckt zu halten, weil sie Blicke oder Bemerkungen von Männern vermeiden möchte, wählt sie ansonsten eng anliegende und ihre weiblichen Rundungen betonende Kleidung, die sie sehr feminin wirken lässt. Angelika hingegen erklärt einerseits, dass sie lustvoll mit den Reaktionen auf ihren weit ausgestellten Ausschnitt und mit kurzen Röcken experimentiert, trägt gleichzeitig aber einen die Körperrundungen weit umspielenden Kleidungsstil, mit dem sie eher burschikos wirkt.

Inwieweit diese konträren Schamgefühle und die damit verbundenen Verhaltensweisen der beiden jungen Frauen sozial vermittelt sind, lässt sich erahnen, wenn man die sozialen und familialen Milieus betrachtet, in denen sie leben: Angelika ist die Tochter eines eher unkonventionellen, den Idealen der 1968er-Generation nahe stehenden Paares. In ihrer Familie zählen innere Werte mehr als äußere Erscheinung. Clara ist Tochter indischer Einwanderer, in deren Familie die weibliche Attraktivität ein wichtiges und schützenswertes Gut darstellt.

Das Beispiel der beiden Mädchen verweist einerseits auf unterschiedliche Weiblichkeitsentwürfe in ihren jeweiligen Herkunftsmilieus und andererseits auf die bei ihnen vorhandenen unterschiedlichen inneren und äußeren Spielräume (vgl. Günther 2009). Ihre leibgebundenen Körper-Erfahrungen sind eingebettet in die Normen- und Wertehorizonte der sozialen Kontexte, in denen die jungen Frauen heranwachsen. Eine breiter angelegte systematische Untersuchung der somatischen Kulturen der jungen Mädchen könnte diese Wechselwirkung von leiblicher Erfahrung und Körpernormen weiter veranschaulichen.

5.4 Fallbezogener Ausblick

Die Zusammenschau aktueller Studien und Ansätze jugendlicher Körperinszenierungen veranschaulicht die Mehrdimensionalität, die sich mit dem Thema Körper verbindet. Die wechselseitige Beeinflussung von adoleszenten Entwicklungsprozessen und den vorgenommenen Körper-Inszenierungen kann, so soll abschließend noch einmal anhand eines empirischen Beispiels aus unserer o.g. Studie verdeutlicht werden, nicht auf die eindimensionale Betrachtung von Körper-Inszenierungen beschränkt werden.

Petra ist fünfzehn Jahre alt und besucht die 10. Klasse der Waldorfschule. Sie ist die Älteste von insgesamt fünf Geschwistern. Der Vater arbeitet als Arzt im Krankenhaus, die Mutter als Kinderkrankenschwester in Teilzeit. Die Familie bewohnt zwei Stockwerke in einem stilvollen Altbau – dem Eigentum der Großmutter – im gutbürgerlichen Stadtviertel. Während des Gesprächs wirkt Petra eher unscheinbar, sie trägt eine dunkelblaue Jeans, einen leger fallenden blauen Lambswoolpullover und einen braunen Schal. Im Interview spricht sie insgesamt leise und reagiert eher zurückhaltend auf Fragen zu ihrem Körper. Ihr blondes schulterlanges Haar hält sie mit einem Haarreif aus dem Gesicht. Petra selbst bezeichnet ihre Art sich zu kleiden als „Bio-Stil" und erzählt, dass ihre Freunde sich anders und deutlich auffälliger kleiden als sie. Sie selbst möchte aber möglichst nicht auffallen, um Hänseleien aus dem Weg zu gehen. Bis vor etwa eineinhalb Jahren habe Petra auch noch ein ganz anderes Outfit gehabt, welches sie „Schickimicki" nennt. Sie habe zu dieser Zeit immer schwarze Oberteile und enge Hosen getragen, sei auffällig geschminkt gewesen und habe ihre Haare aufwändig gestylt.

Die Rekonstruktion des Gesprächs ergibt, dass der Wechsel von Petras Kleidungsstil mit einem Bruch in ihrem Leben einhergeht. Auf dem Gymnasium, welches sie vorher besuchte, gab es neben schulischen Schwierigkeiten Konflikte mit ihren Mitschülern, woraufhin Petra zur Waldorfschule wechselte. Damit verbunden war auch ein Wechsel und die Reduzierung ihres Freundeskreises und den mit ihnen verbundenen Aktivitäten. Heute ist Petra nicht mehr so viel auf Partys unterwegs wie früher und verbringt mehr Zeit zu Hause. Auffällig in Petras Selbstdarstellung ist eine starke Orientierung an ihrer Mutter. In quasi allen Bereichen des Lebens stellt die Mutter für Petra ein Vorbild dar, dem sie nachzueifern versucht. Dies zeigt sich auch an ihrem Kleidungsstil, denn Petra orientiert sich am Erscheinungsbild der Mutter, als diese jugendlich war. Auch trägt sie Kleidungsstücke von der Mutter, wie beispielsweise den Pullover, den sie während des Gesprächs anhat. Petra markiert mit ihrem Outfit deutlich ihre Nähe zur Mutter. Zugespitzt könnte man sagen: der von Petra praktizierte Bio-Stil drückt ihre erprobende Strategie aus, mit der sie eine Gegenbewegung zu ihrer vormals vollzogenen – und mit dem „Schickimicki"-Kleidungsstil inszenierten – Ablösung von der Herkunftsfamilie vollzieht. Die Konflikte mit den Peers erschütterten ihr Gleichgewicht und führen zu einer verstärkten Rückbindung an die Mutter. Mit ihrer Orientierung am mütterlichen Lebensentwurf versucht Petra, zunächst ihre Sicherheit wiederzuerlangen, aus der heraus sie neue Bindungen zu Gleichaltrigen aufbauen kann. Die Spielräume zum Experimentieren mit alternativen Weiblichkeitsmustern sind aktuell aufgrund innerer Spannungen eingeschränkt. Petra vermeidet den Konflikt mit ihrer Mutter und nähert sich ihr wieder an. Ebenso vermeidet sie Konflikte mit den Peers, indem sie bestrebt ist, möglichst unauffällig zu sein.

Das Beispiel zeigt, dass es zum umfassenden Verständnis jugendlicher Körperinszenierungen nicht genügt, den Körper lediglich als Objekt aufzufassen, der sich je nach sozialer Eingebundenheit unterschiedlich formen lässt. Versteht man den Körper als zentrales Element und

Austragungsort sozialer Beziehungen, wird ersichtlich, wie er von den jeweiligen Dynamiken zwischenmenschlicher Kommunikation geformt wird und insofern unlösbar mit ihnen verflochten ist. Der vorgestellte Fall zeigt die Prozesshaftigkeit der adoleszenten Entwicklung von körperlichen Ausdrucksgestalten. Im Rahmen ihres adoleszenten Möglichkeitsraums experimentiert Petra mit verschiedenen Formen des Körperausdrucks, von denen sie einige wieder verwirft und andere Eingang in ihren derzeitigen Lebensentwurf finden. Dieses Experimentieren steht – wie der Fall von Petra zeigt – in engem Zusammenhang mit den spezifischen adoleszenten Dynamiken und dem sozial-kulturellen Milieu, in dem sie aufwächst. Beide formen und bedingen die Bedeutungen, die sich mit der adoleszenten Körperlichkeit verbinden, laden sie sozial wie kulturell auf und formen das Erleben, den Umgang, die Befassung sowie die Erfahrungen mit dem Körper.

Der eigene Körper ist deshalb nur als ein sozial vermittelter Körper zu verstehen und Körperinszenierungen Jugendlicher können grundsätzlich als Medium der adoleszenten Auseinandersetzung angesehen werden. In den Körper-Inszenierungen bildet sich die Beschäftigung der Heranwachsenden mit gesellschaftlich vorhandenen Körperbildern, Körpernormen, Körpererfahrungen und Körpererleben ab und sie weisen zugleich auf die Möglichkeiten der Jugendlichen hin, diese zu transformieren.

5.5 Literatur

Alkemeyer, Thomas 2000. Körper, Zeichen und Bewegung. Aufführungen von Gesellschaft im Sport. Habilitationsschrift Freie Universität Berlin

Alkemeyer, Thomas 2003. Zwischen Verein und Straßenspiel. Über die Verkörperungen gesellschaftlichen Wandels in den Sportpraktiken der Jugendkultur. In: Hengst, Heinz/ Kelle, Helga (Hg.): Kinder – Körper – Identitäten. Theoretische und empirische Annäherungen an kulturelle Praxis und sozialen Wandel. Weinheim: Juventa: 293–318

Alkemeyer, Thomas 2004. Zur „Verkörperung" des Sozialen und zur Formung des Selbst in Sport und populärer Kultur. In: Klein, Gabriele (Hg.): Bewegung. Sozial- und kulturwissenschaftliche Konzepte. Bielefeld: transcript: 43–78

Alkemeyer, Thomas/Schmidt, Robert 2003. Habitus und Selbst. Zur Irritation der körperlichen Hexis in der populären Kultur. In: Alkemeyer, Thomas/Boschert, Bernhard/Schmidt, Robert/Gebauer, Gunter (Hg.): Aufs Spiel gesetzte Körper. Aufführungen des Sozialen in Sport und populärer Kultur. Konstanz: UVK: 77–102

Barnard, Malcolm 2002. Fashion as Communication. London/New York: Routledge Chapman & Hall, 2. Auflage

Beck, Ulrich 1986. Risikogesellschaft. Auf dem Weg in eine andere Moderne. Frankfurt/M.: Suhrkamp

Bereswill, Mechthild/Rieker, Peter 2008. Irritation, Reflektion und soziologische Theoriebildung. In: Kalthoff, Herbert/Hirschauer, Stefan/Lindemann, Gesa (Hg.): Theoretische Empirie. Zur Relevanz qualitativer Forschung. Frankfurt/M.: Suhrkamp: 399–431

Bette, Karl-Heinrich 1989. Körperspuren. Zur Semantik und Paradoxie moderner Körperlichkeit. Berlin/New York: de Gruyter

Bilstein, Johannes/Klein, Gabriele 2002. Die Durchleuchtung des Körpers. Von Disziplinierung und Inszenierung. In: Becker, Gerold/ Biermann, Christine u.a. (Hg.): Körper, Schüler. Seelze: Friedrich

Boltanski, Luc 1976. Die soziale Verwendung des Körpers. In: Kamper, Dietmar/Ritter, Volker (Hg.): Die Geschichte des Körpers. München/Wien: Hanser: 138–177

Bosse, Hans 1994. Der fremde Mann. Jugend, Männlichkeit, Macht. Eine Ethnoanalyse. Frankfurt: Fischer

Bourdieu, Pierre 1982. Die feinen Unterschiede. Kritik der gesellschaftlichen Urteilskraft. Frankfurt/M.: Suhrkamp

Butler, Judith 1995. Körper von Gewicht. Die diskursiven Grenzen des Geschlechts. Berlin: Berlin Verlag

Duttweiler, Stefanie 2004. „Ein völlig neuer Mensch werden". Aktuelle Körpertechnologien als Medien der Subjektivierung. In: Brunner, Karl/Griesebner, Andrea/Hammer-Tugendhat, Daniela (Hg.): Verkörperte Differenzen. Wien: Turia & Kant: 130–146

Erdheim, Mario 1982. Die gesellschaftliche Produktion von Unbewußtheit. Frankfurt: Suhrkamp

Fend, Helmut 1991. Identitätsentwicklung in der Adoleszenz. Bern: Huber

Flaake, Karin 1992. Ein Körper für sich allein. Sexuelle Entwicklungen und körperliche Weiblichkeit in der Mutter-Tochter-Beziehung. In: Psyche 7: 642–652

Flaake, Karin 1994. Ein eigenes Begehren? Weibliche Adoleszenz und Veränderungen im Verhältnis zu Körperlichkeit und Sexualität. In: Brückner, Margit/Meyer, Birgit (Hg.): Die sichtbare Frau. Die Aneignung der gesellschaftlichen Räume. Freiburg: Kore: 89–117

Flaake, Karin 2001. Körper, Sexualität und Geschlecht. Studien zur Adoleszenz junger Frauen. Gießen: Psychosozial

Flaake, Karin 2004. Körper, Sexualität und Identität. Zur Adoleszenz junger Frauen. In: Rohr, Elisabeth: Körper und Identität. Gesellschaft auf den Leib geschrieben. Königstein/Ts.: Ulrike Helmer Verlag. 47–68

Flaake, Karin/King, Vera (Hg.) 1992. Weibliche Adoleszenz. Zur Sozialisation junger Frauen. Frankfurt/M.: Campus

Foucault, Michel 1977. Der Wille zum Wissen. Sexualität und Wahrheit I. Frankfurt/M.: Suhrkamp

Foucault, Michel 1984. Von der Freundschaft als Lebensweise. Michel Foucault im Gespräch. Berlin: Merve

Foucault, Michel 1993. Technologien des Selbst. Frankfurt/M.: Fischer

Gaugele, Elke 2003. „Ich misch das so". Jugendmode: ein Sampling von Gender, Individualität und Differenz. In: Gaugele/Reiss (Hg.): Jugend, Mode, Geschlecht. Die Inszenierung des Körpers in der Konsumkultur. Frankfurt/New York: Campus

Gebauer, Gunter/Wulf, Christoph 1998. Spiel – Ritual – Geste. Mimetisches Handeln in der sozialen Welt. Reinbek: Rowohlt

Günther, Marga 2008. Ausgestaltung und Aushandlung. Die Analyse der Forschungssituation als Erkenntnisinstrument. In: Bereswill, Mechthild/Rieker, Peter (Hg.): Wechselseitige Verstrickungen. Soziale Dimensionen des Forschungsprozesses in der Soziologie sozialer Probleme. Zeitschrift Soziale Probleme 19. Jg., Heft 1. Pfaffenweiler: Centaurus: 53–71

Günther, Marga 2009. Verhüllte Körper. Die Auseinandersetzung mit Körpernormierungen bei adoleszenten Mädchen. In: Kraus, Anja (Hg.): Körperlichkeit in der Schule. Aktuelle Körperdiskurse und ihre Empirie. Band 2. Oberhausen: Athena: 113–140

Günther, Marga 2011. Die Stimme des Körpers. Somatische Kulturen adoleszenter Mädchen und junger Frauen. In: Bilstein, Johannes/Brumlik, Micha (Hg.): Bildung des Körpers. Weinheim: Juventa

Gugutzer, Robert (Hg.) 2006. body turn. Perspektiven der Soziologie des Körpers und des Sports. Bielefeld: transcript

Helfferich, Cornelia 1994. Jugend Körper und Geschlecht. Die Suche nach sexueller Identität. Opladen: Leske und Budrich

Hurrelmann, Klaus/Ulrich, Dieter (Hg.) 1980. Handbuch der Sozialisationsforschung. Weinheim: Beltz

Hurrelmann, Klaus/Ulrich, Dieter (Hg.) 1991. Neues Handbuch der Sozialisationsforschung. Weinheim: Beltz

Hurrelmann, Klaus/Grundmann, Matthias u.a. (Hg.) 2008. Handbuch der Sozialisationsforschung, 7. vollständig überarbeitete Auflage. Weinheim: Beltz

Hübner-Funk, Sibylle 2003. Wie entkörperlicht ist die Jugend der Jugendsoziologie? Argumente für eine „somatische Wende" unserer Disziplin. In: Mansel, Jürgen/Griese, Hartmut M./Scherr, Albert (Hg.): Theoriedefizite in der Jugendforschung. Standortbestimmung und Perspektiven. Weinheim: Juventa: 67–74

Jäger, Ulle 2004. Der Körper, der Leib und die Soziologie. Entwurf einer Theorie der Inkorporierung. Königstein/Ts.: Ulrike Helmer Verlag

King, Vera 2002. Die Entstehung des Neuen in der Adoleszenz. Individuation, Generativität und Geschlecht in modernisierten Gesellschaften. Opladen: Leske und Budrich

King, Vera 2004. Das Denkbare und das Ausgeschlossene. Potenziale und Grenzen von Bourdieus Konzeptionen der ‚Reflexivität' und des ‚Verstehens' aus der Perspektive hermeneutischer Sozialforschung. In: sozialer sinn. Zeitschrift für hermeneutische Sozialforschung 5/1: 49–69

King, Vera/Flaake, Karin (Hg.) 2006. Männliche Adoleszenz. Sozialisation und Bildungsprozesse zwischen Kindheit und Erwachsensein. Frankfurt: Campus

Klein, Gabriele 2004. Electronic Vibration. Pop Kultur Theorie. Wiesbaden: VS-Verlag

Klein, Gabriele/Friedrich, Malte 2003. Is this real? Die Kultur des Hip Hop. Frankfurt/M.: Suhrkamp

König, Alexandra 2007. Kleider schaffen Ordnung. Regeln und Mythen jugendlicher Selbst-Präsentation. Konstanz: UVK

Liebsch, Katharina/Schubert, Inge/Günther, Marga 2008. Ästhetische Distinktion. Bedeutung, Funktion und Praxis körperlicher, geschlechtlicher und sexueller Inszenierungen adoleszenter Mädchen und junger Frauen. Unveröffentlichter Abschlussbericht des Forschungsprojektes. Goethe Universität Frankfurt

Mansel, Jürgen/Griese, Hartmut M./Scherr, Albert (Hg.) 2003. Theoriedefizite in der Jugendforschung. Standortbestimmung und Perspektiven. Weinheim: Juventa

Niekrenz, Yvonne/Witte, Matthias D. (Hg.) 2011. Jugend und Körper. Leibliche Erfahrungswelten. Weinheim/München: Juventa

Reiss, Kristina 2003. Heute bin ich so, morgen bin ich anders: Postmoderne Lebensstile als Medium jugendlicher Identitätsbildungen. In: Gaugele, Elke/Reiss, Kristina (Hg.): Jugend, Mode, Geschlecht. Die Inszenierung des Körpers in der Konsumkultur. Frankfurt/New York: Campus

Rendtorff, Barbara 2006. Zur Bedeutung von Geschlecht im Sozialisationsprozess. Reale, imaginäre und symbolisch-politische Dimensionen des Körpers. In: Bilden, Helga/Dausien (Hg.): Sozialisation und Geschlecht. Theoretische und methodologische Aspekte. Opladen & Farmington Hills: Barbara Budrich: 89–102

Richard, Birgit 2002: Flüchtige alltägliche Objekte. Jugendkulturelle Stile. In: Ecker, Gisela/Breger, Claudi/Scholz, Susanne (Hg.): Dinge. Medien der Abneigung, Grenzen der Verfügung. Königstein/Ts.: Helmer: 93–107

Schmidt, Robert 2002. Pop – Sport – Kultur. Praxisformen körperlicher Aufführungen. Konstanz: UVK

Schroer, Michael 2005. Zur Soziologie des Körpers. In: ders. (Hg.): Soziologie des Körpers. Frankfurt/M.: Suhrkamp: 7–47

Stauber, Barbara 2001. Übergänge schaffen. Jugendkulturelle Zusammenhänge und ihre Bedeutung für das Erwachsen(?)werden am Beispiel Techno. In: Hitzler, Ronald/ Pfadenhauer, Michaela (Hg.): Techno-Soziologie. Erkundungen einer Jugendkultur. Opladen: Leske und Budrich: 119–136

Stauber, Barbara 2004. Junge Frauen und Männer in Jugendkulturen. Selbstinszenierungen und Handlungspotentiale. Opladen: Leske und Budrich

Villa, Paula-Irene 2006. Sexy Bodies. Eine soziologische Reise durch den Geschlechtskörper, 3. aktualisierte Auflage. Wiesbaden: VS-Verlag

Villa, Paula-Irene (Hg.) 2008. Schön normal. Manipulationen am Körper als Technologien des Selbst. Bielefeld: transcript

Wulf, Christoph 2001. Mimesis und performatives Handeln. Gunter Gebauers und Christoph Wulfs Konzeption mimetischen Handelns in der sozialen Welt. In: Wulf, Christoph/Göhlich, Michael/Zirfas, Jörg (Hg.): Grundlagen des Performativen. Eine Einführung in die Zusammenhänge von Sprache, Macht und Handeln. Weinheim: Juventa

Wulf, Christoph/Göhlich, Michael/Zirfas, Jörg 2001. Sprache, Macht und Handeln. Aspekte des Performativen. In: Wulf, Christoph/Göhlich, Michael/Zirfas, Jörg (Hg.): Grundlagen des Performativen. Weinheim: Juventa: 9–24

6 Pubertät, Biologie und Kultur: Erfahrungen körperlicher Veränderungen

Karin Flaake

6.1 Unterschiedliche wissenschaftliche Perspektiven

Die lebensgeschichtliche Phase der Adoleszenz – die Zeit des Übergangs von der Kindheit zum Erwachsensein – ist wesentlich geprägt durch körperliche Wandlungsprozesse, die ausgelöst werden durch hormonelle Veränderungen und in einigen Analyserichtungen – z.B. in entwicklungspsychologischen Studien – unter dem Begriff der Pubertät gefasst werden. Bei beiden Geschlechtern geht es um Veränderungen der Figur, der Größe und des Aussehens, bei Mädchen dann insbesondere um das Wachsen der Brüste, die Veränderungen der inneren und äußeren Genitalien sowie die erste Regelblutung, bei Jungen wesentlich um das Wachsen von Hoden und Penis, die ersten Samenergüsse, Bartwachstum und Stimmbruch. Sexuelle Wünsche und Erregungen entfalten sich bei beiden Geschlechtern mit einer neuen Qualität und Intensität, es entwickelt sich die Möglichkeit zu genitaler Sexualität und dazu, Kinder zeugen bzw. gebären zu können. Diese Entwicklungen werden in einigen Analyserichtungen – z.B. entwicklungspsychologischen Studien – unter dem Begriff der „Geschlechtsreife" zusammengefasst und damit bezogen auf die körperliche Fähigkeit zu genitaler Sexualität und einer damit verbundenen „Fähigkeit zur Fortpflanzung" (vgl. z.B. Oerter/Montada 1995, S. 333). Im Zentrum stehen wie naturhaft ablaufende körperliche Reifungsprozesse, die ihr Ziel in der „Fortpflanzungsfähigkeit" haben.

Die körperlichen Veränderungen der Pubertät sind jedoch keine rein biologisch oder physiologisch zu betrachtenden Wandlungsprozesse, sie sind eingebunden in eine Vielzahl gesellschaftlicher und kultureller Bedeutungszuschreibungen, die die Verarbeitung dieser Wandlungsprozesse durch die jungen Frauen und Männer und damit ihr Körpererleben und die Körperwahrnehmung prägen. Es gibt eine unauflösbare Verbindung zwischen körperlichen Veränderungen und gesellschaftlichen bzw. kulturellen Bedeutungsgehalten, systematische Verflechtungen von Körperlichkeit mit gesellschaftlichen bzw. kulturellen Bedingungen. Sozialwissenschaftliche Analyserichtungen gehen davon aus, dass unterschiedliche gesellschaftliche und kulturelle Bedingungen mit unterschiedlichen Ausgestaltungen und Ausformungen der körperlichen Veränderungen der Pubertät verbunden sein können. Kontrovers diskutiert wird allerdings die Frage, welche Bedeutung dem Körper zukommt: Ob es eine qua Biologie bzw. Anatomie gegebene Basis gibt, die dann gesellschaftlich überformt wird, oder aber körperliche Veränderungen, die als „weiblich" oder „männlich" konnotiert sind, selbst schon als soziale Konstruktion begriffen werden müssen. Konstruktivistische bzw. dekonstruktivistische Ansätze in der angloamerikanischen und deutschsprachigen Geschlechterforschung betonen – z.B. in Anknüpfung an Judith Butlers diskurstheoretische Analysen –

dass „Geschlecht" und die als körperlich fundiert gedachte „Zweigeschlechtlichkeit" das Ergebnis entsprechender Diskurse, d.h. vornehmlich sprachlich organisierter Formen des Wissens sind (vgl. z.B. Butler 1995). Diese Diskurse sind geprägt von Machtbeziehungen zwischen den Geschlechtern mit Dominanz des Männlichen und der Norm der Heterosexualität, erst durch sie erscheinen „Körper" als geschlechtlich konnotierte und heterosexuell aufeinander bezogene[1]. Eine Leiblichkeit mit eigenen Bedeutungsgehalten wird nicht angenommen, Körper erscheinen als potenziell formbares Material, das mit den unterschiedlichsten sozialen Bedeutungsgehalten versehen werden kann.

Vera King weist hin auf Verkennungen, die in solchen Vorstellungen von der alleinigen Bedeutung der Diskurse, ihrer „Allmächtigkeit" (King 2002, S. 167) enthalten sind. Ausgespart bleiben „Begrenzungen, wie sie der Leiblichkeit, Natalität – Zeugung, Empfängnis, Geborenwerden – und Sterblichkeit inhärent sind" (ebd.). Damit bleibt auch die Möglichkeit versperrt, durch eine soziologische Perspektive die Art und Weise zu analysieren, in der diese Begrenzungen vergesellschaftet werden.[2] Für die Adoleszenz entwirft sie eine differenziertere Perspektive auf das Verhältnis von Körperlichem und Sozialem. Von den körperlichen Veränderungen der Pubertät gehen Verarbeitungsanforderungen aus, z.B. die der sexuellen und generativen Potenz, sie haben in diesem Sinne einen „Eigensinn", entsprechende Verarbeitungsprozesse sind jedoch unlösbar verknüpft mit gesellschaftlichen und kulturellen Bedingungen, durch die sich Körper- und Geschlechterbedeutungen herausbilden.[3]

6.2 Die erste Regelblutung und die ersten Samenergüsse

Die lebensgeschichtliche Phase der Adoleszenz und die damit verbundenen körperlichen Veränderungen der Pubertät sind insbesondere in den 1980er und 1990er Jahren zu Themen sozialwissenschaftlicher Forschung geworden. Entsprechende Studien entstanden wesentlich im Kontext der Frauen- und Geschlechterforschung, für die Körperlichkeit und Sexualität

---

[1] So beschreibt Judith Butler den Prozess der „Subjektwerdung": „Geschlechtsnormen wirken, indem sie die Verkörperung bestimmter Ideale von Weiblichkeit und Männlichkeit verlangen, und zwar solche, die fast immer mit der Idealisierung der heterosexuellen Bindung in Zusammenhang stehen. ... In dem Maße, wie das Benennen des ‚Mädchens' ... den Prozess initiiert, mit dem ein bestimmtes ‚Zum-Mädchen-Werden' erzwungen wird, regiert der Begriff oder vielmehr dessen symbolische Macht die Formierung einer körperlich gesetzten Weiblichkeit, die die Norm niemals ganz erreicht. Dabei handelt es sich jedoch um ein ‚Mädchen', das gezwungen wird, die Norm zu ‚zitieren', um sich als lebensfähiges Subjekt zu qualifizieren und ein solches zu bleiben" (Butler 1995, S. 306). Hier wird ein Modell des „lebensfähigen Subjekts" nahe gelegt, in dem Zwang und Formierung durch als homogen unterstellte „geschlechtliche Normen" (Butler 1995, S. 306) im Zentrum stehen. Widersprüchliches und Uneindeutiges in diesen Normen hat dabei ebenso wenig Raum wie eine differenzierte Perspektive auf innerpsychische Prozesse der Auseinandersetzung mit und Verarbeitung von „geschlechtlichen Normen". Zur ausführlichen Kritik an Butlers Argumentationen vgl. z.B. Villa 2000.

[2] Vera King weist darauf hin, dass die Annahme einer Allmacht der Diskurse die Möglichkeit einer Kritik an der potenziellen Destruktivität technologischer Realisierungsversuche von Allmachtswünschen und Auflösungen der Begrenztheit im Rahmen von Gen- und Reproduktionstechnologien versperrt (King 2002, S. 167).

[3] Vera King unterscheidet unterschiedliche Ebenen von Körperbedeutungen: zum einen Körperbedeutungen der ersten Ebene, „die mit dem Körperlichen selbst verbunden sind bzw. durch dieses evoziert werden" (King 2002, S. 197). Dazu gehören „Sterblichkeit und Geburtlichkeit, Heteronomie und Bezogenheit", in diesem Sinne ist Körperliches, „mit Bedeutungen sowohl der Begrenztheit als auch der Potenz verknüpft" (ebd.). Diese Wandlungen von Körperbedeutungen erster Ebene in der Adoleszenz müssen psychisch verarbeitet werden. In diesen Verarbeitungsprozessen werden Körperbedeutungen auf einer zweiten Ebene relevant: „Sie ‚verinhaltlichen' ... die Art und Weise, wie die Körperbedeutungen erster Ebene psychosozial ausgestaltet und subjektiv gedeutet werden können" (ebd., S. 198).

von Frauen, deren Einbindung in männerdominierte Geschlechterverhältnisse und die Möglichkeiten einer eigenlogischen, d.h. den Wünschen und Interessen von Frauen entsprechenden Aneignung wichtige Themen waren. In diesem Zusammenhang wurde auch die Verarbeitung der körperlichen Veränderungen von Mädchen in der Pubertät bedeutsam. In vielen entsprechenden Studien gab es nicht nur ein wissenschaftliches Interesse am Thema, sondern zugleich ein praktisch-frauenpolitisches: Die Untersuchungsergebnisse wurden auch als Basis verstanden für die Gestaltung pädagogischer Räume für Mädchen und junge Frauen, in denen Möglichkeiten einer positiven Aneignung und Besetzung des eigenen weiblichen Körpers eröffnet werden sollten. Studien zur Adoleszenz junger Frauen und eine sich als feministisch verstehende Mädchenarbeit – sei es in Schulen oder Einrichtungen der außerschulischen Jugendarbeit – waren eng miteinander verbunden und haben sich wechselseitig bereichert (zur Mädchenarbeit in Schulen vgl. z.B. Biermann/Schütte 1996; Holleck 1996; zur Mädchenarbeit in Einrichtungen der außerschulischen Jugendarbeit vgl. z.B. Fleßner 1996; Preiß/Schwarz/Wilser 1996; Klees/Marburger/Schumacher 1989).

Zusammenhängend mit der Thematisierung der körperlichen Veränderungen der Pubertät insbesondere durch die Frauen- und Geschlechterforschung sind entsprechende Prozesse bei Mädchen sehr viel differenzierter untersucht worden als bei Jungen. Die bis in die 1990er Jahre vorherrschende androzentrische Perspektive in den Sozialwissenschaften – eine Perspektive, die das Männliche zum Allgemeinen erhebt – hat zunächst verhindert, dass auch Entwicklungen von Jungen unter einer Geschlechterperspektive analysiert wurden.[4] Entsprechende Untersuchungsinteressen haben erst seit Ende der 1990er Jahre eine breitere Basis gefunden, die Dimension des Körperlichen in Entwicklungsverläufen von Jungen und jungen Männern und ihre soziale und kulturelle Einbindung ist jedoch auch gegenwärtig erst in Ansätzen untersucht.

6.3 Soziale Bedeutungszuweisungen an körperliche Veränderungen

Empirische Studien zeigen, dass die erste Regelblutung für Mädchen im Rahmen der körperlichen Veränderungen der Pubertät eine besondere Relevanz hat. Deutlich wird die Verflechtung von Verarbeitungsanforderungen, die von diesem körperlichen Ereignis ausgehen mit innerpsychischen Prozessen und sozialen und kulturellen Bedeutungszuschreibungen. Die folgenden Darstellungen beziehen sich dabei auf die Situation in westlich-industriellen Gesellschaften und auf Mädchen und junge Frauen, die innerlich im Kontext dieser Gesellschaften verankert sind.

Anders als die übrigen körperlichen Veränderungen der Pubertät, die kontinuierlich, über einen längeren Zeitraum hinweg geschehen – z.B. das Wachsen der Brüste und die Veränderungen der Figur und des Aussehens – ist die erste Regelblutung ein Ereignis, das plötzlich eintritt und für Mädchen mit einer Vielzahl von Gefühlen verbunden sein kann. Zugleich

---

[4] Die implizite Gleichsetzung des Männlichen mit dem Allgemeinen, z.B. im mainstream der Jugendsoziologie, ließ zugleich die Frage nach den besonderen Konstitutionsbedingungen von Maskulinität nicht zu. Die Ausblendung einer Geschlechterperspektive führte dazu, dass die spezifischen Entwicklungsbedingungen, insbesondere auch die Bedeutung der körperlichen Veränderungen der Pubertät für Jungen nicht in den Blick geraten konnten (vgl. King/Flaake 2005).

wird dieses Ereignis von der sozialen Umgebung der jungen Frauen wahrgenommen und kommentiert und auf diese Weise eingebunden in gesellschaftliche und kulturelle Bedeutungszuschreibungen.

Empirische Studien sprechen dafür, dass die erste Regelblutung für viele Mädchen mit einer Mischung aus Freude und Stolz einerseits und Erschrecken, Beunruhigung und Verunsicherung andererseits verbunden ist, bei einigen tendiert das Erleben mehr in Richtung Freude und Stolz, bei anderen mehr in Richtung Erschrecken, Beunruhigung und Verunsicherung (Flaake 2001; Göppel 2005)[5]. Dabei hat der Zeitpunkt, zu dem die erste Regelblutung eintritt[6], eine Bedeutung: Diejenigen, deren Freundinnen und Klassenkameradinnen ihre erste Regelblutung schon hatten, empfinden eher Freude und Stolz – z.B. jetzt auch „dazu zu gehören", „kein Kind mehr zu sein" – als diejenigen, die ihre erste Regelblutung früher als die jungen Frauen in ihrem sozialen Umfeld bekommen haben (Lee/Sasser-Coen 1996, S. 126ff; Hauswald/Zenz 1992, S. 53f). Auch das Informiert- und Aufgeklärtsein über die erste Regelblutung und die Bedeutung der Menstruation spielt eine Rolle für das Erleben: Junge Frauen, die sich gut vorbereitet fühlen, empfinden häufiger als andere Freude und Stolz (Hauswald/Zenz 1992, S. 59). Aber auch wenn die erste Regelblutung eingebunden in die Gemeinschaft der Freundinnen und Klassenkameradinnen und auf einer guten Informationsbasis erlebt werden kann, so ist sie für die jungen Frauen doch ein einschneidendes Ereignis, das bisherige psychische Balancen infrage stellt. Die erste Regelblutung weist hin auf das Ende der Kindheit und damit die in nicht mehr allzu ferner Zukunft anstehende Trennung von den Eltern, auf die eindeutige und unwiderrufliche Zugehörigkeit zum weiblichen Geschlecht, dem Geschlecht der Mutter und damit die Grenzen bisexueller Fantasien, auf die Möglichkeit, schwanger werden und Kinder gebären zu können. Konflikte aus früheren Entwicklungsphasen, die sich z.B. auf die Kontrolle des Körpers beziehen, können wieder belebt werden, Wünsche, Fantasien und Ängste, die mit Sexualität verknüpft sind, erhalten eine

---

[5] In einer 1994 durchgeführten, für die Bundesrepublik Deutschland repräsentativen Studie gaben ein Drittel der befragten 14- bis 17jährigen jungen Frauen an, dass sie ihre erste Regelblutung „unangenehm" fanden, 20 Prozent hatten „gute und schlechte Gefühle dabei", 31 Prozent fanden es „normal und natürlich", eine Antwortvorgabe, die wenig über zugrunde liegende Gefühle aussagt (Schmid-Tannwald/Kluge 1998, S. 62). Neuere Ergebnisse zum Erleben der ersten Regelblutung liegen nicht vor. Quantitativ orientierte Studien können allerdings wenig Aufschluss geben über die Vielfalt von Gefühlsfacetten, die mit dem Erleben der ersten Regelblutung verbunden sein können.

[6] Nach den Ergebnissen einer für die Bundesrepublik Deutschland repräsentativen Befragung von 2005 erlebt die große Mehrheit der Mädchen (92 Prozent) ihre erste Regelblutung im Alter zwischen 11 und 14 Jahren. 18 Prozent der Mädchen bekamen die erste Regelblutung im Alter von 11 Jahren und früher, 35 Prozent im Alter von 12 Jahre. Dabei hat sich im Vergleich zu 1980 das Menarchealter deutlich vor verlagert. So ist der Anteil derjenigen, die beim Eintritt der Menarche 12 Jahre alt waren, in den letzten 25 Jahren um fast 10 Prozent – von 27 Prozent auf 35 Prozent – gestiegen. Geht man eine Generation zurück, so zeigen sich die Veränderungen noch deutlicher: Unter den Müttern der 1980 befragten Mädchen gaben 17 Prozent an, ihre erste Regelblutung im Alter von 11 oder 12 Jahren oder noch früher bekommen zu haben, 2005 sind es mehr als die Hälfte der Mädchen (Bundeszentrale für gesundheitliche Aufklärung 2006, S. 72 f). Für Europa in der Mitte des 19. Jahrhunderts wird ein durchschnittliches Menarchealter von 17 Jahren angegeben. Die Ursachen dieser Veränderungen sind unklar, genannt werden Faktoren wie ein verbesserter Gesundheitszustand, eine verbesserten Ernährung und die Einschränkung der Kinderarbeit (Kluge/Jansen 1996, S. 67ff). Für die ersten Samenergüsse bei Jungen werden für die Bundesrepublik Deutschland 2005 folgende Altersangaben gemacht: Die Mehrzahl der Jungen (82 Prozent) ist bei den ersten Samenergüssen zwischen 11 und 14 Jahren alt. Dabei zeigen sich auch für die ersten Samenergüsse der Jungen Tendenzen zu einer altersmäßigen Vorverlagerung: Der Anteil der Jungen, die ihre ersten Samenergüsse noch vor dem 12. Geburtstag hatten, lag 1980 noch bei 7 Prozent, 2005 dagegen bei 16 Prozent (Bundeszentrale für gesundheitliche Aufklärung 2006, S. 73). Für beide Geschlechter zeigen sich demnach Tendenzen, dass der zeitliche Abstand zwischen der körperlich gegebenen Möglichkeit zur Elternschaft und ihrer sozialen Wünschbarkeit größer wird.

neue Bedeutung. Die erste Menstruation bezeichnet dabei den Beginn eines längeren Veränderungs- und Entwicklungsprozesses. Vera King (1999) weist hin auf die Spannung zwischen körperlicher Genitalität und psychischer Genitalität. Die körperlichen Veränderungen sind zunächst etwas Fremdes, der „genitale Körper ist ... nicht etwas, das man einfach hat, sondern etwas, das angeeignet werden muss" (King 1999, S. 213). Aus dieser Perspektive kann die Adoleszenz verstanden werden als „Wegstrecke zwischen den beiden Polen der herangewachsenen leiblichen Genitalität auf der einen Seite und der zu erlangenden psychischen Genitalität auf der anderen Seite ..., als ... Prozess der schrittweisen Integration und Aneignung des genitalen Körpers" (ebd., S. 206f).

Für die Verarbeitung dieser „Wegstrecke" sind Erfahrungen vor der Pubertät wichtig – z.B. das bisher erworbene Körpergefühl, die Qualität der Beziehung zu den Eltern und die inneren Bilder von Mutter und Vater[7] – zugleich werden mit der ersten Regelblutung soziale Botschaften bedeutsam, die bestimmten Geschlechterbildern entsprechen.

Auch Jungen und junge Männer müssen sich ihren genitalen Körper erst aneignen, auch für ihre entsprechenden Verarbeitungsprozesse haben Erfahrungen vor der Pubertät und die sozialen Botschaften, die mit den körperlichen Veränderungen der Pubertät verbunden sind, eine große Bedeutung. Auch für Jungen und junge Männer signalisieren die körperlichen Veränderungen der Pubertät das Ende der Kindheit und damit die näher rückende Trennung von den Eltern, die eindeutige und unwiderrufliche Zugehörigkeit zu einem Geschlecht, dem männlichen und damit die Grenzen bisexueller Fantasien sowie die Möglichkeit der generativen Potenz. Konflikte aus früheren Entwicklungsphasen, die sich z.B. auf die Kontrolle des Körpers beziehen, können ebenso wie bei den jungen Frauen wieder belebt werden, Wünsche, Fantasien und Ängste, die mit Sexualität verknüpft sind, erhalten auch bei ihnen eine neue Bedeutung. Zu diesen Prozessen liegen allerdings kaum Untersuchungen vor, der männliche Körper ist in diesem Sinne auch gegenwärtig noch weitgehend ein „dunkler Kontinent"[8], eine Kennzeichnung, die Freud in den 1920er Jahren für psychische Entwicklungen von Frauen vornahm. Möglicherweise hängt die weitgehende Unerforschtheit des pubertären, sich entwickelnden Körpers bei Jungen zusammen mit vorherrschenden Männlichkeitsbildern, in denen Stärke und Dominanz eine große Bedeutung haben: Die potenziellen Verunsicherungen und Verletzlichkeiten, die mit den körperlichen Veränderungen der Pubertät verbunden sein können und die in den wenigen vorliegenden Studien zum Ausdruck kommen, sind vor diesem Hintergrund nur schwer thematisierbar.

Anders als Mädchen scheinen Jungen keine der mit der Pubertät verbundenen körperlichen Veränderungen als Einschnitt zu erleben, der – wie es bei der ersten Regelblutung der Fall ist – als eine Art von „Eintritt" in die Männlichkeit gesehen wird. Die körperlichen Veränderungen von Jungen geschehen eher kontinuierlich, zudem kann ihre sexuelle Dimension eher im Verborgenen gehalten werden.

Die erste Regelblutung ist für die meisten Mädchen und jungen Frauen ein Ereignis, das öffentlich gemacht wird: Viele berichten ihrer Mutter davon, die Mütter geben diese Information häufig an den Vater weiter, viele berichten den Freundinnen und Klassenkameradinnen

---

[7] Eine psychoanalytische Perspektive auf den „genitalen Innenraum" und die Bedeutung der „inneren Bilder" von Vater und Mutter wird im letzten Abschnitt des Beitrages beschrieben.

[8] So werden in dem 2005 erschienenen Überblicksband von Rolf Göppel über das Jugendalter, in dem auch Ergebnisse von Interviews mit Studierenden einbezogen sind, im Kapitel über die körperlichen Veränderungen der Pubertät kaum Erfahrungen von Jungen in der Pubertät berichtet (Göppel 2005, S. 84ff).

davon. Die Reaktionen dieser familialen und Freundinnenöffentlichkeit konfrontieren die jungen Frauen meist mit der gesellschaftlichen Ordnung der Zweigeschlechtlichkeit und der Gebärfähigkeit. Die häufige Reaktion „jetzt bist du eine Frau" impliziert die endgültige und ausschließliche Zugehörigkeit zu einem der beiden Geschlechter, die ebenfalls häufige Reaktion insbesondere von erwachsenen Bezugspersonen „jetzt musst du verhüten, weil du schwanger werden kannst" die potenzielle Gebärfähigkeit (Flaake 2001).[9]

Es zeigen sich dabei Unterschiede in den sozialen Bedeutungszuschreibungen an die körperlichen Veränderungen der Pubertät bei Mädchen und bei Jungen. Die Entsprechung zur ersten Regelblutung bei Mädchen sind bei Jungen die ersten Samenergüsse – beides verweist auf die Möglichkeit der reproduktiven Potenz. Die ersten Samenergüsse der Jungen werden – anders als die erste Regelblutung bei Mädchen – jedoch kaum familienöffentlich gemacht. Viele Mütter sehen zwar die Flecken auf der Bettwäsche des Sohnes, sie belassen diese sexuelle Seite seiner Pubertät aber meist im Verborgenen und setzen sich individuell damit auseinander (Flaake 2005). Zudem werden die ersten Samenergüsse kaum mit der Botschaft „jetzt kannst du Kinder zeugen", also einer potenziellen Vaterschaft, versehen.[10] Wenn Jungen untereinander über die ersten Samenergüsse sprechen, steht eher die damit verbundene sexuelle Potenz denn die Zeugungsfähigkeit im Zentrum. Der Körper von Mädchen und jungen Frauen wird stärker als der von Jungen und jungen Männern mit reproduktiven Fähigkeiten, einer potenziellen Mutterschaft, verbunden, entsprechend werden auch die mit sexuellen Beziehungen verbundenen Möglichkeiten einer Zeugung bzw. Empfängnis eher als eine Gefahr für junge Frauen denn für die jungen Männer gesehen.[11]

Die soziale Botschaft, dass der mit der ersten Regelblutung „weiblich" gewordene Körper potenzieller Ort einer Gefährdung ist, zeigt sich auch in Tendenzen zu einer Medikalisierung der pubertären Entwicklungen: Das kassenfinanzierte Angebot einer „Teenagersprechstunde", die jedes Mädchen in der Pubertät besuchen sollte, zielt nur auf junge Frauen[12], für die jungen Männer gibt es keine entsprechenden Aufforderungen und medizinischen Angebote. Der in der Pubertät sich entwickelnde männliche Körper scheint – so die implizite Botschaft – kein Ort potenzieller Probleme zu sein. Der Körper von jungen Frauen wird in der Pubertät eher mit der sozialen Botschaft der jetzt gegebenen Möglichkeit zur Mutterschaft und einer potenziellen Problemhaftigkeit versehen, der Körper von Jungen stärker mit der Botschaft einer jetzt gegebenen sexuellen Potenz und einer geringen Störanfälligkeit. Zugleich haben

---

[9] Es gibt eine deutliche Tendenz, dass jungen Frauen nach der ersten Regelblutung – zur Verhütung oder zur Regulierung des Zyklus – die Anti-Baby-Pille verschrieben wird. Dabei spielt oft eine Verbindung von mütterlichen Sorgen, Wünschen der jungen Frauen und Problemlösungsangeboten von Gynäkologinnen bzw. Gynäkologen eine Rolle (vgl. Netzwerk Frauen/Mädchen und Gesundheit Niedersachsen 2008, S. 23ff).

[10] Die potenzielle Zeugungsfähigkeit wird in Aufklärungsgesprächen – die, wenn sie in der Familie stattfinden, meist von den Vätern übernommen werden – eher unter dem Aspekt des Schutzes der Partnerin vor einer Schwangerschaft denn als reproduktive Potenz der jungen Männer thematisiert.

[11] Das Bemühen junger Männer, in sexuellen Beziehungen auch an Verhütung zu denken, scheint eher einer von Erwachsenen vermittelten Moral zu entsprechen als dem Bewusstsein der jungen Männer, dass Zeugungsfähigkeit eine zentrales Element ihrer Körperlichkeit ist. Es geht eher um den Schutz der Frau vor den Folgen der eigenen sexuellen Potenz denn ein Bewusstsein von reproduktiver Potenz (Winter/Neubauer 2005, S. 219f).

[12] 28 Prozent der 14jährigen, 44 Prozent der 15jährigen, 75 Prozent der 16jährigen und 87 Prozent der 17jährigen jungen Frauen haben schon einmal eine gynäkologische Praxis aufgesucht (Bundeszentrale für gesundheitliche Aufklärung 2006, S. 35). Die große Inanspruchnahme solcher medizinischen Angebote schafft einerseits Möglichkeiten zu einer umfassenden Vorsorge und auch Aufklärung, andererseits wird der Körper von Frauen damit aber auch als prinzipiell problematisch definiert (vgl. Kolip 1999).

mit den körperlichen Veränderungen der Pubertät verbundene Verunsicherungen und Probleme von Jungen und jungen Männern aber auch weniger sozial zugestandene Räume, in denen sie artikuliert werden können. Damit kann sich ein Muster verfestigen, das gesellschaftlich nahe gelegte Sozialisationsprozesse vieler Jungen schon vor der Pubertät prägt: Eine Kluft zwischen demonstrierter Unabhängigkeit und Stärke einerseits und Gefühlen von Abhängigkeit, Selbstzweifeln, Angst, Hilflosigkeit und Schwäche andererseits, die im Verlaufe des Heranwachsens immer weniger Ausdrucksmöglichkeiten finden und zunehmend abgespalten und verdrängt werden (Schmauch 1996; Flaake 2009a). Gesellschaftliche Männlichkeitsbilder können ein Mittel sein, um den mit den körperlichen Veränderungen der Pubertät verbundenen Verunsicherungen von Jungen und jungen Männern mit demonstrierter Unabhängigkeit und Stärke zu begegnen.

6.4 Gesellschaftliche Männlichkeitsbilder

Auch für Jungen und junge Männer sind die körperlichen Veränderungen der Pubertät – ebenso wie für die Mädchen – mit einer Mischung aus Stolz und Verunsicherung verbunden. Verunsicherungen beziehen sich stark auf den durch einige Facetten der körperlichen Veränderungen empfundenen Kontrollverlust – etwa durch die nächtlichen Samenergüsse[13] und die sich verselbständigenden Reaktionen des Penis.[14] Der Körper scheint ein Eigenleben zu führen, das mit Sexualität zusammenhängt und das sich nur schwer kontrollieren lässt. Insbesondere um den Penis zentrieren sich Wünsche, Ängste und Fantasien, die mit kulturellen und gesellschaftlichen Botschaften verknüpft werden.

In Anknüpfung an Studien der Psychoanalytikerin Lilian Rotter aus den 1930er Jahren vermutet Andreas Benz als zentrale Erfahrung von Jungen in der Pubertät ein Ohnmachtserlebnis: Die Reaktionen des Penis, seine Erektionen erfolgen unwillentlich und oft ausgelöst durch Frauen, sie werden – wenn sie für andere sichtbar sind – als peinlich und beschämend empfunden und können für Jungen mit der Fantasie verbunden sein, „dass der Penis, als ... Symbol seiner Männlichkeit, nicht ihm gehört, sondern der Kontrolle eben jener Frauen zu unterstehen scheint, von denen er sich deutlich abgrenzen möchte" (Benz 1989, S. 169). Rolf Pohl beschreibt als zentrales Element adoleszenter Entwicklungen eine entsprechende Kluft zwischen Autonomieanspruch und Abhängigkeit, die insbesondere die Sexualität betrifft. „Die ... Objektgebundenheit der Sexualität unterwirft die heranwachsenden Jungen einem grundlegenden psychosexuellen und psychosozialen Dilemma, das umso tiefer unbewusst verankert wird, je stärker die vorherrschenden männlichen Autonomieideale ... verinnerlicht

---

[13] In empirischen Studien wird nicht zwischen dem Erleben unwillkürlicher Samenergüsse und dem bei bewusst – z.B. durch Onanie – herbeigeführten Samenergüssen unterschieden. Insgesamt gaben 1994 45 Prozent der Jungen positive Gefühle bei den ersten Samenergüssen an, 30 Prozent konnten sich nicht genau erinnern und 25 Prozent waren überrascht, unsicher oder hatten ein schlechtes Gewissen (Kluge 1998, S. 45). Jungen, die auf die ersten Samenergüsse vorbereitet waren, äußerten eher ein positives Erleben und zeigten sich weniger verunsichert (ebd., S. 50).

[14] Vera King beschreibt zudem die Verunsicherungen, die für Jungen davon ausgehen können, dass sexuelle Verschmelzung für sie im weiblichen Körper und Innenraum stattfindet. Zur Bewältigung dieser Verunsicherung kann sich für Jungen anbieten, „die Gefahrenquelle im Außen oder im Innern der Anderen zu lokalisieren und entsprechende Kontrolle ausüben zu wollen" (King 2006, S. 174). Es wird ein Bezug hergestellt zu externalisierenden Verhaltensweisen von Jungen insbesondere in peer-groups, wie z.B. gewalttätigem und kriminellem Verhalten und riskanten Verhaltensweisen mit hoher Verletzungsgefahr.

werden" (Pohl 2005, S. 252). Die gesellschaftlichen und kulturellen Bewertungen des Phallus – als dem „kulturellen und gesellschaftlichen Symbol für männliche Suprematie, Unabhängigkeit und Angriffslust" (Pohl 2005, S. 251) – stellen dabei ein Angebot für Jungen bereit, mit Verunsicherungen auf eine spezifische Weise umzugehen.

> „Der Penis als ‚Exekutivorgan' (Freud) der männlichen Sexualität wird mit seinen symbolischen, durch die weiterhin ungleichen gesellschaftlichen Macht- und Verteilungschancen verstärkten Aufladungen zum Zentrum des männlichen Narzissmus, zum Träger aggressiver Regungen und zugleich zum Brennpunkt des sexuellen Begehrens" (Pohl 2005, S. 251)[15].

Männliche Dominanz bei gleichzeitig verleugneter Abhängigkeit und Schwäche wird damit in den Körper, in die Fixierung auf den Penis als Symbol von Macht und Potenz, eingeschrieben. Die gesellschaftlichen und kulturellen Bilder von Männlichkeit begünstigen die „Neigung, den Penis über zu besetzen und alle erwünschte und fantasierte Größe, Macht und Aggressivität, aber auch Minderwertigkeitsängste, Verlusterfahrungen und die allgemein verbreitete Angst zu versagen, mit dem Penis zu verknüpfen" (May zit. nach Quindeau 2008, S. 192).

Die Fixierung auf den Penis als zentralem Organ männlicher Körperlichkeit hat auch in der Forschung – ebenso wie im Erleben vieler Männer (Quindeau 2008, S. 191) – zu einer Ausblendung der inneren Genitalität geführt. Heinrich Deserno zeigt auf der Basis einer psychoanalytischen Fallbeschreibung die Bedeutung, die der Aneignung der inneren Genitalität – der Prostata als innerer erogener Zone, die unbewusst mit weiblichen Identifizierungen „angefüllt" sein kann[16] – in der Adoleszenz junger Männer zukommt.

> „Auch Männer entwickeln eine Innergenitalität, aus deren konflikthaftem Erleben heraus sie Symptome bilden können, die ihre weibliche Identifizierung unbewusst und konflikthaft ausdrücken; gerade die Adoleszenz ist für die innergenitale Entwicklung von großer Bedeutung, da der ... Adoleszente mit dem Verlust des kindlichen Körpers konfrontiert wird und ... die körperlichen Veränderungen zur Ablösung von den Eltern und zur Entwicklung der eigenen Identität drängen" (Deserno 2005, S. 229).

Auch bei diesen Aneignungsprozessen spielen gesellschaftliche Geschlechterverhältnisse und Geschlechterbilder eine Rolle: etwa die in geschlechtsspezifischen Arbeitsteilungen verankerte Bindung von emotionaler und körperlicher Nähe und die damit erlebte Passivität und Abhängigkeit an die Mutter, d.h. eine Person weiblichen Geschlechts und der Mangel an entsprechenden Erfahrungen mit dem Vater als Vertreter des eigenen Geschlechts (Flaake 2009b).

---

[15] Weitere Verarbeitungsstrategien für die adoleszenten Verunsicherungen der Jungen sieht Pohl in Frauenfeindlichkeit und Homophobie. „Da die Männlichkeit aufgrund des Abhängigkeits-Autonomie-Konflikts auf keinem Gebiet der adoleszenten Lebensäußerungen mehr in Frage gestellt wird als auf dem Feld der Sexualität richtet sich der Abwehrkampf bevorzugt gegen die Objekte des eigenen Begehrens, die projektiv für die von ihnen (vermeintlich) ausgelösten Erregungen verantwortlich gemacht und deshalb bestraft werden. Neben den Frauen und der als schwach, aber eben auch als schwächend empfundenen Weiblichkeit betrifft dieses Schicksal insbesondere die männliche Homosexualität" (Pohl 2005, S. 252).

[16] Louise Kaplan geht auf der Basis ihrer Erfahrungen als Psychoanalytikerin davon aus, dass viele Jungen „die Hoden als weibliche Organe, wie Brüste oder Eierstöcke" (Kaplan 1991, S. 51) betrachten. Sie „erinnern den Jungen ... an die Weiblichkeit, Passivität und Schwäche ..., die er mit (einer) phallisch-narzisstischen Forschheit" (ebd.) zu überspielen versucht.

„Entsprechend schwer kann es in der männlichen Adoleszenz sein, mütterliche und väterliche Identifizierungen zu integrieren und sich den geschlechtsreifen sexuellen Körper sowie die verschiedenen Verbindungen von „Innen" und „Außen" der männlichen Sexualität psychisch anzueignen" (Deserno 2005, S. 244).

6.5 Gesellschaftliche Zuschreibungen an Sexualität von Mädchen

Legen gesellschaftliche und kulturelle Angebote für Jungen und junge Männer eher Verarbeitungsstrategien für die mit den körperlichen Veränderungen verbundenen Verunsicherungen nahe, die Unabhängigkeit, sexuelle Potenz und Problemlosigkeit betonen, so vermitteln diese Angebote Mädchen und jungen Frauen ambivalentere Botschaften. Das lässt sich besonders deutlich an der Bedeutung der Brüste und dem gesellschaftlichen Umgang mit der Regelblutung zeigen.

Das Wachsen der Brüste ist eine der körperlichen Veränderungen der Pubertät von Mädchen, die für Andere sichtbar ist und die sich nur schwer verbergen lässt. Zugleich sind die Brüste in westlich – industriellen Gesellschaften eines der zentralen Symbole für weibliche Sexualität.[17] Durch sie werden Mädchen – ob sie es sich wünschen oder nicht – als sexuelle Personen wahrgenommen. Bei Jungen sind die für die Umgebung bemerkbaren Veränderungen des Körpers – z.B. Stimmbruch und Bartwuchs – dagegen eher mit Männlichkeit verknüpft als mit Sexualität. Der weibliche Körper steht stärker für Sexualität, Mädchen werden dementsprechend in der Pubertät stärker von ihrer Umgebung sexualisiert.

„Der Blick auf den pubertierenden Mädchenkörper nimmt nicht nur Veränderungen wahr, sondern die Fremdeinschätzung basiert immer auf einem sexualisierenden Blick, der eine Beurteilung der sexuellen Attraktivität vornimmt" (Kolip 1999, S. 297).

Viele Mädchen und junge Frauen können ihre erotische Ausstrahlung – auch wenn das Wachsen der Brüste zunächst als problematisch erlebt wurde – im Verlaufe der adoleszenten Aneignungsprozesse zunehmend genießen und spielerisch mit ihr umgehen, die Sexualisierung ist jedoch Bestandteil des Lebensgefühls vieler Mädchen und junger Frauen und beeinflusst die Anforderungen an die Aneignung des Körpers: Um zu einem „eigenen Begehren", einem eigenen Wünschen und Wollen zu finden, muss eine innere Wendung von einer Sexualisierung von außen zu einer Subjektwerdung als sexuelle Person vollzogen werden. Angela McRobbie weist in diesem Zusammenhang hin auf die „maßregelnde Struktur des Mode- und Schönheitssystems", die die Orientierung junger Frauen an den Blicken der Männer abgelöst hat und „als autoritäres Regime agiert". Damit ist ein „Verkennungseffekt" (McRobbie 2010, S. 101) verbunden, durch den junge Frauen davon ausgehen, dass sie alle

---

[17] Sehr anschaulich hat Frigga Haug die Bedeutung der Brüste als Symbol für weibliche Sexualität beschrieben: „Die weiblichen Brüste sind nie unschuldig, ihre Sexualisierung fällt zusammen mit ihrem Auftreten" (Haug 1988, S. 90). Sobald die Brüste bei Mädchen sichtbar werden, signalisieren sie Sexualität. Für Frigga Haug findet die „Sexualisierung ‚unschuldiger' Körperteile ... hauptsächlich statt durch Bedeutungsstiftungen, Bündelung von Zeichen zu einem Verweisungssystem" (ebd.). Brüste sind jedoch nie ‚unschuldig', da sie an den frühen erotisch-sinnlichen Kontakt mit der Mutter beim Stillen erinnern. Gesellschaftliche Bedeutungszuweisungen enthalten immer auch Deutungen oder Umdeutungen dieser intensiven körperlichen Nähe zur Mutter, in ihnen sind Spuren damit verbundener unbewusster Fantasien, Wünsche und Ängste enthalten. Zu bewussten und unbewussten Bildern und Fantasien über die Brust (vgl. Olbricht 1989; Früh 2003).

Anstrengungen zum Genügen der Anforderungen an Schönheit für sich selbst unternehmen, und nicht um männliche Anerkennung zu erlangen.

Die Möglichkeiten zu einer Subjektwerdung als sexuelle Person werden auch beeinflusst von sozialen Bewertungen, die an die Regelblutung gebunden sind. Insbesondere die Frauen- und Geschlechterforschung der 1980er und 1990er Jahre hat darauf hingewiesen, dass die Menstruation nicht nur die potenzielle Gebärfähigkeit von Frauen anzeigt, sondern jede Regelblutung auch auf Sexualität jenseits von Schwangerschaft und Mutterschaft verweist, auf die Möglichkeit sinnlicher Lust und Erotik ohne Schwangerschaft (vgl. Waldeck 1988). So haben die erste Menstruation und die folgenden Regelblutungen bei vielen Mädchen und jungen Frauen auch eine sexuelle Bedeutung. Das Blut der ersten Menstruation kann unbewusst mit sexueller Lust oder entsprechenden Strafängsten und jede Blutung mit lustvollen und erregenden Empfindungen verbunden sein (Flaake 2001, S. 13ff). Insofern können Botschaften über die Menstruation immer auch Botschaften über sexuelle Lust enthalten.[18] Argumentationen im Kontext der Frauen- und Geschlechterforschung der 1980er und 1990er Jahre haben in diesem Zusammenhang die Bedeutung der kulturellen Definitionen der Menstruation als Hygieneproblem betont, die sich besonders deutlich in der Tampon- und Bindenwerbung zeigen. In der darin enthaltenen Bewertung der Regelblutung als etwas Schmutzigem, zu Verbergendem könne die latente Mitteilung enthalten sein, dass sexuelle Wünsche und Fantasien und eine Lust, die zunächst den eigenen Körper, das eigene Geschlecht zum Zentrum haben, so unsauber sind wie das Blut der Menstruation und ebenso wie dieses zu verstecken sind (z.B. Waldeck 1988). Bezogen auf das Blut der Menstruation wurden auch für westlich-industrielle Gesellschaften[19] Tabuisierungen angenommen, die „weibliche Genitalität in ihrem Lustaspekt" (Rendtorff 2003, S. 208) betreffen. Neuere Studien zu den unbewussten Gehalten der gesellschaftlichen Verhandlung der Regelblutung als Hygieneproblem und deren Bedeutung für Prozesse der Körperaneignung bei Mädchen und jungen Frauen liegen nicht vor, deutlich ist aber, dass die Regelblutung in gesellschaftlichen und kulturellen Bildern[20] – ebenso wie im Erleben vieler junger Frauen – eher als Quelle von Unbehagen,

---

[18] Für die enge Verknüpfung zwischen dem Erleben der Menstruation und sexueller Lust spricht der empirisch festgestellte Zusammenhang zwischen positivem Erleben der Menstruation und positiver Haltung zur Selbstbefriedigung. „Von den befragten Mädchen mit Selbstbefriedigungserfahrung und ohne schlechtes Gewissen dabei gaben 70 Prozent an, ihre Regelblutung positiv zu erleben. Von den Mädchen, die ein schlechtes Gewissen dabei haben, sind dies lediglich 30 Prozent" (Schmid-Tannwald/Kluge 1998, S. 278).

[19] Das Blut nicht sehen, nicht riechen und nicht fühlen ist eine zentrale Botschaft der Tampon- und Bindenwerbung. Für US-amerikanische Verhältnisse weist Joan Jacobs Brumberg hin auf die große Bedeutung der Binden- und Tamponindustrie für die Definition der Menstruation als Hygieneproblem, die sie mit der Formulierung „sanitizing puberty" kennzeichnet. „Unfortunately, many American girls grow up equating the experience of menarche and menstruation with a hygiene product ... The sanitary products industry dominates the experience of sexual maturation in America ... The surrender of a life event such as menarche to the sanitary products industry probably contributes in some measure to the difficulties we face today with female adolescent sexuality ... When contemporary American girls begin to menstruate, they think of hygiene, not fertility" (Brumberg 1997, S. 53 ff). Am Beispiel italienischer Einwanderinnen zu Beginn des 20. Jahrhunderts in die USA wird die kulturelle Variabilität des Umgehens mit der Menstruation deutlich: „Italian immigrants ... resisted middle-class efforts to sanitize the menstrual experience. In fact, they worried about any intervention that would divert or interfere with menstrual blood. To the chagrin of physicians and health educators of the Progressive era, Italian mothers did not encourage their daughters to change their menstrual rags often. In their minds, a heavily stained napkin was a good sign, it signified fertility and stimulated the blood flow" (ebd., S. 44). Eine Analyse der deutschsprachigen Tampon- und Bindenwerbung findet sich in Hering/Maierhof 2002; Hohage 1998, S. 151ff und bei Ullrich 2004.

[20] In einer ethnologischen Studie über eine Stammesgesellschaft im Hochland Neuguineas, in der über das Erleben einer jungen Frau bei ihrer ersten Regelblutung berichtet wird, wird die Art und Weise deutlich, in der ge-

Leiden und Unwohlsein[21] denn von Lust und Potenz gesehen wird. Nicht Erotik und Sinnlichkeit bestimmen das Verhältnis vieler junger Frauen zu dieser Facette weiblicher Körperlichkeit, sondern Unlust und Schwäche.[22] Die kulturellen und gesellschaftlichen Bedingungen von Menstruationsbeschwerden sind bisher kaum untersucht worden, es gibt jedoch Hinweise auf Kulturen, in denen die Regelblutung nicht mit Schmerzen und Missstimmungen verbunden ist (Beckermann 2004, S. 515)[23]. Zudem können Menstruationsbeschwerden in der Adoleszenz junger Frauen eine Bedeutung in der Mutter-Tochter-Beziehung haben: Nicht selten berichten Mütter und Töchter über ähnliche Symptome, zu Grunde liegen oft sich um Konkurrenz, Rivalität, Abgrenzung und Trennung zentrierende Dynamiken, über die sich zunächst einschränkende Formen des Körpererlebens tradieren (Flaake 2001, S. 28ff).

Die vorliegenden Studien deuten darauf hin, dass Mädchen und junge Frauen bei Prozessen der Körperaneignung kaum auf gesellschaftliche und kulturelle Angebote treffen, die ihre sexuelle Potenz, ein aktives sexuelles Begehren, ein eigenständiges erotisches Wünschen und Wollen betonen. Einer Überbetonung dieser Aspekte in den gesellschaftlichen Männlichkeitsbildern, mit denen sich Jungen und junge Männer auseinander setzen müssen, steht eine entsprechende Unterrepräsentanz in den Weiblichkeitsbildern gegenüber.

6.6 Adoleszente Verarbeitungsprozesse bei Mädchen und bei Jungen – Resümee

Das Erleben der körperlichen Veränderungen der Pubertät ist eingebunden in ein komplexes Zusammenspiel von Verarbeitungsanforderungen, die von diesen körperlichen Veränderungen ausgehen, z.B. bezogen auf sexuelle und generative Potenz, von Fantasien, Wünschen und Ängsten, die an die körperlichen Veränderungen gebunden sind, und Botschaften der sozialen Umgebung, über die sich Körper- und damit auch Geschlechtsbedeutungen vermitteln. Junge Frauen und junge Männer treffen dabei auf unterschiedliche gesellschaftliche und kulturelle Angebote zur Verarbeitung der körperlichen Veränderungen der Pubertät. Der Körper von jungen Frauen wird in der Pubertät eher mit der sozialen Botschaft der jetzt gegebenen Möglichkeit zur Mutterschaft und einer potenziellen Problemhaftigkeit versehen, sexuelle Potenz und ein aktives sexuelles Wünschen und Wollen haben in diesen Botschaften

---

sellschaftliche Definitionen eingreifen in die Möglichkeiten der Verarbeitung dieses Erlebnisses. Eine junge Frau beschreibt ihre erste Regelblutung so: „Ich verspürte etwas Eigenartiges in mir – ich konnte es gar nicht glauben: eine starke Blutung setzte ein. Ich bekam meine erste Periode. Rioys Frau gab mir sofort etwas Moos, damit ich das Haus nicht verunreinigte" (Bogner, zit. nach Waldeck 1988, S. 338f). Ehe die junge Frau dem „Eigenartigen" in sich nachspüren kann, ehe sie ihren Körperempfindungen und Gefühlen nachgehen kann, setzen kulturelle Deutungsprozesse ein und kanalisieren das Erleben in eine bestimmte Richtung: die, dass das Blut der Menstruation etwas ist, das „verunreinigt", also schmutzig ist und dessen Fluss zu stoppen ist.

[21] Eine für die alten Bundesländer repräsentative Studie über das Verhältnis von Mädchen zu ihrem Körper zeigt die große Verbreitung einer negativen Bewertung der Menstruation bei jungen Frauen. So verbinden knapp ein Drittel der 13- bis 15jährigen Mädchen mit der Menstruation keinerlei positive Vorstellungen, fast alle nennen jedoch als unangenehm Empfundenes (Gille 1995).

[22] Dass die Regelblutung mit Erregung, Erotik und Sinnlichkeit verbunden sein kann zeigt sich in den autobiografischen Schilderungen der karibisch-amerikanischen Schriftstellerin Audre Lorde (vgl. Flaake 2001, S. 72ff).

[23] Auch das Auftreten von Beschwerden vor der Regelblutung scheint nicht kulturunabhängig zu sein. So berichten Japanerinnen – anders als Frauen in westlichen Gesellschaften – kaum von entsprechenden Beschwerden (Beckermann 2004, S. 515f). Entsprechende Erklärungsansätze liegen jedoch nicht vor.

nur wenig Raum. Der Körper von jungen Männern wird stärker mit der Botschaft einer jetzt gegebenen sexuellen Potenz und einer geringen Störanfälligkeit verknüpft, nahe gelegt wird eine Über-besetzung des Penis als Symbol männlicher Macht und Potenz. In diesen Botschaften haben Passivität, Abhängigkeit und Schwäche wenig Raum. Damit hängt die weitgehende Ausblendung der inneren Genitalität aus dem Erleben junger Männer zusammen, die phantasmatisch mit weiblichen – und damit als problematisch erlebten – Identifizierungen verbunden sein kann. So finden sich in den gesellschaftlichen und kulturellen Angeboten zur Verarbeitung der körperlichen Veränderungen der Pubertät weiterhin Elemente traditioneller Geschlechterverhältnisse. Um diese zu transzendieren und Entwicklungsmöglichkeiten für beide Geschlechter zu erweitern, können für junge Frauen und Männer Ressourcen im Privaten – z.B. fördernde Beziehungen in der Familie und zu Freundinnen und Freunden[24] – sowie entsprechende Angebote in pädagogischen Räumen wichtig sein.

6.7 Zur Argumentationsbasis: Produktivität einer Verknüpfung psychoanalytischer mit sozialwissenschaftlichen Annahmen

Eine Perspektive auf die Verarbeitung der körperlichen Veränderungen der Pubertät, die – wie in den vorgestellten Argumentationslinien – innerpsychische Prozesse ebenso berücksichtigt wie gesellschaftliche Bedingungen, basiert auf der Verbindung psychoanalytischer mit sozialwissenschaftlichen Annahmen, der Verknüpfung innerpsychischer Prozesse – der Affekte, der Wünsche und Ängste, der Fantasien und des Erlebens – mit deren Einbindung in kulturelle und gesellschaftliche Zusammenhänge.

Psychoanalytisches Denken unterscheidet sich von anderen wissenschaftlichen Analyserichtungen durch die Annahme eines Unbewussten, d.h. einer Dimension menschlichen Verhaltens und Handelns jenseits intentionaler und rationaler Erwägungen. Freud, der Begründer der Psychoanalyse, hat diese grundlegende Annahme formuliert in dem Bild vom „Ich", das nur begrenzt „Herr sei in seinem eigenen Haus" (Freud 1917, S. 11). Das Unbewusste speist sich aus Wünschen und Affekten, die im Laufe der lebensgeschichtlichen Entwicklung – meist sehr früh, d.h. in den ersten Lebensjahren – verdrängt, d.h. aus dem Bewusstsein ausgeschlossen wurden, weil sie als anstößig, nicht erwünscht, verboten, bedrohlich und damit stark beängstigend erlebt wurden. Unbewusste Fantasien, Wünsche, Ängste und Konflikte zentrieren sich häufig um libidinöse, d.h. erotisch-sinnliche Strebungen oder aggressive Regungen, können aber auch mit traumatischen, d.h. durch ihre Bedrohlichkeit nicht verarbeitbaren Erlebnissen zusammenhängen. Eine weitere zentrale Annahme der Psychoanalyse besagt, dass unbewusste Gehalte zwar verdrängt, d.h. aus dem Bewusstsein ausgeschlossen sind, aber dadurch nicht unwirksam gemacht wurden – im Gegenteil: Unbewusstes drängt immer wieder in die Gestaltung der Realität, geht immer wieder ein in aktuelles Verhalten und Handeln und prägt es im Sinne einer „Wiederkehr des Verdrängten".[25] Ein wesentliches

---

[24] In einer Studie über Entwicklungen zu einer nicht traditionellen Männlichkeit hat Michael Herschelmann auf die Bedeutung von Freundschaften mit anderen Jungen und insbesondere mit Mädchen, „besten Freunden" und „besten Freundinnen", für junge Männer hingewiesen (Herschelmann 2009).

[25] Alltäglich zu findende Beispiele für solche Prozesse sind die von Freud so genannten Fehlleistungen, wie Vergessen, Versprechen, Verlegen etc. So verschaffen sich z.B. in Versprechern oft Botschaften Gehör, die ei-

Ziel psychoanalytischen Denkens und Arbeitens besteht darin, Verdrängtes, unbewusst Gemachtes aufzudecken, es dem Bewusstsein zugänglich zu machen und dadurch Verhaltens- und Handlungsmöglichkeiten zu erweitern.

Die empirische Basis psychoanalytisch orientierter Aussagen ist dabei eine andere als die in den meisten sozialwissenschaftlichen Studien. Unbewusstes lässt sich nicht „messen", lässt sich nicht mit exakten, am Ideal der Naturwissenschaften orientierten Methoden erfassen, es lässt sich jedoch erschließen: durch Fallberichte aus psychoanalytischen Therapien, in denen immer auch Unbewusstes zum Vorschein kommt, das als für individuelle Entwicklungen dann als bedeutsam angenommen werden kann, wenn es eine neue Erkenntnis bei der behandelten Person auslöst, und durch spezielle psychoanalytisch orientierte Verfahren der Textinterpretation. So ermöglichen es psychoanalytisch orientierte Verfahren der Textinterpretation z.B., die nicht bewussten Gehalte in Interviews herauszuarbeiten. Die Angemessenheit der Interpretationen bemisst sich dabei daran, dass sie für Andere durch den systematischen Bezug zum Interviewtext plausibel und nachvollziehbar sind (Flaake 2001, S. 239; Flaake 2004, S. 145f; Klein 2000; König 1997).

In psychoanalytischen Argumentationen spielt der Körper, das Leibliche – insbesondere bezogen auf Sexualität, Begehren und Geschlechtlichkeit – eine große Rolle. Von Anbeginn des Lebens an werden Sexualität, Begehren und Geschlechtlichkeit als wichtige Dimensionen in Entwicklungsprozessen gesehen, in der Adoleszenz gewinnen sie dann insbesondere durch die jetzt gegebene Möglichkeit zu erwachsenen genitalen Beziehungen eine neue Bedeutung. Die Aneignung entsprechender Erregungen, Wünsche und Fantasien und die Integration der körperlichen Veränderungen in ein erwachsenes Körperbild sind wichtige Themen dieser Zeit. Mit dem Instrumentarium der Psychoanalyse ist es möglich, auch den unbewussten Bedeutungsgehalten dieser Veränderungen nachzugehen. So zeigt Vera King für die Adoleszenz von Mädchen, dass der „genitale Innenraum"– der nicht nur die Vagina umfasst, sondern ebenso die Gebärmutter und die anderen Organe, die mit der Gebärfähigkeit im Zusammenhang stehen und dessen Aneignung eine zentrale Anforderung dieser lebensgeschichtlichen Phase darstellt – ‚angefüllt' ist mit einer Vielzahl von Fantasien, die ihren Ursprung in der Beziehung zur Mutter, in Bildern über den eigenen Ursprung und väterlichen Identifizierungen haben. „Bilder der Leiblichkeit (sind) mit verinnerlichten Objektbeziehungen ... verschmolzen" (King 1999, S. 213). Entsprechendes hat Heinrich Deserno (2005) für die Adoleszenz von Jungen aufgezeigt: Fantasien, mit denen bei ihnen der „genitale Innenraum", d.h. die Hoden, „angefüllt" sein können, sind eng an Identifizierungen mit der Mutter gebunden. Körperbedeutungen werden dabei aber – und das ist der sozialwissenschaftliche Aspekt der Argumentation – zugleich als untrennbar mit gesellschaftlichen Geschlechterbedeutungen verwoben gesehen. „Sie sind, eingefärbt von den kulturellen Konnotationen der herrschenden Geschlechterordnung, ... aufgeladen mit bewussten und unbewussten Fantasien über Männlichkeit und Weiblichkeit und dabei geprägt von den verinnerlichten Beziehungen zu Vater und Mutter" (King 2006, S. 171).

Körpererfahrungen und Körpererleben sind von Anbeginn des Lebens an eingebunden in die Qualität der Beziehung zu den nahen Bezugspersonen. Dabei gehen schon in die frühesten

---

gentlich verborgen bleiben sollen. Freud nennt das Beispiel eines Festredners, der einen Trinkspruch auf seinen auf der bewussten Ebene verehrten Lehrer aussprechen will, aber dazu auffordert, auf das Wohl seines Lehrers „aufzustoßen" – ein Hinweis darauf, dass auf einer nicht bewussten Ebene wohl einiges vorhanden ist, dass „aufstößt", also als problematisch erlebt wurde (Freud 1916-1917).

Gestaltungen der körperlichen Nähe zu kleinen Töchtern und Söhnen Geschlechterbilder und um Körperlichkeit und Sexualität kreisende Fantasien ein, die auf diese Weise Einfluss auf die Körperwahrnehmung und das Körpererleben der Kinder haben. Schon die ersten sinnlich-erotischen Interaktionen sind immer auch geprägt von Vorstellungen der Mütter über das eigene und das andere Geschlecht, über Erotik und Sexualität, über entsprechende Tabuisierungen und Möglichkeiten. So fließen z. B. in den frühen stark leibbezogenen Austausch zwischen Mutter und Kind – beim Stillen, bei der Körperpflege, den zärtlichen Berührungen des kindlichen Körpers – je nach Geschlecht des Kindes variierende Botschaften über Erlaubtes und Tabuisiertes ein, Botschaften über die Bedeutung einzelner Körperregionen, über ‚Leerstellen' und lustvoll Erlebbares. Die sinnlich-erotischen Gefühle der Mutter beim Stillen der kleinen Tochter können als lustvoll empfunden und zugelassen werden, aber auch als tabuisiert erlebt, unterdrückt und das Stillen entsprechend gestaltet werden, die Genitalien der kleinen Tochter können bei der Körperpflege und den liebevollen Berührungen des Körpers ebenso einbezogen werden wie andere Bereiche, sie können aber auch ausgespart bleiben, weil sie als anstößig und ihre Berührungen als verboten erlebt werden (vgl. zusammenfassend Moré 1997; Schäfer 1999, S. 31ff). Entsprechendes – jedoch gemäß der unterschiedlichen mit Weiblichkeit und Männlichkeit verbundenen Fantasien und Gefühle mit anderen unbewussten Botschaften verknüpft – gilt auch für die Beziehung zu kleinen Söhnen und auch für die Vater-Tochter- und Vater-Sohn-Beziehung (vgl. zusammenfassend Mertens 1992). So sind in den Interaktionen zwischen Müttern und ihren Töchtern und Söhnen immer auch Elemente gesellschaftlicher Bilder weiblicher und männlicher Körperlichkeit und Sexualität enthalten: Zum Beispiel Weiblichkeitsentwürfe, in denen eine eigene Genitalität und damit ein eigenes sexuelles Begehren wenig Raum haben und in denen homosexuelle Gefühle tabuisiert sind, oder Bilder von Männlichkeit, in denen der Penis hoch besetzt und idealisiert ist. Diese gesellschaftlichen Geschlechterbilder – wie sie ebenso für die Vater-Tochter- und Vater-Sohn-Beziehung eine Rolle spielen – schlagen sich jedoch nicht unmittelbar in den Beziehungen zwischen Erwachsenen und Kindern nieder, sondern vermittelt über innerpsychische Bearbeitungen, innere Möglichkeiten und Grenzen von Müttern und Vätern, ihre eigenen biografisch geprägten psychischen Dynamiken. Ebenso spielt die Eigendynamik innerpsychischer Verarbeitungsprozesse auf Seiten der Töchter und Söhne eine Rolle: Es gibt keine lineare und kausale Verknüpfung der in Interaktionen enthaltenen oft unbewussten Botschaften über Körperlichkeit und Sexualität und dem sich herausbildenden Körpererleben auf Seiten der Kinder und Jugendlichen. So können immer nur Aussagen gemacht werden über gesellschaftlich nahe gelegte Botschaften der sozialen Umgebung über Körperlichkeit und Sexualität von Mädchen und Jungen, jungen Frauen und jungen Männern, nicht jedoch über lineare und kausale Beeinflussungsverhältnisse.

Psychoanalytisches und sozialwissenschaftliches Denken können sich wechselseitig bereichern: Ohne sozialwissenschaftlichen Bezug gerät Psychoanalyse in Gefahr, zwar Innerpsychisches differenziert beschreiben zu können, seine gesellschaftlichen Konstitutionsbedingungen jedoch außer Acht zu lassen. Umgekehrt verbleiben sozialwissenschaftliche Ansätze, die Aspekte der Subjektgenese zum Thema haben, oft auf der Ebene rationaler Prozesse der Umweltgestaltung und -verarbeitung und vernachlässigen die Ebene des Innerpsychischen, der Affekte, Wünsche und Ängste, der Fantasien und des Erlebens. So wird mit einer Verknüpfung sozialwissenschaftlicher und psychoanalytischer Perspektiven auch die Dimension einer innerpsychischen und körpernahen Verankerung von sozialen Verhältnisse und damit auch Geschlechterverhältnissen einbezogen.

Eine Schwierigkeit bei der Verknüpfung sozialwissenschaftlicher mit psychoanalytischen Annahmen kann darin bestehen, sozialwissenschaftliche, d.h. auf gesellschaftliche und kulturelle Bedingungen gerichtete Perspektiven auf eine Weise mit innerpsychischen Dynamiken zu verbinden, durch die die Eigenlogik des Psychischen erhalten bleibt, d.h. in der nicht sozialdeterministisch ein direkter Niederschlag gesellschaftlicher Strukturen und Anforderungen in den Individuen angenommen wird (vgl. dazu kritisch Chodorow 2001). Andererseits darf Innerpsychisches aber nicht nur – wie es oft in psychoanalytischen Argumentationen geschieht – als Ausdruck individueller Verhältnisse oder triebbestimmter Bestrebungen verstanden werden. Weiterzuarbeiten wäre an einer Perspektive, in der innerpsychische Prozesse – die oft unbewussten Fantasien, Wünsche und Konflikte – und soziale Gegebenheiten als miteinander verschränkte gesehen werden, ohne ihre jeweilige Eigenbedeutung und -dynamik zu übergehen und ohne den Schwerpunkt einseitig entweder auf die Eigenlogik des Innerpsychischen oder aber die sozialen Einflüsse zu legen.

6.8 Literatur

Beckermann, Maria J. 2004. Das prämenstruelle Syndrom – Ein Konstrukt? In: Beckermann, Maria J./Perl, Friederike N. (Hg.): Frauen-Heilkunde und Geburts-Hilfe. Integration von Evidence-Based-Medicine in eine frauenzentrierte Gynäkologie, Bd. 1. Basel: Schwabe: 502–527

Benz, Andreas 1989. Weibliche Unerschöpflichkeit und männliche Erschöpfbarkeit: Gebärneid der Männer und der Myelos-Mythos. In: Rotter, Lillian. Sex-Appeal und männliche Ohnmacht. hrsg. von Andreas Benz. Freiburg i.B.: Kore: 133–174

Biermann, Christine/Schütte, Marlene 1996. Verknallt und so weiter. Liebe, Freundschaft, Sexualität im fächerübergreifenden Unterricht der Jahrgänge 5/6. Wuppertal: Hammer

Brumberg, Joan Jacobs 1997. The Body Project. An Intimate History of American Girls. New York: Random House

Bundeszentrale für Gesundheitliche Aufklärung (BZgA) (Hg.) 2006. Jugendsexualität. Wiederholungsbefragung von 14- bis 17-Jährigen und ihren Eltern. Ergebnisse der Repräsentativbefragung aus 2005. Köln: BZgA

Butler, Judith 1995. Körper und Gewicht. Die diskursiven Grenzen des Geschlechts. Frankfurt/M.: Berlin-Verlag (engl. 1993)

Chodorow, Nancy J. 2001. Die Macht der Gefühle. Subjekt und Bedeutung in Psychoanalyse, Geschlecht und Kultur. Stuttgart: Kohlhammer (engl. 1999)

Deserno, Heinrich 2005. Psychische Bedeutungen der inneren Genitalität in der männlichen Adoleszenz. Kasuistischer Beitrag zur unspezifischen Prostatitis. In: King, Vera/Flaake, Karin (Hg.): Männliche Adoleszenz. Sozialisation und Bildungsprozesse zwischen Kindheit und Erwachsensein. Frankfurt/M./New York: Campus: 227–248

Flaake, Karin 2001. Körper, Sexualität und Geschlecht. Studien zur Adoleszenz junger Frauen. Gießen: psychosozial

Flaake, Karin 2004. Geschlecht und Sozialisation. Psychoanalytisch-sozialpsychologische Perspektiven auf Körpererfahrungen und Körpererleben junger Frauen in der Adoleszenz. In: Hoffmann, Dagmar/Merkens, Hans (Hg.): Jugendsoziologische Sozialisationstheorie. Impulse für die Jugendforschung. Weinheim und München: Juventa: 143–156

Flaake, Karin 2005. Junge Männer, Adoleszenz und Familienbeziehungen. In: King, Vera/ Flaake, Karin (Hg.): Männliche Adoleszenz. Sozialisation und Bildungsprozesse zwischen Kindheit und Erwachsensein. Frankfurt/M. und New York: Campus: 99–120

Flaake, Karin 2009a. Männliche Adoleszenz und Sucht. In: Jacob, Jutta/Stöver, Heino (Hg.): Männer im Rausch. Konstruktionen und Krisen von Männlichkeiten im Kontext von Rausch und Sucht. Bielefeld: transcript: 23–32

Flaake, Karin 2009b. Geteilte Elternschaft – Veränderte Geschlechterverhältnisse? Ergebnisse einer empirischen Studie zu Familiendynamiken und Sozialisationsprozesse. In: Thiessen, Barbara/Villa, Paula Irene (Hg.). Mütter – Väter: Diskurse, Medien, Praxen. Bielefeld: transcript: 128–142

Fleßner, Heike 1996. Mädchenprojekte – Bilanz und Ausblicke. In: Pro Familia Magazin 5: 17-1

Freud, Sigmund 1916–1917. Vorlesungen zur Einführung in die Psychoanalyse. In: Gesammelte Werke (Bd. 11). Frankfurt/M.: Fischer: 1–482

Freud, Sigmund 1917. Eine Schwierigkeit der Psychoanalyse. In: Gesammelte Werke (Bd. 12). Frankfurt/M.: Fischer: 3–12

Früh, Friedl 2003. Die sexuelle Brust. Ein Beitrag zu einem psychoanalytischen Verständnis der weiblichen Sexualität. In: Psyche – Zeitschrift für Psychoanalyse, 57: 385–402

Gille, Gisela 1995. Mädchengesundheit unter Pubertätseinflüssen. In: Das Gesundheitswesen 10: 652–660

Göppel, Rolf 2005. Das Jugendalter. Entwicklungsaufgaben – Entwicklungskrisen – Bewältigungsformen. Stuttgart: Kohlhammer

Haug, Frigga (Hg.) 1988. Sexualisierung der Körper. Berlin/Hamburg: Argument

Hauswald, Mechthild/Zenz, Helmuth 1992. Die Menarche im Erleben pubertierender Mädchen. In: Zenz, Helmuth/Hrabel, Vladimir/Marschall, Peter (Hg.): Entwicklungsdruck und Erziehungslast. Psychische, soziale und biologische Quellen des beeinträchtigten Wohlgefühls bei Schülerinnen und Schülern in der Pubertät. Göttingen, Bern, Toronto, Seattle: Hogrefe: 48–60

Hering, Sabine/Maierhof, Gudrun 2002. Die unpässliche Frau: Sozialgeschichte der Menstruation und Hygiene von 1860 bis 1985. Frankfurt/M.: Mabuse

Herschelman, Michael 2009. Boys-Talk. Eine explorative Untersuchung zur narrativ-biographischen (Re-)Konstruktion sozialer (selbst-)reflexiver Geschlechtsidentität. Berlin: Lehmanns

Hohage, Kristina 1998. Menstruation: Eine explorative Studie zur Geschichte und Bedeutung eines Tabus. Hamburg: Kovac

Holleck, Dorothea 1996. Neue Formen des Sexualkundeunterrichts Offene Schule Waldau. Kassel (unveröff. Man.)

Kaplan, Louise J. 1991. Weibliche Perversionen. Von befleckter Unschuld und verweigerter Unterwerfung. Hamburg: Hoffmann und Campe

King, Vera 1999. Der Ursprung im Innern – Weibliche Genitalität und Sublimierung. In: Brech, Elke/Bell, Karin/Marahrens-Schürg, Christa (Hg.): Weiblicher und männlicher Ödipuskomplex. Göttingen: Vandenhoeck & Ruprecht: 204–229

King, Vera 2002. Die Entstehung des Neuen in der Adoleszenz. Transformationen der Jugendphase in Generationen- und Geschlechterverhältnissen in modernisierten Gesellschaften. Opladen: Leske und Budrich

King, Vera/Flaake, Karin 2005. Sozialisations- und Bildungsprozesse in der männlichen Adoleszenz: Einleitung. In: King, Vera/Flaake, Karin (Hg.): Männliche Adoleszenz. Sozialisation und Bildungsprozesse zwischen Kindheit und Erwachsensein. Frankfurt/M.: Campus: 9–18

King, Vera 2006. Adoleszente Inszenierungen von Körper und Sexualität in männlichen Peer-Groups. In: Analytische Kinder- und Jugendlichenpsychotherapie. Heft 130, XXXVII. Jg., 2: 163–183

Klees, Renate/Marburger, Helga/Schumacher, Michaela 1989. Mädchenarbeit. Ein Praxishandbuch für die Jugendarbeit, Teil 1. Weinheim/München: Juventa

Klein, Regina 2000. Am Anfang steht das letzte Wort. Eine Annäherung an die »Wahrheit« der tiefenhermeneutischen Erkenntnis. In: BIOS Heft 1: 79–97

Kluge, Norbert/Jansen, Gisela 1996. Körperentwicklung in der Pubertät: Einführung in den Gegenstandsbereich und Bilddokumentation. Frankfurt/M./Berlin/Bern/New York/Paris/Wien: Peter Lang

Kluge, Norbert 1998. Sexualverhalten Jugendlicher heute. Ergebnisse einer repräsentativen Jugend- und Elternstudie über Verhalten und Einstellungen zur Sexualität. Weinheim/München: Juventa

Kolip, Petra 1999. Geschlechtsspezifische somatische Kulturen im Jugendalter. In: Dausin, Bettina/Herrman, Martina/Oechsle, Mechthild/Schmerl, Christiane/ Stein-Hilbers, Marlene (Hg.): Erkenntnisprojekt Geschlecht. Feministische Perspektiven verwandeln Wissenschaft. Opladen: Leske und Budrich: 291–303

König, Hans-Dieter 1997. Tiefenhermeneutik als Methode kultursoziologischer Forschung. In: Hitzler, Ronald/Honer, Anne (Hg.): Sozialwissenschaftliche Hermeneutik. Opladen: Leske und Budrich: 213–241

Lee, Janet/Sasser-Coen, Jeniffer 1996. Blood Stories. Menarche and the Politics of the Female Body in Contemporary U.S.-Society. New York: Routledge

Mc Robbie, Angela 2010. Top Girls. Feminismus und der Aufstieg des neoliberalen Geschlechterregimes. Wiesbaden: VS-Verlag

Mertens, Wolfgang 1992/1993. Entwicklung der Psychosexualität und der Geschlechtsidentität. Bd. 1 und 2. Stuttgart: Kohlhammer

Moré, Angela 1997. Die Bedeutung der Genitalien in der Entwicklung von (Körper)Selbstbild und Wirklichkeitssinn. In: Forum der Psychoanalyse, 4: 312–337

Netzwerk Frauen/Mädchen und Gesundheit Niedersachsen 2008. Rundbrief 25 des Netzwerkes Frauen/Mädchen und Gesundheit Niedersachsen. Sonderheft zur 22. Netzwerk-Tagung. Hannover

Oerter, Rolf/Montada, Leo (Hg.) 1995. Entwicklungspsychologie. Ein Lehrbuch. Weinheim: Psychologie-Verlags-Union

Olbricht, Ingrid 1989. Die Brust. Organ und Symbol weiblicher Identität. Reinbek b. Hamburg: Rowohlt

Pohl, Rolf 2005. Sexuelle Identitätskrise. Über Homosexualität, Homophobie und Weiblichkeitsabwehr bei männlichen Jugendlichen. In: King, Vera/Flaake, Karin (Hg.): Männliche Adoleszenz. Sozialisation und Bildungsprozesse zwischen Kindheit und Erwachsensein. Frankfurt/M./New York: Campus: 249–266

Preiß, Dagmar/Schwarz, Anne/Wilser, Anja 1996. Mädchen – Lust und Last der Pubertät. Ein sexual- und gesundheitspädagogisches Modellprojekt zur Beratung junger Mädchen. Frankfurt/M.: dipa

Quindeau, Ilka 2008. Das andere Geschlecht. Psychoanalytischer Diskurs über die psychosexuelle Entwicklung des Jungen. In: Dammasch, Frank (Hg.): Jungen in der Krise. Das schwache Geschlecht? Psychoanalytische Überlegungen. Frankfurt/M.: Brandes & Apsel: 177–194

Rendtorff, Barbara 2003. Kindheit, Jugend und Geschlecht. Einführung in die Psychologie der Geschlechter. Weinheim/Basel/Berlin: Beltz

Schäfer, Johanna 1999. Vergessene Sehnsucht. Der negative weibliche Ödipuskomplex in der Psychoanalyse. Göttingen: Vandenhoeck & Ruprecht

Schmauch, Ulrike 1996. Probleme der männlichen sexuellen Entwicklung. In: Sigusch, Volkmar: Sexuelle Störungen und ihre Behandlungen. Stuttgart, New York: Thieme: 44–56

Schmid-Tannwald, Ingolf/Kluge, Norbert 1998. Sexualität und Kontrazeption aus der Sicht der Jugendlichen und ihrer Eltern. Eine repräsentative Studie im Auftrag der Bundeszentrale für Gesundheitliche Aufklärung. Köln: BZgA

Ullrich, Charlotte 2004. Nichts spüren, nichts sehen, nichts riechen. Inszenierung von Weiblichkeit in der Menstruationshygiene-Werbung. In: Lenz, Ilse/Mense, Lisa/Ullrich, Charlotte (Hg.): Reflexive Körper? Zur Modernisierung von Sexualität und Reproduktion. Opladen: Leske und Budrich: 85–122

Villa, Paula-Irene 2000. Sexy bodies. Eine soziologische Reise durch den Geschlechtskörper. Opladen: Leske und Budrich

Waldeck, Ruth 1988. Der rote Fleck im dunklen Kontinent. In Zeitschrift für Sexualforschung, 1 und 2: 189–205: 337–350

Winter, Reinhard/Neubauer, Gunter 2005. Körper, Männlichkeit und Sexualität. Männliche Jugendliche machen „ihre" Adoleszenz. In: King, Vera/Flaake, Karin (Hg.): Männliche Adoleszenz. Sozialisation und Bildungsprozesse zwischen Kindheit und Erwachsensein. Frankfurt/M./New York: Campus: 207–226

7 Peer-Beziehungen und Gruppen: Räume zum Experimentieren

Inge Schubert

7.1 Die Gleichaltrigen(-gruppe) als bedeutungsvolle Instanz

In der Jugendforschung hat sich die Auffassung durchgesetzt, dass das Individuum nicht nur Objekt von Sozialisation und deren Instanzen ist. Heranwachsende Kinder und Jugendlichen werden in den Theorien der Subjektkonstitution (Lorenzer 1986; Mead 1993), der sozialen Konstruktion, Selbstsozialisation und Selbstbildung (Youniss 1994; Zinnecker 2000, Griese 2001; Brandes 2008) als Akteure von Sozialisation, als aktiv die Realität verarbeitende Subjekte (Hurrelmann/Ulrich 1991) wahrgenommen. Die Gleichaltrigengruppe als bedeutungsvolle Instanz im Jugendalter wird dabei als Ort von Unterstützung und Orientierung (Noack/Haubold 2003), als Ressource und zugleich als Risiko von Selbstbildungs- und Selbstkonstruktionsprozessen betrachtet. Im Vordergrund negativer Bedeutungszuschreibungen stehen der Anpassungs- und Einpassungsdruck von Gruppen und Konformität erzwingende Gruppenstrukturen. Die Studie von Dannenbeck und Stich (Bundeszentrale für gesundheitliche Aufklärung 2002) zeigt auf, dass auch das Nicht-Eingebundensein in Peer-Beziehungen und Peer-Gruppen einen Risikofaktor darstellt.

Peers finden sich in Cliquen, Szenen, Schulklassen, Sportgruppen sowie Freundeskreisen, und hier, so lautet eine zentrale sozialwissenschaftliche Annahme, realisiert sich etwas spezifisch Jugendliches, etwas Eigenes, das als peerculture bezeichnet wird. Peercultures, so definiert der Soziologe Georg Breidenstein, dienen der „wechselseitigen Vergewisserung über ein geteiltes Verständnis von Regeln, Normen und der Wirklichkeit schlechthin" (Breidenstein 2004, S. 922).

Es ist das Ziel einer breiten Forschungsrichtung, diese Prozesse jugendlicher Vergewisserung unter Gleichaltrigen zu erfassen und zu verstehen. Dazu gibt es Bemühungen, die peercultures auf einer allgemeinen und eher überblicksartigen Weise zu beschreiben und mit Hilfe standardisierter Verfahren zu erfassen (vgl. z.B. Wetzstein et al. 2005; Ittel/Merkens 2006; Alisch/Wagner 2006). Der überwiegende Teil der Forschung aber nähert sich den peercultures in verstehender Weise und mit Hilfe von qualitativen und kulturanalytischen Methoden, die auf der Annahme basieren, dass die jeweilige Kultur in Interaktionen und Interpretationen von den Beteiligten gemeinsam hervorgebracht, bestätigt und verändert wird. Das wechselseitige Bedingungsverhältnis von Vergesellschaftung, Vergemeinschaftung und Individuierung wird auf unterschiedliche Weise gefasst.

Der Psychologe James Youniss stellt in seinem sozialkonstruktivistischen Ansatz das Individuum in seiner Bezogenheit zu Anderen in den Mittelpunkt. Er betont die Gleichzeitigkeit von Individualität und Sozialität und sieht zwischen Individualität und sozialer Bezogenheit keinen Gegensatz. Interpersonale Beziehungen, an denen das Selbst teilhat, so Youniss, bilden die Grundlage für die Definition des Selbst. Youniss konzipiert den Prozess der Selbstkonstitution als einen wechselseitigen Prozess des Gebens und Nehmens. Wenn sich Beziehungen durch Kooperation und Kollaboration mit Anderen entwickelten, würden neue Definitionen des Selbst möglich und so konstruiert, dass sie diesen Beziehungen entsprechen (Youniss 1994). Er unterscheidet Beziehungen mit symmetrischer Reziprozität von asymmetrischen Beziehungen, in denen die Macht, etwas zu bewirken, ungleich verteilt ist. Die symmetrische Reziprozität definiert er als wechselseitige und gleichwertige Beziehungsformen, bei denen es freisteht, die eigene Handlung der Handlung der Anderen anzupassen oder entgegengesetzt zu handeln. Das Selbst und der Andere als Handelnde seien gleichberechtigt und können entscheiden, ob und wann sie als Akteure zur Interaktion beitragen; den Handelnden steht ein Spielraum zur Verfügung. Youniss betrachtet symmetrische Beziehungsformen als günstige Bedingungen für die psychische Entwicklung, weil es zu einem gegenseitigen Austausch von Ideen kommt, in der jede Person der anderen als widerständiges Gegenüber dient. Er sieht den Widerstand in kooperativen Beziehungsformen als ein produktives Moment für das eigene Selbstverständnis an, für die Einsicht, dass andere für die eigenen Klärungen gebraucht werden. Dabei befasst er sich in seinen theoretischen Überlegungen zur sozialen Konstruktion und psychischen Entwicklung hauptsächlich mit dyadischen Beziehungen.

Die selbstkonstituierenden Möglichkeitsräume und Handlungsspielräume, die Youniss symmetrischen Beziehungsformen zuschreibt, verweisen auf Potenziale und Ressourcen von Peer-Beziehungen und Freundschaftsbeziehungen. Auch die empirischen Befunde „Freunde als Entwicklungshelfer" (Seiffge/Seiffge-Krenke 2005), Mädchenfreundschaft als Kommunikationskultur und als Instrument der Geschlechtsdarstellung (Breitenbach 2000; Bütow 2004; Fritzsche/Tervooren 2006), der beste Freund, die beste Freundin als emotionale Unterstützung, Orientierungshelfer und Möglichkeit der Selbstvergewisserung (Dannenbeck/Stich 2002; Dannenbeck 2003) belegen die These der wechselseitigen Reziprozität. Sie geben eine Antwort auf die Frage, was Peer-Gruppen den einzelnen Heranwachsenden denn zur Verfügung stellen und was eine Gruppe unter günstigen Umständen zu leisten vermag.

Die Gruppenforschung hebt darüber hinaus die Existenz einer besonderen Gruppendynamik hervor, die auf unterschiedliche Rollen verweist, etwa das Wir-Gefühl in Gruppen oder auch spezielle Phänomene der Integration und des Ausschlusses von Mitgliedern, der Autorität und Führung sowie der sozialen Kontrolle (König/Schattenhofer 2007). Aus einer gruppenanalytischen Perspektive sind erlebte Ungleichheiten, Unfreiheiten, Handlungseinschränkungen oder Unterdrückung Positionen im Erleben der Gruppenmitglieder, die in den Beziehungsaushandlungen und im Agieren der Gruppe zum Vorschein kommen können. Entscheidend dabei für die Entwicklung des Einzelnen und der Gruppe ist, dass sich solche Positionen und Zuschreibungen in der Gruppe verändern können, dass Gruppen-Identifizierungen und Rollen beweglich sind (Schubert 2010; 2011). Auch der Erziehungssoziologe Lothar Krappmann (1991; 1997) hebt die soziale Situation in der Gleichaltrigengruppe und ihre Herausforderungen hervor. Nicht der Interaktionspartner verlange dem Individuum einen Entwicklungsschritt ab, sondern die durch das besondere Verhältnis der Gleichaltrigen zueinander strukturierte soziale Situation schaffe eine Anforderung, die von den Beteiligten nur durch eine Erweiterung und Ausdifferenzierung der Gruppensituation bewältigt werden kann.

Eine soziologische Perspektive auf Gruppen und ihre Bedeutung hat Norbert Elias entwickelt. Er geht von der Annahme der Eigengesetzlichkeit der Beziehungen zwischen den einzelnen Menschen aus: Beziehungen sind subjektive Produkte, sie werden von den Individuen mithilfe sinnlichen Ausdrucks hergestellt, in Körperhaltungen, Gesten, Sprache zum Ausdruck gebracht und durch Funktionalitäten stabilisiert. Elias stellt die Frage, wie es möglich ist, dass durch das gleichzeitige Dasein vieler Menschen, durch ihr Zusammenleben, ihr Ineinanderhandeln, durch ihre Beziehungen zueinander, sich etwas herstellt, das keiner der Einzelnen für sich betrachtet, bezweckt, beabsichtigt oder geschaffen hat. Er knüpft hier an die Gestaltpsychologie an, und die Erkenntnis, dass ein Ganzes mehr ist als die Summe seiner Teile und dass dieses Ganze Gesetzmäßigkeiten eigener Art besitzt. Elias benutzt den Begriff der Figuration, um zu erklären, wie Individuum und Gesellschaft miteinander verwoben sind und in gegenseitiger Abhängigkeit auf verschiedenen Ebenen der Gesellschaft stehen. Er geht von der Annahme aus, dass selbst bei höchstentwickelter Individuation weder die Ausprägung der individuellen Psyche, der Denkhaltungen und Gefühlsneigungen noch die Lebensläufe erklärt werden können, ohne Berücksichtigung der gesellschaftlichen Konstellation oder Figuration, in die Individuen hineingeboren werden (Elias 1990; 1999).

Mit der These, dass man Individuum und Gesellschaft nicht trennen kann, sondern diese zwei verschiedene, miteinander verbundene Beobachtungsebenen darstellen, nahm Elias maßgeblichen Einfluss auf die von den Psychoanalytikern Sigmund H. Foulkes und Winfried R. Bion entwickelte Gruppenanalyse (Bion 1991; Foulkes 1992). Die Zusammenarbeit mit Elias brachte Foulkes dazu, unter anderem den Grundgedanken der primären Sozialität des Individuums, seiner existenziellen Gruppenbezogenheit und Einbettung in eine transpersonale, kulturelle Matrix zu übernehmen. Als Begründer der Gruppenanalyse bezieht sich Foulkes auf einen zentralen Gedanken Elias', dass Gruppenvorgänge bestimmte Eigentümlichkeiten haben, die sich von denen individueller Vorgänge unterscheiden und beide Ebenen immer gemeinsam betrachtet werden müssten.

7.1.1 Die Grundannahmen der Gruppenanalyse

Foulkes ging von der Annahme aus, dass die Mitglieder einer Gruppe durch ihre Kommunikation und Interaktion untereinander ein soziales Netzwerk erschaffen, das eine eigene Qualität, eine eigene Struktur und Entwicklungsdynamik besitzt. Er bezeichnet diese Qualität als die „Matrix der Gruppe". Mit dem Begriff Matrix versucht Foulkes das Gemeinsame in der Gruppe zu erfassen, eine Art psychisches Netzwerk von Interaktionen, welches das gemeinsam gewordene Eigentum der Gruppe darstellt und nicht nur interpersonell, sondern transpersonell sei (Foulkes 1992).

Foulkes betrachtet die Gruppenmatrix als Netzwerk der Beziehungen und Kommunikationen der Beteiligten, in dem die Individuen als Knotenpunkte und die einzelnen kommunikativen Akte als Verbindungen zwischen diesen gedacht werden. Als Analytiker und Gruppentherapeut geht er von der Annahme aus, dass sich in einer Gruppe der Sinn einer einzelnen Handlung oder Kommunikation nie aus sich selbst, sondern immer nur im Kontext der Gruppe ergibt. Die Matrix, so Foulkes, ist die Basis, die den Sinn und die Bedeutung aller Ereignisse konstruiert und auf die alle Kommunikation zurückgeht. In der Gruppe gibt es keine Beziehung, die nicht durch Kommunikation anderer beeinflusst ist. Jede Aktion steht, so gesehen, in einem Bedeutungszusammenhang zu anderen Ereignissen in der Gruppe, sie geschieht vor dem Hintergrund der gemeinsamen Gruppenmatrix.

Gruppentheoretisch betrachtet sind alle Gruppenäußerungen – wie aktive Botschaften, verbales Verhalten, Aktionen, Bewegungen, Ausdrucksformen im Sinne von Emotions- und Stimmungsäußerungen, auch stille und szenische Übermittlungen von Haltungen – kommunikative Handlungen. Die Gruppenmitglieder kommunizieren bereits mit der Wahl ihrer Position im Raum, wie sie sich zu anderen Gruppenmitgliedern platzieren, mit ihrer Sitzhaltung, mit körperlichen Reaktionen auf Äußerungen anderer, mit ihrer Gestik und Mimik und nicht zuletzt mit allen stimmlichen und szenischen Äußerungen, mit denen verbale Äußerungen begleitet und kommentiert werden. Von Bedeutung ist auch die in den Körper eingeschriebene Symboldimension, die über Körperhaltungen, Gesten und Mimik szenisch kommuniziert wird. Die Gruppenmatrix wird wesentlich durch körpernahe Sozialbeziehungen konstituiert. Sie ist in sinnlich-symbolischen Interaktionsformen verankert, die die Basis für die sprachsymbolische Verständigung der Gruppenteilnehmer bilden. Diese von den Teilnehmern gemeinsam hergestellte Grundlage des Gruppenprozesses sei sprachlich nie erschöpfend auszuloten und nicht im konventionellen sprachlichen Zugriff zu erreichen. Die Grundlage des Gruppenprozesses wird von den Teilnehmern szenisch verstanden und entsprechend in Szene gesetzt (Haubl 1988; Haubl/Lamott 2007; Mies 2005).

Aus der gruppenanalytischen Perspektive sind deshalb Sprechen und Handeln eng miteinander verknüpft. Nicht das „Über-etwas-Sprechen" ist das wesentliche Motiv des Gruppenprozesses, sondern die Tatsache, dass mit dem Sprechen immer zugleich eine bestimmte Beziehung, eine Handlung in Bezug auf die anderen Gruppenteilnehmer realisiert wird. Jedes Sprechen ist in diesem Sinne auf der Handlungsebene zugleich eine Inszenierung. Die in diesen Inszenierungen enthaltenen sinnlich-symbolischen Ausdrucksformen (Lorenzer 1986) und Bedeutungen, beinhalten immer auch einen besonderen Spielraum für Kreativität und Aktivität, die die Grundlage der Differenzierung und Individualisierung der Gruppe bilden. Die Gruppe ist eine Matrix von interpersonellen Beziehungen, und die Ereignisse, die in ihr stattfinden, sind interpersonale Phänomene. Die Matrix stellt einen gemeinsamen Sinn- und Bedeutungskontext dar. Die Mitglieder der Gruppe sind an der Herstellung eines gemeinsamen Sinn- und Bedeutungskontextes beteiligt. Aufgrund der wechselseitigen Aushandlungsprozesse und der damit verbundenen Abwandlungen und Abstimmungen von Sinnverständnissen und Sichtweisen entsteht eine neue Qualität, die mehr ist als die bloße Summe der eingebrachten individuellen Perspektiven.

Die gruppentheoretische Perspektive unterscheidet zwischen der „dynamischen Matrix", die im Gruppenprozess gebildet wird, und der „Grundlagenmatrix" als Voraussetzung für diesen Prozess. „Grundlagenmatrix" bedeutet die vor jeder konkreten Gruppenbildung immer schon vorhandenen und in übergreifenden gesellschaftlichen Zusammenhängen konstituierten Gemeinsamkeiten, die die Gruppenmitglieder in die Gruppe mitbringen. Hierzu zählen Gemeinsamkeiten kultureller und ethnischer Art sowie ein gemeinsames Verständnis des Geschlechter- und Generationenverhältnisses. Die Grundlagenmatrix gibt den Hintergrund und die Grundlage für die gemeinsame Verständigung ab und liefert damit überhaupt erst die sozialen Mittel für die Kommunikation als Basis einer Gruppenmatrix.

Gruppen stellen Spielräume zur Aushandlung von Bedeutungen zur Verfügung. Sie sind zugleich an sozial verankerte Bedeutungen gebunden, vor dessen Hintergrund der Aushandlungsprozess über einen neuen gemeinsamen Sinnkontext stattfindet.

Für Foulkes und Elias bilden Individuation und Gemeinschaft keinen Gegensatz, sondern stehen in einem Bedingungszusammenhang. Sie betrachten die Gruppe als den eigentlichen Ort der Individuation, und das Gemeinsame als Voraussetzung für die Herausbildung des

Besonderen. Aus dieser Perspektive ist auch individuelle Identität niemals getrennt von kollektiver Identität zu denken. Vielmehr bilden sich individuelle Identität und Selbstsicht in einem fundamentalen Sinne auf der Grundlage gemeinsam geteilter Bedeutungen und in der Zuordnung zu bestimmten sozialen Gruppen und der Abgrenzung von anderen. Für das Verstehen von Jugend und Adoleszenz bedeutet dies, dass jugendliche Gruppenzugehörigkeiten eine bedeutende Rolle spielen.

Eine wichtige gruppentheoretische Annahme ist, dass sich der Einzelne in seiner Individualität umso eher entwickeln kann, je mehr er in die für ihn wichtigen Gruppenbezüge integriert ist, je mehr Spielraum diese Gruppen für Individualität und Abweichung bieten, je mehr Unterschiedlichkeit eine Gruppe halten und aushalten kann. Je höher der Konformitätsdruck in einer Gruppe ist desto weniger individuelle Unterschiede vermag sie zu integrieren und desto geringer sind das durch den Gruppenzusammenhang realisierte Entwicklungspotenzial und ihr sozialer Zusammenhalt. Wichtige Grundannahmen dieses gruppenanalytischen Ansatzes lassen sich auf jugendliche Peer-Gruppen und auf Forschungen mit Gruppen übertragen. Dabei ist zu berücksichtigen, dass Kinder- und Jugendlichengruppen sich von Erwachsenengruppen durch eine geringere Stabilität der Gruppenzusammenhänge, eine größere Expressivität im Umgang miteinander, durch die unterschiedliche Rolle von Spiel und Sprache sowie durch die Bedeutung des Szenischen und des Spiels unterscheiden. Die Kontakte von Kindern auf der Schwelle zur Adoleszenz formen sich im gemeinsamen Tun und in gemeinsamen spielerischen Elementen eines Als-ob-Spiels.

7.1.2 Die Gruppe als adoleszenter Übergangsraum

Peer-Gruppen stellen unter günstigen Bedingungen einen Übergangs- und Aushandlungsraum dar, in dem heranwachsende Jungen und Mädchen Gleiche finden, mit denen sie sich wechselseitig austauschen, sich in Differenz und Übereinstimmung erproben können. Peer-Gruppen werden nur übergangsweise emotional stark besetzt. Sie verlieren zunehmend an Bedeutung, wenn Partnerbeziehungen anstehen und sich Interessen und Selbstvorstellungen wandeln, so dass andere, weitere Aktivitäten und Partnerinnen und Partner gesucht werden. Im Verlauf des Lebens verliert sich die große Bedeutung der Peer-Gruppe und bleibt dennoch eine Erfahrung von Tragweite. Der von dem Psychoanalytiker Donald Winnicott geprägte Begriff des Übergangsraums beschreibt die psychische Bedeutung der Jugendgruppe als „potential space", Möglichkeitsraum und Experimentierraum, in dem eine Verbindung zwischen der innerpsychischen Welt und der Realität der Außenwelt erschaffen werden kann (Winnicott 1991).

Im Folgenden soll anhand eines konkreten Beispiels die Rolle und Funktion der Peers und Peergruppen für die heranwachsenden Mädchen und Jungen bei der Aneignung ihres reifenden geschlechtlichen Körpers genauer betrachtet werden. Der Blick auf die mikrosozialen Kommunikationsabläufe veranschaulicht die durch die Peergroup zur Verfügung gestellten Möglichkeitsräume auf dem Weg zur individuellen Sozialität. Dabei spielt Sexualität eine herausragende Rolle.

7.2 Fallbeispiel: Erste Gruppenszene

Wir sind zu Gast bei Catherin, Gerhard, Lena, Imre (sämtliche Namen und Angaben zu Personen sind anonymisiert) und all den Anderen aus der 6b. Die Schülerinnen und Schüler treffen sich seit Anfang des Schuljahres regelmäßig zu einer Gruppenstunde, um dort unter Leitung ihre Sorgen und Nöte, aber auch Freuden und Wünsche miteinander zu besprechen. Angelehnt an gruppenanalytische Settings wurde der Gruppe ein geschützter Raum zur Verfügung gestellt, den diese zur Aushandlung und Klärung ihrer Gruppenbeziehungen nutzen konnten. Es ist die 7. Gruppensitzung und die Gruppe sitzt im Stuhlkreis auffällig eng zusammen.

Es ist Freitag und der letzte Schultag vor den Ferien. Die Gruppe wirkt aufgewühlt und angestrengt, nicht in freudiger Ferienerwartung. Einige Jungen sagen, sie wollten gar keine Ferien. Gerhard, Tonio und mehrere andere Jungen und Mädchen äußern ihren Ärger über Imre, den Klassensprecher. Imre habe im Unterricht laut gerülpst, gerotzt und Popel auf den Tisch geschmiert. Er würde sich nicht so verhalten, wie es ein Klassensprecher tun sollte. Er mache die Lehrer ärgerlich und die Klasse hätte dann zu leiden. Imre sei ein guter Klassenclown, aber ein schlechter Klassensprecher. Gerhard wirft ein, dass man Imre als Klassensprecher abwählen müsse. Catherin beteiligt sich nicht an der Gruppenszene. Sie sitzt still und mit erröteten Wangen daneben und kommt als weibliche Klassensprecherin, die sich gesittet an die Regeln des guten Umgangs hält, wenig zum Zug.

Die auf Imre gerichtete Aggression wendet sich schließlich in die Richtung der Mädchen. Die Jungen werfen den Mädchen vor, dass sie sich nach außen im Bild der gesitteten, anständigen Schülerinnen zeigen würden, dass sie aber gar nicht so brav und unschuldig seien. Sie würden die Jungen beleidigen und provozieren und dann die Unschuldigen spielen. Lena und Sabine und andere Mädchen hätten anzügliche Sprüche und Zeichnungen an die Tafel gemalt. Die Mädchen widersprechen. Die Jungen hätten zuerst mit Neckereien und dann mit den Tafelkritzeleien angefangen. Am Ende seien richtige Gemeinheiten auf der Tafel gestanden, wer mit wem angeblich gehen würde und in wen verliebt sei. Catherin sei nackt auf die Tafel gemalt worden. Die Jungen widersprechen, dass das nicht stimmen würde, dass die obszönen Bilder nicht allein auf sie zurückgehen würden. Die Mädchen würden nicht nur Herzen mit Flügeln malen, sondern auch nackte Oberkörper, nackt unten und solche Sachen. Die Mädchen dementieren die Vorwürfe der Jungen. Ein Pfeil habe auf die nackte Catherin gezeigt und auf das Paar Catherin & Günther. Adis äußert kokett, dass sie es ekelig findet, nackt gemalt zu werden, dass für sie auch ein gemalter nackter Oberkörper einfach ekelig sei. Die Jungen sind aufgeregt und empört, während die Mädchen sich verteidigen. Anne erklärt schließlich, dass Günther, der angeblich mit Catherin zusammen ist, früher mit in der Integrations-Klasse gewesen und behindert ist. Dass die Tafelschmierereien eine Gemeinheit seien, weil Catherin ganz bestimmt nichts mit Günther zu tun haben möchte. Tonio ist empört. Günther sei gar nicht behindert, er könne nur nicht so gut und schnell lernen wie sie. Es geht weiter über Beleidigungen, darüber wer wen auf der Tafel als Paar aufgemalt mit großem und kleinem Penis, Brüsten und Schamhaaren.

Das Thema Behinderung und sexuelle Bilder vermischen sich hier. Das Sprechen über die gemalten Nacktbilder, die Anschuldigungen und die Aufdeckung durch die Klasse haben für Catherin und Lena und die beteiligten Mädchen etwas Beschämendes. Die Jungen beschuldigen schließlich Farnaz, dass sie auf die Tafel beleidigende Bilder und Sprüche über sie gemalt habe, dass sie sich überall immer einmischen müsse. Es ist schwer zu verstehen, wer mit wem und wer was geschrieben und gezeichnet hat und auf wen und was die Beleidigungen zielen. Farnaz kommt in große Bedrängnis. Sie versucht sich zu rechtfertigen gegenüber den Jungen. Sie habe die Sachen gar nicht gemalt. Sie ist den Tränen nahe, doch die Jungen lassen nicht locker. Der Streit zwischen den Jungen und Farnaz geht weiter. Ein Junge sagt ihren Spitznamen, „der kleine Hobbit". Es ist die Bezeichnung, die Farnaz ärgert, die sie nicht mehr hören will. Die Jungen necken Farnaz weiter mit „kleiner Hobbit" und bringen sie in emotionale Bedrängnis. Imre legt sich zusammengerollt auf den Boden und spielt Weinen, während einige andere Jungen mit ihren leeren Pulloverärmeln phallische Bewegungen spielen. Farnaz wendet sich unvermittelt mit einer Entschuldigung an die Jungen. Sie würde das in Zukunft sein lassen, wenn die Jungen sie nicht mehr „kleiner Hobbit" nennen würden. Das wolle sie jetzt einfach nicht mehr hören.

Schließlich wendet sich die Gruppe weg von den gegenseitigen Beschuldigungen. Die Empörung richtet sich schließlich auf die Nachbarklassen, die mit Kastanien aus den Fenstern werfen würden, und auf die Willkür der Lehrer, die die aufgestellten Regeln selbst nicht beachten würden. Das externalisierte Feindbild stellt hier wieder eine Kohäsion in der Gesamtgruppe her. Catherin streichelt am Schluss der Sitzung kurz über Farnaz' Kopf.

Intimität und Scham

Die Gruppe verhandelt das Thema Intimität und Scham der Einzelnen. Es geht dabei auch um die Grenzen der Gruppe, um den Schutz der Einzelnen in der Gruppe und um die Grenzen bezüglich Intimität und Scham. Die Gruppe arbeitet an den Möglichkeiten und Grenzen der Einzelnen, wie es um den Schutz der Einzelnen in der Gruppe bestellt ist, wie mit den Intimitätsgrenzen der Einzelnen umgegangen wird. Die sexualisierten Bilder und die Beschämung der Einzelnen, das inszenierte Weinen von Imre und das Thema der Behinderung weisen darauf hin, dass es um die Vulnerabilität der einzelnen Gruppenmitglieder geht. Das Gruppenszenario stellt Fragen, wie die Intimität der Gruppe gewahrt wird.

Die Gruppenszene veranschaulicht auch, wie groß die Bedeutung des Sexuellen für die heranwachsenden Mädchen und Jungen ist, wie stark auch Kontexte mit anderen offiziellen Inhalten, wie zum Beispiel der Ort Schule davon geprägt werden. Hier bieten Peer-Beziehungen und Gleichaltrigengruppen einen Raum, in dem die Intimitäts- und Schamgrenzen durchlässiger sind als in der Familie, wo nicht selten mit Beginn der Pubertät Intimitätsgrenzen zwischen Eltern und Kindern eher intensiviert und neu aufgerichtet werden.

Die Gruppe ist hier am Anfang, konstituiert sich als Gruppe und lotet Grenzen und Möglichkeiten aus. Dies vollzieht sich nicht nur in der Schul-Klasse, sondern auch im Kontext gesellschaftlicher Verhältnisse.

7.2.1 Der gesellschaftliche Kontext: Veränderungen von Beziehungs- und Sexualformen

Nicht ein Übermaß an allzu greifbaren Zwängen und Verboten, vielmehr die überwältigende Vielfalt an Wahlmöglichkeiten sei das, was Jugendliche unserer Tage plage – so lautet die zeitdiagnostische Kritik des Soziologen Zygmunt Bauman. Die Quelle des Unglücklichseins sei heute eher der Mangel an Sicherheit, der die Freude über das nie da gewesene Ausmaß an individueller Freiheit trübe. Baumann wirft die Frage auf, ob die Fesseln, die den Trieben des Einzelnen einst angelegt wurden, denen die Kultur in Freuds epochaler Analyse ein Ende zu bereiten versprach, nicht mit neuen Zumutungen vertauscht wurden; die Frage, ob die Fesseln der sexuellen Repression, die Frauen und Männer verzweifelt zu sprengen versuchten, nicht weniger furchtbar erscheinen, wenn man sie den neu entdeckten Schrecken einer permanenten und unablässigen Unsicherheit gegenüberstelle (Bauman 2003; 2009). Das Zeitalter der Masturbationshysterie, das den disziplinierenden Einfluss gegenüber „dem ‚Laster' des Kindes" (Foucault 1977) in den Mittelpunkt erzieherischen Bestrebens gestellt hat, habe, so meint Bauman, sich nicht zum Besseren gewendet. Mit der Frage, ob das Projekt der Moderne mit seinen Diversifikationen von Beziehungs- und Sexualformen heranwachsenden jungen Menschen überhaupt Möglichkeits- und Freiheitsräume zur Verfügung stellt, thematisiert Bauman die Veränderungen in modernen Generationenbeziehungen. Die Versprechen von sexueller Aufklärung und sexueller Befreiung – so seine These – seien letztlich nicht eingelöst worden.

Bauman beleuchtet gesellschaftliche Veränderungsprozesse, die Verschiebung von Intimitäts- und Schamgrenzen, die Veränderung von Beziehungs- und Sexualformen als Hintergrund von inneren und äußeren Möglichkeiten und Einschränkungen. Einst hätten Bade- und Schlafzimmer als Orte höchster Gefahr gegolten, als fruchtbarer Boden für die vermeintlich „krankhaften" sexuellen Neigungen von Kindern. Orte, die eine besonders strenge, intime, unablässige Überwachung, eine ständige, deutlich sichtbare und penetrante Präsenz der Erwachsenenwelt erforderten. Seine Betrachtungen fokussieren die Veränderung der generativen Beziehungen von Kindern und Eltern, das Verschwinden der Generationendifferenz und die Verschiebung in den Generationenbeziehungen. Das Missbrauchsthema habe heute die Masturbationshysterie abgelöst. Die Kontrolle des Sexuellen und der Verdacht seien von den Kindern abgezogen und haben sich eher auf die Eltern verlagert.

Dass das Inzesttabu und das Missbrauchsthema in modernisierten Gesellschaften in den Vordergrund rücken, steht vermutlich weniger im Kontext der Zunahme realer Missbrauchserfahrungen von Kindern. Die Aufmerksamkeit gegenüber den Inzestgrenzen ist nicht ausschließlich als Errungenschaft von sexueller Aufklärung und Kinderschutz verstehbar. Sie hängt eng mit der Kindzentrierung und der Intimisierung von Eltern-Kind-Beziehung in modernisierten Gesellschaften zusammen (Sigusch 2003). Die verschwindende Sichtbarkeit von Generationengrenzen und die auf Kinder gerichteten elterlichen Bindungswünsche und Bedürftigkeiten von modernisierten Elternarrangements und partnerschaftlich-egalitären Kind-Eltern-Beziehungen können inzestuöse Fantasien verstärken und den Ablösungsprozess und das Sexuell-Werden von heranwachsenden jungen Männern und Frauen erschweren (Hofer 2006). Die Familialisierung des Sexuellen (Dannenbeck/Stich 2002; Bundeszentrale für gesundheitliche Aufklärung 1998; 2001; 2002; 2006) verschafft den Töchtern und Söhnen, deren sexuelle Erfahrungen in den Raum der Familie hereingenommen werden, Freiräume für autoerotische Selbsterfahrung und sexuelle Beziehungserfahrungen mit Liebespartnerinnen und Liebespartnern. Der liberale familiale Raum ist jedoch auch ein Raum, in dem inzestuöse Fantasien und reale nahe Beziehungs- und Körpererfahrungen zusammenwirken: ein Raum, in dem Generationendifferenzen weniger, inzestuöse Fantasien stärker sichtbar sind (Schubert 2005). Insofern kommt der Gleichaltrigengruppe und dem nichtfamilialen Raum eine zunehmende Bedeutung bei der Ablösung der kindlichen Liebesbeziehungen zu Mutter und Vater zu. Gleichaltrigenbeziehungen stützen Jugendliche bei der autoerotischen und sexuellen Selbstfindung und der sexuellen Beziehungsfindung. Gleichaltrige übernehmen in modernisierten Gesellschaften eine wichtige Funktion beim Sexuell-Werden von Jungen und Mädchen. Sie helfen, Generationengrenzen aufzurichten, und bilden einen

Gegenhorizont gegen den Sog von Inzestfantasien, einen generativen, eigenen Experimentierraum außerhalb des Familialen.

Kinder und Jugendliche wachsen heute in der Welt mit den Erwachsenen zunehmend in Freiräumen auf, die ihnen eigene Selbstfindungsprozesse ermöglichen und abverlangen. Sexuelle Liberalisierung und die Freizügigkeit moderner Eltern bedeuten für das Aufwachsen und Sexuell-Werden der nachfolgenden jungen Generation eine zunehmende Autonomisierung und zugleich einen Entgrenzungsprozess. Der Übergang von Kindheit zu Adoleszenz und die aufgegebene Autonomisierung bedeuten für Jungen und Mädchen, die sich in einer Welt der Auflösung von Geschlechterarrangements und Diversifizierung von sexuellen Beziehungsformen zu orientieren suchen, eine Herausforderung, in der sie zwischen kindlich-regressiven Wünschen nach Versorgt-Werden und progressiven Autonomisierungsvorstellungen hin und her schwanken. Ihre Orientierungssuche geht einher mit einer Verunsicherung, einem Pendeln zwischen Ohnmachts- und Größenfantasien. Das Sexuell-Werden von Mädchen und Jungen scheint diese in eine Verunsicherung zu führen, die trotz sexueller Aufklärung, elterlicher Unterstützung, institutionalisierter Beratungsangebote und sexualpädagogischer Maßnahmen weiter zunimmt. Diese Verunsicherung ist eng verknüpft mit der beginnenden Loslösung von den Eltern, dem Differenzierungs- und Individuationsprozess der Heranwachsenden.

So zeigt die Wiederholungsbefragung der Bundeszentrale für Gesundheitliche Aufklärung zur Jugendsexualität vom Jahr 2006, dass die Anteile der Jugendlichen, die sich selbst für aufgeklärt halten, deutlich sinken und mittlerweile unter dem 1980 erreichten Niveau liegen. Die Anteile der Mädchen und Jungen, die sich als unsicher einstuften, haben im Vergleich zu 2001 weiter zugenommen. Auch wenn die Items der Studie den subjektiv erlebten Grad von sexueller Aufklärung abfragen, kann die Zunahme der unsicheren Jugendlichen als Ausdruck von Ängsten und Orientierungslosigkeit gelesen werden. Bemerkenswert ist in diesem Zusammenhang, dass die Vergleichszahlen von 2006 und 1980 zugleich eine Generationenspanne abbilden, dass die 1980 befragten Jugendlichen die Elterngeneration der heutigen Jugendlichen sind (Bundeszentrale für gesundheitliche Aufklärung 1998; 2002; 2006).

Die Aussicht darauf, dass der Abbau und die Lockerung von gesellschaftlich auferlegten Beschränkungen zu einer Zunahme an individueller Freiheit führen, konnte sich – historisch gesehen – nur bedingt realisieren. In seinen frühen soziologischen Analysen verwies Emile Durkheim auf den Gewinn und die Kosten, die die Aufhebung von gesellschaftlichen Grenzen und sozialen Normen für die Menschen mit sich bringen. Sie berge die Gefahr, dass diese die Verletzlichkeit und Hilflosigkeit des Individuums vertiefen und diesen zum Sklaven seiner Instinkte machen könne (Durkheim 1858).

Bezogen auf das Erwachsen-Werden von Jugendlichen heute stellt sich die Frage, wie diese die sexuelle Liberalisierung, die Egalisierung im Geschlechterverhältnis vor dem Hintergrund der gegenwärtigen gesellschaftlichen Transformationsprozesse wahrnehmen und sich mit eigenen Vorstellungen von Sexualität, Liebe und Bezogenheit darin verorten (siehe dazu auch Rendtorff 2006; Klein/Zeiske/Oswald 2008).

7.2.2 Sexuell-Werden vor dem Hintergrund des gesellschaftlich Erlaubten

Die Psychoanalytikerin Louise Kaplan beschreibt in ihrem in den 1980er Jahren erschienenen Buch „Abschied von der Kindheit" vor dem Hintergrund der zurückgedrängten Masturbationshysterie und der Auseinandersetzung um sexuelle Liberalisierung den körperlich-geschlechtlichen und psychischen Veränderungsprozess von Heranwachsenden (Kaplan 1994). Ihre empathische Offenheit, mit der sie die Körperlichkeit und die Welt der sexuellen Fantasien und Wünsche von pubertierenden Mädchen und Jungen der amerikanischen Mittelschicht als normale Gegebenheiten beschreibt, stehen ganz unter dem Vorzeichen der Befreiung von den Schrecken der vorangegangenen medizinischen und pädagogischen Krankheits- und Abnormalitätszuschreibungen. Ihre Schilderungen über die Kontrollzwänge, die Kleidungsanweisungen, Verhaltensmaßregelungen, die ganze Industriezweige hervorbrachten, um Jungen und heranwachsende Männer mit Hilfe mechanischer Vorrichtungen vor unkontrollierten Ejakulationen und dem vermeintlich drohenden körperlichen und geistigen Zerfall zu schützen, geben Einblick in die psychischen und körperlichen Ängste, Leiden und Gewissenskonflikte, die mit der geschlechtlichen körperliche Reifung unter den Vorzeichen einer repressiven, rigiden Sexualerziehung verbunden waren. Kaplan knüpft als Verfechterin der sexuellen Aufklärung an die Adoleszenzforschung von Erik H. Erikson (1998; 1973) und Peter Blos (1996) an. Ihre dezidierten physiologischen Beschreibungen zeigen die Dimensionen des enormen körperlichen Veränderungsprozesses, der bei Mädchen mit Eintritt der Menarche zu einem vorläufigen Abschluss kommt, und bei Jungen mit den ersten unkontrollierten Ejakulationen erst beginnt. Sie lassen erahnen, dass die alltagsweltliche Selbstverständlichkeit in einer aufgeklärten, sexuell liberalisierten Gesellschaft sich aus der Perspektive von Jungen und Mädchen, die ihre körperliche geschlechtliche Reifung noch verarbeiten und in ihr Selbstbild integrieren müssen, vermutlich anders darstellt. Auch stellt sich bei der Lektüre die Frage, wo und wie sich diese Jugendlichen von Eltern, Schule, Sozialpädagogik und Beratungseinrichtungen auf einer kognitiven Ebene Aufklärung und emotionale Unterstützung erfahren. Kognitiv deshalb, weil die psychische Aneignung des geschlechtlich reifenden sexuellen Körpers ein Prozess ist, von dem die Eltern als Liebesobjekte der Kindheit und die Erwachsenengeneration im Prinzip ausgeschlossen bleiben (siehe auch Bohleber 1996).

Peer-Beziehungen und Gleichaltrigengruppen können hier einen Raum bieten, in dem die Intimitäts- und Schamgrenzen, die gegenüber Eltern und Erwachsenen zunehmend aufgerichtet werden, durchlässiger sind. Jugendliche können hier in ihrer individuell erlebten Befindlichkeit in ihren Gruppenbeziehungen zu Gleichaltrigen einem Raum zwischen Familie und Gesellschaft finden, wo sie sich in Gemeinsamkeit und Differenz ausschließen und neu zusammenfinden und ihre eigenen Dramen inszenieren können. Sie brauchen einen intermediären Raum, in dem mit Bedeutungen, Normen und Vorstellungen gespielt, Geschlechter- und Körperbilder ausgehandelt, mit der veränderten Körperlichkeit und der sich herausbildenden sexuellen Geschlechtlichkeit mit Geschlechterzuschreibungen und Geschlechtervorstellungen experimentiert werden kann – einen Raum, in dem Fantasien, Wünsche und den Heranwachsenden Eigenes zur Sprache kommen können.

7.3 Fallbeispiel: Zweite Gruppenszene

Lenny und Imre sprechen zuerst eine rituelle Abwehrformel: „Es gibt keine Probleme, los spielen wir!" Es ist anfangs ruhig, aber es gibt eine Anspannung, die Imre und Lenny überspielen wollen. Einige Gruppenmitglieder sagen: „Wir müssen jetzt vier ausgefallene Stunden nachholen und den ganzen Vormittag im Gruppenraum bleiben." Audrey erklärt, dass heute Valentinstag sei und eine Lehrerin von einer Schülerin eine Blume bekommen habe. Die Jungen sagen, dann sei die Schülerin ja lesbisch. Einige Mädchen widersprechen, sie würden ja auch ihre Mutter lieben. Die Mutterliebe wollen die Jungen eingestehen, nicht aber die Lehrerinnenliebe; das sei Schleimerei. Audrey sagt, dass sie aber ihre Lehrerinnen schon geliebt habe. Audrey zählt verschiedene Lehrerinnen auf, die sie in der Grundschulzeit sehr gerne mochte. Sie berichtet auch von einer Lehrerin, die keiner mochte, die sie nur wenig mochte, die jetzt aber gestorben sei. Die Jungen sprechen über das „Schleimen", dass man den Lehrern etwas vorspielen würde, was nicht ehrlich sei. Jeffrey wendet ein, dass Herr K., der Lehrer aus der Nachbarklasse vielleicht auch Recht hatte, als er sagte, „Ich glaub euch kein Wort!". Die Gruppe unterhält sich darüber, dass es mit der Ehrlichkeit gegenüber den Lehrern auch nicht so einfach sei. Dass man dann auch zu leiden hätte. Dass man in der Schule meistens besser dran wäre, wenn man nicht die Wahrheit sage. An dieser Stelle fängt die Jungengruppe an, wild durcheinander zu sprechen. Es geht um das Fußballturnier der Jahrgangsstufe. Adrian, einem Jungen aus der Nachbarklasse, sei der Turnschuh in die Toilette geworfen worden und Matteo sei von dem Lehrer der Nachbarklasse beschuldigt worden. Matteo sei aber gar nicht beteiligt gewesen. Hans erklärt schließlich, dass er in den Schuh von Adrian gepinkelt habe.

Die Jungen erklären sich gegenseitig, wer in der Kabine dabei gewesen wäre und wer den Schuh aus der Kabine geholt habe. Gerhard und Matteo erklären, dass sie den Schuh nur im Klo runtergespült hätten, aber nicht in den Schuh gepinkelt hätten. Die Gruppe der Jungen diskutiert darüber, wer alles dabei war und in den Schuh gepinkelt hätte. Es sei doch so viel gewesen, das hätte Hans gar nicht alleine schaffen können. Die Mädchen hören zuerst irritiert zu und schalten sich dann in die Diskussion der Jungen ein. Im Klassenzimmer hätten Imre und Gerhard auch schon öfter an ihren Hosen rumgemacht. Sally wirft ein, dass Gerhard schon mehrmals im Unterricht mit seinem Penis gespielt habe. Dass die Jungen in Adrians Schuh pinkeln sei ganz schön ekelig. Sabine und Lena melden sich mit Wiedergutmachungsvorschlägen zu Wort. Dass das schon fies sei, dass sie sich bei Adrian entschuldigen sollten. Es kommt die Idee auf, dass sich alle Jungen gemeinsam entschuldigen könnten, dann stünden Hans, Matteo und Gerhard nicht alleine da. José sei auch mit dabei gewesen, eigentlich seien alle Jungen mit dabei gewesen in der Dusche. Gerhard und Matteo hätten den vollen Schuh nur ins Klo geworfen und abgezogen. Es geht hin und her, wie es am besten zu machen sei, sich zu entschuldigen. Die Jungengruppe einigt sich schließlich darauf, sich gemeinsam zu entschuldigen. Die Mädchen applaudieren erleichtert und alle scheinen froh, diese für alle Beteiligten unangenehme Geschichte damit aus dem Weg räumen zu können. Die Gruppe ist froh über die Klärung und will nun spielen. Es wird über verschiedene Spiele abgestimmt. Zuerst sollte mit dem Detektiv-Mörder-Spiel begonnen werden, dann mit dem Hochzeitsspiel. Die Jungen fallen wild übereinander her und verdeckten sich mit ihren Jacken. Sie wirken aufgedreht und erregt. Die Mädchen legten sich eher einzeln und bleiben still liegen, während die Jungen kreuz und quer übereinander liegen. Nicht alle beteiligen sich an dem Detektiv-Mörder-Spiel. Einige Mädchen und Jungen bleiben auf ihren Stühlen sitzen oder spielen vom Stuhl aus mit.

Homosexualität und Masturbation

Die Jungengruppe inszeniert im Detektiv-Mörder-Spiel die gegenseitige homosexuelle Anziehung und die damit verbundene Angst und Scham. Damit bearbeitet sie die Episode des gemeinsamen Schuhpinkelns der Jungen, das auch eine gemeinsame Masturbationsszene verstanden werden kann, die von Lust, Erregung, Beschämung, Ekel und der Entwertung und Demütigung Adrians begleitet ist.

7.3.1 Der Erfahrungsraum mit den Peers

Im Spielen und Experimentieren mit den eigenen Selbstbildern vom kindlichen, vom idealen und realen, sexuell werdenden Körper – in der inneren Vorstellungswelt und im Beziehungsraum mit den Peers – erwerben heranwachsende Mädchen und Jungen Mentalisierungs- und Reflexionsfähigkeiten. Diese ermöglichen einen Prozess der Reorganisation der verschiedenartigen kindlichen Selbstbilder und vergangenen Erfahrungen, indem die Realität des reifenden geschlechtlichen Körpers und den damit verbundenen gesellschaftlichen Bedeutungen verknüpft werden. Tagträume, Masturbation, peerbezogene Körper- und Geschlechterinszenierungen schaffen einen Raum zum Probehandeln und zum Ausprobieren, dessen Erfahrungen mental strukturierend wirken. In der Aushandlung geltender Normen und im imaginativen Prozess der Strukturierung von sexuellen Vorstellungen, Gefühlen und Befriedigungen, die in das Netzwerk von Selbst und Fremdbildern hereingeholt oder abgelehnt werden, konstituiert sich sexuelle Identität. Von entscheidender Bedeutung ist dabei das Gefühl der Heranwachsenden, über eine subjektive Aktivität zu verfügen, einen inneren Spielraum und eine Wahl zu haben (Bohleber 1999).

Jugendlich-Sein bedeutet Sexuell-Werden, und Sexuell-Werden bedeutet schließlich, die kindlichen Liebesbindungen an die Eltern aufzugeben und umzugestalten, Lust und sexuelle Erregung in eine neue Selbstbeziehung und in intime sexuelle Beziehungen außerhalb der Familie fließen zu lassen. Auf dem Weg hin zu sexuellen Beziehungserfahrungen spielen die Erfahrungen mit Peers und Peergruppen eine wichtige Rolle. Die Entwicklung von sexueller Sozialität und von Sublimierungsfähigkeiten – vor dem Hintergrund dessen, was im Kontakt mit anderen an sexuellen Praktiken zulässig, möglich, annehmbar, erregend und befriedigend ist – kann nicht allein in der individuellen selbstbezogenen Befassung mit dem Körper hergestellt werden.

Mit dem Eintritt in die Pubertät beginnt die Bedeutung der Eltern abzunehmen und die Bedeutung von Peergruppen zuzunehmen. Für die Suche nach sexueller Identität können Erfahrungen mit Gleichaltrigen Handlungsräume und Entwicklungsräume eröffnen, diese aber auch einengen. Da die Aushandlungsprozesse in Peergruppen oftmals einen rauen Stil haben (Breidenstein 2008), können ausgrenzende Peer-Erfahrungen auch eine Belastung darstellen und Heranwachsende in die Sackgasse der Isolation drängen (Dannenbeck/Stich 2002).

In einer Studie der Bundeszentrale für gesundheitliche Aufklärung (Dannenbeck/Stich 2002) wird die Bedeutung, die Peers für den sexuellen Erfahrungs- und Lernprozess Jugendlicher haben, veranschaulicht: In Gesprächen mit Peers lassen sich Beziehungsenttäuschungen, sexuelle Unsicherheiten und sexuelle Insuffizienzerfahrungen relativieren und Selbstvergewisserungen herstellen. Die Heranwachsenden verhandeln in der Peergruppe ihre Ängste vor Abnormität und verorten sich mit ihren individuell erlebten Erregungen und ihren Masturbations- und Sexualpraktiken. So erklärten interviewte Jugendliche zum Thema Masturbation „Das machen fast alle, da sprechen wir drüber", oder „Meine Freundinnen machen das auch" (Bundeszentrale für gesundheitliche Aufklärung 2002, S. 134). Beim Fehlen von vertrauten Peer-Kontakten wirke die fehlende Selbstvergewisserung belastend. Ein Beispiel ist Kolja, ein interviewter Junge, der sich in einer Gruppe bewegt, die in der Abwertung des Weiblichen sich ihrer Männlichkeit zu versichern sucht. Kolja kann in der Jungengruppe nicht über die ihn verunsichernden eigenen Masturbationserfahrungen sprechen. Er gibt an, von der Jungengruppe dazu gedrängt zu werden, eine Vielzahl von sexuellen Kontakten vorzuweisen (ebd., S. 135). Neben den Jugendlichen, die über den intimen Austausch und vertrauensvolle Peerkontakte berichten, geben andere an, dass sie intime Gespräche über sexuelle Erfahrungen ausschließlich in ihrer Partnerschaft führen wollten. Die Übergänge in Gruppen zwischen Erfahrungsaustausch, gegenseitiger Beratung und Unterstützung in krisenhaften Situationen zeigen sich als fließend. Während intime Kommunikation und psychische Unterstützung unter weiblichen Peers tendenziell eine Selbstverständlichkeit seien, wären diese Kommunikationsformen in männlichen Peergruppen eher schwierig.

Die Einbindung in Peerbeziehungen, so das Ergebnis der Studie, stelle Gelegenheitsstrukturen her, erzeuge und entscheide über Möglichkeiten für individuellen Erfahrungsaustausch, Beratung und Unterstützung in Krisen. Peers – so die Autoren – hätten eine zunehmende Bedeutung für die individuelle Orientierung bekommen. In dem Maße, wie mit der Pluralisierung von Normen gültige Verhaltensregeln für die Gestaltung des Sexuallebens und geschlechtsspezifisch angemessene Verhaltensmuster geschwunden sind und an ihre Stelle ein vielfältiges Angebot von Informationen und Bildern getreten ist, müssten Mädchen und Jungen selbst für sich herausfinden, woran sie sich orientieren und ihre ganz individuellen Bedürfnisse messen wollen.

Gruppenanalytische Arbeits- und Forschungskontexte mit pubertierenden Mädchen und Jungen (Rohr/Bianchi-Schaeffer 2006; Schmidt-Bernhardt 2008; Schubert 2004) und gender-ethnografische Forschungsprojekte (Rose/Schulz 2007) zeigen diesbezüglich, dass Gender-Verortungen und -Zuweisungen in der Peer-Gruppe davon abhängig sind, wie und in welcher sozialen Ordnung sich Mädchen und Jungen in der Gruppe positionieren. Die kommunikativen Aushandlungsprozesse und die oftmals polarisierenden Botschaften und verwirrenden Gender-Inszenierungen von heranwachsenden Jungen und Mädchen realisieren sich im sozialen Setting der Gruppe.

7.4 Fallbeispiel: Dritte Gruppenszene

Es ist die letzte Gruppensitzung vor den Ferien zum Ende des 7. Schuljahres. Die Gruppe sitzt in Aufbruchsstimmung zusammen und erzählt sich über ihre bevorstehenden Ferienreisen. Farnaz ist bereits weg und mit ihrer Familie nach Syrien geflogen. Marc erzählt, dass seine beiden älteren Brüder nicht mehr mit nach Österreich kommen würden. Sein zweitältester Bruder sei im letzten Jahr zum letzten Mal mit in den gemeinsamen Familienurlaub gekommen. In den nächsten Sommerferien wolle er auch ohne Eltern zuhause bleiben. Lena berichtet, dass sie zu Beginn der Ferien mit einer Gruppe nach Südfrankreich fahre. Gerhard erklärt, dass er überhaupt nicht wegfahre und zu Hause bleibe. Seine Eltern wären beide nicht da, da sie den ganzen Tag arbeiten müssten. Er hätte deswegen die ganzen Ferien über elternfreie Zone. Sally entgegnet, dass sie und ihre ältere Schwester schon immer das Haus für sich alleine hätten, weil ihre Mutter und der Freund der Mutter wegen der Fahrschule bis spät in die Nacht immer weg seien. Dass sie ihre Mutter eigentlich nur noch ganz selten zu Gesicht bekäme, auch deshalb, weil sie gar nicht so oft zuhause schlafe und jetzt öfter bei Gordon bleibe. Maren entgegnet, dass ihre Mutter ihr so etwas nie erlauben würde. Dass sie immer Bescheid geben müsse, wo sie sei und wann sie nach Hause komme. Sally erklärt daraufhin, dass man Marens Mutter ohnehin vergessen könne. Sie habe sich neulich vom Garten aus sogar in ihren Streit mit Amy eingemischt und ihr nachmittags verboten, auf der Straße laut zu sein. Tonio springt Maren zur Seite und wirft ein, dass Maren im Gegensatz zu Sally gut erzogen würde, dass Maren gute Eltern habe, die sich kümmerten und sie nicht mit einem Geldschein allein ließen. Audrey ist empört. Ihre Mutter arbeite auch immer nachts, aber trotzdem wäre bei ihr nicht so ein Durcheinander wie bei Sally. Sie würde nie einfach nachts woanders sein, ohne Bescheid zu sagen. Sie müsse immer alles alleine machen und bekäme nicht das Geld in den Hintern gesteckt. Sally kaufe sich ständig neue Klamotten, würde sich „voll bitchig" zurecht machen und ständig ältere Jungen haben. Alles drehe sich nur noch ums sexy Aussehen oder ums „Poppen". Sie rege sich nicht mehr darüber auf, ob Sally ihre Tage bekomme oder nicht. Da solle sie jetzt selbst mit klar kommen. Sally ist wütend und erklärt, dass sie nach den Sommerferien nicht mehr zurückkommen werde und froh sei, wenn sie mit allen hier nichts mehr zu tun haben müsse. Sie sei jetzt fest mit Gordon zusammen und wolle das ganze Theater mit den Mädchen in der Gruppe hier nicht mehr haben. Auch Lena zeigt ihren Ärger auf Sally. Sie selbst hätte doch immer das Theater gemacht und alle in Aufregung versetzt. Imre habe heute noch von ihr eine Narbe an der Hand. Sie interessiere sich für nichts und niemanden mehr hier, nur noch ihre Jungen-Geschichten seien wichtig.

Audrey beschwichtigt die Gruppe, dass Sally doch immer dieses Theater machen würde und im nächsten Schuljahr bestimmt wieder da sein werde, so als wäre nichts gewesen. Lenny lacht und wirft ein, dass sie dann wahrscheinlich nicht mehr alleine komme. Audrey ist empört. Das sei ganz schön fies. Die Jungen würden nur so blöde Witze machen, weil sie nicht schwanger werden könnten. Sally erklärt, dass sie sich doch alle gar nicht so aufregen bräuchten, weil sie ja weggehe und nicht mehr zurückkommen werde.

Dynamik des Sexuellen
Hier wird das sexuelle Experimentieren von Sally zum Gegenstand der Gruppenabwehr gemacht. Vor dem Hintergrund und der von Sally in Szene gesetzten Altersdifferenz und sexuellen Weiterentwicklung grenzen sich die Gruppenmitglieder ab. Sie verurteilen Sallys sexuell aufreizendes Aussehen, ihre Aufmachung und ihre wechselnden Liebschaften mit älteren Jungen. Die Gruppe sanktioniert das Überschreiten der sie verbindenden Normen und hält sich an sichernden Grenzen fest. Sie stellt sich gegen die sexuelle Freizügigkeit ihres abtrünnig werdenden Mitglieds. Die Mädchen missbilligen Sallys sexuelle Kontakte mit wechselnden Partnern, um über die Befestigung von Normen die auseinander strebende Gruppe zu retten. Die Verurteilung der lustorientierten, entgrenzten sexuellen Praxis repräsentiert auch ein eigenes, inneres Thema der Jungen und Mädchen, die mit ihrem pubertären Körper befasst sind. Die Gruppe wehrt den eigenen inneren Konflikt über die Entwertung Sallys ab. Das Beispiel der selbst gewählten Exklusion von Sally macht deutlich, wie

schwierig das Ringen um die Aneignung von Geschlechterbildern, Körperbildern und das Sexuell-Werden für die heranwachsenden Mädchen und Jungen werden kann.

Auf der Ebene des Innerpsychischen geht die Entwertungs- und Exklusionsdynamik auch mit einer Enttäuschung und dem Neid der zurückgebliebenen Mädchen einher, die sich ihrerseits ausgeschlossen fühlen: Ausgeschlossen von dem Projekt der zunehmenden sexuellen Eigenständigkeit, den angetragenen Bildern von der selbstbewussten Suche nach erregenden sexuellen Abenteuern. Die Freundinnengruppe der Pubertät ringt um ihren Zusammenhalt, wenn einzelne Gruppenmitglieder ihr entwachsen und die Hinwendung in sexuelle Partnerschaften der Gruppe vorziehen.

Die situativ unterschiedlichen Sinnhaftigkeiten, mit denen Jugendliche Geschlecht und Sexualität als soziale Unterscheidung in ihren alltäglichen Praxen ins Spiel bringen, weisen darauf hin, dass Peer-Inszenierungen in Bewegung sind und dass partikulare Momentaufnahmen erst in weiteren, anderen Aushandlungsprozessen Sinn und Gestalt finden. Es geht dabei auch um Leerstellen in der Forschung und um die Frage neuer Zugänge zu jugendlichen Kommunikationskulturen und Peerzusammenhängen, um die Frage differenzierter Verstehensmöglichkeiten gegenüber den Vergesellschaftungs- und Vergemeinschaftungsprozessen von jugendlichen Akteuren, die ihre sexuelle Sozialität und Selbstbeziehung individuell und gemeinsam in Peerbeziehungen und Gruppenzusammenhängen suchen, erproben und konstruieren.

Diese Peer-Ressourcen werden mittlerweile auch in Ansätzen der institutionalisierten Peer Education (Opp/Teichmann 2008) thematisiert; neuerdings auch in der Verbindung von sexualpädagogischer Ausrichtung und Forschung (Jösting/Rother/Fritzsche 2007). Alles in allem aber ist die herausragende Rolle Gleichaltriger im sexuellen Lernprozess bislang in der Forschung zur sexuellen Entwicklung Jugendlicher eher vernachlässigt worden, wie der folgende Überblick auf die gegenwärtige Forschungslandschaft zum Thema Peer-Gruppen zeigen soll.

7.5 Forschungen zur Bedeutung von Peers in der Adoleszenz

In der Jugendpsychologie und der Jugendsoziologie werden vier Bedeutungsvarianten von Peer-Gruppen unterschieden:

- Peer-groups als informelle Cliquen,
- Peers als Freundschaften mit spezifischen Bindungserfahrungen,
- Peer-groups als semiformelle und formalisierte Jugendgruppen im Rahmen von Organisationen sowie
- Peer-Gruppe als große Gemeinschaft einer Jugendgeneration mit gleichen Vorlieben und Interessen, wie sie Coleman (1961) mit dem Begriff der jugendlichen Subkultur oder Tenbruck (1962) mit dem Begriff der jugendlichen Teilkultur beschrieben hat (siehe dazu Kapitel 2 dieses Bandes).

Für die ersten beiden Formen soll im Folgenden ein Überblick gegeben werden. Die zwei letztgenannten bleiben hierbei unberücksichtigt, da sie die kommunikative Qualität der Gruppenbeziehungen vor allem strukturell und typisiert erfassen und die intersubjektiven Dimensionen der sozialen Gruppen unberücksichtigt lassen.

7.5.1 Peer-Gruppen als Cliquen

Die Einbindung von Jugendlichen in verschiedene Gruppenformierungen ist im Rahmen quantitativer Jugendsurveys mehrfach untersucht worden. Ein Vergleich der Shell-Studien 1964 bis 1996, zeigt dass der Anteil der befragten Jugendlichen, die angaben, sich öfter in Cliquen zu treffen in diesem Zeitraum von 51 auf 76% aller Befragten angestiegen ist (Reitzle 2005). Der Zeitreihenvergleich macht deutlich, dass die Bedeutung gleichgeschlechtlicher Jugendfreundschaften/Peer-Anbindungen bei männlichen und weiblichen Jugendlichen zugenommen hat. Im Hinblick auf den Stellenwert der Peerkontakte liefern die quantitativen Jugendstudien keine eindeutigen Ergebnisse. Fend (2000) macht auf der Basis der Resultate der bei 13- bis 16-jährigen Jugendlichen durchgeführten Konstanzer Längsschnittstudie den Höhepunkt der Peer-Einbindung in der Altersgruppe der 14- bis 16-jährigen aus, während die Shell-Studien Hinweise auf ein allgemeines Ansteigen geben. Zinnecker et al. (1996) zeigen auf der Basis ihres Kindersurveys auf, dass bereits im Alter zwischen dem 10. und 13. Lebensjahr, also mit dem Beginn der Pubertät, die Beteiligung an Peergruppen stark zunimmt.

Vor dem Hintergrund dieser Befunde stellt sich die Frage, wie Jugendliche sich in Peerzusammenhänge einbinden und einbinden lassen, ob und wie der Übergang vom Kindsein zum Erwachsenwerden, die körperlich-pubertäre Entwicklung von Jungen und Mädchen zu Männern und Frauen in den Interaktionen der Peers ausgehandelt und ausgestaltet wird. Die alltagsweltliche Dimension und Eigenständigkeit von Kinder- und Jugendkultur entziehen sich jedoch der Methodologie quantitativer Forschung. Die spezifischen Bedeutungen peerkultureller Phänomene erschließen sich in ihren spezifischen Bedeutungen weitgehend nur in qualitativen, kulturanalytischen Zugängen. Insofern soll im Nachfolgenden skizzenartig aufgezeigt werden, ob und wie die in qualitativen Studien verwendeten Methoden Peer-Interaktionen von Kindern und Jugendlichen im Hinblick auf Gruppendynamiken, innere Themen und äußere Kontexte der adoleszenten Praktiken aufschließen, ob und wie diese die mit der Pubertät einhergehenden psychosexuellen Entwicklungen von Jungen und Mädchen erfassen, welche Themenkomplexe unterbeleuchtet und unbeachtet bleiben.

In der ethnographischen Jugend(-subkultur)-forschung steht traditionell weniger das Individuum und seine Entwicklung im Vordergrund, als vielmehr das Interesse an der Erkundung kultureller Felder und kollektiver Praktiken von Jugendlichen. Das Konzept der „Peer-Culture" betont den Charakter wechselseitiger Vergewisserung über ein geteiltes Verständnis von Regeln und Normen, es steht in der soziologischen Tradition des Symbolischen Interaktionismus. Kultur ist in diesem Verständnis nicht vorhanden als etwas, das sich die Einzelnen aneignen, sondern wird in Interaktion und Interpretation gemeinsam hervorgebracht, bestätigt und modifiziert (vgl. Breidenstein 2008).

Die Erziehungswissenschaftler Lothar Krappmann und Hans Oswald verwenden in ihrer Peer-Forschung einen interdisziplinären Forschungsansatz, in dem Sozialisationstheorien und ethnographische Forschung miteinander verschränkt werden. Sie stellen ihre Beobachtungen von schulischen Peer-Interaktionen in den Kontext entwicklungspsychologischer Modelle und beleuchten die Interaktionen mit qualitativen Methoden (Oswald/Krappmann 1995; Krappmann 1997). Sie knüpfen dabei an die Arbeiten Jean Piagets (Piaget/Inhelder 1955; vgl. auch Garz 2008) und James Youniss (1994) an, die von der Annahme ausgehen, dass die Interaktionen in der Gleichaltrigengruppe eine unersetzbare Funktion ausüben, sofern diese die Chance der Reziprozität enthalte und zu gleichberechtigter Kooperation und Aushandlung von Konflikten auffordere.

Auch die Psychiater Alfred und Alexandra Adler thematisieren die Peer-Kultur in der Präadoleszenz, die Zugehörigkeit zu Cliquen und den damit zusammenhängenden Status, den Stand der Beliebtheit. Ein Mittel der Inklusion in die Clique bestehe in der Imitation der Interessen und des Stils der Führungspersonen. Die Gefahr, jederzeit zum Opfer von Drangsalierungen und Ausschluss werden zu können, sorge innerhalb der Clique für Loyalität und Anpassung. Adler und Adler, die aus einer ethnologischen und zugleich elterlichen Perspektive die Statuskämpfe von präadoleszenten Kindern untersuchen, kommen zu der Schlussfolgerung, dass die Kohäsion der Cliquen im Wesentlichen aus ihrer Exklusionsdrohung bestehe. Ihre Studie gibt Einblick in die Dimension der intensiven Erfahrungen und subjektiven Nöte, die mit dem alltäglichen Ringen um Akzeptanz und Einfluss in der Peer-Kultur verbunden sein können. Sie zeigt, dass für präadoleszente Kinder, die sich vom Einfluss der Erwachsenen zunehmend lösen, Peers zur entscheidenden Instanz der Selbstverortung und Positionierung zur Umwelt werden. Typisch für diese altersspezifische Gruppenkonstellation, der noch keine adoleszenten Räume zur Verfügung stehen, so Adler und Adler, sei die Unmittelbarkeit der Aushandlungsprozesse, das unabgefederte Ausagieren von Macht und Dominanz in den Interaktionen der Gruppe (Adler/Adler 2001).

Die Erziehungssoziologen Georg Breidenstein und Helga Kelle plädieren aus dem Kontext ihrer ethnografischen Forschung zu den Geschlechterinszenierungen von präadoleszenten Schülerinnen und Schülern für eine kombinierte Perspektive, die die Aspekte sozialer Konstruktion, die Akteursperspektive und die Entwicklungsperspektive miteinander verbindet, ohne dass es zu einer individualisierenden Einengung des Blicks oder gesellschaftlich sozialisatorischen Zuschreibung komme (Breidenstein/Kelle 1998). Sie erforschen die Praktiken der Geschlechterunterschiede bei 10 bis 14-jährigen Schülerinnen und Schülern und analysieren diese Unterscheidungen im Kontext anderer feldspezifischer Differenzierungen nach Beliebtheit, Freundschaften und Entwicklungsstand (Breidenstein/Kelle 1998). Ihre Forschungen sind Bestandteil von neueren Studien zur Peer-Kultur von Schülerinnen und Schülern, die nicht dem Kontext der Schulforschung entstammen, sondern dem der ethnografischen Forschung, die in der Schule angesiedelt ist. Die Schule erscheint hier als ein Ort einer Peer-Kultur, die von eigenen Normen und Verhaltensmustern geprägt ist, die wenig mit Schule und ihren spezifischen Anforderungen zu tun zu haben scheinen, sondern vielmehr der sozialen Logik von Gruppenbildungsprozessen und Praktiken interner Vergemeinschaftung und Abgrenzungen folgen (Breidenstein 2008). In diesem Zusammenhang wird in neueren Forschungen neben der Jugend auch die (ausgehende) Kindheit als eigenständige Lebensphase entworfen und in den Kontext des Generationenthemas gestellt (vgl. z.B. Honig 1999; King 2002; Tervooren 2006). So greifen eine Reihe von empirischen Untersuchungen am Schnittpunkt von Adoleszenz- und Geschlechterforschung auf Sozialisationstheorien und entwicklungspsychologische Annahmen zurück und verbinden diese mit einer konstruktivistischen Perspektive.

7.5.2 Peers als Freundschaften mit spezifischen Bindungserfahrungen

Die Studie der Erziehungswissenschaftlerin Eva Breitenbach zu Mädchenfreundschaften in der Adoleszenz verbindet die Beschreibungen situativer Wahrnehmungs- und Darstellungsprozesse der Geschlechtszugehörigkeit mit biografisch geformten Erfahrungen und Orientierungen, die sie als Sozialisationsprozesse fasst (Breitenbach 2000). Breitenbach beschreibt Mädchenfreundschaften in der Adoleszenz auf der Basis von Gruppendiskussionen als „zentrale weibliche Beziehungspraxis", als „Kommunikationskultur und Instrument der Geschlechterherstellung", als „Unterstützung, Beratung und soziale Kontrolle" und als „Supervision" im Hinblick auf heterosexuelle Beziehungen. Sie zeigt auf, dass der gegenseitige intime Austausch in der Gruppe über die eigene experimentierende sexuelle Praxis den Mädchen Probehandeln und Selbstvergewisserungsprozesse ermöglicht. Diese Kommunikationskultur, so schränkt Breitenbach ein, ist zugleich risiko- und folgenreich für die einzelnen Gruppenmitglieder. Interessant ist hierbei, dass die Negativzuschreibung der „Schlampe", die in der Studie von Breitenbach den Ausschluss aus der Mädchengruppe zur Folge hat, für viele Jungengruppen geradezu zu konstitutiv scheint: die mit der Entwertung des Weiblichen verbundene männliche Norm einer Vielzahl von sexuellen Abenteuern mit wechselnden Partnerinnen.

Die Anschluss-Studie von Sabine Jösting zu Jungenfreundschaften kommt zu dem Ergebnis, dass die Freundesgruppe der Jungen ein Ort der Profilierung und Positionswettkämpfe ist und eine kampf- und leistungsorientierte, hierarchische und Konformität erzwingende Struktur hat (Jösting 2005). Der Blick auf die Dynamiken in den untersuchten Jungengruppen zeigt, wie diese um einen anerkannten Platz in der Gruppe ringen. Für die Anerkennung in der Gruppe spielt das Vorweisen von spezifisch männlichen Kompetenzen und Praxen eine wichtige Rolle. Die kollektiven, zumeist auf ein zu erarbeitendes Ziel ausgerichteten Aktivitäten sichern die Kohäsion in den Jungengruppen. Die Jungen präsentieren sich in den Gruppengesprächen als Sportler, Treckerfahrer und als von den Mädchen Begehrte. Die Gruppenregeln der Jungen, die das Bluffen, die coole Pose des „Darüberstehens", die Vermeidung von Intimität und die Leugnung und Abwertung von Schwäche sowie ein ständiges sorgfältiges Bedenken der Rangordnung verlangen, spiegeln sich in der Selbstpräsentation der Jungen und in den Dynamiken der Forschungsgespräche. Im Sprechen über das gemeinsame Tun zeigt sich ein hoher Abwehrmodus. Die Jungen schließen in ihren Gruppen situative und zweckorientierte Bündnisse, um darüber Positionen auszuhandeln und zu sichern. Bei diesen Koalitionen kommt es zu einem häufigen Wechsel von Freund und Feind. Jösting entwirft in diesem Zusammenhang die These, dass die Jungen sich nicht zwingend an der Beziehung orientieren, sondern an dem zu erreichenden Ziel der Herstellung von Dominanz. Die Gesprächsdynamiken in den Jungengruppen ihrer Untersuchung legen nahe, dass individuelle Unterschiede, unterschiedliche Wertvorstellungen und Lebenshaltungen den in der Gruppe verhandelten Rahmen bedrohen. Der soziale Konformitätsdruck, der Individualität zu negieren sucht und diese in eine hierarchische Struktur einfügen will, macht deutlich, dass diese Jungengruppen eine harte Aushandlungskultur haben. Die Frage, ob diese spezifischen Bedingungen den heranwachsenden Jungen weniger Ressourcen zur Verfügung stellen als die Kommunikationskultur der Mädchen, können, so Jösting, nicht allein auf der Ebene der Geschlechterinszenierung beantwortet werden. Es fehlten hier differenzierte Untersuchungen, die weitere Kategorien wie zum Beispiel Milieu, Bildung, Ethnie, Herkunft etc. in die Forschung einbeziehen, und Methoden, die die Ebene des psychischen Erlebens der Heranwachsenden miterfassen können (Jösting 2005).

Der Soziologe Michael Meuser betrachtet das Risikohandeln innerhalb von Peer-Gruppen auf einer strukturellen Ebene als funktional für die geschlechtliche Sozialisation, als Strukurlogik des männlichen Geschlechtshabitus', der durch die Merkmale Homosozialität und Kompetitivität bestimmt sei (Meuser 2005; 2006). Welche Rolle die gleichgeschlechtlichen Peers für das Sexuell-Werden von heranwachsenden Jungen haben, kann darüber wenig beantwortet werden. Deutlich wird in den Studien von Jösting (2005), Dannenbeck/Stich

(Bundeszentrale für gesundheitliche Aufklärung 2002) und Winter/Neubauer (Bundeszentrale für gesundheitliche Aufklärung 1998), dass auf den Jungen, die mit der Aneignung ihres sexuell werdenden Geschlechtskörpers befasst sind und sich zugleich mit den Deutungsmustern männlicher Geschlechterbilder auseinandersetzen, ein enormer Druck zu lasten scheint. Die gemeinsame Aktivität und die Besetzung des Körpers im Hinblick auf Zähigkeit, Belastbarkeit und Tapferkeit (Kolip 1999) steht auch im Dienst der Kontrollierbarkeit des pubertären Körpergeschehens und verschafft den Jungen einen Raum, mit den Möglichkeiten ihres Körpers zu spielen und Grenzerfahrungen zu machen.

Demgegenüber betonen Inge Seiffge-Krenke und Moritz Seiffge die Seite der stützenden Funktion von Jungenfreundschaften. Sie weisen darauf hin, dass sich in der „sprachlosen" Kommunikation der Jungen Intimität und Reziprozität durch gemeinsame Aktivitäten realisieren könne. Seiffge/Seiffge-Krenke kommen zu der These, dass Freunde wichtige „Entwicklungshelfer" sind, die einander wichtige Entwicklungsimpulse geben können. Sie fokussieren dabei in den Peer-Beziehungen der Jungen die Seite der wechselseitig anerkannten Egalität und entwerfen eine Symmetrie mit wechselseitigen Ansprüchen und Pflichten (Seiffge/Seiffge-Krenke 2005).

Auch bei Bettina Fritzsche stehen Peer-Praktiken im Mittelpunkt der Forschung. Sie untersucht Gruppengespräche mit weiblichen Boy- und Girl-Group-Fans, um kollektive Normen, Interpretationsrahmen und Relevanzsysteme und Praktiken einer spezifischen Mädchenkultur zu rekonstruieren. Fritzsche interpretiert die Peer-Praktiken als Auseinandersetzung mit den normativen Anforderungen der Jugendphase (Fritzsche 2003).

Darüber hinaus ist es ein zentrales Moment der jugendlichen Interaktionen, sich mit dem eigenen Geschlechtskörper ins Verhältnis zu anderen zu setzen. Im Prozess der geschlechtlichen und sexuellen Selbst- und Beziehungsfindung spielen homoerotische Fantasien und homoerotische Beziehungserfahrungen eine wichtige Rolle. Es geht dabei auch um die Auseinandersetzung mit gleichgeschlechtlichen erotischen Fantasien, die sich mit den Elternbildern verknüpfen. Der Psychoanalytiker Peter Blos beispielsweise postuliert für die Pubertät des Jungen eine vorübergehend auftretende homosexuelle Phase, die er aus homoerotischen Beziehungswünschen der frühkindlichen Entwicklung des Jungen herleitet. Er zeigt, dass die Aushandlungsprozesse, Bündnisse und geschlechtlichen Inszenierungen unter Peers nicht nur als Praktiken bedeutsam sind. Sie finden zugleich im Bereich der inneren Vorstellung statt und in den Inszenierungen sind zumeist auch die Abwesenden und Ausgeschlossenen mitgedacht (Blos 1983).

7.5.3 Gemischtgeschlechtliche Peer-Gruppen

Der Blick auf die gleichgeschlechtlichen Peer-Gruppen und Peer-Kontakte von heranwachsenden Mädchen und Jungen stellt das Thema der Aneignung des geschlechtlichen Körpers und die Frage der Konstruktion und Reproduktion von gesellschaftlichen Geschlechterbildern in einem polarisierten Bild von Zweigeschlechtlichkeit dar. Peer-Erfahrungen in der Pubertät können sich in solchen geschlechtergetrennten Gruppen abspielen, sie finden aber zugleich in vielen anderen, unterschiedlichen Peer-Kontexten und Peer-Konstellationen ab. Die gemischtgeschlechtliche Peer-Gruppe stellt neben den heteronormativ ausgestalteten Interaktionen diverse Spielarten zur Verfügung. In Abhängigkeit von den individuellen psychischen Ressourcen der einzelnen Mitglieder kann sie für Jungen und Mädchen unter Umständen ein größeres Spektrum an Verortungsmöglichkeiten abbilden und bieten. Die Möglichkeit, dass Jungen an intimen Themen der Mädchen, wie beispielsweise der Erzählung über den ersten Frauenarztbesuch, im Hintergrund teilhaben können, stellt sich eher bei durchlässigen Gruppen- und Geschlechtergrenzen: bei Peer-Gruppen, in denen Nähe und Distanz und der Ein- und Ausschluss des anderen Geschlechts auch verhandelbar ist. Homogenisierungs-, Differenzierungs- und Polarisierungstendenzen sind Phänomene, die in Gruppen als Dynamiken wirksam sind, die regressive Tendenzen wie zum Beispiel Versorgungswünsche und progressive Autonomisierungsstrebungen der Heranwachsenden markieren können.

In den Studien der Gesundheitswissenschaftlerin Petra Kolip (1997) und der Sozialwissenschaftlerin Cornelia Helfferich (1994) werden Fragen nach der „Konstruktion von Geschlechtlichkeit über somatische Kulturen" und Fragen nach dem sozialen Sexuell-Werden gestellt. Kennzeichnend für diese Arbeiten ist, dass diese psychoanalytische Perspektiven mit konstruktivistischen und ethnomethodologischen Perspektiven sich mit dem Blick auf den kulturellen Zwang zur Geschlechtsdarstellung verknüpfen.

Der Erziehungswissenschaftler Achim Schröder arbeitet mit einem ethnopsychoanalytischen Ansatz (Schröder 1991; 2000; 2003; Schröder/Leonhard 1998). Dieser ist getragen von der Intention, einen verstehenden Zugang zu Jugendlichen und ihren Szenen herzustellen. Schröder, der mit seiner Untersuchung auch Ergebnisse in Hinblick auf die Sinnhaftigkeit von Jugendsozialarbeit zu gewinnen sucht, beleuchtet in diesem Kontext auch die Generationenperspektive. Er plädiert für einen verstehenden Zugang zu den sozialen Interaktionsformen der Jugendlichen, die er auch als Ausdruck von inneren Kräften und Widersprüchen versteht. Die sexuelle und libidinöse Energie spiele im Prozess der adoleszenten Ablösung und für den Kontext der Peergruppenbildung eine Schlüsselrolle. Gegenüber den zunehmenden Individualisierungstendenzen betont er die strukturellen und verbindenden Merkmale von Peers und Gleichaltrigengruppen: Sie sind die Orte, an denen Jugendliche die Gesellschaft mit ihren pluralistischen Tendenzen und die Pubertät mit ihrer generativen Wirkungen bearbeiten.

7.6 Literatur

Adler, Patricia/Adler, Peter 2001. Peer Power. Preadolescent Culture and Identity. New Brunswick: Rutgers University Press

Alisch, Lutz-Michael/Wagner, Jürgen, W.L. (Hg.) 2006. Freundschaften unter Kindern und Jugendlichen. Interdisziplinäre Perspektiven und Befunde. Weinheim/München: Juventa

Bauman, Zygmunt 2003. Flüchtige Moderne. Frankfurt/M.: Fischer

Bauman, Zygmunt 2009. Anmerkungen zum Kulturbegriff Freuds Oder: Was ist bloß aus dem Realitätsprinzip geworden? In: Münch, Karsten/Munz, Dietrich/Springer, Anne (Hg.): Die Fähigkeit allein zu sein. Zwischen psychoanalytischem Ideal und gesellschaftlicher Realität. Gießen: Psychosozial: 15–33

Bion, Winfried R. 1991. Erfahrungen in Gruppen und andere Schriften. Frankfurt/M.: Fischer

Blos, Peter 1983. Adoleszenz. Stuttgart: Klett-Cotta

Blos, Peter 1996. Die Funktion des Agierens im Adoleszenzprozess. In: Bohleber, Werner (Hg): Adoleszenz und Identität. Stuttgart: Klett-Cotta: 103–127

Bohleber, Werner (Hg.) 1996. Adoleszenz und Identität. Stuttgart: Klett-Cotta

Bohleber, Werner 1999. Psychoanalyse, Adoleszenz und das Problem der Identität. In: Psyche. Zeitschrift für Psychoanalyse und ihre Anwendungen. 53/6: 507–529

Brandes, Holger 2008. Selbstbildung in Kindergruppen. Die Konstruktion sozialer Beziehungen. München: Ernst Reinhardt

Breidenstein, Georg 2004. Peer-Interaktion und Peer Kultur. In: Helsper, Werner/Böhme, J. (Hg.): Handbuch der Schulforschung. Wiesbaden: VS-Verlag: 921–940

Breidenstein, Georg/Kelle, Helga 1998. Geschlechteralltag in der Schulklasse. Ethnographische Studien zur Gleichaltrigenkultur. Weinheim: Juventa

Breitenbach, Eva 2000. Mädchenfreundschaften in der Adoleszenz. Eine fallrekonstruktive Untersuchung von Gleichaltrigengruppen. Opladen: Leske und Budrich

Bundeszentrale für Gesundheitliche Aufklärung (BZgA) (Hg.) 2006. Jugendsexualität. Wiederholungsbefragung von 14- bis 17-Jährigen und ihren Eltern. Ergebnisse der Repräsentativbefragung aus 2005. Köln: BZgA

Bundeszentrale für gesundheitliche Aufklärung 1998. Kompetent, authentisch und normal? Aufklärungsrelevante Gesundheitsprobleme, Sexualaufklärung und Beratung von Jungen: Winter, Reinhard/Neubauer, Gunter. Bd. 14. Köln: BZgA

Bundeszentrale für gesundheitliche Aufklärung 1998. Sexualität und Kontrazeption aus der Sicht der Jugendlichen und ihrer Eltern. Eine repräsentative Studie, Bd. 8: Schmid-Tannwald, Ingolf/Kluge, Norbert. Köln: BZgA

Bundeszentrale für gesundheitliche Aufklärung 2001. Jugendsexualität. Wiederholungsbefragung von 14- bis 17-Jährigen und ihren Eltern. Ergebnisse der Repräsentativbefragung. Berlin

Bundeszentrale für gesundheitliche Aufklärung 2002. Sexuelle Erfahrungen im Jugendalter. Aushandlungsprozesse im Geschlechterverhältnis: Dannenbeck, Clemens/Stich, Jutta. Köln: BZgA

Bütow, Bettina 2005. Mädchen in Cliquen, Sozialräumliche Konstruktionsprozesse von Geschlecht in der weiblichen Adoleszenz. Weinheim: Juventa

Coleman, James S. 1961. The Adolescent Society. The Social Life of the Teenager and its Impact on Education. New York: Free Press Collier-Macmillan

Dannenbeck, Clemens 2003. Peersing – sexuelle Sozialisation und Peers. In: Nörber, Martin (Hg.): Peer Education. Bildung und Erziehung von Gleichaltrigen für Gleichaltrige. Weinheim: Beltz: 38–49

Dannenbeck, Clemens/Stich, Jutta 2002. Sexuelle Erfahrungen im Jugendalter. Köln: Fachhefterreihe Forschung und Praxis der Sexualaufklärung und Familienplanung. Band 14. Köln: BZgA

Durkheim, Émile 1993. Ethics and the sociologgy of morals. Übersetzung und Einführung von Robert T. Hall. Buffalo. New York: Prometheus

Elias, Norbert 1989. Norbert Elias über sich selbst. A. J. Heerman van Voss und A. van Stolk: Biographisches Interview mit Norbert Elias. Frankfurt/M.: Suhrkamp

Elias, Norbert 1999. Die Gesellschaft der Individuen. Frankfurt/M.: Suhrkamp

Erikson, Erik H. 1973. Identität und Lebenszyklus. Frankfurt/M.: Suhrkamp

Erikson, Erik H. 1998. Jugend und Krise. Stuttgart: Klett-Cotta

Fend, Helmut 2000. Entwicklungspsychologie des Jugendalters. Ein Lehrbuch für pädagogische und psychologische Berufe. Opladen: Leske und Budrich

Foucault, Michel 1977. Sexualität und Wahrheit. Band 1: Der Wille zum Wissen. Frankfurt/M.: Suhrkamp

Foulkes, Sigmund Heinrich 1992. Gruppenanalytische Psychotherapie. München: Verlag J. Pfeiffer

Fritzsche, Bettina 2003. Pop-Fans. Studie einer Mädchenkultur. Opladen: Leske und Budrich

Fritzsche, Bettina/Tervooren, Anja 2006. Begehrensdynamiken in der Sozialisation. Perspektiven des Performativen. In: Bilden, Helga/Dausien, Bettina (Hg.): Sozialisation und Geschlecht. Theoretische und methodologische Aspekte. Opladen: Barbara Budrich: 139–162

Garz, Detlev 1989. Sozialpsychologische Entwicklungstheorien. Von Mead, Piaget und Kohlberg bis zu Gegenwart. Wiesbaden: VS-Verlag

Griese, Hartmut M. 2001. Das neue Paradigma heißt „Selbstsozialisation. In: Erziehung und Wissenschaft, Niedersachsen 9: 31–34

Haubl, Rolf 1988. Kreativer Spiel-Raum und Gruppeninszenierung. In: Belgrad, Jürgem/Busch, Hans-Jürgen/Görlich, Bernhard/Haubl, Rolf/Kalck, Hans Jürgen: Sprache – Szene – Unbewußtes. Sozialisationstheorie in psychoanalytischer Perspektive. Frankfurt/M.: Nexus: 237–272

Haubl, Rolf/Lamott, Franziska 2007. Handbuch Gruppenanalyse. Eschborn: Klotz Verlag

Helfferich, Cornelia 1994. Jugend Körper und Geschlecht. Die Suche nach sexueller Identität. Opladen: Leske und Budrich

Hofer, Manfred 2006. Wie Jugendliche und Eltern ihre Beziehung verändern. In: Ittel, Angela/ Merkens, Hans (Hg.): Interdisziplinäre Jugendforschung. Jugendliche zwischen Familie, Freunden und Feinden. Wiesbaden: VS-Verlag: 9–28

Honig, Michael-Sebastian 1999. Entwurf einer Theorie der Kindheit. Frankfurt/M.: Suhrkamp

Hurrelmann, Klaus/Ulrich, Dieter 1991. Neues Handbuch der Sozialisationsforschung. Weinheim/Basel: Beltz

Ittel, Angela/Merkens, Hans (Hg.) 2006. Interdisziplinäre Jugendforschung. Jugendliche zwischen Familie, Freunden und Feinden. Wiesbaden: VS-Verlag

Jösting, Sabine 2005. Jungenfreundschaften. Zur Konstruktion von Männlichkeit in der Adoleszenz. Wiesbaden: VS-Verlag

Jösting, Sabine/Rother, Svenja/Fritzsche, Bettina 2007. Peers in the City – Geschlecht und Sexualität in der Einwanderungsgesellschaft. Bildungsteam Berlin-Brandenburg e.V., Berlin

Kaplan, Louise J. 1994. Abschied von der Kindheit. Stuttgart: Klett-Cotta

King, Vera 2002. Die Entstehung des Neuen in der Adoleszenz. Individuation, Generativität und Geschlecht in modernisierten Gesellschaften. Opladen: Leske und Budrich

King, Vera/Flaake, Karin 2005. Männliche Adoleszenz. Sozialisation und Bildungsprozesse zwischen Kindheit und Erwachsensein. Frankfurt/M.: Campus

Klein, Alexandra/Zeiske, Anja/Oswald, Hans 2008. In: Ittel, Angela/Stecher, Ludwig/Merkens, Hans/Zinnecker, Jürgen (Hg.): Jahrbuch Jugendforschung, 7. Ausgabe 2007, Körper und Sexualität im Jugendalter. Wiesbaden: VS-Verlag: 49–71

Kolip, Petra 1999. Geschlechtsspezifische somatische Kulturen im Jugendalter. In: Dausien, Bettina/Herrman, Martina/Oechsle, Mechthild/Schmerl, Christiane, Stein-Hilbers, Marlene (Hg.): Erkenntnisprojekt Geschlecht. Feministische Perspektiven verwandeln Wissenschaft. Opladen: Leske und Budrich: 291–303

Kolip, Petra 1997. Geschlecht und Gesundheit im Jugendalter. Die Konstruktion von Geschlechtlichkeit über somatische Kulturen. Opladen: Leske und Budrich

König, Oliver/Schattenhofer, Karl 2007. Einführung in die Gruppendynamik. Heidelberg: Carl-Auer-Verlag

Krappmann, Lothar 1997. Die Identitätsproblematik nach Erikson aus einer interaktionistischen Sicht. In: Keupp, Heiner/ Höfer, Renate: Identitätsarbeit heute. Klassische und aktuelle Perspektiven der Identitätsforschung. Frankfurt/M.: Suhrkamp: 66–92

Krappmann, Lothar/Oswald, Hans 1995. Alltag der Schulkinder. Beobachtungen von Interaktionen und Sozialbeziehungen. Weinheim: Juventa

Krappmann, Lothar 1991. Sozialisation in der Gruppe der Gleichaltrigen: In: Hurrelmann, Klaus/Ulrich, Dieter (Hg.): Neues Handbuch der Sozialisationsforschung. Weinheim/Basel: Beltz: 355–375

Lorenzer, Alfred 1986. Intimität und soziales Leid. Archäologie der Psychoanalyse. Frankfurt/M.: Fischer

Mead, George Herbert 1993. Geist, Identität und Gesellschaft. Frankfurt/M.: Suhrkamp

Meuser, Michael 2005. Strukturübungen. Peergroups, Risikohandeln und die Aneignung des männlichen Geschlechtshabitus. In: King, Vera/Flaake, Karin: Männliche Adoleszenz. Sozialisation und Bildungsprozesse zwischen Kindheit und Erwachsensein. Frankfurt/M.: Campus: 309–323

Meuser, Michael 2006. Riskante Praktiken. Zur Aneignung von Männlichkeit in den ernsten Spielen des Wettbewerbs. In: Bilden, Helga/Dausien, Bettina (Hg.): Sozialisation und Geschlecht. Theoretische und methodologische Aspekte. Opladen: Barbara Budrich: 163–178

Mies, Thomas 2005. Grenzereignis – Grenzverletzung – Übergangsraum. In: Brandes, Holger: Grenzen und Grenzverletzungen in Gruppen. Opladen: Barbara Budrich

Noack, Peter/Haubold, Stefan 2003. Peereinflüsse auf Jugendliche in Abhängigkeit von familienstrukturellen Übergängen. In: Reinders, Heinz/Wild, Elke (Hg.): Jugendzeit – time out? Zur Ausgestaltung des Jugendalters als Moratorium. Opladen: Leske und Budrich

Opp, Günther/Teichmann Jana (Hg.) 2008. Positive Peerkultur: Best Practices in Deutschland. Heilbrunn: Klinkhard

Piaget, Jean/Inhelder, Bärbel 1955. Von der Logik des Kindes zur Logik des Heranwachsenden. Essay über die Ausformung der formalen operativen Strukturen. Stuttgart: Klett 1980

Reitzle, Matthias 2005. Vom Jugendlichen zum selbständigen Erwachsenen. Entwicklungsübergänge ins Erwachsenenalter im sozialen Wandel. Online-Ressource: http://www.db-thueringen.de/servlets/DerivateServlet/Derivate-7129/Habil12_r4.pdf. Jena

Rendtorff, Barbara 2006. Zur Bedeutung von Geschlecht im Sozialisationsprozess. Reale, imaginäre und symbolisch-politische Dimensionen des Körpers. In: Bilden, Helga/Dausien, Bettina (Hg.): Sozialisation und Geschlecht. Theoretische und methodologische Aspekte. Opladen: Leske und Budrich: 89–102

Rohr, Elisabeth/Bianchi Schaeffer, Maria-Grazia 2006. „Wir suchen den Raum". Migration, Schule und Adoleszenz. In: Gruppenanalyse. Zeitschrift für gruppenanalytische Psychotherapie, Beratung und Supervision 16/2: 118–142

Rose, Lotte/Schulz, Marc 2007. Gender-Inszenierungen. Jugendliche im pädagogischen Alltag. Königstein: Ulrike Helmer

Schmid-Bernhardt, Angela 2008. „Gemeinsam können wir es schaffen". Die Bedeutung innerethnischer Kleingruppen für junge Aussiedlerinnen. In: Gruppenanalyse. Zeitschrift für gruppenanalytische Psychotherapie, Beratung und Supervision, 18/2. Heidelberg: Mattes: 148–162

Schröder, Achim 1991. Jugendgruppe und Kulturwandel. Die Bedeutung von Gruppenarbeit in der Adoleszenz. Frankfurt/M.: Brandes und Apsel

Schröder, Achim 2000. Fremdverstehende Zugänge und Jugendarbeit – Gruppendiskussionen mit Jugendlichen. In: King, Vera/Müller, Burkhard (Hg.): Adoleszenz und pädagogische Praxis. Bedeutung von Geschlecht, Generation und Herkunft in der Jugendarbeit. Freiburg: Lambertus: 157–174

Schröder, Achim 2003. Die Gleichaltrigengruppe als emotionales und kulturelles Phänomen. In: Nörber, Martin (Hg.): Peer Education. Bildung und Erziehung von Gleichaltrigen für Gleichaltrige. Weinheim: Beltz: 94–113

Schröder, Achim/Leonhardt, Ulrike 1998. Jugendkulturen und Adoleszenz. Verstehende Zugänge zu Jugendlichen in ihren Szenen. Neuwied: Luchterhand

Schubert, Inge 2004. Die offene Klassenrunde – ein gruppenanalytisches Setting in der Schule „Meine Mutter sagt, ich bin genau wie mein Vater". In: Datler, Wilfried/Müller, Burkhard/Finger-Trescher, Urte (Hg.): Jahrbuch für Psychoanalytische Pädagogik 14 „Sie sind wie Novellen zu lesen…" Zur Bedeutung von Falldarstellungen in der psychoanalytischen Pädagogik. Gießen: Psychosozial: 121–131

Schubert, Inge 2005. Die schwierige Loslösung von Eltern und Kindern. Brüche und Bindung zwischen den Generationen seit dem Krieg. Frankfurt/M.: Campus

Schubert, Inge 2010. Die Gruppe als Möglichkeitsraum. Sexuelle Entwicklung in der Pubertät. In: Gruppenanalyse. Zeitschrift für gruppenanalytische Psychotherapie, Beratung und Supervision 1/10. Heidelberg: Mattes: 23–52

Schubert, Inge 2011. „Ich finde an unserer Klasse einfach toll, dass die so zusammengewürfelt ist". Heterogenität und Homogenisierungsbedürfnisse in schulischen Gruppen. In: Hoyer, Timo/Beumer, Ullrich/Leuzinger-Bohleber, Marianne (Hg.): Jenseits des Individuums – Emotion und Organisation. Göttingen: Vandenhoeck & Ruprecht: 219–245

Seiffge-Krenke, Inge/Seiffge, Jakob Moritz 2005. „Boys play sport…?" Die Bedeutung von Freundschaftsbeziehungen für männliche Jugendliche. In: King, Vera/Flaake, Karin: Männliche Adoleszenz. Sozialisation und Bildungsprozesse zwischen Kindheit und Erwachsensein. Frankfurt/M.: Campus: 267–285

Sigusch Volkmar 2003. Neosexualitäten. Über den kulturellen Wandel von Liebe und Perversion. Frankfurt/M.: Campus

Tenbruck, Friedrich H. 1962. Jugend und Gesellschaft. Soziologische Perspektiven. Freiburg: Rombach

Tervooren, Anja 2006. Im Spielraum von Geschlecht und Begehren. Ethnographie der ausgehenden Kindheit. Weinheim: Juventa

Wetzstein, Thomas/Erbeldinger, Patricia Isabella/Hilgers, Judith/Eckart, Roland 2005. Jugendliche Cliquen. Zur Bedeutung der Cliquen und ihrer Herkunfts- und Freizeitwelten. Wiesbaden: VS-Verlag

Winnicott, Donald W. 1991. Vom Spiel zur Kreativität. Stuttgart: Klett-Cotta

Youniss, James 1994. Jugend im sozialen Kontext. In: ders.: Soziale Konstruktion und psychische Entwicklung. Frankfurt/M.: Suhrkamp

Zinnecker Jürgen/Zeiher, Helga/Büchner, Peter 1996. Kinder als Außenseiter? Umbrüche in der gesellschaftlichen Wahrnehmung von Kindern und Kindheit. Weinheim: Juventa

Zinnecker, Jürgen 2000. Selbstsozialisation – Essay über ein aktuelles Konzept. In: Zeitschrift für Sozialisation und Soziologie der Erziehung. 20. Jg. H. 3: 272–290

8 Risikolagen: Gewalt gegen sich selbst und gegen andere

Katharina Liebsch

> Du fragst mich, was soll ich tun? Und ich sage: Lebe wild und gefährlich.
> (Arthur Schnitzler)

‚Jugendlicher Leichtsinn' ist ein geflügeltes Wort, das die Gefährdung des eigenen Körpers wie auch die mögliche Schädigung anderer einschließt. Es verweist darauf, dass eine gewisse Sorglosigkeit und Nachlässigkeit als ein verbreitetes Moment von Jung-Sein angesehen wird. Riskantes Verhalten beim Sport und im Straßenverkehr, zeitweise exzessiver Alkohol- oder Drogenkonsum, ungeschützter Sex oder auch ungesundes Ernährungsverhalten sind, wenn sie von Jugendlichen praktiziert werden, zwar Problem behaftet und mit destabilisierenden Begleiterscheinungen verbunden, werden aber von der Erwachsenenwelt zumeist seufzend hin genommen und als hoffentlich vorübergehend eingeschätzt. Anders hingegen reagieren die Erwachsenen, wenn sich aus der sorglosen Haltung eine gezielte Schädigung anderer oder sich selbst entwickelt, wenn Gewalt systematisch zu Zwecken der Durchsetzung des eigenen Willens eingesetzt wird und sich Verhaltensweisen verstetigen, die als auffällig und von den Regeln und den Normen abweichend, als deviant, deklariert werden. Diese führen dann entweder zum Einsatz besonderer pädagogischer Mittel und präventiver Aufmerksamkeit oder zur Kriminalisierung, Bestrafung und der Konfrontation mit dem Jugendstrafgesetz. Die Bandbreite riskanter und gefährlicher Aktivitäten von Jugendlichen ist deutlich geschlechtsspezifisch strukturiert: So sind Abenteuer- und Risikosportarten (Bunjee-Jumping, S-Bahn-Surfen, Skateboard-Fahren, siehe. z.B. Alkemeyer et al. 2003; Schwier 2006), Gewalttätigkeit wie auch die Erfahrung von Strafhaft (z.B. Bereswill 2010) überwiegend männlich dominiert, während bei den jungen Frauen oft auch selbstbezügliche Verhaltensweisen eine Rolle spielen: Ess-Störungen, Selbstverletztendes Verhalten (das sogenannte Ritzen) und Medikamentenmissbrauch (siehe z.B. Bürgin 1991; Favazza 1996 oder auch den Überblick bei Decker 2003).

In allen risikoreichen Verhaltensweisen von Jugendlichen spielen Rausch, Lust, Kick und eine besondere Art des Sich-selbst-Spürens eine herausgehobene Rolle. Die damit verbundene zeitweilige Bewusstseinsveränderung hilft dabei, die sozialen Übergänge im Lebenslauf, so genannte Statuspassagen, zu gestalten und zu bewältigen. Da in modernen westlichen Gesellschaften kaum verbindliche soziale Übergangsrituale existieren, bearbeiten Heranwachsende die mit der Adoleszenz verbundenen Anforderungen und Übergangsaufgaben häufig selbsttätig, und da ihnen gesellschaftlich eine Vielfalt von Lebensoptionen präsentiert wird, haben die Versuche, sich dem einen oder dem anderen Entwurf zu nähern, teilweise selbstexperimentellen Charakter. Risikoreiche Verhaltensweisen, welcher Art und Provenienz auch immer, stellen dafür ein Vehikel dar. Sie ermöglichen eine phasenweise Ekstase (Köpping 1997), können durch die damit verbundene Grenzüberschreitung den Alltag transzendieren und so zur Selbst-Initiation von Jugendlichen beitragen. Hier kann man erproben, wie es ist, wie ein Erwachsener Verantwortung für sich selbst zu übernehmen und gleichzeitig die eigene Individualität und Besonderheit zum Ausdruck zu bringen. Wenn diese Erfahrungen im Rahmen von Gruppen gemacht werden, bringen sie kollektive Ereignisse hervor, die dann eine identifikatorische Basis für weitere gemeinsame Erfahrungen und Erzählungen bilden und so die Gemeinschaftsbildung und das Bewusstsein für die eigene Jugendlichkeit stärken (vgl. z.B. Barsch 2007, S. 219). So gesehen, sind Erfahrungen im Umgang mit Risiko durchaus üblicher und selbstverständlicher Bestandteil von Jugend und Adoleszenz, obschon sie auch den Beginn einer Gefährdung, beispielsweise einer Missbrauchs- oder Suchtproblematik markieren können (vgl. Petermann/Roth 2006, S. 116).

Die Funktionalität von Risiko im Jugendalter ist abhängig von den sozialen Ausgangslagen und biografischen Erfahrungen und es lassen sich zwei Funktionen ausmachen: Zum einen können risikoreiche Verhaltensweisen im Rahmen einer üblichen, instrumentellen Strategie der Orientierung und Erprobung von neuen Perspektiven, Rollen und Aufgaben dienen. Sie können zum zweiten aber auch als Problembewältigungsstrategie und zum Ausleben „imaginärer Lösungen" realer Konflikte bei der Bewältigung biografischer Diskontinuität (Helfferich 1994) eingesetzt werden. Dies kann insbesondere dann der Fall sein, wenn die den Jugendlichen zur Verfügung stehenden sozialen, psychischen und ökonomischen Ressourcen gering sind und ihre Qualifizierungsanstrengungen einem hohen Risiko zu scheitern unterliegen. Riskante Verhaltensmuster stabilisieren sich zumeist dann, wenn die Einbindung in ein intaktes soziales Netzwerk sowie in eine feste, durch Schule oder Arbeitsalltag geregelte Struktur fehlt. Die regelmäßige Herstellung von z.B. Rauschzuständen hat dann die Bedeutung, Belastungen und Anforderungen der aktuellen Lebenswelt einzudämmen und kann auch der sozialen Ausgestaltung eines Szenelebens dienen (Flick/Röhnsch 2006).

Risikoreiches Handeln und Verhalten schwankt zwischen Provokation, Herausforderung und Innovation einerseits und Abhängigkeit und Zerstörung andererseits. Diese anhaltende Ambivalenz soll im Folgenden anhand ausgewählter Beispiele veranschaulicht werden. So unterschiedliche Phänomene wie Rausch, Selbstverletzendes Verhalten, Gewalt und Delinquenz sind von dieser Zweiseitigkeit auf jeweils besondere Art und Weise geprägt. Auch wenn es auf den ersten Blick so scheint, dass in der Reihenfolge der genannten Phänomene auch der Grad der Abweichung zunimmt, so zeigt sich die erwähnte Ambivalenz in den betrachteten sozialen Praktiken gleichermaßen.

8.1 Rausch und Sucht

8.1.1 Formen der Bewusstseinsveränderung zwischen Potenzial und Gefährdung

Historisch betrachtet ist das Sich-Berauschen ein konstantes, immer präsentes kulturelles Phänomen, das stets von der Forderung nach Kontrolle der Rauschmittel begleitet war. In der heutigen Gesellschaft ist der Rausch in Verruf geraten, weil er mit den Anforderungen an Leistung und Output nicht zusammen passt; allerdings gibt es auch Rauschmittel, die sich geziell zur Leistungssteigerung einsetzen lassen, wie z.B. Kokain, das in Künstler- und Medienkreisen durchaus dazu benutzt wird, tagelang durchzuarbeiten, oder auch das Psychopharmazeutikum Ritalin, das zur Beruhigung von Kindern und Jugendlichen mit einer ADHS-Diagnose verschrieben wird, aber angeblich gleichermaßen auch von Studierenden (vor allem in den USA) zur Konzentrationssteigerung bei Klausuren eingesetzt werden soll (vgl. Heinemann 2010).

Insbesondere die Kulturanthropologie hat die Perspektive stark gemacht, in welcher Rausch als eine spezifische Wirklichkeitskonstruktionen mit eigenen Regeln, veränderten Raum-Zeit-Bezügen und Körperwahrnehmungen beschrieben wird, als eine andere Form der Daseins-Erfahrung, in der soziale Bindungen durch die gemeinsame außeralltägliche Erfahrung gestärkt werden (vgl. z.B. Beccaria/Sande 2003 oder auch den Überblick bei Korte 2010). Aus sozialwissenschaftlicher, insbesondere politikwissenschaftlicher Perspektive wird die große ökonomische Bedeutung von Rauschmitteln herausgestellt und die damit verbundenen Sozialformen untersucht: Mafia, internationale Drogenkartelle, soziale Auseinandersetzung um Prohibition, Alkohol- und Tabaksteuer und nicht zuletzt die Bedeutung und Einfluss der pharmazeutischen Industrie (siehe z.B. Schönenberg 2002).

Aus der Perspektive der Jugendsoziologie ist die Thematik angesiedelt in dem oben skizzierten Spannungsfeld. Jugend und Rausch verweisen einerseits auf die Notwendigkeit gesellschaftlicher Kontrolle und Formung, andererseits bezeichnen beide Begriffe Ausnahmezustände, die durchaus Produktivität und Innovation hervorbringen können (Niekrenz/Ganguin 2010, S. 11f). Darüber hinaus wird in diesem Feld auch die Ansicht vertreten, dass ein kontrollierter Umgang mit Rauschmitteln Bestandteil des Erwachsen-Seins sei und von Jugendlichen erlernt werden müsse (Settertobulte 2010, S. 75). Diese Überlegungen werden sodann auf eine ganze Bandbreite von Rauscherfahrungen und Rauschzuständen bezogen – reichend von Drogen, Alkohol, Kaufrausch, Rauschhaftes in Musik, in Sportpraktiken und bei Fußballfans, während des Karnevals, auf Spielplätzen, Festplätzen und Aqua-Parks sowie im Rausch der Bilder, die von Youtube und flickr.com. zur Verfügung gestellt werden (siehe den Sammelband von Niekrenz/Ganguin 2010; Litau 2011).

Der jugendlichen Rauscherfahrungen wird von verschiedenen Seiten eine produktive, entwicklungsfördernde Funktion zugeschrieben: Erwähnung findet beispielsweise, dass der Umgang mit Rauschmitteln die Ablösung vom Elternhaus unterstützen, Zugang und Zugehörigkeit zu Gleichaltrigengruppen vermitteln, körperliche Selbst- und Grenzerfahrungen ermöglichen, zur Auseinandersetzung mit gesellschaftlichen Wert- und Normvorstellungen führen könne und insgesamt zur Identitätsentwicklung beizutragen vermöge (vgl. Kastner/Silbereisen 1988; Leppin u.a. 2000, S. 11).

Eine weniger funktional ausgerichtete Argumentation hat der Soziologe und Ethnopsychoanalytiker Mario Erdheim (2010) vorgelegt. Er erklärt die jugendliche Empfänglichkeit für eine Intensivierung von Wahrnehmung und Risikobereitschaft aus einer adoleszenztheoretischen Perspektive. Dazu geht er davon aus, dass ein jugendlicher „Erfahrungshunger" einem „inneren Druck" geschuldet sei, der aufgrund von drei psychischen und intersubjektiven Prozessen in der Adoleszenz entstehe:

- Die in der Adoleszenz „intensivierte Trieb-Entwicklung" sorgt dafür, dass sowohl sexuelle als auch aggressive Energie sich neue Ziele und Objekte suchen. Das gesellschaftliche Inzestverbot bewirkt Neuorientierungen im Handeln wie auch bei der Wahl der Lie-

besobjekte. Somit werde einem Wiederholungszwang entgegengewirkt und es werden neue Chancen eröffnet.
- In der Adoleszenz werden „Größen- und Allmachtsfantasien" aktiviert. Sie sind wichtig, um sich neu zu entwerfen und eine neue soziale Position zu finden. Dabei können Rauschmittel sowie religiöse oder politische Einflüsse die Größenfantasien bestätigen und zu entsprechenden Grenzüberschreitungen führen.
- Adoleszenz ist zumeist verbunden mit einem „Generationskonflikt", eine für beide Seiten schmerzliche Erfahrung, die Erdheim jedoch als für eine fortschrittliche Gesellschaft notwendig ansieht (Erdheim 2010, S. 35–37).

Auf der Folie dieser Überlegungen erscheinen Rauscherfahrungen entweder als Wiederholung negativer frühkindlicher Erfahrungen (die es sodann pädagogisch zu verhindern gelte) oder als Chance, die frühkindlichen Erfahrungen durch neue Erfahrungen zu überwinden. Zur Illustration dieser neuen Erfahrungsqualität zieht Erdheim Interviewpassagen von Jugendliche heran, die das chemisch hergestellte Rauschmittel Ecstasy eingenommen hatten und von einer Intensivierung sozialer Kontakte berichteten. Diese Erfahrung deutet Erdheim als eine auf der Einnahme von Substanzen gestützte Erfahrung, welche die Größenfantasien nähre, dass man mit allen befreundet oder in gutem Kontakt sein kann. Diese Omnipotenzfantasien sind jedoch ambivalent: Einerseits entwickeln Individuen durch Größenfantasien ein anderes Verhältnis zur Realität – die Welt erscheint als durch den Menschen veränderbar und Mühen und Belastungen scheinen überwindbar. Andererseits müssen diese Einschätzungen sich noch als realitätstauglich erweisen. Die „Illusion der Omnipotenz" (ebd., S. 46) kann nicht nur Türen öffnen, sondern auch ernüchternd wirken und im Falle ihrer Desillusionierung können Allmachtsfantasien auch Missgunst und Hass auf die Entwicklung der Welt oder das Verhalten von Personen steigern. Omnipotenz kann also in die eine oder die andere Richtung kippen und da die Fantasien nicht kontrollierbar sind, sind sie auch bedrohlich; Erdheim sagt, dass das Prinzip der „Angstlust" zur Omnipotenz dazu gehöre (ebd., S. 47). Es ist deshalb naheliegend, die Omnipotenz herauszufordern und sie zu prüfen: Indem Jugendliche sich wiederholt beängstigenden Situationen aussetzen, üben sie den Umgang mit der Ungewissheit. In der Übung überwinden sie nicht nur die Grenzen des Alltags, sondern auch die Angst. Zugleich steigern sie auch ihre Omnipotenzfantasien und glauben, das Risiko beherrschen zu können. So wird die Angst zur Lust und etwas Neues kann entstehen.

Diese Thesen legen nahe, dass es sinnvoll ist, zwischen Substanz-Konsum als einem Verhalten mit dem beschriebenen Ambivalenz-Potenzial einerseits und Sucht als einer wenig kontrollierbaren Abhängigkeit andererseits zu unterscheiden. Auch verbinden Jugendliche selbst ihren Rauschmittelkonsum zumeist nicht mit Suchtproblemen und auch nicht mit Alltagsproblemen, die sie mittels der Substanzen zu überwinden suchen, sondern beschreiben vor allem positive Momente, wie Neugier, Spaß, Genuss, High-Sein, Geselligkeit oder Suche nach neuen Erfahrungen (vgl. ÖBIG 2005, S. 14f). Dass diese positive Sichtweise von Rauscherfahrungen nicht nur Wunschdenken der Akteure ist, zeigen Studien, welche die Persönlichkeitsentwicklung von Rauschmittel einnehmenden Jugendlichen untersucht haben. Sie wiesen nach, dass Heranwachsende, die z. B. Alkohol oder Cannabis mäßig konsumieren, keine Problemjugendlichen waren, sondern vielmehr solche, die sich durch soziale Kompetenz und vielfältige soziale Kontakte auszeichneten (vgl. Fischer/Röhr 1999; Kleiber/Soellner 1998, S. 141). Auch der Suchtpräventions- und Drogenforscher Henrik Jungaberle unterscheidet eine Reihe von „motivationalen Grundthemen", die den jugendlichen Umgang mit Rauschmitteln leiten: Angstüberwindung, Neugier, Suche nach Grenzen, Zugehörigkeit, Auflehnung/Protest und Problembewältigung. Er berichtet, dass Rauscherfahrungen gezielt herbeigeführt und zugleich mittels unterschiedlicher Strategien kontrolliert werden, die entweder „über ein System von Versuch und Irrtum angeeignet oder aus dem Peer-Kontext übernommen" werden (Jungaberle 2007, S. 186). Eine Tübinger Studie zum jugendlichen Rauschtrinken konnte zeigen, dass selbst bei diesem Verhalten die Kontrolle des Alkoholkonsums zumindest für die Organisation von Trinkereignissen von Bedeutung war (Stumpp/Stauber/Reinl 2009, S. 8). Entgegen des Klischees vom unkontrollierten, hemmungslosen Konsum von Rauschmitteln lässt sich also auch eine Seite der Steuerung und des bewussten Umgangs mit den Rausch erzeugenden Substanzen zeigen.

Ob Alkohol- und Cannabis-Konsum den Beginn von Sucht und Abhängigkeit darstellen, hängt auch davon ab, welche familiären und sonstigen sozialen Einstellungen in den jeweiligen Lebenswelten von Jugendlichen vorherrschen. Wolfgang Settertobulte macht in seinem Überblicksartikel zum Alkohol- und Cannabiskonsum deutlich, dass sich bei Jugendlichen in den letzten 20 Jahren nicht nur die Menge, sondern auch die Art und Weise der Produkte und ihres Konsums verändert haben. Er berichtet, dass Jugendliche heute weniger Alkohol als in den 1990er Jahren trinken, dass sich aber das Trinkverhalten geändert habe: Häufiger große Mengen innerhalb sehr kurzer Zeit und Zunahme eines „Nur nebenbei"-Trinkens. Auch würden Mischgetränke aus Flaschen statt aus Gläsern getrunken, wodurch die Menge schwieriger einschätzbar wird. Die Entwicklung eines Angebots von sogenannten funktionellen Getränken erschwere es zudem, eine Trennung zwischen Alkoholkonsum und dem von Fitnessdrinks oder Aufputschmitteln zu ziehen. Auch berichtet der Autor, dass die Anzahl der Mädchen, die Alkohol trinken gestiegen sei, und dass Jugendliche angeben, aus Langeweile zu trinken (Settertobulte 2010, S. 75–77; BzgA 2005). Der Konsum von Cannabis hingegen sei selbstverständlicher geworden, was sich auch daran ablesen lässt, dass Cannabis heute im Freundes- und Bekanntenkreis sowohl konsumiert als auch erworben wird. Die Ergebnisse der internationalen „Health Behaviour in School-aged Children (HBSC)"-Studie von 2005/2006 zeigen, dass 16% der befragten Jugendlichen aus der 9. Klasse angeben, Haschisch konsumiert zu haben und dass 8% der Jungen und 5% der Mädchen regelmäßig Cannabis konsumieren, um ihr Befinden zu regulieren (Settertobulte/Richter 2007). Insgesamt wurde auch hier festgehalten, dass die meisten Jugendlichen kein Suchtverhalten entwickeln, sondern ihren gesteigerten oder exzessiven Konsum mit zunehmendem Alter aufgeben (siehe auch Drogenbeauftragte der Bundesregierung 2008; BzgA 2004a; 2004b; 2004c).

Der Konsum von Alkohol wird erst dann zu einem Problem, wenn er gezielt eingesetzt wird, um sozialen Problemen wie Außenseitertum und Schulversagen zu begegnen, sei es, weil sich damit Erleichterung oder in Freundeskreisen Anerkennung verschafft wird. So finden sich auch in Suchtkliniken häufig solche Jugendliche, die bereits als Kinder auffällig waren, deren Eltern Alkoholprobleme haben, die unter marginalisierenden Lebensumständen aufgewachsen sind oder deren Biografie krisenhaft verlaufen ist (Settertobulte 2010, S. 80f). So zeigen Studien, dass Jugendliche aus bildungsfernen Milieus, wenn sie mit dem Verlust ihrer bisherigen nahweltlichen Erfahrungsräume konfrontiert werden, häufig nicht in der Lage sind, diese produktiv zu wenden und kommunikativ zu bewältigen. Sie verstricken sich stattdessen leichter in körperliche Auseinandersetzungen, entwickeln einen situativen Aktionismus, schließen sich mit Gleichen zu einer Schicksalsgemeinschaft zusammen und versuchen, durch Rauschmittelkonsum ihre familienbezogene Kindheitsgeschichte zu eliminieren (vgl. z.B. Bohnsack 1997; Raithel 2003). So kann aus „Substanzkonsum" und „Rausch", „Sucht" und „Abhängigkeit" werden.

8.1.2 Die Perspektive von Abweichung und „Krankheit": Sucht

Von Sucht als medizinisch beschreibbarer „Krankheit" ist seit Beginn des 19. Jahrhunderts die Rede (Spode 1993, S. 127ff). Leitmodell war von jeher der Alkoholismus, dessen Stationen und Phasen auf andere Suchtformen übertragen werden. Die Verlaufsform Steigerung, Verfall und schlussendlich Kontroll- und Selbstverlust begründet, dass Sucht als gefährliche Verhaltensweise verstanden wird, die mit einem nur schwer zu kontrollierenden Wiederholungszwang verbunden ist, und demzufolge Abstinenz als therapeutisches Ziel anvisiert wird (vgl. z.B. Scheerer 1995; Vief 1997; Nolte 2007). 1964 ersetzte die Weltgesundheitsorganisation WHO den Begriff der Sucht durch die Begriffe „psychische" und „physische Abhängigkeit". Die nachfolgend etablierten internationalen medizinischen Klassifikationssysteme für die Bestimmung von Krankheiten ICD-10 und DSM-IV[1] orientieren sich am Begriff der „Substanzabhängigkeit". Nach DSM-IV müssen zur Diagnose einer Substanzabhängigkeit drei der folgenden sieben Kriterien erfüllt sein: 1. Entwicklung von Toleranz und Steigerung der Dosis, 2. Symptome von Entzug in konsumfreien Phasen, 3. stärkerer Konsum als intendiert, 4. Wunsch, den Konsum zu reduzieren oder einzustellen, 5. hoher Zeitaufwand zur Beschaffung und Beschäftigung mit der Substanz, 6. Einschränkungen von beruflichen und Freizeitaktivitäten, 7. fortgesetzter Konsum trotz wiederkehrender sozialer, psychischer oder körperlicher Probleme (vgl. Soellner 2000, S. 17).

Dieses vorherrschende, medizinisch dominierte Bild von Sucht und Abhängigkeit ist dabei nicht als objektiv und absolut zu verstehen. Es basiert auf normativen Indikatoren, die den zwanghaften und progressiven Krankheitsverlauf betonen und die Handlungsmöglichkeiten der Betroffenen – beispielsweise eine selbsttätige Bewältigung und Überwindung ihrer Situation – als eher unwahrscheinlich erscheinen lassen (vgl. Dollinger/Schmidt-Semisch 2007, S. 11). Dabei gibt es durchaus Erfahrungen einer abrupten selbstbestimmten Beendigung des Substanzen-Konsums, die für das Rauchen, aber auch bei Konsumenten illegaler Drogen im jungen Erwachsenenalter nachgewiesen wurde und häufig mit biografischen Einschnitten wie Berufseintritt, Familiengründung oder beginnender Elternschaft verbunden sind (vgl. Weber/Schneider 1997, S. 253ff). Aus einer biografischen Perspektive erscheinen Suchtprozesse als komplexe und vielfältig beeinflusste Verläufe. Sie verlaufen zumeist nicht linear, sondern eher als ein Auf und Ab mit konsumfreien Phasen, in denen Entscheidungen der Betroffenen möglich sind. Entsprechend sind auch die Ursachen von Sucht heterogen und hängen von dem jeweiligen Vorhandensein von Möglichkeiten zur Handlung und Bewältigung ab: Ein Raster aus personen-, umwelt- und substanzbezogenen Einflussfaktoren strukturiert die je individuelle Konstellationen von Sucht (vgl. Stein-Hilbers 2007). Dies macht deutlich, dass es nicht ganz einfach ist, die Grenze zwischen normalem und süchtigem Verhalten zu ziehen und dass Sucht meist in einem lang andauernden Prozess entsteht. Da niemand bewusst Suchtverhalten anstrebt, ist der Sucht mit Appellen und Empfehlungen nicht so leicht beizukommen. Maßnahmen und Strategien zur Suchtprävention können nicht auf Szenarien von Abschreckung und Bedrohung ausgerichtet sein, sondern müssen ein Problembewusstsein bei den Betroffenen zumeist erst entwickeln.

---

[1] ICD-10 ist die von der Weltgesundheitsorganisation vorgenommene „International Statistical Classification of Diseases and Related Health Problems". Das Kürzel DSM-IV steht für das „Diagnostic and Statistical Manual of Mental Disorders" der Amerikanischen Psychiatrischen Vereinigung, welches spezifische diagnostische Kriterien enthält.

8.1.3 Prävention – Nutzen und Mythos

In der Suchtprävention werden zur Vorbeugung und um der Sucht entgegenzuwirken eine Reihe von Konzepten und Strategien verfolgt, die verschiedene Wirkungskonstellationen von Suchtentwicklungen berücksichtigen. Eine Expertise zur „Suchtprävention im Kindes- und Jugendalter", die im Rahmen des 13. Kinder- und Jugendbericht der Bundesregierung erstellt wurde, gibt einen Überblick über die vorhandenen Maßnahmen und Angebote (Sting 2009, S. 24–29):

- Am häufigsten finden sich Bemühungen, durch die Verbreitung von *Informationen und Wissen* über die Wirkungsweisen von Substanzen und über die Anzeichen und Gefahren von Sucht aufzuklären. Mit dem Ziel, eine kritische Einstellungen bei Jugendlichen zu erwirken, entwickelte die Bundeszentrale für gesundheitliche Aufklärung (BZgA) eine Reihe von Kampagnen und Broschüren, die mittels Rationalität von Argumenten auf eine kognitive Beeinflussung von Einstellungen und Handeln zielen. Allerdings wurde festgestellt, dass Versuche, die vor allem negative Informationen präsentieren und auf Abschreckung und Unterlassung setzen, dabei eher kontraproduktive Wirkung entfalten oder wirkungslos verbleiben (Sting 2009, S. 24).
- Des Weiteren gibt es Aktivitäten zur *Lebenskompetenzförderung* als Maßnahme zur Suchtprävention. Sie zielen auf die Stärkung von Selbstwert und Selbstwirksamkeit, auf die Förderung sozialer und kommunikativer Kompetenzen sowie auf Widerstandsfähigkeit und werden insbesondere im schulischen Kontext oder im Kindergarten eingesetzt, „z. B. „Papillio" für den Kindergarten, „Erwachsen werden" für das Grundschulalter, „Weltraumfahrer" für Kinder und Jugendliche" (ebd., S. 25).
- In *Konzepten der Risikoalternativen* werden Jugendlichen andere Handlungsmöglichkeiten statt Sucht angeboten. Sie arbeiten zumeist erlebnis- und aktivitätsorientiert mit dem Ziel, Grenzen zu erproben, neue Selbst- und Welterfahrungen zu ermöglichen und Gruppenerlebnisse zu verschaffen. Indem Elemente des Substanzkonsums aufgegriffen werden, kann es eher gelingen, Motive und Ausgangslagen von Sucht zu thematisieren und zu bearbeiten (ebd., S. 26f).
- *Konzepte zur Früherkennung und -intervention* wollen eine offene Kommunikation über Substanzkonsum zwischen Jugendlichen und Pädagogen und Pädagoginnen der Kinder- und Jugendhilfe etablieren. Statt zu kontrollieren, wird hier stärker auf Partizipation und kritische Selbstreflexion gesetzt. Dazu werden z. B. Selbsttests zur Einschätzung des eigenen Konsumverhaltens angeboten (z.B. die homepage www.drugcom.de der BZgA) oder Interventionen, die Verhaltensänderung initiieren sollen, z.B. das Frühinterventionsverfahren MOVE (Marzinzik/Fiedler 2005) (ebd., S. 27).
- Ansätze zur *Schadensminimierung* richten sich an konsumierende Personengruppen und hoffen, durch die Vermittlung von Konsumregeln Unfälle reduzieren zu können. Im Rahmen einer parteilichen, den Süchtigen nicht feindlich eingestellten Haltung wird versucht, eine Reflexion von Konsumerfahrungen zu initiieren (ebd.).
- Übergreifend arbeiten Konzepte, die Suchtprävention als *Element einer übergreifenden Erziehungs- und Bildungsarbeit* verstehen. Sie haben zum Ziel, das Wohlbefinden und die Gesundheitsförderung von Kindern und Jugendlichen zu einem alltäglichen Bestandteil von pädagogischer Arbeit zu machen. Dies kann über eine „explizite Drogenerziehung" oder eine „pädagogische Risikobegleitung" oder auch eine „Erziehung zur Drogenmündigkeit" geschehen (ebd. S. 28f).

Neben solchen pädagogisch-praktischen Ansätzen gibt es jedoch auch eine Debatte, in der Prävention kritisch in den Blick genommen wird, die vermeintliche Selbstverständlichkeit des präventiven Denkens und die Verselbstständigung dieses Denkens zum Gegenstand des Nachdenkens gemacht werden. Der Freiburger Soziologe Ulrich Bröckling setzt sich seit geraumer Zeit mit den Folgeerscheinungen von Prävention auseinander. Er analysiert Prävention als wirklichkeitsverändernde Strategie, die ihr eigenes Aktionsfeld schaffe, indem sie einen Ausschnitt aus der Wirklichkeit herauslöst und Zusammenhänge zwischen gegenwärtigen Phänomenen und künftigen Ereignissen oder Zuständen postuliert. In dieser Perspektive werde tendenziell alles zur Bedrohung und könne so zum Ziel präventiver Bemühungen werden: Karies, Drogenkonsum, Jugendgewalt und Depression können gleichermaßen zum Objekt von Vorbeugung werden und das Entscheidende der Prävention sei weniger ihr Gegenstand, also das, was es durch Prävention zu verhindern gilt, sondern ihr Modus: Durch Prävention, so Bröcklings These, würden die herkömmlichen Mechanismen von Überwachen und Strafen durch ein Regime des Monitoring und freiwilliger Selbstkontrolle ersetzt. Es werde auf Kompetenz- und Ressourcenorientierung gesetzt und an die Selbstverantwortung Einsicht appelliert – das zeigen auch die o.g. Beispiele von Suchtprävention, in denen die Einsicht dominiert, dass es wirksamer sei, die Stärken zu stärken als Ängste zu schüren oder Verbote auszusprechen (Bröckling 2008).

Des Weiteren gehört es zum Modus von Prävention, alle unter Verdacht zu stellen und Indizien aufzuspüren, die auf künftige Übel hindeuten und an denen die vorbeugenden Maßnahmen ansetzen können. Auch hier ist das Prinzip einheitlich, das Feld der Anwendungen vielfältig: Überschrittene Grenzwerte, sog. Risikoverhalten, ein genetischer Defekt, das belastende Sozialmilieu oder schlicht die Zugehörigkeit zu einer bestimmten Altersgruppe reicht, um in den Aktionsradius präventiver Maßnahmen zu geraten. Weil die Prävention auf der Logik des Verdachts basiert, können tendenziell alle Personen und insbesondere ausgewählte Personenkreise stigmatisiert werden, indem sie beispielsweise als gesundheitsgefährdet, potenziell gewaltbereit oder auch suchtgefährdet angesehen werden (Holthusen/Hoops 2011, S. 14).

Das präventive Denken, so zeichnet der kritische Präventionsdiskurs nach, ist nicht auf die Gesundheitspolitik beschränkt, sondern beeinflusst diverse gesellschaftliche Bereiche und hat sich zu einer zentralen Begründung moderner Sozialpolitik und des Versicherungswesens entwickelt, was im Begriff des „Vorsorge-Staats" (Ewald 1993) zum Ausdruck kommt (siehe z.B. Castel 1983; Lüders 2011). Inzwischen aber habe sich, so lautet eine These, ein Wandel vom Vorsorgestaat hin zum „aktivierenden Staat" vollzogen, in der Individuen „gehalten sind, sich selbst zu regieren" (Bröckling 2004, S. 214). Dies findet in der Figur des „präventiven Selbst" (Lengwiler/Madarász 2010) seinen pointierten Ausdruck. Prävention ist deshalb nicht einfach nur eine pädagogische Praxis, sondern ein umfassendes Denk- und Regierungssystem des modernen Lebens. Wir können uns diesem Denken nicht entziehen, sollten es aber sehr wohl reflektieren und analysieren (Holthusen/Hoops/Lüders/Ziegleder 2011, S. 25).

Dies gilt auch für den Bereich risikoreichen Verhaltens, der nachfolgend genauer betrachtet werden soll. Für das sogenannte Ritzen, auch Selbstverletzendes Verhalten genannt, gibt es bislang kaum Präventionsstrategien, obwohl es als Verhalten unter Jugendlichen zugenommen hat und als außerordentlich beunruhigendes Phänomen gilt, das sich deutlich von den tolerierten Formen der Selbstgefährdung unterscheidet. Dies macht eine verstehende und sozialwissenschaftliche reflektierte Betrachtung umso dringlicher.

8.2 Ritzen und die gesellschaftliche Bedeutung von Schmerz

Das Ritzen oder Schneiden ist eine Aktivität, bei der sich Personen mittels Werkzeugen an Armen, Beinen und Bauch selbst Verletzungen zufügen. Bekannt ist dieses Verhalten seit den 1960er Jahren und es wurde zumeist in den Bereich von Krankheit und psychischer Störung verwiesen und galt lange Zeit als eine Art von weiblicher Pathologie. Neu hinzugekommen ist jedoch, dass diese Praktik auf entsprechenden Internetseiten dokumentiert wird, sich als Gesprächsthema unter Freunden, Freundinnen und Peers größerer Beliebtheit erfreut und im medizinischen und psychologischen Kontext unter der Bezeichnung „Selbstverletzendes Verhalten" mittlerweile als ein terminus technicus erscheint. Dies deutet auf die angestiegene Verbreitung dieser Praktik hin, kann jedoch nicht darüber hinwegtäuschen, dass das Ritzen kaum mit sozialer Akzeptanz rechnen kann; es gilt nach wie vor als hochgradig alarmierend. Im Unterschied zu kulturell sichtbaren und historisch verbreiteten Formen der gezielten körperlichen Veränderung bzw. Beschädigung, wie sie beispielsweise als Körperschmuck (Piercen, Tattoos), als Übergangsrituale (Beschneidung) oder im Rahmen religiöser und spiritueller Handlungen (von z. B. Schamanen oder Fakiren) vollzogen werden, ist Ritzen kaum sozial kontrolliert und wenig kulturell situiert. Vielmehr ist Ritzen eine hochgradig individualisierte Handlung, die in der Regel vor den sozialen Kontexten zu verstecken versucht wird, und als neue kulturelle Praxis von Jugendlichen in mehrfacher Hinsicht erklärungsbedürftig ist.

Auf der individuell-personalen Ebene stellt sich die Frage, welche Motive und Befindlichkeiten bei den praktizierenden Jugendlichen eine Rolle spielen. Auf der kulturellen Ebene ist erklärungsbedürftig, wie Körper, Blut und Schmerzen im Rahmen dieser Praxis kulturell neu mit Aufmerksamkeit und Bedeutung aufgeladen und als Repräsentationen von Erfahrung verwendet werden. Für die gesellschaftliche Ebene ist zu fragen, inwieweit die Zunahme von Ritzen unter Jugendlichen auch im Zusammenhang damit zu sehen ist, dass technische und medizinische Formen der Bearbeitung, Gestaltung und Beeinflussung des Körpers stetig zugenommen haben; beispielsweise operative Eingriffe zum Zwecke der ästhetischen Veränderung des Körpers nicht länger Unfallopfern vorbehalten sind oder dass pharmakologische Behandlungen zur Erreichung oder Stabilisierung eines gewünschten Körperbildes – reichend von sog. Diätpillen bis hin zu Botox – selbstverständlicher geworden sind. Weltweite bio- und medizintechnologische Innovationen bilden einen Hintergrund oder Kontext von Entwicklungen, in denen die menschliche Körpernatur im Spannungsfeld von technischen Möglichkeiten, ethisch Vertretbarem, Gewünschtem und Gefürchtetem zunehmend als gestaltbar und nicht länger als schlicht gegeben angesehen wird.

Im Zuge solcher Transformationen von Körperlichkeit und den korrespondierenden Beschreibungen und Verständnissen verändern sich auch Personen-Konzepte und Selbstbilder. Da die Aneignung der eigenen Körperlichkeit wie auch die Fundierung eines Selbstbilds im Zentrum der Adoleszenz stehen, spricht viel für die Annahme, dass die veränderte Bedeutung des Körpers in der Gesellschaft auch mit einer Veränderung der Adoleszenz und ihrer Abläufe und Ausgestaltungsweisen verbunden ist; beispielsweise ließe sich spekulieren, dass eine wachsende technische Verfügbarkeit des Körpers auch die Toleranz gegenüber verschiedenen Formen des Umgangs mit dem eigenen Körper vergrößere, was für Jugendliche mit Freiheiten, aber auch mit neuen Beliebigkeiten verbunden sein könnte. So gesehen, ist es verkürzt, der einschlägigen Literatur folgend, diese Praxis vor allem als eine psychische Deformation von Einzelpersonen unter vorrangig psychologisch-pädagogischer Perspektive zu betrachten. Vielmehr muss die Thematik auch unter Einbezug von gesellschaftlichen Tendenzen und Entwicklungen verstanden werden.

Dazu gehört zunächst einmal, die Selbstverletzung nicht nur als „Verhalten" zu begreifen. Mit dem Begriff des Verhaltens ist eine dem Individuum zugeordnete Aktivität bezeichnet, die der Person bzw. Persönlichkeit zugerechnet und in deren Verantwortungsbereich angesiedelt wird. Da dieses Handeln aber in sozialen und gesellschaftlichen Kontexten und in sozialen Praktiken gesellschaftlich konstruiert wird, und möglicherweise die gesellschaftlichen Kontexte und Einflüsse auch ursächlich an dem „Selbstverletzenden Verhalten" von Jugendlichen beteiligt sind, braucht es einen erweiterten Analyserahmen. Ritzen ist deshalb nicht nur als „Verhalten", sondern vielmehr als eine soziale und kulturelle „Praxis" zu verstehen, die sich als verkörperte und diskursive Tätigkeit im Spannungsfeld von Sozialstruktur, Institutionen, Macht und Ritual realisiert. Mit dem Begriff der Praxis soll im Unterschied zum Begriff des Verhaltens der Tatsache Rechnung getragen werden, dass die sich im Prozess von Adoleszenz wie auch durch gesellschaftliche Einflüsse verändernden Körperlichkeiten durch individuelles und kollektives Wissen und Handeln geformt und produziert werden. Wie Jugendliche sich auf ihren Körper beziehen, wie sie ihn als vorgegeben verstehen, welche soziale Normen dabei eine Rolle spielen und wie der eigene Körper im Zuge eigener Handlungen geformt und neu hervor gebracht wird, ist ein umfänglicher kultureller und sozialer Prozess, der mit dem Begriff der „Praxis" angemessener bezeichnet ist als mit dem auf Einzelpersonen bezogenen Begriff des „Verhaltens". Allerdings sind Forschung und Forschungsergebnisse bislang überwiegend psychologischer und medizinischer Herkunft und verwenden durchweg die Bezeichnung „Selbstverletzendes Verhalten". Diese sollen zunächst vorgestellt und dann durch einige Überlegungen für ein Verständnis von Ritzen als sozial-kulturelle Praxis ergänzt werden.

8.2.1 Ritzen als Praxis: Rituale, Institutionen und Macht

Die einschlägige zumeist psychologisch-psychiatrische Literatur fasst das Ritzen, wie bereits erwähnt, durchweg als „Selbstverletzenden Verhalten", als eine funktionell motivierte Verletzung oder Beschädigung des eigenen Körpers, „die in direkter und offener Form geschieht, sozial nicht akzeptiert ist und nicht mit suizidalen Absichten einhergeht" (Petermann/Winkel 2009, S. 23). Eine solche relativ weite Definition zielt darauf, die unterschiedlichen Erscheinungsformen, die Bandbreite an Motiven und Funktionen zu erfassen und diese zugleich von ähnlichen Verhaltensweisen, wie z.B. Selbstmordversuchen oder psychischen Krankheiten wie das Borderline-Syndrom oder auch Ess-Störungen abzugrenzen (vgl. z.B. Kernberg 2006; Brunner/Resch 2008; Chapman/Leung/Walters/Niedtfeld 2009).

Der US-amerikanische Psychiater Armando Favazza, der schon in den 1980er Jahren zu dem Thema forschte und publizierte, berichtet von Selbstverletzungen an beinahe allen Stellen des Körpers (Favazza 1987), vor allem aber werden Unterarme, Oberschenkel und der Bauch mit Rasierklingen, Nadeln oder Schreibwerkzeugen wiederholt verletzt bzw. gestaltet (z.B. Symbole, Wörter oder Bilder eingeritzt). Der überwiegende Teil der Akteure sind Mädchen und Frauen und sie geben bei Befragung an, dass sie den Akt der Selbstverletzung regelmäßig, nach einem individuell entwickelten Muster und zumeist heimlich vollziehen und den Umfang und die Tiefe der Verletzung nicht planen. Blut und Wunden werden nicht selten als

Zeichen der Lebendigkeit gedeutet, das Schmerzempfinden ist entweder durch die situative Aufregung reduziert oder wird als Erleichterung gedeutet, weil ein seelischer Schmerz dadurch in den Hintergrund gedrängt wird (siehe z.B. Teuber 2000; Hawton/Rodham/Evans 2002; 2006; Doctors 2004; Schneider 2004; Levenkron 2001; Hawton/Harris 2008).

Die ersten größeren Untersuchungen der 1960er Jahre kommen aus den USA (Graff/Mallin 1969) und haben schon damals darauf hingewiesen, dass Selbstverletzendes Verhalten eine Art der Kontrolle und Gestaltung von akuten wie auch lebensgeschichtlichen Problemen ist, eine Form mit der biografischen Erfahrung von Gewalt, Missbrauch, Vernachlässigung oder dem Verlust geliebter Personen umzugehen. Akteure berichten davon, dass das Selbstverletzende Verhalten ihnen eine schnelle, aber nur zeitweilige Erleichterung von diversen Ängsten, rasenden Gedanken und schnell wechselnden Gefühlen verschaffe. Es ermögliche Selbstwahrnehmung und Selbstberuhigung und eine physische Kommunikation von Schuld- und Stressgefühlen. Gleichermaßen kann es als ein Akt der Reinigung, der Selbstbestrafung oder auch der Selbstfürsorge erlebt werden (vgl. Doll 2005; Liebsch 2008; Nixon/Heath 2009).

Die Verbreitung und Ausbreitung der Verhaltensweise ist aufgrund der Heimlichkeit der Durchführung nur schwer auszumachen. Vorliegende Studien befragten entweder Patientinnen und Patienten psychiatrischer Einrichtungen (z.B. Walsh/Rosen 1998; Salbach-Andrae et al. 2007) oder Mitglieder geschlossener bzw. relativ stark strukturierter Institutionen wie Militär und Gefängnis (z.B. Arboleda-Flores/Holley 1988; Klonsky et al. 2003), wo der Anteil der Personen, die sich selbst verletzen, bei bis zu 20% lag. Dabei war das Selbstverletzende Verhalten häufig mit anderen psychischen Störungen verbunden (Komorbidität) und zudem lassen sich aufgrund der Verbreitung des Selbstverletzenden Verhaltens im Militär und im Gefängnis entweder Imitationseffekte oder institutionell erzeugte Effekte vermuten.

Darüber hinaus werden seit einigen Jahren in mehreren Ländern Befragungen von Jahrgangsgruppen an Schulen durchgeführt, um sich eine Vorstellung von dem Verbreitungsgrad selbstverletzender Handlungen bei Jugendlichen zu verschaffen (z.B. De Leo/Heller 2004 in Australien; Hawton et al. 2002; 2006 sowie Muehlenkamp/Gutierrez 2004 in England; Brunner et al. 2007; Resch et al. 2008 für Deutschland; zu Ungarn siehe Csorba et al. 2009). Hier wird sichtbar, dass Selbstverletzendes Verhalten im Jugendalter und bei Heranwachsenden ausgeprägt auftritt. Je nach Definition und variierend mit den verwendeten Mess-Kriterien wird von einer Prävalenz von 7 bis 15% berichtet. Gleichermaßen schwankt auch die Geschlechtstypik des Verhaltens mit den zu Grunde gelegten Kriterien. Werden auch Verhaltensweisen wie Sich Schlagen oder Nach Gegenständen Treten, um sich selbst zu verletzen, in die Definition integriert, steigt der Anteil der männlichen Akteure deutlich an (Muehlenkamp/Gutierrez 2004). Zudem verdeutlichen die Schulstudien, dass *Gedanken* an absichtliche Selbstverletzungen durchaus verbreitet sind und dass das Ritzen als Thema realer und netzbasierter Kommunikation adoleszenter Schülerinnen und Schüler präsent ist (siehe dazu auch Misoch 2007).

8.2.2 Erklärungsansätze – Wissen und Macht

So komplex und vielschichtig das Selbstverletzende Verhalten ist, so breit ist auch das Spektrum der Erklärungsansätze reichend von entwicklungspsychopathologischen, lerntheoretischen, psychoanalytischen und hirnorganischen Ansätzen (vgl. den Überblick bei Chapman et al. 2009). Ähnlich umfassend ist die Liste der Risikofaktoren, die biologische Faktoren, wie z.B. einen Serotonin-Mangel, soziale Faktoren, wie beispielsweise Traumatisierung und Missbrauch, genauso aufführen wie eine große Bandbreite emotionaler Befindlichkeiten, z.B. eine gestörte Emotionsregulation oder auch eine kognitive und emotionale Vulnerabilität. Die Bremer Psychologen Franz Petermann und Sandra Winkel haben diverse Einflüsse in einem Schaubild zusammen gebracht, dem sie den Titel „Bedingungsmodell des selbstverletzenden Verhaltens im Jugendalter" (Petermann/Winkel 2009, S. 111) gegeben haben. Sie merken allerdings an, dass ihre Zusammenstellung möglicher Einflüsse keine Auskunft darüber gibt, welche Faktoren in welcher Ausprägung für eine Entstehung des Selbstverletzenden Verhaltens ausschlaggebend sind, und wie die genannten Faktoren zusammen wirken. Bislang fehlt es an Erklärungen in einem umfassenden Sinne – also eine Zusammenführung von Ursachen, Funktionen und Wirkungen. Stattdessen liegt eine Reihe von gut ausgearbeiteten Einzelperspektiven vor, die jedoch meistens nicht mit anderen Ansätzen abgeglichen und zusammen gebracht werden.

So haben die Hirnforschung und die Psychobiologie gezeigt, dass schwere Traumatisierungen die Struktur und die Chemie des Gehirns und anderer Körpersysteme, die bei der Stressregulierung mitwirken, verändern und ggf. für die Erzeugung intensiver Angst- und Aggressionszustände sowie für Gefühle der Leere und Sinnlosigkeit verantwortlich sind. Aus dieser Perspektive wird das Selbstverletzende Verhalten als erneute Inszenierung eines früheren Traumas verstanden und durch die Vergabe von Psychopharmaka zu regulieren versucht. Diese Forschungsrichtung unterstützt auch die Vorstellung vom Ritzen als suchtähnlichem Verhalten: Der durch die Verletzungen bedingte Stress sorgt für den Ausstoß körpereigener Opiate, die das Gefühl von Beruhigung und Schmerzfreiheit erzeugen. Durch Medikamentenvergabe kann dieser Mechanismus ersetzt bzw. unterbunden werden, was allerdings nur eingeschränkt gelingt und keinesfalls als einzige Therapieform angeboten werden sollte (vgl. z.B. van der Kolk et al. 1985; Libal/Plener 2008).

Psychoanalytische Ansätze zum Verstehen des Selbstverletzenden Verhaltens betonen die Bedeutung früher Entwicklungsstadien, in denen Körper und Selbst noch nicht differenziert wahrgenommen werden. Wenn in dieser Zeit körperliche Bedürfnisse entweder vernachlässigt oder durch Missbrauch überstimuliert werden, fehlt den Kleinkindern die Erfahrung, ihren Körper in das Gesamtkonzept ihrer Person zu integrieren; Freud spricht hier von einem frühen „Körper-Ich" als Basis späterer Personen- und Selbstvorstellungen (Freud 1923). Dies führt dazu, dass der eigene Körper abgespalten, wie ein äußeres Gegenüber fantasiert und auch dementsprechend behandelt wird (Hirsch 2002). In der Selbstverletzung werden die frühkindlichen Erfahrungen und das frühe Körper-Ich reaktiviert. Als eine Art Körpersprache redefiniert das Selbstverletzende Verhalten die Körpergrenzen, die das Selbst vom Anderen trennen; die Verletzung der eigenen Arme kann, so gesehen, auch ein Hinweis auf den erfahrenen Mangel des Getragen- und Gehalten-Werdens sein. Oder um die Psychoanalytikerin Shelley Doctors zu zitieren: Schneiden ist der „Versuch der Selbststeuerung von jemandem, der gelernt hat, dass er keine Hilfe von anderen erwarten kann" (Doctors 2004, S. 270).

Alles in allem sortiert die einschlägige Literatur die verschiedenen Formen und Komorbitäten des Selbstverletzenden Verhaltens in den Rahmen einer Typologie von „Störungen", z.B. von Persönlichkeitsstörungen, Dissoziationsstörungen, Impulskontroll-Störungen oder auch Ess-Störungen (Schmal/Stiglmayer 2009; Petermann/Winkel 2009; Chapman et al. 2009). Solche Einordnungen sind ein Versuch, dem Phänomen einen Rahmen und einen Kontext zu geben und es durch die Einsortierung in ein Ordnungsschema samt den dort zur Verfügung stehenden Erklärungen begreifbar zu machen. Der hier dominant aktivierte Deutungsrahmen ist der von Krankheit und der kanadische Wissenschaftshistoriker Ian Hacking hat bei dieser Art von Erklärungen darauf hingewiesen, dass Krankheiten gleichermaßen erfunden wie entdeckt werden (Hacking 1999). Damit ist weniger eine Erfindung im Labor gemeint als ein kultureller Herstellungsprozess, der sich durch begriffliche Assoziation und Analogie realisiert. Beispielsweise verschiebt die Klassifikation des Selbstverletzenden Verhaltens als „Impulskontrollstörung" (Petermann/Winkel 2009, S. 99ff) das Ritzen in den Bereich des Körperinneren, so als ob es ein körperliches, und kein soziales Problem wäre. Dabei gerät aus dem Blick, dass die Herstellung von Impulskontrolle sowohl ein wichtiges Moment im Prozess des Aufwachsens und Werdens eines jeden Individuum ist als auch ein gesellschaftliches Erfordernis darstellt, ohne das Zusammenleben nicht möglich wäre. Die Herstellung von Impulskontrolle ist immer auch eine gesellschaftliche Aufgabe. „Impulskontrollstörungen" verweisen auf Bereiche, in denen die soziale Regulation gesellschaftlicher Normen nicht gut funktioniert, wo es Probleme im Umgang mit Normen gibt. „Impulskontrollstörungen" nur als psychische Schwächen von Individuen anzusehen, wäre deshalb eine Verkürzung, die sich auch darin zeigt, dass eine sozialwissenschaftliche Perspektive in der Literatur zum Thema Selbstverletzendes Verhalten so gut wie gar nicht vorhanden ist. Auf der Ebene des Wissens, Verstehens und der begrifflichen Klassifizierung des Ritzens dominieren medizinisch-psychiatrische Krankheitsdiagnosen; eine Übermacht, die als „Medikalisierung sozialer Probleme" bezeichnet wird (Conrad 2005).

Mit dem Begriff der Medikalisierung wird der historische Prozess der Ausdehnung medizinischer Definitionen und Perspektiven auf Fragen und Bereiche benannt, die zuvor bzw. bislang als soziale Probleme verstanden wurden. Für die Individuen ist die Definition eines Problems als Krankheit nicht selten mit einer moralischen Entlastung verbunden, geht andererseits aber auch mit neuen Formen von Kontrolle und Disziplinierungen oder auch Stigmatisierung einher. Für das Verstehen der sozialen Phänomene verschieben sich die Relevanzen gesellschaftlichen Wissens – Medizin, Hirnforschung und Psychologie sind heute einflussreicher als Soziologie und Kulturanthropologie. Zudem entstehen durch Medikalisierung neue soziale Konstellationen, z.B. neue institutionelle Einrichtungen wie niedrigschwellige Beratungsstellen für Jugendliche, die sich selbst verletzen. Der sozialwissenschaftliche Beitrag zum Thema Selbstverletzung von Jugendlichen könnte in der Reflexion und Analyse derartiger Neuerungen und Verschiebungen als begleitende und/oder produzierende Faktoren des Selbstverletzenden Verhaltens bestehen. Dies stellt bislang jedoch eine Leerstelle dar.

8.2.3 Bedeutung und Funktion des Ritzens in der Gegenwartsgesellschaft

Die Kulturanthropologin Mary Douglas hat den Gedanken stark gemacht, dass in Zeiten von gesellschaftlichen Orientierungskrisen, auf „die schiere Faktizität des menschlichen Leibes" zurückgegriffen werde. Sie meint, dass immer dann, wenn eine zentrale Idee oder kulturelle Konstruktion bei der Bevölkerung keinen Glauben mehr findet, entweder weil sie als Illusion enttarnt worden ist oder weil sie aus einem anderen Grund ihre Legitimation verloren hat, werde die bedrohte oder verloren kulturelle Konstruktion auf den Körper übertragen, um ihr eine Aura von „Wirklichkeit" und „Gewissheit" zu geben (Douglas 1966, S. 109).

Diese Überlegung ist für das sozialwissenschaftliche Verständnis des Ritzens interessant, weil sich argumentieren ließe, dass Jugendliche mit den Praktiken der Selbstverletzung auf die Faktizität des Körpers verweisen, also etwas thematisieren, das im Unterschied zu politischen Problemen und kulturellen Fragen eine große Unmittelbarkeit besitzt. Dies vollzieht sich im Kontext einer Gegenwartsgesellschaft, in der es zunehmend schwerer wird, Körperlichkeit als faktisch und gegeben zu erfahren und zu verstehen: Die „schiere Faktizität des Leibes" ist angesichts von Embryonenforschung, Gehirnforschung und Neuen Medien kein wirklich fester Bezugs- und Orientierungspunkt mehr. Vielmehr lassen sich angesichts der Entwicklungen im Bereich der Biomedizin, Gehirnforschung und Medientechnologien eher eine Verringerung und Minimierung von körperlicher Substanz und Materialität beschreiben. Die „schiere Faktizität" des Körpers ist angesichts der wachsenden Bedeutung von Zellkulturen in der Petrischale, Hirn-Chips und Avataren selbst in die Krise geraten und das seit der Aufklärung dominierende Verständnis der Körpernatur ist selbst in Frage gestellt. Körper ist nicht länger etwas Natürliches, sondern wird zunehmend zu etwas Kultur-Gesellschaftlichem (vgl. z.B. Liebsch/Manz 2010).

Im Gegenzug dazu sind Individuen aufgefordert, Substitute für diese gesellschaftliche Veränderung zu finden. Wenn es gesellschaftlich immer schwieriger wird, die körperliche Materialität als faktisch gegeben und als unverfügbar zu erfahren, dann liegt es auch nahe, Körper immer stärker wie Waren, wie Objekte und Gegenstände zu behandeln. Die Zunahme von Fitnesskult, Schönheitsoperationen und Kinderpornografie beispielsweise können als Indikatoren für eine solche Tendenz angesehen werden und gleichermaßen wirft dies auch einen anderen Blick auf das Ritzen; den eigenen Körper zum Gegenstand von Verletzung zu machen, erscheint angesichts der umfassenden gesellschaftlichen Tendenz, Körper zu Objekten zu machen, nicht mehr komplett ungewöhnlich.

Im Rahmen ihrer Kultur vergleichenden Forschungen über den unterschiedlichen Umgang mit „Reinheit und Gefährdung" ist Mary Douglas zu der Überzeugung gelangt, dass durch invasive Körpertechniken gesellschaftliche Prägungen vorgenommen werden. Sie formuliert: „What is carved in humans flesh is an image of society" (Douglas 1966, S. 143). Die im Zuge der Selbstverletzung vorgenommenen gesellschaftlichen Einprägungen sind soziale und kulturelle Zeichen, und Narben und Blut haben hier einen hohen Symbolwert. Darüber hinaus haben Narben insbesondere dann die Funktion eines historischen Zeichens, wenn man seiner eigenen Erinnerung nicht ganz trauen kann. Narben sind eine dauerhafte, körperliche Erinnerung an nicht nur Schmerz und Verletzung, sondern auch an Heilung (vgl. auch LeBreton 2003; Scarry 1989).

Deshalb kann die selbstverletzende Bearbeitung des Körpers einerseits als Teil eines Körper-Projekts angesehen werden, das der Konstruktion einer verlässlichen Ich-Identität dienen soll. Andererseits aber ist das Sich-Schneiden auch eine Thematisierung der Konventionalität und Normativität der Gesellschaft. Das Brechen, Erzwingen oder gezielte Herstellen von Konventionen ist mit Schmerzen verbunden und jeder Schmerz ist ein Indikator für die Variabilität der gesellschaftlichen Konventionen. Oder umgekehrt formuliert: Die Gewaltförmigkeit aller kulturellen Konzeptualisierungen des Körpers kommt im Schmerz zum Ausdruck. Die Ausdrucksformen des Schmerzes sind jedoch ihrerseits kulturell umkämpft und umstritten. So gibt es zum einen umfangreiche gesellschaftliche und technische Bemühungen, an der Verminderung bzw. dem Ausschalten der mit und durch Schmerzen verursachten Körperwahrnehmung zu arbeiten, beispielsweise gilt die Schmerztherapie als besonders förderungswürdiges Ziel der medizinischen Wissenschaft. Aber auch die medizinische Forschung zum Thema Schmerz zeigt, dass Schmerz nichts Absolutes ist und nicht immer auf einer somatischen Schädigung beruht: Schmerz wird in verschiedenen Kontexten von unterschiedlichen Personen jeweils anders wahrgenommen, wie beispielsweise Berichte über Schmerzbefreiung durch Placebo-Vergabe zeigen oder solche über das Leiden nach einer Amputation an Phantomschmerzen oder auch über die Schmerzunempfindlichkeit von Soldaten, die starke Verletzungen erlitten haben (Ruoß 1998, S. 14).

Zum anderen aber entstehen im gesellschaftlichen Prozess der weit verbreiteten Vermeidung und Verhinderung von Schmerzen neue kulturelle Spielräume für den Umgang mit Schmerz, die sich in der Form einer Bereitschaft zum Ertragen von Schmerzen zeigen, sofern die Funktion und der Sinn des Schmerzes in ein kulturelles Deutungsmuster mündet. Darunter fallen beispielsweise die neuen Formen von „Body Modification" (Featherstone 1999), die in der Form von Schönheitsoperationen, als Tattoos oder eben auch als Sich-Schneiden und Ritzen in Erscheinung treten. Hier zeigt sich der Schmerz sowohl als ein objektiv körperlich-medizinisches Phänomen als auch als ein kultureller und individuell gestaltbarer psychischer, kognitiver und symbolischer Ausdruck des Körperlichen. Die Bereitschaft, Schmerz in Kauf zu nehmen, zu ertragen, zu überwinden oder bewusst zu erfahren, spielt vor allem dann eine wichtige Rolle, wenn Verschönerung, Optimierung und Steigerung der körperlichen Leistungs- und Erlebnisfähigkeit betrieben werden. Die mit Schönheitsoperationen, Tätowierungen, dem Antrainieren von Muskelpaketen und mit sportlichen Höchstleistungen verbundenen Schmerzen werden als zwangsläufige Begleiterscheinungen in Kauf genommen. Im Sado-Masochismus und beim Selbstverletzenden Verhalten werden Schmerzen sogar bewusst inszeniert und zur Erlebnissteigerung praktiziert. Dies verschiebt die Perspektive des Erleidens von Schmerz auf die des Zufügens von Schmerz und stellt die Frage nach dessen kulturell und individuell gefassten Grenzen der Akzeptanz.

Schmerz ist also hochgradig kulturell und diese Kulturalität des Schmerzes muss in einem sozialwissenschaftlichen Verständnis des Ritzens thematisiert und reflektiert werden. Das Erleben, Nicht-Erleben und der Umgang mit Schmerzen sind durch subjektive Realitäten, kulturelle Symbolisierungen und gesellschaftliche Konventionalisierung bestimmt, die elementare Bestandteile der Praxis des Ritzens sind. Gleichermaßen zeigt sich beim Thema Schmerz auch die kulturalisierende Funktion der Adoleszenz: Im Umgang mit dem physisch erfahrenen Schmerz erproben Jugendliche die kulturelle Gestaltung und Bearbeitung des Körpers. Zugleich loten sie die Grenzen der Kulturalität des Körpers aus, indem sie im Schmerz das mit der Körperlichkeit verbundene Jenseitige, Unbestimmbare und Unverfügbare erfahren. In Zeiten umfassender Objektivation des Körperlichen wird die schmerzhafte Arbeit an der Grenze der Kulturalität des Körpers zu einem Bestandteil der Jugendphase als Moratorium. Stellvertretend für andere Lebensbereiche werden hier soziale Normen und Grenzen des Akzeptierten bearbeitet, verschoben und mit neuen kulturellen Ausdrucksformen versehen. Dies ist ohne den Einsatz von Gewalt nicht möglich.

Beim Ritzen werden die gewaltförmigen Lebenskontexte zum Ausdruck gebracht, indem der eigene Körper zum Gegenstand von Gewaltanwendung gemacht wird. Gleichermaßen – und das soll im folgenden Unterkapitel betrachtet werden – können die sozialen und gesellschaftlichen Gewaltmomente aber auch nach außen, gegen Dinge und gegen andere Personen gewendet werden.

8.3 Gewalt und Delinquenz

Aggressive Auseinandersetzungen, Prügeleien und Gewaltausübung als bewusst gesuchter „Kick" kommen zum einen als konkrete und faktische Handlungen von einzelnen Jugendlichen oder Cliquen vor. Hier beschreiben Kenner der empirischen Forschungslage, dass delinquentes Verhalten bei Jugendlichen bis Ende der 1990er Jahre zugenommen und danach tendenziell abgenommen hat (vgl. z.B. Mansel/Hurrelmann 1998; Pfeiffer 2001; Baier et al. 2009, S. 10). Zum zweiten sind die genannten Gewalt-Phänomene Gegenstand öffentlicher Wahrnehmung und medialer Darstellung und Deutung. Die mediale Berichterstattung ist von einer deutlichen Tendenz zur Empörung und Dramatisierung gekennzeichnet und präsentiert regelmäßig überzeichnete Bilder von Gewaltexzessen und aus dem Ruder laufender „Horrorkids". Angesichts der Präsenz der Medienberichte über die Ausdrucksformen jugendlicher Gewalt gibt es mittlerweile eine ganze Reihe von sozialwissenschaftlichen Beiträgen, die sich mit dem Mediendiskurs kritisch auseinander setzen und dessen Sündenbock-Funktion und Rolle im Rahmen von Wahlkampfstrategien und Stimmungsmache analysieren (siehe z.B. Steinert 1995; Brumlik 2008). Darüber hinaus wird die „Personalisierung" von Gewalt in der öffentlichen Wahrnehmung, Deutung und Diskussion problematisiert und auf die Relationalität von gesellschaftlichen Gewaltverhältnissen und Gewaltausübung verwiesen. Gewalt sei weniger eine Eigenschaft von Personen als ein gesellschaftlicher Strukturzusammenhang (vgl. z.B. Heitmeyer 1994; Butterwegge 1994).

Mit einem solchen Grundverständnis wurde 1986 der Sonderforschungsbereich „Prävention und Intervention im Kindes- und Jugendalter" an der Universität Bielefeld eingerichtet, der zehn Jahre lang im Rahmen diverser Studien die Auswirkungen grundlegender gesellschaftlicher und struktureller Gewalt in Form von Armut, Kriminalisierung, Bildungsexklusion und sozialer Desintegration auf die Gesundheit, das Gewaltverhalten und die Delinquenz von Jugendlichen untersuchte und eine Vielzahl von Empfehlungen und Vorschläge für Politik und Pädagogik entwickelte (exemplarisch siehe Engel 1989).

Seit dem Abschluss dieses stark systematisch ausgerichteten Forschungszusammenhangs ist die einschlägige Forschung den Konjunkturen der öffentlichen Gewaltaufmerksamkeit unterworfen und je nach gegebenem aktuellen Anlass rücken rechtsradikale Gewalt, die Gewalt an Schulen oder auch Jugend-Krawalle und öffentliche Proteste in den Blick. So liegt die große Welle von Forschungen zum Thema Rechtsextreme Gewalt schon einige Zeit zurück (vgl. z.B. Heitmeyer et al. 1993; Breyvogel 1993; Möller 2000) und reagierte auf eine Reihe von Anlässen fremdenfeindlicher Gewalt in den neuen Bundesländern (Rostock, Hoyerswerda, Guben). Derzeit hat eine neuere Befragung unter Jugendlichen bei bis zu 17% der Befragten rechtsextreme Haltungen und Einstellungen festgestellt (Baier et al. 2009, S. 13), ohne dass dieser Befund politisch und medial auf große Resonanz gestoßen ist.

Die Forschung zum Thema Gewalt dokumentierte in den 1990er Jahren eine Zunahme an Gewalt von männlichen Jugendlichen in den Hauptschulen (vgl. den Überblick bei Melzer/Lenz/Bilz 2010, S. 969–979; zu Ursachen siehe Holtappels et al. 1992). Die Thematik erhielt medial immer dann große Aufmerksamkeit, wenn aufgrund von Schul-Amokläufen (in z.B. Erfurt, Emsdetten, Winnenden) über den Einfluss und die Bedeutung von Computerspielen spekuliert wurde. Die neuere Forschung akzentuiert das Nachdenken darüber, was Schulen tun können, um eine Kultur zu unterstützen, die der Gewaltausübung vorbeugt (zuerst Olweus 1992; 1995; siehe auch z.B. Haubl 2006).

Wenig sozialwissenschaftlich reflektiert sind bislang die Jugendkrawalle in Frankreich, Dänemark und England als Gewaltphänomene neuerer Art. Der französische Soziologe Robert Castel hat die Unruhen in den französischen Banlieus 2005 zum Gegenstand einer Untersuchung gemacht. Er versteht die Krawalle als Ergebnis der Verweigerung verfassungsmäßiger Rechte für die arabischstämmige Bevölkerung, des sozialen Wandels in den französischen Vorstädten und des diskriminierenden Vorgehens von Polizei und Justiz (Castel 2009). Mit seinem, ausschließlich auf soziale und kulturelle Kontexte fokussierten Erklärungsansatz – die Akteure, ihre Befindlichkeit und eventuelle Handlungsmotivation kommen in seinem Buch gar nicht vor – unterscheiden sich Castels Reflexionen von gängigen kriminalsoziologischen Ansätzen, die jugendliches Gewaltverhalten und Formen jugendlicher Devianz mit einem jeweils unterschiedlich geschärften Blick auf den einzelnen Täter und sein gesellschaftliches Umfeld zu erklären beabsichtigen.

Einige ausgewählte Ansätze der insgesamt sehr umfangreichen Forschungslandschaft sollen hier vorgestellt werden (zur Ergänzung siehe den Überblick bei Albrecht 2010, S. 843–875ff.). Sie wurden stellvertretend für paradigmatische Perspektiven ausgewählt und zeigen, wie sich je nachdem, wie stark das handelnde Individuum zum Ausgangspunkt der Betrachtung gemacht wird und welche Bedeutung sozialen und kulturellen Einflüssen und Mechanismen für die Genese und Ausgestaltung von Handlungen zugeschrieben wird, die jugendsoziologischen Erklärungsreichweiten verändern.

8.3.1 Die Anomietheorie als Ursachentheorie

Die auf den US-amerikanischen Soziologen Robert King Merton zurückgehende Anomietheorie deklariert eine grundsätzliche Kluft zwischen kulturellen Erwartungen einerseits und sozialen Möglichkeiten, diese Erwartungen auch erfüllen zu können andererseits, als Ursache für abweichendes Verhalten. Beispielsweise dominiert im kollektiven Bewusstsein der USA die Vorstellung vom ‚American Dream', die Aufstiegsfantasie, es vom sprichwörtlichen Tellerwäscher zum Millionär schaffen zu können, aber nicht alle Menschen in den USA haben die sozialen Möglichkeiten, diesen Traum zu realisieren. Merton war nun der Ansicht, dass die ungleichen Erfolgschancen und die Verteilung abweichenden Verhaltens miteinander in Beziehung stünden (Merton 1949, zur Diskussion seiner Theorie in Deutschland siehe z.B. Lamnek 1977). Er entwickelte die allgemeine und makrotheoretisch begründete Vorstellung, dass mit einer solchen grundsätzlich anomischen – also an Ordnung und Regeln tendenziell schwachen gesellschaftlichen Struktur – Individuen und gesellschaftliche Gruppen je nach sozialer Ausgangslage unterschiedlich umgehen. Er klassifizierte fünf verschiedene Formen der Anpassung bzw. des Umgangs mit Anomie: Konformität, Innovation, Ritualismus, Rückzug und Rebellion. Mittels „Konformität" konzentrieren sich die Gesellschaftsmitglieder auf solche Ziele, die sie mit den ihnen zur Verfügung stehenden, gebilligten Mitteln erreichen können. Bei der „Innovation" werden bisher als legitim angesehene Mittel zur Erreichung von Zielen durch andere, neue Lösungen ersetzt. Die Anpassungsform „Ritualismus" besteht darin, dass Individuen die allgemein geteilten Ziele aufgeben, aber an den als legitim angesehenen Mitteln zur Erreichung dieser Ziele festhalten. Beim „Rückzug" nehmen die Individuen von den Zielen wie auch von den Mitteln Abstand, und die „Rebellion" zielt darauf, Ziele und als legitim angesehene Mittel durch andere zu ersetzen.

Seine auf makrostrukturellen Ungleichheiten und Prinzipien basierende Überlegungen verband Merton mit der Annahme einer Korrelation zwischen Schichtzugehörigkeit und Delinquenzhäufigkeit. Diese Vermutung stellte immer wieder einen Anlass für Kritik dar und wurde empirisch versucht zu belegen, zu widerlegen und zu differenzieren; schlussendlich konnte die Mertonsche These in ihrer Allgemeinheit nicht oder nur schwach nachgewiesen werden (vgl. Albrecht/Howe 1992).

Die Theorie wurde in den 1990er Jahren zur sog. institutionellen Anomietheorie weiter entwickelt (Messner/Rosenfeld 1997). Hierbei wurde die Überlegung stark gemacht, dass das gesellschaftliche Anomie-Potenzial durch sozial- und wohlfahrtsstaatliche Institutionen abgebremst wird und dass deshalb die Delinquenz-Rate in Staaten mit einer starken Wohlfahrtsstruktur vergleichsweise niedrig sei, während in marktliberalen Gesellschaften ohne wohlfahrtsstaatliche Ausprägungen eine „institutionelle Anomie" für mangelnde Solidarität und in die Höhe schnellende Kriminalitätsraten sorge.

8.3.2 Der Labeling Approach – eine Theorie der sozialen Konstruktion von Devianz

Im Unterschied zum Anomieansatz, der davon ausgeht, dass Normen wie auch die Abweichung von ihnen eindeutig feststellbare Sachverhalte sind, und auf der Grundlage dieser Annahme nach Ursachen für diese als faktisch und gegebene Abweichung sucht, versteht der Labeling Approach, zu Deutsch Etikettierungsansatz, die Devianz als einen nachträglich erfolgenden Definitionsprozess. Die Bedeutung des Handelns, so wird im Rahmen dieses von der Schule des symbolischen Interaktionismus ausgehenden Denkens betont, wird erst im Rahmen eines Interaktionsprozesses konstruiert (Becker 1973). Mit dieser Perspektive steht nicht mehr die Suche nach möglichen Ursachen für das als auffällig oder abweichend deklarierte Verhalten von Jugendlichen im Vordergrund, sondern es wird danach gefragt, wie und warum Instanzen und Autoritäten sozialer Kontrolle (z.B. Lehrer, Polizisten, Sozialarbeiter) den Handlungen von Jugendlichen sowie den Jugendlichen selbst ein zumeist negativ gefärbtes Etikett zuweisen.

Mit diesem Ansatz konnte zum einen gezeigt werden, dass die Definition eines „abweichenden Akteurs" in Abhängigkeit von der gesellschaftspolitischen Konjunktur und Aufmerksamkeit konstruiert, einem stetigen Wandel unterworfen und damit keineswegs statisch und eindeutig ist (vgl. z.B Albrecht/Karstedt-Henke 1987). Zum zweiten wurde eine Sensibilität dafür hergestellt, dass Devianz-Zuschreibungen für die als solche deklarierten Personen durchaus mit Nachteilen und Problemen verbunden sein können, z.B. in der Form von Berufsverboten wirksam werden oder sich auf den Selbstwert und das Selbstbewusstsein einschränkend auswirken oder sogar als Ergebnis von Stigmatisierung zu den Handlungen auffordern, die mit dem Stigma verbunden sind; ein Phänomen, das als „sekundäre Devianz" bezeichnet wird (Major/O'Brien 2005).

Bislang wird vor allem vermutet, dass negative Wirkungen von Zuschreibungen insbesondere im Jugendalter eine Rolle spielen und z.B. phasenweise dazu führen können, dass Jugendliche sich falsch wahrgenommen und unverstanden fühlen, sich von Erwachsenen abwenden und eigene Labels, Rollen-Modelle, Vorbilder und Bedeutungen konstruieren. Ob jedoch die Etikettierung auch tatsächlich dazu führt, dass Jugendliche sich gemäß der an sie ergehenden Zuschreibung auch verhalten, hängt von der Dauer und der Intensität der Zuschreibung wie auch von der Stabilität der personalen und kollektiven Identität der etikettierten Person ab.

In Weiterentwicklung dieser Fragestellung haben Karen Heimer und Ross Matsueda daran gearbeitet, den Prozess der Rollenübernahme als Prozess der sozialen Kontrolle interaktionstheoretisch zu präzisieren. Sie konnten zeigen, dass Delinquenz stark durch die Übernahme von Rollen und Ettikettierungen bestimmt wird. Insbesondere die Verbindung mit einer Peergroup, in der Devianz von Bedeutung ist und die Übernahme und Deutung der Reaktionen von Bezugspersonen auf das auffällige Verhalten der Jugendlichen und die Ausbildung eigener devianter Einstellungen sorgten dafür, dass sich Personen tatsächlich entsprechend verhielten (Heimer/Matsueda 1994; Massoglia 2010). Die Forscher konnten für die Etikettierungsprozesse signifikante Zusammenhänge nachweisen, während sich bei ihren Erhebungen für die Bedeutung von Faktoren der sozialen Marginalisierung nur indirekte Zusammenhänge herstellen ließen. Damit, so ließe sich kritisch einwenden, bewegen sich ihre Überlegungen aber wieder im Bereich der Ursachenforschung delinquenten Verhaltens. Das ursprüngliche Anliegen des Etikettierungsansatzes, nicht Ursachen, sondern Prozesse sozialer Konstruktion sichtbar zu machen, wird durch den methodischen Zugang der Untersuchung von Heimer und Matsueda – selbst ein hochkomplexer Prozess der Realitätskonstruktion – zum Verschwinden gebracht.

8.3.3 Sozialpsychologische Erklärungen von Gewalt: Der Versuch der Selbstbehauptung

Eine andere Art der Ursachenforschung, die vor allem die Prozesse der Aneignung des sozialen Umfelds durch die Individuen in den Blick nimmt, fragt danach, wie es kommt, dass gewalttätige Jugendliche nicht selten als Kinder elterlicher Gewalt ausgesetzt oder Zeugen physischer Gewalt zwischen den Eltern waren. Die Forschung zeigt, dass Kinder, die regelmäßig und massiv Gewalt erfahren haben, lernen, die Gewalt zur Regulation von Konflikten einzusetzen, und sie lernen auch, den Gebrauch von Gewalt zu rechtfertigen (vgl. z.B. Wetzels 1997). Es gibt eine hohe Wahrscheinlichkeit, dass sich ein Kreislauf entfaltet, bei dem zum einen die Misshandlung im Kindesalter zu einer außerfamiliären Gewaltkriminalität im Jugend- und Erwachsenenalter führt und zum zweiten die in der Herkunftsfamilie erfahrene Gewalt auf die selbst gegründete Familie intergenerationell übertragen wird. Eine solche Korrelation ist zwar statistisch nachgewiesen (z.B. Widom 1994), spekulativ bleibt jedoch die Frage, wie es zur Übertragung der früh erlittenen Gewalterfahrung auf spätere familiäre und außerfamiliäre Lebenszusammenhänge kommt. Forschungen, die genau die Fragen dieses Zusammenhangs, dieser Übertragung in den Blick nehmen, sind selten. Einen Einblick in die wechselseitigen Zusammenhänge zwischen erlittener Gewalt als Faktor bei der Ausübung von Gewalt gibt eine Studie von Ferdinand Sutterlüty (2002).

Sutterlüty hatte auf der Basis qualitativer Interviews die Erlebnisqualität der Gewalttat beschrieben – beispielsweise dass gewalttätige Jugendliche bei der Ausübung von Gewalt durchaus positive und euphorisierende Momente erleben – und dieses Phänomen aus den familiären und lebensgeschichtlichen Erfahrungen der Befragten heraus erklärt. Die gewalttätigen Befragten in seiner Studie waren alle in Familienverhältnissen aufgewachsen, in denen anhaltend Gewalt ausgeübt wurde. Sie wurden sowohl selbst geschlagen als auch Zeuge von Gewalt an anderen Familienmitgliedern und sie erfuhren neben der direkten Gewalt auch kontinuierlich Missachtung und Ohnmacht; sie waren physisch wehrlos, hatten Angst und wurden gedemütigt und moralisch drangsaliert. Diese physischen und psychischen Erlebnisse haben die Selbstbilder der betroffenen Kinder negativ beeinflusst, beispielsweise die Entstehung von Vertrauen unterbunden und auch Hass und Rachegefühle genährt. Aus der Erfahrung, ohnmächtig zuschauen zu müssen, ohne eingreifen zu können bzw. geschlagen zu werden, ohne sich wehren zu können, entwickelt sich der Wunsch, Macht über andere zu erlangen. Die erste Gewalttat, welche die Befragten dann als Jugendliche selbst begingen, war für sie verbunden mit einem bislang ungekannten Gefühl der Selbstachtung und Handlungsfähigkeit, einem Gefühl, das im Gegensatz zu den erniedrigenden Gewalterfahrungen in der Herkunftsfamilie steht. Mit der ersten Gewalttat erlebten sie, so zeigt die Studie, schlagartig die Option, ihre kindliche Opfergeschichte zu beenden und ein neues, jugendliches Verständnis von sich selbst zu etablieren. Sutterlüty nennt diese Erfahrung erster aktiver Gewaltausübung „turning point experience", bei der die Jugendlichen vom Opfer zum Täter werden und eine „epiphanische Erfahrung des Rollentauschs" erleben (Sutterlüty 2002, S. 251f).

Verbunden damit ist eine große Sensibilität der befragten Jungendlichen für mögliche erniedrigende und herabwürdigende Aktivitäten anderer Personen. Ein Blick, der als feindselig, verachtend oder aggressiv gedeutet wird, oder auch ein falsches Wort kann genügen, um sie zur Gewalttätigkeit zu provozieren. Die Furcht, erneut entwertet zu werden, wenden diese Jugendlichen dahingehend, dass sie „andere das Fürchten lehren" (Bohleber 2006, S. 130). Die Erfahrung des Triumphes der physischen Überlegenheit, das Genießen des Schmerzes des anderen wie auch das Erleben einer euphorisierenden Überschreitung des Alltäglichen werden zu entscheidenden Motiven des gewalttätigen Handelns. Zugleich entwickeln die Befragten ein Selbstbild, bei dem Gewalt als eine positive Eigenschaft verstetigt wird. Die psychoanalytische Sozialpsychologie erklärt diese Verhaltensweise mit den Konzepten der Mentalisierung (Fonagy et al. 2002, Fonagy/Target 2001) und der Traumatisierung (Kernberg 2000).

8.3.4 Mangelnde Mentalisierung, Traumatisierung und die Schwierigkeit, sich sozial zu integrieren

Gewaltakten geht häufig eine den Gewalttätigen nicht erklärliche Spannung und Wut voraus. Die Gewalttätigen erleben dabei ihre Gedanken und Gefühle wie eine physische Realität und haben kein Verständnis davon, dass nicht ihr Gegenüber, sondern sie selbst, der Erzeuger dieser Wut und Spannung sind. Sie benutzen das Opfer von Gewalt, das ihnen z.B. durch einen Blick oder ein Wort einen Anlass bietet, diese unangenehmen Gefühle und Gedanken auf das Gegenüber zu projizieren dazu, durch den Angriff, frei von diesen Gefühlen zu werden. Der psychische Hintergrund dafür ist ein Mangel an Fähigkeit zu symbolisieren: Ein bedrohliches Erleben, das nicht gefasst, nicht verstanden ist, wird aus der eigenen Psyche ausgestoßen, in einen anderen Menschen projektiv verlagert, um dann dort bekämpft und vernichtet zu werden. Peter Fonagy und Mary Target haben in ihren Forschungen zur *Mentalisierung* gezeigt, dass einige Erscheinungen eines unvollständigen Bewusstseins und Wissens vom Selbst auf eine reduzierte Mentalisierung psychischer Realität zurück zu führen sind. Menschen mit einem großen Gewalthandlungspotenzial fehlt ein verinnerlichter Dialog, der es möglich macht, innere Erfahrungen auch als solche abzubilden und als solche zu verstehen. Diese mentale Fähigkeit und Funktion entsteht lebensgeschichtlich dadurch, dass eine frühe Bezugsperson, z.B. die Mutter, den psychischen Zustand des Kindes erfasst und ausdrückt, und dem Kind durch die Spiegelung seines eigenen psychischen Zustands eine Ausdrucksmöglichkeit desselben verschafft. Durch diese Art der Kommunikation zwischen

Kind und Betreuungsperson entsteht eine Art Repräsentation zweiter Ordnung, beispielsweise indem die Mutter das Weinen des Kindes als Hunger deutet und diesem durch das Streicheln des Bauchs einen Ausdruck gibt. Die unmittelbare Erfahrung des Hungers wird so auf einer übergeordneten Ebene gedeutet und das Kind macht die Erfahrung einer Differenzierung zwischen Gefühl, Weinen und der Geste des Am-Bauch-Gestreichelt-Werdens und lernt, sich selbst zu erfahren und die eigenen Regungen und Intentionen über die symbolische Repräsentation zu steuern. Bei depressiven und misshandelnden Müttern und Vätern gelingt dieser Spiegelprozess häufig nicht. Statt der eigenen, durch die Mutter gespiegelten Erfahrung des Kindes wird dann der psychische Zustand der Mutter/des Vaters direkt verinnerlicht. So entstehen Fremdkörper im kindlichen Selbst, die als eine fremde innere Stimme erlebt werden. Die Möglichkeit, sich selbst zu erfahren und zu spüren, ist eingeschränkt, und später wird versucht, die inneren Fremdkörper durch Externalisierung und mit Gewalt loszuwerden (Fonagy/Target 2001).

Im Unterschied dazu versteht der Erklärungsansatz der *Traumatisierung* die Unfähigkeit, die eigene Wut und Aggression auszudrücken, als Ergebnis der erfahrenen Hilflosigkeit und Ohnmacht bei gewalttätigen Beziehungen zwischen Betreuungspersonen und Kind. Der Psychoanalytiker Otto Kernberg vertritt die Ansicht, dass die Traumatisierung misshandelter Kinder darin besteht, dass sie ein Bild von Beziehungen entwickeln, bei dem die kindliche Wut und der erfahrene Schmerz nicht als etwas eigenes verstanden, sondern dem äußeren Objekt, also dem misshandelnden Elternteil, zugeschrieben werden, der dadurch noch böser und sadistischer erlebt wird. Diese Beziehungsvorstellung tendiert später dazu, mit vertauschten Rollen handelnd ausagiert zu werden. Das Opfer wird dann zum Täter (Kernberg 2000).

Diese Theorien geben eine Vorstellung davon, wie gewalthaftes, deviantes Verhalten als ein grundsätzliches Handlungsmoment biografisch initiiert und verfestigt werden kann und lassen erahnen, wie schwer es ist, deviantem Verhalten interaktiv zu begegnen oder ihm auch gesellschaftlich entgegen zu wirken. Ob es den Gewalttätigen gelingt, ihre Wut und Aggression in andere, nicht gewalttätige Ausdrucksformen zu bringen, statt davon überwältigt zu werden oder sie zu einem leitenden Motiv ihres Handelns und Verhaltens werden zu lassen, hängt nicht zuletzt davon ab, ob diese Jugendlichen und jungen Erwachsenen eine Chance haben, sich gesellschaftlich und sozial zu integrieren, von welchen sozialen Kontexten und Gruppen sie Unterstützung erhalten und ob sie in den Aufmerksamkeitskreis von Polizei und Justiz gelangen.

Soziale Integration von Jugendlichen ist kein linear verlaufender Prozess der Anpassung an gesellschaftliche Erwartungshorizonte, der glückt oder scheitert, sondern ein vielfaches Hin und Her von Anpassung, Abweichung und Widerstand, das durch diverse äußere Verhaltenserwartungen und Zumutungen, deren individuell-eigensinnige Gestaltung und durch Effektivität der sozialpädagogischen Einrichtungen von Hilfe und Kontrolle bestimmt ist.

Biografisch betrachtet, zeigt sich in der Jugenddelinquenz die Zuspitzung von Integrationskonflikten in den Lebensläufen derjenigen, die als auffällig sanktioniert werden. Gesellschaftlich betrachtet, zeigen sich in der Jugenddelinquenz Ausgrenzungsrisiken, also all die Verhaltensweisen, die gesellschaftlich nicht toleriert und die strafrechtlich verfolgt werden: Rauschgiftdelikte, Diebstahl, Sachbeschädigung, Körperverletzung, Vergewaltigung und sexuelle Nötigung sowie Mord und Totschlag. Sie werden geahndet und führen im drastischsten Fall zu Freiheitsentzug, zur Strafhaft. Von Gefängnisstrafen sind, im Vergleich mit Frauen, junge Männer überproportional häufig betroffen (Albrecht 2010, S. 839). Was aber bedeutet es für männliche Jugendliche und junge Männer, ihre biografischen Ambivalenzen und Integrationskonflikte in der Haft zu erleben? Wie verläuft Jugend und Adoleszenz im Gefängnis? Welche Momente und Erlebnisse des Jugendalters werden still gestellt, welche entfallen und welche werden unter den besonderen Bedingungen des Gefängnisses fortgesetzt und teilweise sogar intensiviert? Die Kasseler Soziologin Mechthild Bereswill erforscht seit langem das Erleben von Haft und die Erfahrungen männlicher Gefängnisinsassen. Ihre Forschungen geben einen Einblick in die Gestaltung und den Verlauf von Adoleszenzkonflikten im Gefängnis und die biografische Verarbeitung des erlebten Freiheitsentzugs. Bereswill veranschaulicht die „Schmerzen des Freiheitsentzugs" (Sykes 1958) und verdeutlicht, wie krisenhaft und bedrohlich die Erfahrung von Gefangenschaft für Inhaftierte sein kann (vgl. Kersten/von Wolffersdorff-Ehlert 1980; Bereswill 2001; Bereswill 2004; Liebling/Maruana 2005). Ausgewählte Überlegungen und Befunde ihrer Forschungen werden im Folgenden vorgestellt.

8.3.5   Adoleszenzkonflikte im Gefängnis

Der deutsche Jugendstrafvollzug ist durch eine Spannung von Strafe und Erziehung geprägt, die nicht in eine Richtung aufgelöst werden kann (vgl. z.B. Müller 1992). Obwohl es eine deutliche Ausrichtung am Prinzip der Erziehung gibt, ist der Jugendstrafvollzug durch Charakteristika gekennzeichnet, die für das Gefängnis als eine soziale Organisation generell gelten: rigide Umgangsformen, verbunden mit andauernden Autoritätskonflikten und Machtkämpfen zwischen allen Mitgliedern. Diese Machtkonflikte sind – folgt man der soziologischen Forschung – unvermeidlich. Die Struktur der geschlossenen Unterbringung schlägt sich im sozialen Handeln von Menschen nieder und sorgt – als Folge der hermetischen Struktur der Gefängnisse – für die Herausbildung einer gewaltförmigen Subkultur der Inhaftierten (vgl. z.B. Sykes 1958; Goffman 1961; Neuber 2008). Mit der geschlossenen Unterbringung verbunden sind psychosoziale Kosten, z.B. die Erfahrung des Freiheitsentzugs, die den Einzelnen in seinem Gefühl zu sich selbst, zu anderen Menschen und sozialen Kontexten verstört oder auch materielle und kulturelle Restriktionen, die auszuhalten gelernt werden müssen. Der institutionelle Einschluss und gesellschaftliche Ausschluss führt zu individuellen Abwehrreaktionen, die sich kollektiv in gewaltförmigen Subkulturen niederschlagen. Im Gefängnis fürchtet der Einzelne um seine Sicherheit und um die Herabwürdigung seiner Person als Mann. Die Inhaftierten müssen aber nicht nur ihre Position in der gewaltbetonten Rangordnung bestimmen, sondern darüber hinaus auch mit der autoritären Kontrolle sowie den fürsorglichen Beziehungsangeboten durch die Bediensteten des Gefängnisses zurechtkommen (Koesling 2010).

Inhaftierte junge Männer erleben ihre adoleszenten Autonomie-, Bindungs- und Abhängigkeitskonflikte unter den Bedingungen einer abgeschlossenen und autoritär strukturierten Institution. Da sie nur im hermetischen Raum des Jugendstrafvollzugs ausagiert werden können, müssen die jungen Inhaftierten ihre inneren Konflikte mit den restriktiven Bedingungen des geschlossenen Vollzugs ausbalancieren, ohne dass sie sich ihrer damit verbundenen Affekte bewusst werden. Der Jugendstrafvollzug ist ein zentraler Teil des Beziehungsarrangements, der zugleich die sozialen Beziehungen der Adoleszenten steuert und restrukturiert. So können die jungen Insassen sich beispielsweise mit der gewaltbereiten Peergroup identifizieren oder auch die Möglichkeit wahrnehmen, sich auf die vom Vollzug angebotenen Bildungs-, Beschäftigungs- und Trainingsmaßnahmen einzulassen, um sich zu qualifizieren.

Bereswill zeigt, dass die adoleszenten Inhaftierten in beiden Kontexten mit Männlichkeitserwartungen konfrontiert sind, die sich als problematisch erweisen: Während in der Gleichaltrigengruppe Ideale einer gewaltbereiten Heterosexualität verteidigt werden, die hypermaskulin sind, wird in den Qualifizierungs- und Beschäftigungsmaßnahmen des Jugendstrafvollzugs an das gesellschaftlich längst prekär gewordene Ideal des männlichen Erwerbsarbeiters appelliert, das für die meisten der jungen Männer nicht erst seit Kurzem nur schwer erreichbar und dennoch hoch besetzt ist (Bereswill 2010). So werden junge Männer im Gefängnis mit zwei Männlichkeitskonstruktionen konfrontiert, die beide – entweder aufgrund von Devianz oder aufgrund abnehmender Arbeitsmarktchancen – in die soziale Marginalisierung führen können.

Außerdem machen die Untersuchungen von Bereswill deutlich, dass eine ehemals klassische Entwicklungsaufgabe der Adoleszenz – die Aneignung von Arbeitsfähigkeit – im Gefängnis einer Bedeutungsverschiebung unterliegt: In der Haftanstalt strukturiert die Tätigkeit den Tagesablauf der Gefangenen. Lernen und Arbeiten helfen bei der Überwindung der Langeweile des Haftalltags und eröffnen die Möglichkeit zu mehr sozialen Kontakten. Zudem kann den eigenen Leistungskonflikten nicht durch Fernbleiben ausgewichen werden und sie müssen irgendwie bewältigt werden. Dies erzeugt eine Identifikation mit Lernen und Arbeiten, einen Stolz auf die eigene Leistung und stiftet bei den Inhaftierten das Empfinden, eine eigene Struktur entwickelt zu haben. Diese Selbstwahrnehmung von Selbstveränderung wird bei der Entlassung auf eine harte Probe gestellt. Sie muss sich nun auch außerhalb der autoritären, aber auch haltenden Struktur beweisen. Dieser Weltenwechsel wird, wie biografische Interviews zeigen, zusätzlich erschwert durch die biografische Diskontinuität, die das Leben vieler Inhaftierter bislang geprägt hat und die dafür sorgt, dass sie den mit der Haft verbundenen Freiheitsentzug als ambivalente Fortsetzung ihres bisherigen Lebens verstehen (Bereswill/Koesling/Neuber 2008).

Biografische Diskontinuität und brüchige Konstellationen von Intersubjektivität

Eine Strafhaft interveniert häufig in diskontinuierliche Lebensläufe. Bereswill berichtet von einer Studie, bei der von 2.037 befragten männlichen Jugendlichen und Heranwachsenden, die zum ersten Mal eine Strafhaft verbüßten, 45,5 % mindestens einen Heimaufenthalt erlebt hatten. Innerhalb dieser Gruppe waren 45 % in mehr als einer Einrichtung der Kinder- und Jugendhilfe untergebracht; 51,9 % haben ihre Schulbildung vorzeitig abgebrochen, und 44,2% hatten vor der Inhaftierung keine berufliche Bildung aufgenommen (Enzmann/Greve 2001, Bereswill u.a. 2008). Dies zeigt, dass die Maßnahmen des Jugendstrafvollzugs auf biografische Verläufe treffen, die von Erfahrungen der Abhängigkeit, Bindungslosigkeit und einem hohen Aktivitätsgrad von Institutionen der Hilfe und Kontrolle geprägt sind und dass die inhaftierten jungen Männer wechselnde Bezugspersonen sowie unsichere und ebenfalls wechselnde Beziehungs- und Erziehungsmodalitäten erfahren haben. Dies beeinflusst ihre Selbstempfindungen und Handlungsorientierungen, die zwischen dem Streben nach vollkommener Unabhängigkeit und passiver Abhängigkeit von den vorgegebenen Strukturen pendeln – eine Konstellation, die einerseits typisch für die Ablösungsdynamiken der Adoleszenz ist (vgl. King 2002), die andererseits aber durch die Erfahrung des Freiheitsentzugs weiter in Bewegung gehalten und zugespitzt wird. Die Entwicklungsdynamik der Adoleszenz und ihre Wechselbeziehung von Bindung, Ablösung, Separation und Individuation finden keinen Raum und werden stattdessen durch Abhängigkeits- und Anpassungsmuster blockiert.

So wird auch verständlich, warum die jungen Männer die geschlossene Unterbringung, neben ihren bedrohlichen Komponenten, auch als haltend und Struktur gebend erleben. Aber gerade im Kontext besonders diskontinuierlicher Biografien kann eine rigide äußere Struktur die intersubjektive Herausbildung einer eigenen, verinnerlichten Struktur nicht ersetzen. Im Gegenteil verdeckt der geschlossene Raum der totalen Institution die Abhängigkeitsmuster, die bei der Haftentlassung erneut virulent werden. Deshalb erfüllt sich die von den Inhaftierten und von der Gesellschaft formulierte Hoffnung auf ein besseres Leben nach der Haft nur selten. Der Übergang nach draußen bringt einen Strukturbruch mit sich, den die jungen Männer häufig nur mit längerfristiger Unterstützung und Hilfe auffangen können (Bereswill 2010).

8.4 Literatur

Albrecht, Günter 2010. Jugend: Recht und Kriminalität. In: Krüger, Heinz-Hermann/Grunert, Cathleen (Hg.): Handbuch Kindheits- und Jugendforschung. 2. Aktualisierte und erweiterte Ausgabe. Wiesbaden: VS-Verlag: 831–904

Albrecht, Günter/Howe, Carl-Werner 1992. Soziale Schicht und Delinquenz.Verwischte Spur oder falsche Fährte? In: Kölner Zeitschrift für Soziologie und Sozialpsychologie 44: 697–730

Albrecht, Günter/Karstedt-Henke, Susanne 1987. Alternative Methods of Conflict-Settling and Sanctioning. Their impact on young offenders. In: Hurrelmann, Klaus/Kaufmann, Franz-Xaver/Lösel, Friedrich (Hg.): Social Intervention. Potential and Constraints. Berlin/New York: deGuyter: 315–332

Alkemeyer, Thomas/Boschert, Bernhard/Schmidt, Robert/Gebauer, Gunter (Hg.) 2003. Aufs Spiel gesetzte Körper. Aufführungen des Sozialen in Sport und populärer Kultur. Konstanz: UVK

Arboleda-Florez, Julio/Holley, Heather 1988. Criminalization of the mentally ill: Part II. Initial detention. In: Canadian Journal of Psychiatry: 33(2): 87–95

Baier, Dirk/Pfeiffer, Christian/Simonson, Julia/Rabold, Susann 2009. Jugendliche in Deutschland als Opfer und Täter von Gewalt: Erster Forschungsbericht zum gemeinsamen Forschungsprojekt des Bundesministeriums des Inneren und des KFN. KFN-Forschungsbericht Nr. 107. Hannover: Kriminologisches Forschungsinstitut Niedersachsen e.V.

Barsch, Gundula 2007. Drogenkonsum und soziale Ungleichheit. In: Dollinger, Bernd/Schmidt-Semisch, Henning (Hg.): Sozialwissenschaftliche Suchtforschung. Wiesbaden: VS-Verlag: 213–234

Beccaria, Franca/Sande, Allan 2003. Drinking Games and Rite of Life Projects: A Social Comparison of the Meaning and Functions of Young People's Use of Alcohol during the Rite of Passage to Adulthood in Italy and Norway. In: Young 11: 99–119

Becker, Howard S. 1973. Außenseiter. Zur Soziologie abweichenden Verhaltens. Frankfurt/M.: Fischer-Taschenbuchverlag

Bereswill, Mechthild 2001. „Die Schmerzen des Freiheitsentzugs". Gefängniserfahrungen und Überlebensstrategien männlicher Jugendlicher und Heranwachsender. In: Bereswill, Mechthild/Greve, Werner (Hg.): Forschungsthema Strafvollzug. Interdisziplinäre Beiträge zur kriminologischen Forschung. Baden-Baden: 253–285

Bereswill, Mechthild 2004. „The Society of Captives" – Formierungen von Männlichkeit im Gefängnis. Aktuelle Bezüge zur Gefängnisforschung von Gresham M. Sykes. In: Kriminologisches Journal, 36/2: 92–108

Bereswill, Mechthild 2010. Adoleszenz und biographische Diskontinuität bei hafterfahrenen jungen Männern. In: Diskurs Kindheits- und Jugendforschung. Jg. 5/1: 33–45

Bereswill, Mechthild/Koesling, Almut/Neuber, Anke 2008. Umwege in Arbeit. Die Bedeutung von Tätigkeit in den Biographien junger Männer mit Hafterfahrungen. Interdisziplinäre Beiträge zur kriminologischen Forschung, Band 34. Baden-Baden

Bohleber, Werner 2006. Adoleszente Gewaltphänomene. Trauma, Krisen und Sackgassen in der jugendlichen Entwicklung. In: Leuzinger-Bohleber, Marianne/Haubl, Rolf/Brumlik, Micha (Hg.): Bindung, Trauma und soziale Gewalt. Psychoanalyse, Sozial- und Neurowissenschaften im Dialog. Göttingen: Vandenhoeck&Ruprecht: 121–141

Bohnsack, Ralf 1997. Adoleszenz, Aktionismus und die Emergenz von Milieus. Eine Ethnographie von Hooligan-Gruppen und Rockbands. In: ZSE 17/1: 3–18

Breyvogel, Wilfried (Hg.) 1993. Lust auf Randale. Jugendliche Gewalt gegen Fremde. Bonn: Dietz

Bröckling, Ulrich 2004. Prävention. In: Bröckling, Ulrich/Krassman, Susanne/Lemke, Thomas (Hg.): Glossar der Gegenwart. Frankfurt/M.: Suhrkamp: 210–215

Bröckling, Ulrich 2008. Vorbeugen ist besser … Zur Soziologie der Prävention. In: Behemoth. A Journal on Civilisation 1: 38–48

Brumlik, Micha (Hg.) 2008. Ab nach Sibirien? Wie gefährlich ist unsere Jugend? Weinheim: Beltz

Brunner, Romuald/Parzer, Peter/Haffner, Johann/Steen, Rainer/Roos, Jeanette/Klett, Martin/Resch, Franz 2007. Prevalence and Psychological Correlates of Occasional and Repetitive Deliberate Selfharm in Adolescents. In: Arch Pediatr Adolesc Med: 161/7: 641–649

Brunner, Romuald/Resch, Franz (Hg.) 2008. Borderline-Störungen und selbstverletzendes Verhalten bei Jugendlichen. Ätiologie, Diagnostik und Therapie. Göttingen: Vandenhoeck&Ruprecht

Bundeszentrale für gesundheitliche Aufklärung (BZgA) 2004a. Die Drogenaffinität Jugendlicher in der Bundesrepublik Deutschland 2004. Teilband Alkohol. Köln

Bundeszentrale für gesundheitliche Aufklärung (BZgA) 2004b. Die Drogenaffinität Jugendlicher in der Bundesrepublik Deutschland 2004. Teilband illegale Drogen. Köln

Bundeszentrale für gesundheitliche Aufklärung (BZgA) 2004c. Die Drogenaffinität Jugendlicher in der Bundesrepublik Deutschland 2004. Teilband Rauchen. Köln

Bundeszentrale für gesundheitliche Aufklärung (BZgA) 2005. Entwicklung des Alkoholkonsums bei Jugendlichen 2005 unter besonderer Berücksichtigung der Konsumgewohnheiten von Alcopops. Köln

Bundeszentrale für gesundheitliche Aufklärung (BZgA) 2007a. Cannabiskonsum bei Jugendlichen und jungen Erwachsenen in Deutschland. Köln

Bundeszentrale für gesundheitliche Aufklärung (BZgA) 2007b. Dot.sys: Dokumentationssystem der Suchtvorbeugung. Dokumentation suchtpräventiver Maßnahmen in Deutschland 2006. Köln

Bundeszentrale für gesundheitliche Aufklärung (BZgA) 2007c. Alkoholkonsum bei Jugendlichen in Deutschland 2004-2007. Köln

Bundeszentrale für gesundheitliche Aufklärung (BZgA) 2008. Die Drogenaffinität Jugendlicher in der Bundesrepublik Deutschland. Alkohol-, Tabak- und Cannabiskonsum. Erste Ergebnisse zu aktuellen Entwicklungen und Trends. Köln

Bürgin, Dorothea 1991. Autoinitiationsversuche – Mangelgeburten aus der Not. In: Klosinski, G (Hg.): Pubertätsriten. Äquivalente und Defizite in unserer Gesellschaft. Bern: Huber: 165–175

Butterwegge, Christoph 1994. Jugend, Gewalt und Gesellschaft. In: Die deutsche Jugend, 42. Jg. Heft 9: 384–394

Castel, Robert 1983. Von der Gefährlichkeit zum Risiko. In: Wambach, Martin M. (Hg.): Der Mensch als Risiko. Zur Logik von Prävention und Früherkennung. Frankfurt/M.: Suhrkamp: 51–74

Castel, Robert 2009. Negative Diskriminierung. Jugendrevolten in den Pariser Banlieues. Hamburg: Hamburger Edition

Chapman, Alexander L./Leung, Debbie W./Walters, Kristy N./Niedtfeld, Inga 2009. Psychologische Theorien selbstverletzenden Verhaltens. In: Schmal, C./Stiglmayer, C. (Hg.): Selbstverletzendes Verhalten bei stressassoziierten Erkrankungen. Stuttgart: Kohlhammer: 73–95

Conrad, Peter 2005. The Shifting Engines of Medicalization. In: Journal of Health and Social Behavior, Vol. 46: 3–14

Csorba, Janos/Dinya Elek/Plener Paul/Nagy Edit/Pali Eszter (Hg.) 2009. Clinical diagnoses, characteristics of risk behaviour, differences between suicidal and non-suicidal subgroups of Hungarian adolescent outpatients practising self-injury. In: European Child and Adolescent Psychiatry: 18: 309–320

De Leo, D./Heller, T.S. 2004. Who are the kids who self-harm? An Australian self-report school survey. In: Med. J. Aust 191:140–144

Decker, Oliver 2003. Vergötterte Körper. In: Psychosozial 26. Jg., Heft IV: 13–24

Doctors, Shelley 2004. Wenn Jugendliche sich selbst schneiden. Neuere Ansätze zum Verständnis und zur Behandlung. In: Streek-Fischer, Annegret (Hg.): Adoleszenz – Bindung – Destruktivität. Stuttgart: Klett-Cotta: 267–289

Doll, Heike 2007. Menschen mit selbstverletzendem Verhalten und die sozialpädagogischen Interventionen im Vergleich zur psychosomatischen Behandlung: Norderstedt: Grin Verlag

Dollinger, Bernd/Schmidt-Semisch, Henning 2007. Reflexive Suchtforschung: Perspektiven der sozialwissenschaftlichen Thematisierung von Drogenkonsum. In: Dollinger, Bernd/Schmidt-Semisch, Helmut (Hg.): Sozialwissenschaftliche Suchtforschung. Wiesbaden: VS-Verlag: 7–33

Douglas, Mary 1966. Purity and Danger – An Analysis of Concepts of Pollution and Taboo. New York: Praeger Publishers

Drogenbeauftragte der Bundesregierung 2008. Drogen- und Suchtbericht 2008. Berlin

Engel, Uwe 1989. Psychosoziale Belastung im Jugendalter. Empirische Befunde zum Einfluss von Familie, Schule und Gleichaltrigengruppe. Berlin/New York: W. de Gruyter

Enzmann, Dirk/Greve, Werner 2001. Strafhaft für Jugendliche. Soziale und individuelle Bedingungen von Delinquenz und Sanktionierung. In: Bereswill, Mechthild/Greve, Werner (Hg.): Forschungsthema Strafvollzug. Interdisziplinäre Beiträge zur kriminologischen Forschung. Band 21. Baden-Baden: 109–145

Erdheim, Mario 2010. Adoleszente Intensität der Erfahrungen und Realitätsveränderung. Ethnopsychoanalytische Überlegungen. In: Niekrenz, Yvonne/Ganguin, Sonja (Hg.): Jugend und Rausch. Interdisziplinäre Zugänge zu jugendlichen Erfahrungswelten. Weinheim /München: Juventa: 35–49

Ewald, Francois 1993. Der Vorsorgestaat. Frankfurt/M.: Suhrkamp

Favazza, Armando R. 1987. Bodies under Siege. Self-Mutilation and Bodymodification in Culture and Psychiatry. 2nd edition Baltimore: The John Hopkins University Press 1996

Featherstone, Mike (Hg.) 1999. Body Modification, Special Issue „Body and Society"Vol. 5/No 2–3. London

Fischer, Volkhard/Röhr, Michael 1999. Jugendlicher Alkoholkonsum: Gibt es ein suchtprotektives Persönlichkeitsmuster? In: Kolip, Petra (Hg.): Programme gegen Sucht. Weinheim/München: Juventa: 183–195

Flick, Uwe/Röhnsch, Gundula 2006. „Lieber besoffen. Oder bekifft. Dann kann man's wenigstens noch aushalten". In: Diskurs Kindheits- und Jugendforschung Heft 2: 261–280

Fonagy, Peter/Gergely, György/Jurist, Elliot L./Target, Mary 2002. Affektregulierung, Mentalisierung und die Entwicklung des Selbst. Stuttgart: Klett-Cotta

Fonagy, Peter/Target, Mary 2001. Mit der Realität spielen. Zur Doppelgesichtigkeit psychischer Realität von Borderlin-Patienten. In: Psyche – Zeitschrift für Psychoanalyse 55: 961–996

Freud, Sigmund 1993. Das Ich und das Es. In: ders.: Gesammelte Werke, Bd. 13. Frankfurt/M.: Fischer: 246–289

Goffman, Erving 1961. Asyle. Frankfurt/M.: Suhrkamp 1973

Graff, Harold/Mallin, Richard 1969. The Syndrom of Wrist Cutter. In: American Journal of Psychiatry 124: 36–42

Hacking, Ian 1999. Was heißt ‚soziale Konstruktion'? Zur Konjunktur einer Kampfvokabel in den Wissenschaften. Frankfurt/M.: Fischer

Haubl, Rolf 2006. Gewalt in der Schule. In: Leuzinger-Bohleber, Marianne/Haubl, Rolf/Brumlik, Micha (Hg.): Bindung, Trauma und soziale Gewalt. Psychoanalyse, Sozial- und Neurowissenschaften im Dialog. Göttingen: Vandenhoeck&Ruprecht: 142–163

Hawton, Keith/Harris, Louise 2008. Deliberate self-harm by under-15-year-olds: characteristics, trends and outcome. In: Journal of Child Psychology and Psychiatry 49/4: 441–448

Hawton, Keith/Rodham, Karen/Evans, Emma 2006. Selbstverletzendes Verhalten und Suizidalität bei Jugendlichen. Risikofaktoren, Selbsthilfe und Prävention. Bern u.a. : Hans Huber

Hawton, Keith/Rodham, Karen/Evans, Emma/Weatherall, Rosamund 2002. Deliberate self harm in adolescence: Self report survey in schools in England. In: BMJ 325: 1207–1211

Heimer, Karen/Matsueda, Ross L. 1994. Role Taking, Role Commitment, and Delinquency: A Theory of Differential Social Control. In: American Sociological Review 59: 365–90

Heinemann, Torsten 2010. Neuro-Enhancement – Gesellschaftlicher Fortschritt oder neue Dimension der Medikalisierung? In: Liebsch, Katharina/Manz, Ulrike (Hg.): Leben mit den Lebenswissenschaften. Wie wird biomedizinisches Wissen in Alltagspraxis übersetzt. Bielefeld: transcript: 131–152

Heitmeyer, Wilhelm (Hg.) 1994. Das Gewalt-Dilemma. Gesellschaftliche Reaktionen auf fremdenfeindliche Gewalt und Rechtsextremismus. Frankfurt/M.: Suhrkamp

Heitmeyer, Wilhelm/Buhse, Heike/Liebe-Freund, Joachim/Möller, Kurt/Müller, Joachim/Ritz, Helmut/Siller, Gertrud/Vossen, Johannes 1993. Die Bielefelder Rechtsextremismus-Studie. Erste Langzeituntersuchung zur politischen Sozialisation männlicher Jugendlicher. 2. Auflage. Weinheim/München: Juventa

Helfferich, Cornelia 1994. Jugend, Körper und Geschlecht. Die Suche nach sexueller Identität. Opladen: Leske und Budrich

Hirsch, Mathias 2002. Der eigene Körper als Symbol? Der Körper in der Psychoanalyse von heute. Gießen: Psychosozial-Verlag

Holtappels, Heinz Günter/Heitmeyer, Wilhelm/Melzer, Wolfgang/Tillmann, Klaus-Jürgen (Hg.) 1992. Forschung über Gewalt an Schulen. Weinheim/München: Juventa

Holthusen, Bernd/Hoops, Sabrina 2011. Zwischen Mogelpackung und Erfolgsmodell. In: DJI Impulse. Das Bulletin des Deutschen Jugendinstituts 2/2011: Mythos Prävention. Chancen und Grenzen präventiver Konzepte: 12–14

Holthusen, Bernd/Hoops, Sabrina/Lüders, Christian/Ziegleder, Diana 2011. Über die Notwendigkeit einer fachgerechten und reflektierten Prävention. In: DJI Impulse. Das Bulletin des Deutschen Jugendinstituts 2/2011: Mythos Prävention. Chancen und Grenzen präventiver Konzepte: 22–25

Jungaberle, Henrik 2007. Qualitative Drogen- und Suchtforschung am Beispiel eines kulturwissenschaftlichen Forschungsprojekts. In: Dollinger, Bernd/Schmidt-Semisch, Henning (Hg.): Sozialwissenschaftliche Suchtforschung. Wiesbaden: VS-Verlag: 169–194

Kastner, Peter/Silbereisen, Rainer K. 1988. Die Funktion von Drogen in der Entwicklung Jugendlicher. In: Bartsch, Norbert/Knigge-Illner, Helga (Hg.): Sucht und Erziehung (Band 2): Sucht und Jugendarbeit. Weinheim/Basel: Beltz: 23–32

Kernberg, Otto 2000. Sanktionierte gesellschaftliche Gewalt. Eine psychoanalytische Sichtweise. In: Persönlichkeitsstörungen 4: 4–25

Kernberg, Otto 2006. Narzissmus, Aggression und Selbstzerstörung. Fortschritte in der Diagnose und Behandlung schwerer Persönlichkeitsstörungen. Stuttgart: Klett-Cotta

Kersten, Joachim/von Wolffersdorff-Ehlert, Christian 1980. Jugendstrafe. Innenansichten aus dem Knast. Frankfurt/M.: Fischer

King, Vera 2002. Die Entstehung des Neuen in der Adoleszenz. Individuation, Generativität und Geschlecht in modernisierten Gesellschaften. Opladen: Leske und Budrich

Kleiber, Dieter/Soellner, Renate 1998. Der Cannabiskonsum. Entwicklungstendenzen, Konsummuster und Risiken. Weinheim: Juventa

Klonsky, David E./Oltmanns Thomas F./Turkheimer Eric 2003. Deliberate self-harm in a nonclinical population. Prevalence and psychological correlates. In: American Journal of Psychiatry: 160: 1501–1508

Koesling, Almut 2010. Erziehungs- und Beziehungserfahrungen jugendlicher und heranwachsender Inhaftierter. Eine qualitative Längsschnittstudie. Münster: Lit-Verlag

Köpping, Klaus-Peter 1997. Ekstase. In: Wulf, Christoph (Hg.): Vom Menschen. Handbuch Historische Anthropologie. Weinheim/Basel: Beltz: 548–568

Korte, Svenja 2010. Rausch als soziale Konstruktion. Eine sozialkonstruktivistische Perspektive auf das Phänomen Drogenrausch. In: Niekrenz, Yvonne/Ganguin, Sonja (Hg.): Jugend und Rausch. Interdisziplinäre Zugänge zu jugendlichen Erfahrungswelten. Weinheim/München: Juventa: 51–59

Lamnek, Siegfried 1977. Kriminalitätstheorie kritisch. Anomie und Labeling im Vergleich. München: Fink

LeBreton, David 2003. Schmerz. Eine Kulturgeschichte. Zürich/Berlin: Diaphanes

Lengwiller, Martin/Madarász, Jeanette 2010. Präventionsgeschichte als Kulturgeschichte der Gesundheitspolitik. In: dies. (Hg.): Das präventive Selbst. Eine Kulturgeschichte moderner Gesundheitspolitik. Bielefeld: transcript: 11–28

Leppin, Anja/Hurrelmann, Klaus/Petermann, Harald 2000. Schulische Suchtprävention: Status Quo und Perspektiven. In: Leppin, Anja/Hurrelmann, Klaus/Petermann, Harald (Hg.): Jugendliche und Alltagsdrogen. Neuwied: Luchterhand: 9–21

Levenkron, Steven 2001. Der Schmerz sitzt tiefer. Selbstverletzung verstehen und überwinden. München: Kösel

Libal, Gerhard/Plener, Paul L. 2008. Pharmakotherapie selbstverletzenden Verhaltens im Jugendalter. In: Brunner, Romuald/Resch, Franz (Hg.): Borderline-Störungen und selbstverletzendes Verhalten bei Jugendlichen. Ätiologie, Diagnostik und Therapie. Göttingen: Vandenhoeck&Ruprecht: 165–194

Liebling, Alison/Maruna, Shadd (Hg.) 2005. The Effects of Imprisonment. Cullompton: Devon

Liebsch, Katharina 2008. Kolonialisierung und Methodisierung: Selbsthass. In: Uhlig, Stephan (Hg.): Was ist Hass? Berlin: Parodos: 107–116

Liebsch, Katharina/Manz, Ulrike 2010. Leben mit den Lebenswissenschaften. Wie wird biomedizinisches Wissen in Alltagspraxis übersetzt? Bielefeld: transcript

Litau, John 2011. Risikoidentitäten. Alkohol, Rausch und Identität im Jugendalter Übergangs- und Bewältigungsforschung. Weinheim: Juventa

Lüders, Christian 2011. Von der scheinbaren Selbstverständlichkeit präventiven Denkens. In: DJI Impulse. Das Bulletin des Deutschen Jugendinstituts 2/2011: Mythos Prävention. Chancen und Grenzen präventiver Konzepte: 4–6

Major, Brenda/O'Brien, Laurie T. 2005. The Social Psychology of Stigma. In: Annual Review of Psychology 56: 393–412

Mansel, Jürgen/Hurrelmann, Klaus 1998. Aggressives und delinquentes Verhalten von Jugendlichen im Zeitvergleich. In: Kölner Zeitschrift für Soziologie und Sozialpsychologie 1: 79–109

Marzinzik, Kordula/Fiedler, Angelika 2005. MOVE – Motivierende Kurzintervention bei konsumierenden Jugendlichen. Evaluationsergebnisse des Fortbildungsmanuals sowie der ersten Implementierungsphase. Köln: BZgA

Massoglia, Michael 2010. Settling Down and Aging Out: Toward an Interactionist Theory of Desistance and the Transition to Adulthood. In: American Journal of Sociology Volume 116/2: 543–82

Melzer, Wolfgang/Lenz, Karl/Bilze, Ludwig 2010. Gewalt in Familie und Schule. In: Krüger, Heinz-Hermann/Grunert, Cathleen (Hg.): Handbuch Kindheits- und Jugendforschung. 2. Aktualisierte und erweiterte Auflage. Wiesbaden: VS-Verlag: 957–985

Merton, Robert K. 1949. Social Theory and Social Structure. Toward the codification of theory and research. Glencoe: Free Press, revised and enlarged second edition 1959

Messner, Steven/Rosenfeld, Richard 1997. Crime and the American Dreams. Belmont: Wadsworth

Misoch, Sabina 2007. Körperinszenierungen Jugendlicher im Netz. Von der ästhetischen zur schockierenden Inszenierung. In: Diskurs Kindheits- und Jugendforschung, Heft 2: 139–154

Möller, Kurt 2000. Rechte Kids. Eine Langzeitstudie über Auf- und Abbau rechtsextremistischer Orientierungen bei 13- bis 15-Jährigen. Weinheim/München: Juventa

Muehlenkamp, Jennifer/Gutierrez, Peter M. 2004. An investigation of differences between self-injurious behavior and suicide attempts in a sample of adolescents. In: Suicide and life-threatening behaviour: 12–23

Müller, Siegfried 1992. Erziehen – Helfen – Strafen. Zur Klärung des Erziehungsbegriffs im Jugendstrafrecht aus pädagogischer Sicht. In: Peters, Helge (Hg.): Muss Strafe sein? Zur Analyse und Kritik strafrechtlicher Praxis. Weinheim/Basel: Beltz: 140–158

Neuber, Anke 2008. Die Demonstration kein Opfer zu sein. Biographische Fallstudien zu Gewalt und Männlichkeitskonflikten. Interdisziplinäre Beiträge zur kriminologischen Forschung, Band 35. Baden-Baden: Nomos

Niekrenz, Yvonne/Ganguin, Sonja (Hg.) 2010. Jugend und Rausch. Interdisziplinäre Zugänge zu jugendlichen Erfahrungswelten. Weinheim/München: Juventa

Nixon, Mary K./Heath, Nancy L. (Hg.) 2009. Self-injury in youth. New York: Routledge Press

Nolte, Frank 2007. „Sucht": Zur Geschichte einer Idee. In: Dollinger, Bernd/Schmidt-Semisch, Henning (Hg.). Sozialwissenschaftliche Suchtforschung. Wiesbaden: VS-Verlag: 47–58

Olweus, Dan 1992. Täter-Opfer-Probleme in der Schule. Erkenntnisstand und Interventionsprogramm. In: Holtappels, Heinz Günther/ Heitmeyer, Wilhelm/Melzer, Wolfgang/Tillmann, Klaus-Jürgen (Hg.). Forschung über Gewalt an Schulen. Erscheinungsformen und Ursache, Konzepte und Prävention. Weinheim/München: Juventa: 281–297

Olweus, Dan 1995. Gewalt in der Schule. Was Lehrer und Eltern wissen sollten – und tun können. Bern: Huber

ÖBIG – Gesundheit Österreich 2005. Bericht zur Drogensituation. Wien

Petermann, Franz/Winkel, Sandra 2009. Selbstverletzendes Verhalten. Erscheinungsformen, Ursachen und Interventionsmöglichkeiten. Göttingen u.a.: Hogrefe

Petermann, Harald/Roth, Marcus 2006. Suchtprävention im Jugendalter: Interventionstheoretische Grundlagen und entwicklungspsychologische Perspektiven. Weinheim: Juventa

Pfeiffer, Christian 2001. Gewalt entsteht durch Gewalt. Wie kann der Teufelskreis durchbrochen werden? In: Deutsch, Werner/Wenglorz, Markus (Hg.): Zentrale Entwicklungsstörungen bei Kindern und Jugendlichen. Aktuelle Erkenntnisse über die Entstehung, Therapie und Prävention. Stuttgart: Klett-Cotta: 164–188

Raithel, Jürgen (Hg.) 2001. Risikoverhaltensweisen Jugendlicher. Formen, Erklärungen und Prävention. Opladen: Leske und Budrich

Resch, Franz/Parzer, Peter/Haffner,Johann/Stehen, Rainer/Roos, Janette/Klett, Martin/Brunner, Romuald 2008. Prävalenz und psychische Auffälligkeiten bei Jugendlichen mit selbstverletzendem Verhalten. In: Brunner, Romuald/Resch, Franz (Hg.): Borderline-Störungen und selbstverletzendes Verhalten bei Jugendlichen. Ätiologie, Diagnostik und Therapie. Göttingen: Vandenhoeck&Ruprecht: 85–94

Ruoß, Manfred 1998. Psychologie des Schmerzes. Göttingen/Bern/Toronto/Seattle: Hogrefe

Salbach-Andrae Harriet/Lenz, Klaus/Klinkowski, Nora et al. 2007. Selbstverletzendes Verhalten bei weiblichen Jugendlichen. In: Zeitschrift für Psychiatrie, Psychologie und Psychotherapie 55/3: 185–193

Scarry, Elaine 1992. Der Körper im Schmerz. Die Chiffren der Verletzlichkeit und die Erfindung der Kultur. Frankfurt/M.: Fischer

Scheerer, Sebastian 1995. Sucht. Reinbek: rowohlt

Schmal, Christian/Stiglmayr Christian (Hg.) 2009. Selbstverletzendes Verhalten bei stressassoziierten Erkrankungen. Stuttgart: Kohlhammer

Schneider, Anke 2004. „… damit ich mich spüre …". Zur Symptomgenese und Symptomspezifität Selbstverletzenden Verhaltens. Theoretische Reflexionen und eine empirische Studie zu Selbstverletzung und Piercing. Heidelberg/Berlin: Logos

Schönenberg, Regine 2002. Die Kriminalisierung gesellschaftlicher Transformationsprozesse. HSFK-Report 9

Schwier, Jürgen 2006. Repräsentationen des Trendsports. Jugendliche Bewegungskulturen, Medien und Marketing. In: Gugutzer, Robert (Hg.): body turn. Perspektiven der Soziologie des Körpers und des Sports. Bielefeld: transcript: 321–340

Settertobulte Wolfgang/Richter Matthias 2007. Aktuelle Entwicklungen im Substanzkonsum Jugendlicher: Ergebnisse der „Health Behaviour in School-aged Children (HBSC)" Studie 2005/2006. In: Mann, Karl/Havemann-Reinecke, Ursula/Gassmann, Raphael (Hg.): Jugendliche und Suchtmittelkonsum. Trends-Grundlagen-Maßnahmen. Freiburg: Lambertus Verlag: 7–27

Settertobulte, Wolfgang 2010. Über die Bedeutung von Alkohol und Rausch in der Lebensphase Jugend. In: Niekrenz, Yvonne/Ganguin, Sonja (Hg.): Jugend und Rausch. Interdisziplinäre Zugänge zu jugendlichen Erfahrungswelten. Weinheim/ München: Juventa: 73–83

Soellner, Renate 2000. Abhängig von Haschisch? Cannabiskonsum und psychosoziale Gesundheit. Bern: Hans Huber

Spode, Hasso 1993. Die Macht der Trunkenheit: Kultur- und Sozialgeschichte des Alkohols in Deutschland. Opladen: Leske und Budrich

Stein-Hilbers, Marlene 2007. Selbstreflexive Ansätze in der Drogenforschung. In: Dollinger, Bernd/Schmidt-Semisch, Henning (Hg.): Sozialwissenschaftliche Suchtforschung. Wiesbaden: VS-Verlag: 35–45

Steinert, Heinz 1995. „Die Jugend wird immer gewalttätiger". Ein Essay über die Glaubwürdigkeit einer populären Parole. In: Zeitschrift für Sozialisationsforschung und Erziehungssoziologie 15/2: 183–192

Sting, Stephan 2009. Suchtprävention im Kindes- und Jugendalter. Potenziale und Grenzen der verschiedenen Ansätze zur Suchtprävention im Hinblick auf Gesundheitsförderung unter Berücksichtigung der Lebens- und Risikolagen und der Suchtgefährdung von Kindern und Jugendlichen. Expertise zum 13. Kinder- und Jugendbericht der Bundesregierung. München: DJI

Stumpp, Gabriele/Stauber, Barbara/Reinl, Heidi 2009. Einflussfaktoren, Motivation und Anreize zum Rauschtrinken bei Jugendlichen. Forschungsprojekt im Auftrag des Bundesministeriums für Gesundheit. Endbericht. Tübinger Institut für frauenpolitische Sozialforschung e.V.

Sutterlüty, Ferdinand 2002. Gewaltkarrieren. Jugendliche im Kreislauf von Gewalt und Missachtung. Frankfurt/M. u.a.: Campus

Sykes, Gresham M. 1974. The Society of Captives. A Study of a Maximum Security Prison. Princeton: Princeton University Press

Teuber, Kristin 2000. „Ich blute, also bin ich". Selbstverletzung der Haut von Mädchen und jungen Frauen. 3. Aufl. Herbolzheim: Centaurus

van der Kolk, Bessel A./Greenberg, Michael/Boyd, Heather/Krystal, John 1985. Inescapable Shock, Neurotransmitters, and Addiction to Trauma: Toward a Psychobiology of Post Traumatic Stress. In: Biological Psychiatry 20: 314–325

Vief, Bernhard 1997. Sucht. In: Wulf, Christoph (Hg.): Vom Menschen. Handbuch Historische Anthropologie. Weinheim/Basel: Beltz: 891–905

Walsh, Barent W./Rosen, Paul M. 1988. Self-Mutilation. Theory, Research and Treatment. New York: Guilford Press

Weber, Georg/Schneider, Wolfgang 1997. Herauswachsen aus der Sucht illegaler Drogen. Selbstausstieg, kontrollierter Gebrauch und therapiegestützter Ausstieg. Berlin: VWB, Verlag für Wissenschaft und Bildung

Wetzels, Peter 1997. Gewalterfahrungen in der Kindheit. Sexueller Mißbrauch, körperliche Mißhandlung und deren langfristige Konsequenzen. Baden-Baden: Nomos.

Widom, Cathy Spatz/Ames, M.Ashley 1994. Criminal consequences of childhood sexual delinqueny. In: Child Abuse & Neglect 18: 303–318

9 Lebensplanung und Zukunftsorientierung: Optionen auf das Erwachsenen-Leben

Katharina Liebsch

> Die Jugend wäre eine noch viel schönere Zeit, wenn sie etwas später im Leben käme.
> (Charly Chaplin)

Das Jugendalter ist in der sozialisations- und adoleszenztheoretisch inspirierten Jugendforschung als eine Phase psychosozialer Entwicklung konzipiert, in der Jugendliche ihre je spezifische Identität und die notwendigen Kompetenzen für gegenwärtige und zukünftige soziale und gesellschaftliche Teilhabe entwickeln sollen. Zentrale Bereiche dabei sind bis heute zum einen Bildung und Beruf und zum zweiten Beziehungen, einschließlich sexueller Beziehungen. Diese Vorstellung von Jugend findet ihren Ausdruck im Konzept der „Entwicklungsaufgaben", wie es zunächst in der Entwicklungspsychologie formuliert wurde. Betont wird hier in der Regel die zielstrebige und reflektierende Aktivität von Jugendlichen und ihre aktive Auseinandersetzung mit den „Entwicklungsaufgaben", die beispielsweise der Konstanzer Jugendforschung Helmut Fend als Prozess beschrieben hat, in dem der Jugendliche zum „Werk seiner selbst" werde (Fend 2000, S. 205–367). Auch ein Verständnis von Entwicklung als „Aneignung und Bewältigung" (Böhnisch/Lenz/Schröer 2009) betont die aktiven Momente biografischer Arbeit als ein Erproben und Darüber-Befinden, wer man ist und was und wie man leben will. Gestützt wird diese Sichtweise zudem durch die in der Jugendforschung dominierende Perspektive, das Jugendalter als „Krise", als intensivierte Lebensphase, als Phase der Verunsicherung und des Neuanfangs zu charakterisieren.

Solche theoretischen Konzeptualisierungen transportieren die Vorstellung von der Planbarkeit des Lebenslaufs und der Biografie. Sie stützen die Annahme, dass das, was schließlich das eigene Leben ist, ein Resultat eigener Planungen und Entscheidungen sei. Die Einübung in Lebensentwürfe und Zukunftsorientierung spielt deshalb in der schulischen und außerschulischen Bildung und Erziehung eine wichtige Rolle: Von berufskundlichen und lebensplanerischen Unterrichtseinheiten, psychologisch angeleiteten Analysen eigener Stärken und Schwächen bis hin zur alltäglich stetig praktizierten Nachfrage, was denn das Kind bzw. der Jugendliche einmal werden wolle, sind Jugendliche dazu angehalten, sich mit den normativen Vorgaben auseinanderzusetzen, die das Erwachsen-Sein mit sich bringt: Erwerb schulischer und beruflicher Qualifikationen, Wissen von der Welt und ihren Menschen, Aufbau und Pflege sozialer Kontakte, Ausdifferenzierung intersubjektiver und sexueller Erfahrungen sowie die Entwicklung eines individuellen Profils spezifischer Fähigkeiten. Abweichungen davon sowie der Umgang mit Grenzen und Risiken, wie z.B. Alkoholexzesse oder das Äußern extremer politischer Ansichten, werden toleriert, solange sie die „Entwicklungsaufgaben" nicht vollständig torpedieren.

Lebensentwürfe, Lebensplanungen und Zukunftsorientierung transportieren deshalb neben den individuellen Aspekten, wie Sinnfragen, Wünsche und Ängste, Gelingen und Scheitern, Anpassung und Widerstand, Planbarkeit und Zufall, auch die gesellschaftlichen Anforderungen, Erwartungen und Notwendigkeiten, die die anvisierten, zukünftigen Lebensformen, Lebensführungen und biografischen Verläufe strukturieren. Bertold Brecht erzählt in der kürzesten seiner Geschichten des Herrn Keuner:

> „Was tun Sie", wurde Herr K. gefragt, „wenn Sie einen Menschen lieben?" „Ich mache einen Entwurf von ihm", sagte Herr K., „und sorge dafür, dass er ihm ähnlich wird." „Wer? Der Entwurf?" „Nein", sagte Herr K., „der Mensch" (Brecht 2004, S. 34).

Lebensentwürfe, darauf verweist die Geschichte des Herrn Keuner, sind ein Produkt von Interaktion, in denen Erwartungen und Normen machtvoll werden. Sie entstehen in Auseinandersetzung mit kulturell-gesellschaftlichen Regeln, Diskursen und sozialen Bedingungen und sagen etwas darüber aus, inwieweit die gesellschaftlichen Verhältnisse den Individuen Spielräume zur Veränderung der vorherrschenden Weltbilder und Selbstbilder eröffnen oder sie zur Anpassung nötigen. Von der anderen, der subjektiven Seite der Entwürfe erzählt die Geschichte von Herrn Keuner hingegen nichts. Sie lässt die Produktivität von individuellen, innerpsychischen Bedürfnissen und Strebungen sowie biografische Konstellationen, die darüber mitentscheiden, ob eine Erweiterung von Wunsch- und Vorstellungshorizonten möglich ist oder ob diese blockiert werden, unerwähnt.

Die Planung und Orientierung von Zukunft vollzieht sich als ein doppelter Prozess des jugendlichen Individuums und seines sozialen und gesellschaftlichen Umfelds. Das Entwerfen, Fantasieren, Planen des Lebens dient sowohl dem Umgang mit Diskontinuität als auch der Sicherung von Kontinuität. Das Sich-Eindenken und Einüben in zukünftige ökonomische und gesellschaftliche Aktivitäten sowie das Fantasieren und Ausprobieren verschiedener Formen sozialer Beziehungen und sexueller Partnerschaften stehen dabei im Vordergrund. Im Folgenden sollen zunächst ausgewählte theoretische Konzeptualisierungen adoleszenter Sinnsuche und der Orientierungsfunktion von Lebensplanungen und Lebensentwürfen entlang von drei empirischen Fall-Beispielen vorgestellt werden, die jeweils unterschiedliche Wechselverhältnisse von Individuellem und Gesellschaftlichem repräsentieren. Im Anschluss daran werden Befunde aus der Forschung zu Lebensplanung und gesellschaftlicher Partizipation diskutiert, die übergreifende Feststellungen machen und Trends postulieren. Die Betrachtung eines konkreten Projekts zur Einübung in die Aufgaben des Erwachsenenlebens – der Beitrag von Eva Breitenbach diskutiert und analysiert das Partizipationsprogramm „Youth Bank"– schließt das Kapitel ab.

9.1 Konzepte der Orientierung und Neugestaltung

9.1.1 Übergänge in das Erwachsenen-Leben als „Statuspassage"

Mit dem Begriff der Statuspassage will die Lebenslauf-Forschung die gesellschaftliche Formierung und Strukturierung der Übergänge von einer Lebensphase zur nächsten auf den Begriff bringen (vgl. z.B. Fuchs 1986; Meulemann 1990; Heinz 1996). Für den Übergang von der Kindheit zur Jugend sowie dem von der Jugend zum Erwachsensein formuliert das Konzept der Statuspassagen übergeordnete Ziele des Statuswechsels. Bezogen auf den Übergang Kindheit – Jugend wird konstatiert, dass hier Lebensereignisse kumulieren, die von kindlichen Unselbständigkeiten und Nicht-Verantwortlichkeiten hin zu einer weiter gefassten adoleszenten Eigenverantwortung führen. Bezogen auf den Übergang Jugend – Erwachsensein wird festgelegt, in den drei Lebensbereichen Arbeit, Paarbeziehungen und Familiengründung sowie Teilhabe am Markt- und Konsumgeschehen und an der politisch-gesellschaftlichen und ökonomischen Öffentlichkeit, ernsthafte Verpflichtungen einzugehen. Der Begriff der Statuspassagen bezeichnet dabei den Vollzug dieser Übergänge wie er sich im Prozess des Passierens des Weges und seiner Begrenzungen und Stolpersteine realisiert.

Das heißt konkret zum Beispiel: Wer zum ersten Mal genug Geld verdient, um für sich selbst sorgen zu können, zum ersten Mal eine Zigarette raucht oder einen Auto-Führerschein ‚macht', der begibt sich in den Übergang einer Statuspassage: Er oder sie bewegt sich allmählich zu einer Person, die zur Gruppe der Erfahrenen und Eingeweihten gehört – wenn auch nur im Status eines Anfängers oder einer Anfängerin. Solche Statuspassagen vollziehen Menschen ein Leben lang. Manche davon sind geradezu verpflichtend und unvermeidbar, andere Passagen vollziehen nur einige wenige Menschen. Einige Passagen sind strikt institutionell geregelt, zum Beispiel die Einschulung und der Schulabschluss, andere bleiben der Willkür, dem Interesse und der Entscheidung des Einzelnen anheimgestellt.

Von Statuspassagen ist vor allem dann die Rede, wenn sie an ein bestimmtes Lebensalter gebunden werden und zu einer Art Altersnorm werden. Es ist dann die gesellschaftliche Norm, – oder gilt doch wenigstens als ‚normal'– dass die Heranwachsenden in einem bestimmten Lebensalter oder innerhalb eines eng begrenzten Lebensabschnittes bestimmte Statuspassagen vollziehen. Dies bezieht sich auf Fähigkeiten, Erfahrungen, Kenntnisse und Lebensformen und schließt auch den Umgang mit kritischen Lebensereignissen, wie z.B. Verluste und Traumata, ein. Am Beispiel einer biografischer Erzählung (Liebsch 2001) soll das Konzept veranschaulicht und konkretisiert werden:

> Beate ist 22 Jahre alt und absolviert gerade eine Ausbildung zur Hebamme. Sie ist mit zwei Geschwistern in einer niedersächsischen Kleinstadt aufgewachsen, hat das städtische Gymnasium besucht und beginnt nach der zehnten Klasse eine Lehre als Arzthelferin. Mit 16 hat sie ihren ersten Freund. Mit 18 Jahren ist sie bereits voll berufstätig und lernt einen zehn Jahren älteren Bankangestellten kennen. Als die beiden zusammenziehen, kommt es zum großen Eklat, weil die Eltern des Freundes sich in alles einmischen. Die Trennung ist heute eine Anekdote. Sie erzählt:
>
> „Das weiß ich echt noch wie heute; und dann, hatte ich mir so 'ne Creme gekauft, die war'n bisschen teurer und dann sagt die Mutter dann, ‚Also, das ginge ja nicht, ich hätte noch nicht einmal 'nen Kochtopf und dann könnte ich mir nicht so teure Creme kaufen!'. Da habe ich gesagt, ‚Das war's!', bin ich aufgestanden und bin gegangen."
>
> Sie geht dann in eine andere Stadt und beginnt eine Ausbildung zur Krankengymnastin. Beate schildert ihr damaliges Leben als glatt, langweilig und als „immer auf der Suche sein". Diese Suche ist zunächst konzentriert auf die Berufswahl. Dann lernt sie eine Nachbarin kennen, die gläubige Christin ist: Biggi. Es beginnt eine intensive und wichtige Freundschaft mit Biggi. Die beiden unternehmen viel zusammen, unterstützen sich gegenseitig, und Biggi erzählt von der Bedeutung des Glaubens in ihrem Leben. Beate ist von diesen Erzählungen zunächst fasziniert, aber auch befremdet. Nach einem Jahr entschließt sie sich zur Teilnahme an der Erwachsenentaufe, bricht die Ausbildung zur Krankengymnastin ab, um eine Hebammenausbildung zu beginnen. Hebamme, so er-

zählt sie, war schon immer ihr Wunschberuf, und sie ist überglücklich, als ihre Bewerbung auf einen Ausbildungsplatz Erfolg hat. Nach dem Ende der Ausbildung will sie in den Süden Deutschlands ziehen, weil ihre gläubigen Freunde alle weiter südlich leben.

Mit ihrer Taufe und den Eintritt in eine freikirchliche Gemeinschaft beginnt für Beate ein Prozess des Umdenkens. Sie versteht nun viele Dinge als Ergebnis von „Gottes Führung". Durch den Bezug zum Glauben ist auch ihr Leben als alleinstehende Frau und ihre ausgeprägte Berufsorientierung leichter geworden. Sie fühlt sich befreit von der ständigen Sorge „keinen Mann mehr abzukriegen" und beschreibt dies als einen „Gewinn an Freiheit". Außerdem, so sagt sie, „weiß nur Gott, wer zu mir passt und wonach man sich sehnt als Frau oder als Mann".

Der Lebensentwurf von Beate veranschaulicht die ambivalente Normativität einer jeden Statuspassage. Beate hat den Übergang zwischen Kindheit und Erwachsensein mit hoher Geschwindigkeit und hochgradig altersnormiert durchlaufen, konnte aber dabei für sich selbst nicht wirklich Sinn und Zufriedenheit entwickeln. Ihr Leben ist vollständig institutionell eingebettet verlaufen: Sie hat sich ohne Unterbrechungen und Krisen von Schulabschlüssen zu Ausbildungskontexten bewegt und ist aus der Herkunftsfamilie direkt in eine gemeinsame Wohnung mit dem Lebensgefährten gezogen. Dabei macht sie die Erfahrung, dass ihr die institutionalisierte Sicherheit von Ausbildung und Beruf mehr Raum lässt als ein durch übergriffige Schwiegereltern geprägter Kontext von Familie und Paarbeziehung, und sie traut sich, in eine fremde Stadt zu gehen und eine zweite Ausbildung zu beginnen. Zu dieser positiven Erfahrung von institutionell geregelter Sicherheit passt, dass sie ihr derzeitiges Glück in einer relativ strikt geregelten christlichen Gemeinschaft gefunden hat. Diese institutionelle Rahmung hilft Beate, die Statuspassage von der Jugendlichen zur Erwachsenen zu gestalten. Sie fängt an, ihr Leben selbst in die Hand zu nehmen: Sie weiß, wo und mit welchen Menschen sie leben will, was sie arbeiten möchte, und sie wähnt sich gelassen, angesichts der gesellschaftlichen Norm, eine heterosexuelle Beziehung einzugehen.

Abweichungen von der sozialen Erwartung und der sozialen Norm sind für Beate möglich, weil sie sich den Normen und den Deutungs- und Wertmustern einer freikirchlichen Gemeinde verpflichtet, sich ihnen freiwillig und bewusst unterwirft und anpasst. Dies bietet ihr ein Bewältigungsraster für Krisen, Misserfolge und Schwierigkeiten im Alltag.

Beates Lebensentwurf ist ein Beispiel dafür, wie die mit dem Übergang von einem Status in den nächsten verbundenen Anforderungen und Verunsicherungen durch Normen und Kontrolle zu regulieren versucht werden. Eine solche Ausgestaltung der Statuspassage vom Jugend- in das Erwachsenen-Alter sorgt zwar für einen sicheren und geleiteten Übergang, geschieht jedoch um den Preis starker Verregelung und Anpassung an eine moralisch sanktionierende Gemeinschaft.

9.1.2 Das Konzept der „Epiphanie": „Turning points" und die nachfolgende Veränderung des Lebensentwurfs

Beschränkungen ganz anderer Art, als die sich in der Biografie von Beate zeigen, weist der Lebenslauf und Lebensentwurf eines weiteren Fallbeispiels, dem 18-jährigen Sven auf (Sutterlüty 2002, S. 266–277). Er hat sich bislang den mit dem Status des Erwachsenen verbundenen Anforderungen entzogen und verweigert. Aus der Perspektive der Lebenslaufforschung würde dies schlicht als Scheitern eingeschätzt, als Verfehlung des Vollzugs der Statuspassage, und damit wäre für das Verstehen seines Lebenslaufs wenig gewonnen. Es braucht daher, um die biografischen Besonderheiten von Sven erklären zu können, einen anderen theoretischen Zugang.

Der 18-jährige Sven hat gerade seine Lehrstelle als Koch wegen Drogenhandels verloren. Er ist in Ostberlin als Sohn eines Ingenieurs und einer Lehrerin aufgewachsen und wird, bis er 14 Jahre alt ist, von seinem Vater regelmäßig geschlagen. Schon im Kindergarten ist er ein „Außenseiter" und auch in der Schule gelingt es ihm nicht, Anschluss an seine Mitschüler zu finden. Im Alter von zehn Jahren schlägt er in der Schule mehrere Male Mitschüler so brutal, dass die Lehrer ihn als „verhaltensgestört" bezeichnen und die Mutter ihn zum Psychologen schickt. Als er 16 ist, prügelt er sich zum ersten Mal mit seinem Vater, als der ihm sagt, er solle sein Zimmer aufräumen. Zuvor hatte er sich an einem Überfall auf vietnamesische Zigarettenhändler beteiligt. Dabei wird der überfallene vietnamesische Zigarettenhändler, der die Tasche mit den Zigaretten nicht loslassen wollte, von Sven wieder und wieder geschlagen. Er erzählt:

„das Nasenbein war richtig eingeplättet gewesen. Geblutet hat er auch. Adrenalinrausch, purer Adrenalinrausch, echt ... Echte Aufregung, Action. Tuck, tuck tuck, Herz schlägt schneller, weisste? ...Weisste, ich hab immer so gedacht, jetzt haste echt ne Hemmschwelle durchbrochen und man kam sich auch irgendwie so integriert vor in die Gruppe dadurch, ne? ich mein, ich hab auch Leute allein abgezogen, aber dies hier war was anderes" (Sutterlüty 2002, S. 268).

Sven hat ein schlechtes Gewissen, weil er weiß, wie die Vietnamesen-Mafia mit den Händlern umgeht, die Verluste machen. Auch fragt er sich, wie es jetzt mit ihm weitergehen soll. Er schließt sich einer Anti-Fa-Gruppe an, die „Faschos" jagt. Dabei werden Personen mit Glatze und Springerstiefeln verbal beleidigt, provoziert und dann verprügelt. Am Wochenende hängt er mit Gruppenmitgliedern ab.

Nach dem Realschulabschluss absolviert er ein Berufsbildungsjahr und nimmt eine Lehrstelle als Koch an. Er nutzt weiter die elterliche Wohnung, sieht aber beide Elternteile so gut wie nie. Die Arbeit findet er okay, aber ihm missfallen die Arbeitszeiten und er hat chronische Geldsorgen, die er durch den Verkauf von Drogen zu reduzieren versucht. Dabei wird er von der Polizei erwischt und wartet nun auf die Gerichtsverhandlung. Da er bislang nicht polizeilich registriert ist, hofft Sven auf eine geringe Strafe. Er glaubt, dass eine reguläre Berufsausbildung für ihn nun nicht mehr in Frage kommt, und stellt sich vor, auf dem Kiez eine Existenz aufzubauen. Er möchte gern in Kreuzberg, dort, wo man ihn kennt und als Schläger fürchtet, einen Kiosk betreiben.

Das Konzept der „Epiphanie" (Denzin 1989) kann helfen, Svens Lebenslauf und seine Orientierungen auf Abweichung und Gewalt aufzuschlüsseln. Der Begriff der „Epiphanie" geht zurück auf das gleichnamige Fest Epiphania (das Fest der Erscheinung des Herrn oder Dreikönigsfest), mit dem die christliche Kirche das Offenbarwerden der heilsgeschichtlichen Bedeutung der Geburt Jesu feiert. Die Verwendung des Begriffs im Sinne einer Erfahrung, die ein neues Licht auf den Charakter eines Menschen wirft und die nicht selten einen biografischen Wendepunkt initiiert, hat der US-amerikanische Soziologe Norman Denzin von seinem Kollegen Anselm Strauss und dem Literaten James Joyce entliehen. „Epiphanie", so Denzin, benennt Erfahrungen und Erlebnisse, die die Personen mit einer anderen Seite, einem anderen Aspekt ihres Selbst in Berührung bringen, und durch die sich ein anderes, neues Moment ihres Selbstverständnisses erschließt. Epiphanische Erlebnisse markieren Wendepunkte, „turning points" (Strauss 1959), die in traditionalen Gesellschaften zumeist von kollektiven Riten begleitet sind, die als Übergangsrituale und Initiationsriten, wie z.B. Firmung oder Beschneidung gefasst werden. Aber auch in modernen Gesellschaften geben ritualisierte kollektive Formen biografischer Wendepunkte und einschneidender Erlebnisse im Leben von Menschen – z.B. als Abi-Feier, Hochzeit, Trauerrituale – eine Struktur, und erleichtern als gruppenspezifische Rituale von beispielsweise Internatsschülern, Pfadfindern, von Studentenverbindungen und dem Militär die Aufnahme in diese Gruppen sowie deren Umgang mit krisenhaften Situationen ihrer Mitglieder. Anders als in traditionalen Gesellschaften aber sind Ritualisierungen und Symbolisierungen in Gegenwartsgesellschaften aufgrund von ökonomischen Dynamiken und schnellem Kulturwandel weniger verpflichtend. Sie werden stattdessen regelmäßig neu inszeniert, und solche Neuerfindungen können in Jugendkulturen besonders gut beobachtet werden. Die HipHop-Szene, die Globalisierungsgegner wie auch Skins und Neo-Nazis haben trotz aller Unterschiede eines gemeinsam: Sie sind von einem sich explizit von der Erwachsenenwelt distanzierenden Symbolgebrauch, der Schaffung einer eigenen rituellen Welt, charakterisiert. Sie streben eine spezifische Form der Gemeinschaftlichkeit an, die Victor Turner „Communitas" (Turner 1969) genannt hat – eine unstrukturierte, spontane, gesetzlose Form des Zusammenseins. Ihre Mitglieder suchen Nähe, Zusammengehörigkeit und Direktheit in ihren Beziehungen, Musik oder dem Erzählen von Medienereignissen oder eigenen Erfahrungen, in denen jeweils eine polarisierende Doktrin oder Ideologie ausbuchstabiert wird, die den ‚Feind' klar festlegen.

Svens Lebensentwurf ist bestimmt von einer solchen „epiphanischen" Erfahrung, die er in einem Gruppenzusammenhang erlebt und rituell bewältigt. Sven berichtet von einem Wendepunkt in seinem Leben, in dem seine Gewalttätigkeit einen anderen Stellenwert bekommt und zu einem neuen Bestandteil seiner Person wird. Er übertritt eine Schwelle, die in seiner Erzählung dreifach bestimmt ist: In der Episode des Überfalls auf den vietnamesischen Zigarettenhändler wendet er erstmals Gewalt nicht zur Selbstverteidigung, sondern zur materiellen Bereicherung an. Zum zweiten ist hierbei seine Gewalt erstmalig in eine gemeinschaftliche Aktivität eingebunden. Drittens beginnt er mit dieser Gewaltanwendung über seine Gewalttätigkeit nachzudenken und sieht sie nicht nur als Reaktion auf äußere Begebenheiten, sondern nun auch als Ausdruck seiner selbst: Schlagen ist für ihn ein Kick, ein Rausch, bei dem Adrenalin und sein Herzschlag in die Höhe gehen. Aufgrund dieses Erlebnisses stellt sich Sven die Frage, wie es mit ihm weiter gehen soll, zu welchen Handlungen er zukünftig bereit sein wird. Danach weiten sich seine Gewalthandlungen vom Schlagen von Einzelpersonen auf Gruppen aus und richten sich gegen Skins und Personen aus der rechten Szene. Sein Lebensentwurf ist nun stark daran orientiert, Anerkennung und Vergewisserung durch Gewaltausübung zu erhalten.

Seine Beteiligung in Gangs und in der Anti-Fa-Gruppe kann als rituelle Ersatzhandlung verstanden werden, mit denen er versucht, sich selbst zu einem gesellschaftlichen Status zu verhelfen. Denn nur der Gruppenbezug ermöglicht die gesellschaftliche Wahrnehmung und Positionierung einer wenn schon nicht tolerierten, so doch zumindest bekannten Form von Abweichung. Hier kann der Schläger Sven sich einer gruppenspezifischen Alltäglichkeit vergewissern und die Normalität eines Kioskbesitzers fantasieren.

9.1.3 „Adoleszenter Möglichkeitsraum": Intersubjektive Strukturen, Prozesse und Dynamiken von Lebensentwürfen

Die Begrifflichkeit „adoleszenter Möglichkeitsraum" verweist auf die entwicklungspsychologische Annahme, dass durch die psychodynamischen und körperlichen Veränderungen der Pubertät ein umfangreicher Veränderungs- und Neuorientierungsprozess bei Jugendlichen einsetzt. Der adoleszente Entwicklungsprozess ist dabei von der Ambivalenz geprägt, das Alte fortzusetzen und/oder neue Wege zu wagen, und der Ausgang dieses Prozesses ist nicht zuletzt davon abhängig, wie viel Raum und Zeit Jugendliche bekommen, mit ihren Erfahrungen und Möglichkeiten zu experimentieren und sie zu reflektieren. Ein „adoleszenter Möglichkeitsraum" ist deshalb sowohl von individuellen Aspekten eines jeden Jugendlichen als auch von strukturellen Konstellationen, in denen die Jugendlichen aufwachsen, bestimmt. Welche Möglichkeiten genutzt und welche verworfen werden, welche Momente und Elemente in einem Lebensentwurf überhaupt erprobt werden, ist nicht per se gegeben, sondern realisiert sich in einem intersubjektiven Prozess zwischen Jugendlichen, Erwachsenen und institutionellen Anforderungen. Die Erziehungswissenschaftlerin Vera King führt aus, dass der adoleszente Möglichkeitsraum idealtypisch in einem Dreischritt von „Trennung, Umgestaltung und Neuschöpfung" entsteht (King 2010, S. 14). Ablösung ist dabei nicht einfach gleichbedeutend mit Trennung, sondern ein Prozess von Umgestaltungen, bei denen Autonomie und Bindung neu organisiert werden. Damit verbunden sind psychische Anstrengungen, z.B. die Trauer, die daraus resultiert, sich von der Welt der Kindheit zu verabschieden, oder auch die Ängste und Schuldgefühle, die aufkommen, wenn Bestehendes in Frage gestellt wird. King charakterisiert Ablösung als Wechselverhältnis von Individuation und „Generativität": Bei Erwachsenen zeigt sich „Generativität" als verantwortungsvolle Sorge, als Unterstützung und Beförderung von adoleszenter Individuation. Die Individuation der Adoleszenten realisiert sich psychisch und sozial über das Erarbeiten eines eigenen Lebensentwurfs, dessen Entstehungsprozess strukturell mit Unsicherheit und Irritationen bei den Erwachsenen verbunden ist. Die Individuation beinhaltet die Ablösung von den Eltern und bildet die Voraussetzung für eigene, adoleszente Generativität, als ein Erlangen von Wirkmächtigkeit, Produktivität und Fähigkeit zur Sorge für Andere. „Adoleszente Generativität" steht idealtypisch am Ende des adoleszenten Prozesses und muss der vorausgehenden Generation innerlich und äußerlich immer auch abgerungen werden. Ein Fallbeispiel (Günther 2008, S. 120–141) soll dieses Wechselverhältnis veranschaulichen.

> Ibrahim, heute 25 Jahre alt, wächst im westafrikanischen Conacry in einem relativ wohlhabenden Elternhaus auf, das geprägt ist von dem strengen und dominanten Vater und der moderaten, eher verständnisvollen Mutter, die beide berufstätig sind. Im Alter von 13 Jahren beginnt Ibrahims Auflehnung gegen seinen Vater, dessen strengen Regeln und körperlichen Strafen er sich nicht unterwerfen will. Seine Freizeitgestaltung und sein ausgiebiges Fitness-Training missfallen dem Vater, und die Streitereien zwischen den beiden gipfeln in der Auseinandersetzung, in welchem Land der Sohn seine Ausbildung absolvieren soll. Der Vater setzt sich durch und schickt seinen Sohn zum Studium nach Deutschland. Ibrahim studiert nun Betriebswirtschaft in einer westdeutschen Großstadt, lebt in freundschaftlicher Verbundenheit zusammen mit zwei jungen Männern in einer Wohngemeinschaft. Er lernt dort, zu kochen und einen Putzplan einzuhalten. An der Universität engagiert er sich in der Selbstverwaltung und erhält nach zwei erfolgrei-

chen Semestern ein Stipendium, durch das er seinen Lebensunterhalt in Deutschland bestreiten kann.

Ein Diskriminierungserlebnis, bei dem er von der Polizei des Drogenhandels verdächtigt und vorübergehend fest genommen wurde, schärft sein Bewusstsein seiner Andersartigkeit und davon, dass er in Deutschland nicht zuhause ist. In der Wohngemeinschaft diskutieren sie viel über das Thema Rassismus und Ibrahim testet Wohngemeinschaftsbesuch, indem er Stereotype des schwarzen Mannes inszeniert, z.B. erzählt, er würde mit fünf Frauen verheiratet sein. Einerseits versteht Ibrahim sich als internationaler Mann mit festen Wurzeln in Guinea, für den es keine große Rolle spielt, wo er lebt, da er in der Lage ist, sich überall zu verankern und mit der jeweiligen Umwelt konstruktiv auseinander zu setzen. Andererseits überlegt er immer wieder, das Studium abzubrechen und nach Guinea zurück zu kehren, aber das schlechte Verhältnis zu seinem Vater hält ihn davon ab. Als er jedoch nach zwei Jahren zum ersten Mal nach Hause fliegt, hat er eine lange Aussprache mit seinem Vater.

Ibrahims Biografie enthält eine Reihe von Momenten, die vermuten lassen, dass er den „adoleszenten Möglichkeitsraum", der ihm durch seine Migration nach Deutschland und der damit verbundenen Distanz zu seiner Herkunftsfamilie eröffnet wird, konstruktiv zu gestalten vermag. Ibrahims adoleszenter Möglichkeitsraum in Guinea ist bestimmt von der Bildungsaspiration seines Vaters, die ihm einerseits Möglichkeiten in Aussicht stellt, die aber durch die väterliche Strenge begrenzt sind. Seine zunächst krisenhaft verlaufende Adoleszenz ist von der starken Oppositionshaltung seinem Vater gegenüber bestimmt, in der sich aber auch sein Wille und seine Ressourcen, einen eigenen Lebensentwurf durch zu setzen, ausdrücken.

Die Ankunft in Deutschland bedeutet eine Zäsur in Ibrahims Leben. Sie repräsentiert den Willen des Vaters, ist aber zugleich mit der Trennung vom Vater verbunden, die eine Erleichterung darstellt, weil sie Ibrahim aus der Konfrontation mit ihm befreit. Die mit der Trennung verbundenen Verlusterfahrungen überwindet Ibrahim relativ schnell, indem er sich auf neue Bindungen einlässt und sich mit seiner neuen Lebenswelt intensiv auseinandersetzt. Die alltäglichen Diskriminierungserfahrungen als Schwarzer in Deutschland beleben Ibrahims adoleszente Auseinandersetzung, insofern er sich erneut der Erfahrung ausgesetzt sieht, nicht so akzeptiert zu werden, wie er ist. Auch hier muss er für seine Anerkennung als Person kämpfen, geht mit dieser Herausforderung aber konstruktiv um, indem er seine Position aktiv und selbstbewusst vertritt und verteidigt. Man könnte vermuten, dass Ibrahim in der intensiven Auseinandersetzung mit seinem Vater wichtige Ressourcen entwickelt hat, die er in der Migrationssituation zur Bewältigung der Diskriminierungserfahrungen mobilisieren kann (Günther 2008; S. 137/8).

Der kurze Abriss dieser drei ausgewählten Konzepte der Biografie- und Lebenslauf-Forschung macht deutlich, dass mit ihnen jeweils unterschiedliche Interpretationsfolien, Lesarten und Deutungsperspektiven verbunden sind. Das Konzept des Adoleszenten Möglichkeitsraum gibt einer innerpsychischen Perspektive den Vorrang und fragt nach den biografischen Bedingungen für die Entwicklung einer grundlegenden Haltung zur Welt, die eine jede Person entwickelt und die sich in der sprichwörtlichen Sichtweise zum Ausdruck bringt, ob man ein Glas als halb voll oder als halb leer ansieht. Das Konzept der Epiphanie stellt demgegenüber Ereignisse, Erfahrungen und Erlebnisse im Leben von Menschen in den Mittelpunkt und begründet, wie sich den Personen dadurch andere und neue Momente ihrer selbst erschließen, und wie dieses Neue kulturell und sozial verstetigt wird, also mit welchen kulturellen Neuausrichtungen und sozialen Veränderungen im Lebensentwurf es verbunden wird. Im Unterschied dazu stellt das Konzept der Statuspassagen die Frage, wie gesellschaftliche Anforderungen und Erwartungen bewältigt und realisiert werden. Den Umgang mit den normativen Erwartungen im Fokus kann das Konzept der Statuspassagen zeigen, dass sich die Übergänge zwischen den Lebensphasen, ihre Dauer und die herkömmlichen „Entwicklungsaufgaben" selbst vervielfältigt haben. Gerade die klassischen Endpunkte der Jugendphase – der Beginn einer Berufsbiographie und/oder eine Familiengründung – haben schon seit langem an normativer Verbindlichkeit eingebüßt; auch sind Heranwachsende in vielen Bereichen früher ‚reif' und selbstständig. Würde man die drei vorgestellten Beispiele jeweils in Bezugnahme auf die drei vorgestellten Konzepte deuten und zu verstehen versuchen, gewönne man mit dem Wechsel der Interpretationsfolie ein je unterschiedliches Verständnis des einzelnen Lebensentwurfs.

Über die theoretische Rahmung hinaus machen die drei Fallbeispiele selbst deutlich, wie Jugendliche mit der Spannung zwischen kollektiver und individueller Sinnbildung umgehen und sich in dem komplexen Wechselspiel zwischen gesellschaftlicher und individueller Welt positionieren. Dazu sind nicht nur soziale Normen, Werte und Diskurse relevant, sondern auch die persönlichen Themen, die bearbeitet werden, wie auch die vielfältigen Widersprüche, in denen die Jugendlichen sich befinden. Die zum Teil gegensätzlichen Kräfte setzen bei den Adoleszenten Konflikte in Gang, für deren Lösung sie nicht auf vorhandene, bekannte Entwürfe zurückgreifen können. Sie müssen eigene Wege finden und gehen: Die in den Fallbeispielen zum Tragen kommenden Wege der Migration, Gewalt und religiöser Sinnsuche sind dafür nur exemplarische Vorgehens- und Handlungsweisen. Auch machen die drei Beispiele deutlich, dass die Begrenzungen und Entgrenzungen, die bei den drei Personen zum Tragen kommen, nicht zu trennen sind von den familiären und kommunikativen Bewältigungsressourcen, die die Jugendlichen mitbringen. Die drei skizzierten Lebensentwürfe sind durch individuelle und kollektive, biografisch entstandene Abwehrstrukturen bestimmt, die ganz verschieden ausgeprägt sind: Ibrahim will unabhängig von seiner Hautfarbe als eigen und autonom anerkannt werden, Sven reinszeniert die eigenen Erfahrungen von Demütigung, und Beate will der kleinbürgerlichen Enge ihres Herkunftsmilieus entfliehen. Ihr Bedürfnis nach Anerkennung und Wahrgenommen-Werden bringen die drei auf jeweils andere Weise zum Ausdruck und zeigen damit auch, dass die in der Brecht-Geschichte beschriebene Absicht des Herr Keuner nicht als bloße Anpassung funktioniert. Vielmehr gehen Menschen mit den Modellen, Planungen und Entwürfe, die die Außenwelt für sie bereit hält, auf eigene, produktive Weise um. Dabei wird die Spannung zwischen den Entwürfen und Erwartungen einerseits und der Realisierung und Gestaltung des Lebens andererseits nicht aufgelöst, sondern bleibt als anhaltende Handlungsaufforderung bestehen.

9.2 Lebensplanung als Orientierung auf Beruf, Partnerschaft und politische Partizipation

Mit dem Abschluss der allgemeinbildenden Schule gibt es – formal gesehen – verschiedene Möglichkeiten, sich in Richtung Arbeitsmarkt und Beruf zu orientieren. Jugendliche können
- ein Studium an einer Hochschule beginnen,
- eine berufliche Ausbildung in Berufsfachschulen, Berufsakademien oder eine betriebliche Ausbildung samt Berufsschule absolvieren,

- eine Erwerbstätigkeit aufnehmen, die keine berufliche Qualifikation voraussetzt,
- ein Berufsvorbereitungsjahr, Berufsgrundbildungsjahr, eine Maßnahme der Bundesagentur für Arbeit oder ein Praktikum beginnen,
- arbeitslos werden.

Diese institutionell etablierten Optionen geben den beruflichen Orientierungen von Jugendlichen eine Form, mit der aber zumeist lediglich eine diffuse Berufswahlentscheidung verbunden ist. Eine solche fällt angesichts der Ausweitung von Tätigkeits- und Berufsfeldern, der Entstehung neuer Berufsbilder und neuer Qualifikationsanforderungen sowie der allgemeinen Entwicklung des Arbeitsmarktes immer schwerer. Die herkömmliche Abfolge von Berufswahlentscheidung, Erlernen eines Berufs, Übergang in den Beruf und beruflicher Weiterbildung gilt nicht mehr, und verbunden mit diesen Veränderungen sind neue Anforderungen an die Lebensplanung und biographische Gestaltung (siehe z.B. Mansel/Schweins/Ulbrichtle/Knauf/Maschetzke/Rosowski 2005, S. 12) wird erforderlich. Solche Bemühungen eines beruflichen Selbstmanagements, unter die auch ein berufliches Selbstmanagement fällt, sind zum einen bestimmt von strukturellen Veränderungen des Arbeitsmarktes, im Zuge derer auch die Maßnahmen der Berufsbildung nicht mehr greifen. Dies zeigt sich beispielsweise daran, dass eine halbe Million Jugendlicher in Maßnahmen mit wenig beruflichen Perspektiven und hoher Arbeitsmarktunsicherheit aufgefangen wird, und dass die Wahrscheinlichkeit, von einer Übergangsmaßnahme in eine reguläre Beschäftigung oder Berufsausbildung zu gelangen, bei weniger als 40% liegt (Baethge et al. 2007, S. 5/8). Zum zweiten bilden sich Formen der beruflichen Orientierung aus, die auf eine Realisierung hoher Ziele sowohl im berufsbezogenen materiellen Bereich – z.B. berufliche Sicherheit, gute Einkommenschancen, hoher sozialer Status, finanzielle Unabhängigkeit – als auch im Bereich von Selbstverwirklichung – eigene Fähigkeiten erproben, eigene Vorstellungen verwirklichen – ausgerichtet sind (Heine/Durrer/Bechmann 2002, S. 25). Berufsorientierungsprozesse werden damit deutlich komplexer, da sich mit der Vergrößerung der Ansprüche die Anforderungen wie auch die Möglichkeiten eines Scheiterns vergrößern.

Für den Umgang von Jugendlichen mit dieser wachsenden Komplexität stehen zahlreiche Angebote zur Berufsorientierung zur Verfügung. Von Seiten der Berufsberatung, der Schule, der Wirtschaft und privaten Trägern gibt es eine breite Palette von Informationen, die jedoch nicht nur als hilfreich eingeschätzt werden. Es fehle im Dschungel der berufsorientierenden Maßnahmen, so lautet ein Kritikpunkt, sowohl an Strukturierung, Koordinierung und Transparenz der Angebote als auch an einer Kooperation der Akteure (Schober 2001, S. 9). Es gebe ein Überangebot an Informationen, das Jugendliche wie Eltern eher verwirre als informiere, und es gebe zu viele sporadische Aktivitäten, zu wenig Kontinuität und Systematik in der Angebotslandschaft (Wieland/Lexis 2005, S. 7).

Dies lässt erahnen, dass Jugendliche in ihren beruflichen und auf Arbeit bezogenen Suchbewegungen zwar von institutionellen Angeboten begleitet werden, diese aber keine hinreichende Bedingung für einen gelingenden Einstieg in das Erwerbsleben darstellen können. So lag die Jugendarbeitslosigkeit in Deutschland im Juli 2009 bei 11,5 Prozent und im Juni 2011 bei 9,1 Prozent (und damit an drittniedrigster Stelle innerhalb der EU). Doch die relativ guten Zahlen in Deutschland verdecken, dass junge Menschen in der Bundesrepublik häufiger mit Erwerbslosigkeit konfrontiert sind als die Gesamtbevölkerung und deutlich öfter befristeten Jobs nachgehen oder bei Zeitarbeitsfirmen beschäftigt sind (http://www.spiegel.de/wirtschaft/soziales/0,1518,779610,00.html 11.08.2011).

Leben in Partnerschaft

Die privaten Lebenspläne und Lebensentwürfe Jugendlicher sind bis heute von der Idee der romantischen Zweierbeziehung als Ort von Liebe und Sexualität bestimmt. Insbesondere die jungen Frauen vertreten diese Idee anhaltend und mit Nachdruck. So stellt eine Längsschnittstudie über Lebensentwürfe von Frauen zwischen 20 und 35 Jahren, in deren Rahmen 700 Interviews mit einer für Bayern und Sachsen repräsentativen Stichprobe durchgeführt wurden, eine eindeutige Orientierung der befragten jungen Frauen auf ein Leben mit einem Partner fest (Keddi et al. 1999; Keddi 2003). In der Regel umfasst dies auch die Perspektive von Kindern und Ehe. Die Autorin Barbara Keddi schlussfolgert:

„An junge Frauen wird implizit immer die Erwartung gestellt, Teil eines Paares zu sein. Die Paarbeziehung gilt unumstößlich als die Lebensform, optimal mit oder ohne Trauschein; einer langen glücklichen Beziehung wird ein hoher Stellenwert beigemessen, dem Vorrang vor Geld und materiellen Gütern zu geben sind" (Keddi 2003, S. 21).

Festgestellt wurde zudem das Anwachsen der Erwartungshaltung an die Partner. Besonders das Lebensgefühl junger Frauen ist durch die Qualität der Partnerschaft beeinflusst. Eine harmonische Partnerschaft steht an der Spitze der Faktoren, die entscheidend für das eigene Lebensglück eingestuft werden. Offenheit, Zuneigung, Vertrauen und Toleranz und z.T. auch Treue werden als die wichtigsten Partnerschaftsvorstellungen von Frauen genannt. Deshalb stehen Charaktereigenschaften, wie Wärme, Natürlichkeit und Offenheit bei Männern hoch im Kurs. Das war Anfang der 1970er Jahre noch anders; damals standen Fleiß, Sparsamkeit und Erfolg im Beruf an vorderster Stelle. Umgekehrt legten die befragten jungen Männer in den 1990er Jahren Wert auf gutes Aussehen, sexuelle Anziehungskraft, Sauberkeit und Sparsamkeit bei ihren Frauen. Weiblichen Erfolg im Beruf sahen sie als eher unwichtig an (Schering-Frauenstudie 1993, S. 88).

Die Langlebigkeit der Norm des heterosexuellen Paares ist jedoch begleitet vom Trend einer nachlassenden Bedeutung von Sexualität. Diverse Studien illustrieren die individuelle und subjektive Bedeutsamkeit von Sexualität im Leben Jugendlicher, beschreiben aber auf der kulturellen und gesellschaftlichen Ebene einen Bedeutungswandel von Sexualität dergestalt, dass sie insgesamt an Wichtigkeit verliere (vgl. z.B. Schmidt 2000; 2004; Dannenbeck/Stich 2002). Eine Studie der Zeitschrift „Bravo-Girl" aus dem Jahr 1998 bat Jugendliche, ihre Leidenschaften zu benennen, und dort wurde ‚Sexualität' an dritter Stelle, nach ‚Musik' und ‚Mode', genannt (Starke 2001, S. 295). Dies unterscheidet die Jugendlichen von den Älteren, „die Sexualität für etwas hielten und wahrscheinlich immer noch halten, was mit keiner anderen Möglichkeit des Erlebens vergleichbar ist" (Dannecker 2001, S. 27). Sexualität hat, wie der Frankfurter Sexualwissenschaftler Volkmar Sigusch es formulierte, „an symbolischer Bedeutung eingebüßt. Heute ist Sexualität selbstverständlicher, ja banaler (geworden), wird nicht mehr so stark überhöht wie zur Zeit der sexuellen Revolution. Weil sie nicht mehr die große Überschreitung ist, kann sie auch unterbleiben" (Sigusch 2002, S. 33).

So veranschaulichen die empirischen Erhebungen ein Sexualleben der jungen Generation, das sich insgesamt als vernünftig beschreiben lässt und deutlich an romantischer Treue orientiert ist. Darüber hinaus aber gibt es Beschreibungen schriller sexueller Selbstinszenierungen in verschiedenen Jugend-Szenen, die Kommerzialisierung und Simulation von Beziehungen und sexuellen Kontakten durch das Internet – Stichworte Partnervermittlung, Kinderprostitution und Sextourismus – wie auch die lebensweltlichen Veränderungen im Bereich einer Pluralisierung familialer Lebensformen, Differenzierung von Homo- und Heterosexualitäten sowie neue Scham-, Ekel- und Desensibilisierungsgrenzen, die sich beispielsweise in der Verbreitung von Intimpiercings, Schönheitsoperationen weiblicher Genitalien oder einem Trend zur kompletten Enthaarungen des Körpers zeigen (siehe z.B. Projektgruppe Sexware 2001).

Diese Entwicklungen verändern die kulturell-gesellschaftliche Bedeutung von Sexualität und Partnerschaft, setzen aber die bisher gültigen Sozialisationsanforderungen nicht außer Kraft. Nach wie vor bedeutet Adoleszenz, die eigene Triebhaftigkeit zu erfahren und soziale Formen des Umgangs damit zu erlernen.

Politische und gesellschaftliche Partizipation

Das Postulat von Selbstständigkeit und Verantwortung umfasst auch die kollektive Mitgestaltung der eigenen Lebenswirklichkeit. Einübung in die politische und gesellschaftliche Partizipation ist deshalb sowohl in der Kinder- und Jugendarbeit als auch im Rahmen von kommunalen und internationalen Beteiligungsprojekten als Übungsfeld für demokratische Lernprozesse ein Ziel jugend- und sozialpolitischer Aktivitäten (siehe z.B. den Überblick bei Hafeneger 2005). Bemühungen, Jugendliche an zivilgesellschaftlichen und politischen Aktivitäten zu beteiligten, werden nicht zuletzt auch deshalb initiiert, weil eine Reihe von Studien das Ausmaß jugendlicher Distanz zu den etablierten Parteien und den etablierten Einrichtungen von Politik, aber auch eine positive Wertschätzung von Demokratie im Allgemeinen gezeigt hatten. Befragungen Jugendlicher deren Interesse und Aktivität in Sachen Politik und gesellschaftliches Engagement betreffend dokumentieren eine Tendenz, die in der Faustformel der „unzufriedenen Demokraten" (Gille/Krüger 2000) diskutiert wurde (siehe z.B. von Rosenbladt/Picot 2001; Klages 2000). Die jüngste Shellstudie konstatiert in diesem Zusammenhang, dass das politische Interesse bei Jugendlichen, obwohl es weiterhin deutlich unter dem Niveau der 1970er und 1980er Jahre liege, mittlerweile wieder leicht ansteige: Bei den 12- bis 14-Jährigen habe sich das Interesse binnen der letzten acht Jahre mit 21 Prozent nahezu verdoppelt, bei den 15- bis 17-Jährigen stieg es von 20 Prozent auf 33 Prozent. Das geringe politische Interesse sei aber begleitet von einem hohen Vertrauen in gesellschaftliche Institutionen, wie Polizei, Gerichte, Bundeswehr sowie Menschenrechts- und Umweltschutzgruppen. Auch zeige sich im Vergleich zu den Vorjahren, dass mehr Jugendliche sozial engagiert sind: 39 % der Befragten setzen sich häufig für soziale oder gesellschaftliche Zwecke ein, und hier zeigte sich die Bildungs- und Schichtabhängigkeit von sozialer Aktivität und politischem Engagement: Je gebildeter und privilegierter die Jugendlichen sind desto häufiger gaben sie an, im Alltag aktiv für „den guten Zweck" zu sein (Deutsche Shell 2010, S. 23).

Die Tatsache, dass die Frage nach politischer Teilhabe von Jugendlichen kontinuierlicher Bestandteil der Umfrageforschung wie auch ein Ansinnen der Sozial- und Bildungspolitik ist, unterstreicht die normative Bedeutung dieser Erwartung und Anforderung. Die folgende Diskussion eines konkreten Projekts, das gesellschaftliche Teilhabe und Mitgestaltung für Jugendliche zu initiieren beabsichtigt, veranschaulicht Vorgehens- und Arbeitsweisen sowie Einschätzungen der teilnehmenden Jugendlichen.

9.3 Ehrenamtliches Engagement als Praxis und Orientierung – Das Beispiel „Youth Bank"

Eva Breitenbach

Auf Jugendliche als diejenigen, die als zukünftige Erwachsene das gesellschaftliche System übernehmen, verändern, verbessern oder zerstören werden (und damit auch die Leistungen und die Lebensstile ihrer VorgängerInnen bewertet werden), richtet sich der kritische erwachsene Blick: Tendenziell ist die Jugend eine verdächtige Generation, zu rebellisch oder zu angepasst, zu anders als die derzeitigen Erwachsenen oder ihnen umgekehrt zu ähnlich. Weil die Erwachsenheit als Phase mit klar definierten Aufgaben und Zielen, die „Normalbiographie", erodiert, erodiert auch die Jugendphase in ihrer Funktion als Vorbereitungszeit auf die Erwachsenheit. Ihr Anfang und vor allem ihr Ende sind ebenso unklar wie ihre Ausgestaltung. Aus diesen Gründen ist auch die Mitgliedschaft zur Gruppe der Jugendlichen unbestimmt: wer gehört noch nicht und wer nicht mehr dazu, wodurch zeichnen sich „Jugendliche" aus?

In all ihrer Unklarheit ist die Jugendphase derzeit gesellschaftlich wie auch individuell unumgänglich. Es gibt keine Möglichkeit, auszusteigen und einfach nicht jugendlich zu sein. Jugendliche sind vor die schwierige und durchaus widersprüchliche Aufgabe gestellt, Jugend als eigene Lebensphase und als Phase der Vorbereitung auf eine erwachsene Zukunft zu leben. Gleichzeitig haben sie die Aufgabe, sich gegenüber den Peers und gegenüber Erwachsenen erkennbar und überzeugend als Jugendliche darzustellen (vgl. Breitenbach 2007).

Ansätze wie das im Folgenden dargestellte Programm „Youth Bank" stellen Räume für diese schwierigen Prozesse zur Verfügung, Räume, in denen Jugend angemessen ausgestaltet und dargestellt werden kann und zwar sowohl von den Jugendlichen selbst als auch von den Erwachsenen, die sie beratend, unterstützend und kontrollierend begleiten. Im Folgenden werde ich das Modell Youth Bank in dieser Perspektive darstellen und theoretisch verorten. Dabei verfolge ich zwei Themen. Ein Thema ist die Sicht der Jugendlichen auf das Programm. Das zweite Thema ist die soziale Funktion des Programms, die mit der Perspektive der Jugendlichen nicht deckungsgleich ist. Ich möchte dabei zeigen, dass solche Jugendprogramme notwendigerweise ebenso widersprüchlich sind wie die Adoleszenz selbst – und gerade damit ihren Erfordernissen in besonderer Weise Rechnung tragen.

Was ist eine Youth Bank?

Das Programm Youth Bank ist ein bundesweites Programm für Jugendliche. Das Programm wurde von der Deutschen Kinder- und Jugendstiftung in Zusammenarbeit mit der Servicestelle Jugendbeteiligung entwickelt und aufgelegt und wird von der Deutsche Bank Stiftung sowie von weiteren privaten Partnern unterstützt. Es soll der Förderung von jugendlicher Teilhabe an Gesellschaft dienen, ausgedrückt durch freiwilliges und ehrenamtliches Engagement in der jeweiligen Stadt oder Region.[1]

---

[1] Bundesweit gab es im Oktober 2011 17 Youth Banks, im Juli 2009 waren es 23. Die Deutsche Bank Stiftung hat das Programm bis Ende 2009 unterstützt, darüber hinaus wurde es von der KPMG (einer internationalen Wirtschaftsprüfungs- und Beratungsgesellschaft) und weiteren privaten Partnern gefördert. Das Programm e-

Drei bis zehn Jugendliche können eine Youth Bank gründen und nach bestimmten Kriterien – Alter der Mitglieder unter fünfundzwanzig, Kontinuität der Arbeit, Erreichbarkeit, Gemeinnützigkeit, Kooperation mit anderen Jugendprojekten sowie den offiziellen Trägern und Geldgebern des Programms – als ehrenamtliche Youth Bank arbeiten. Diese Arbeit besteht darin, Projekte bzw. Projektideen junger Menschen aus dem lokalen Umfeld, so genannte „Mikroprojekte" mit Geld, aber auch durch Beratung oder Vermittlung von Kontakten zu unterstützen. Solche Mikroprojekte bestehen beispielsweise in der Gründung einer Schülerzeitung, der Renovierung von Aufführungsräumen für ein Theaterstück oder der Organisation eines Hip Hop Events. Die Potenziale des Programms liegen darin, Unterstützung schnell, unbürokratisch und ‚auf Augenhöhe' – von Jugendlichen für Jugendliche – leisten zu können.

Ein Charakteristikum von Youth Bank ist die starke Betonung der Gestaltung des Programms durch die Jugendlichen selbst. Sie entscheiden über zentrale Entwicklungen und sie bestimmen den Alltag. Dennoch ist Youth Bank kein ausschließlich von Jugendlichen verantwortetes Programm. Es wurde von Erwachsenen, erwerbstätigen MitarbeiterInnen in gesellschaftlichen Organisationen, (mit)initiiert und wird – wenn auch mit einem Minimum an Reglementierung – von ihnen beeinflusst, gesteuert und nicht zuletzt finanziert. Damit ist im Programm selbst eine gewisse Widersprüchlichkeit angelegt. Es ist gewissermaßen zwischen unterschiedlichen bis hin zu gegensätzlichen Anforderungen und Ansprüchen aufgespannt. In dieser Heterogenität liegt zugleich seine Stärke und seine Schwäche, seine außerordentliche Integrationsfähigkeit für unterschiedliche Anliegen wie umgekehrt seine Störanfälligkeit.

Empirische Grundlage meiner Ausführungen sind die Ergebnisse von zehn Gruppendiskussionen und Einzelinterviews, die mit VertreterInnen der vier verschiedenen Programmebenen – mit dem Büroteam der Deutschen Kinder- und Jugendstiftung als ProgrammkoordinatorInnen, mit einem Vertreter der Deutsche Bank Stiftung als Finanzier, mit Mitgliedern von Youth Banks als GestalterInnen und Ausführenden des Programms und mit Mitgliedern von Mikroprojekten als Förderempfängern – durchgeführt wurden. Die Daten wurden im Rahmen einer formativen, prozessbegleitenden Evaluation erhoben.[2]

9.3.1 Zwischen Selbstbestimmung und Anpassung: der Stiftungsauftrag

Die Deutsche Kinder- und Jugendstiftung (im Folgenden: DKJS) und die Deutsche Bank-Stiftung (im Folgenden: DB-Stiftung) haben den Stiftungsauftrag, die Lage von Kindern und Jugendlichen zu verbessern. Dieser Auftrag wird, wie die Interviews zeigen, von den AkteurInnen auf unterschiedliche Weise konkretisiert. Für die Vertreterin der DKJS spielt die Möglichkeit zur umfassenden Selbstbestimmung eine zentrale Rolle.

> „Einfach die Idee, dass Jugendliche sich um ihre eigenen Sachen und die, also die Belange, ihre eigenen Belange und die ihrer Altersgenossen kümmern können." (Interviewte 1)

---

xistiert seit 2005. Seit Oktober 2010 ist der gemeinnützige und vollständig jugendliche Verein Youth Bank Deutschland Träger des bundesweiten Youth Bank Projekts.

[2] Die Evaluation wurde von ces – centrum für qualitative evaluations- und sozialforschung – und e-fect – ecoforschung evaluation consulting training – über ein Jahr (2005-2006) durchgeführt, auf der Seite von ces von Diplompädagogin Christine Blome und mir. Ces arbeitet mit einem rekonstruktiven Forschungsansatz (vgl. Bohnsack 2006; Nentwig-Gesemann 2006).

Die Jugendlichen – und nicht die Erwachsenen – definieren, was passieren soll. Durch Unterstützung und Zutrauen kann „unglaublich viel Energie freigesetzt" werden. Der Vertreter der DB-Stiftung ist ebenso fasziniert von der Dynamik und dem Mut, von den hierarchiearmen, basisdemokratischen Strukturen und der Selbstbestimmung der Jugendlichen im Youth Bank-Programm. Er betrachtet das Programm und seine Mitglieder jedoch weniger in Abgrenzung zur Erwachsenenwelt. Vielmehr ermöglicht Youth Bank für ihn einen Übergang in genau diese Welt. Die Youth Bank-Jugendlichen sind für ihn „diese typischen geborenen Führungskräfte oder zukünftigen Unternehmer" (Interviewter 3). Das Angebot an Jugendliche besteht für ihn darin, soziale Verantwortung zu übernehmen und sich damit – auf einem recht privilegierten Niveau – letztendlich in die Gesellschaft zu integrieren. Seine Idee ist es, die Jugendlichen auf dem Weg zu einer privilegierten gesellschaftlichen Position zu unterstützen. Die beiden Positionen zeigen, hier auf zwei Personen und möglicherweise auf die dahinter stehenden Organisationen verteilt, beispielhaft das Spektrum der Motive und Ziele auf, die durch Programme wie Youth Bank abgedeckt werden sollen: Selbstbestimmung und Unabhängigkeit von Erwachsenen, Formulierung und Durchsetzung eigener Ziele, Erwerb von Kompetenzen und möglicherweise Kontakten, die für zukünftige berufliche Führungspositionen qualifizieren können.

Die genannten Ziele gehen durchaus zusammen, denn die Arbeit bei Youth Bank kann genau die Fähigkeiten und Haltungen fördern, die der Vertreter der DB-Stiftung gerne bei zukünftigen Führungskräften sähe. Gleichzeitig zeigt sich hier eine nicht hintergehbare Widersprüchlichkeit, die solchen Programmen eigen ist. Die Widersprüchlichkeit besteht darin, dass es Erwachsene bzw. VertreterInnen gesellschaftlicher Institutionen sind, die Jugendliche zur Selbstbestimmung und Partizipation aufrufen. Anders gesagt: Erwachsene VertreterInnen gesellschaftlicher Institutionen fordern Jugendliche zur Unabhängigkeit von Erwachsenen auf und stellen ihnen dafür Räume zur Verfügung. Jugendliche sollen als Jugendliche selbst bestimmt handeln und an gesellschaftlichen Ressourcen und ihrer Verteilung partizipieren. Gleichzeitig steckt in solchen Angeboten – je nach Blickwinkel – das Angebot, die Anforderung, die Gefahr oder die Zwangsläufigkeit, selbst TeilnehmerIn an den gesellschaftlichen Institutionen und damit selbst erwachsen zu werden.

Zugespitzt formuliert bewegen sich die jugendlichen AkteurInnen zwischen der Emanzipation von Erwachsenen (durch die selbstbestimmte Arbeit in jugendlichen Projekten) und der Anpassung an gesellschaftliche Strukturen, indem sie sich auf – privilegierte – Positionen im beruflichen System vorbereiten. In dieser Perspektive fungiert Youth Bank als Sozialisationsinstrument mit dem Ziel der Teilhabe am gesellschaftlichen und vor allem am beruflichen System auf einem privilegierten Niveau.

Darin unterscheidet sich das Programm von sozialpädagogischen Projekten, die sich an marginalisierte Jugendliche richten und auch von Projekten, die auf formale Qualifikationen hin ausgelegt sind. Die Zielgruppe hier verfügt bereits über formale Qualifikationen oder hat die Möglichkeiten, sie zu erwerben. Sie ist nicht gefährdet, in eine randständige gesellschaftliche Position zu geraten.

9.3.2 Empowerment: Qualifizierung und Selbstwirksamkeit in der jugendlichen Gemeinschaft

Die Arbeitsstrukturen der einzelnen Gruppen sind vielfältig – jede Youth Bank findet ihre Lösung je nach Personalsituation und Ressourcen (bei allen allerdings ist der zeitliche Aufwand der ehrenamtlichen Arbeit beträchtlich). Der Prozess der Etablierung von Arbeitsstrukturen kann nur schwer expliziert werden. Er entfaltet sich selbstläufig in der Praxis. Zumindest zu Anfang sind die Arbeitsstrukturen oft unverbindlich und chaotisch. Trotzdem oder gerade deshalb ist die Arbeit erfolgreich, kreativ und macht Spaß. Je länger eine Youth Bank besteht desto mehr etablieren sich Strukturen und klare Zuständigkeiten. Weiterhin zeichnet sich ab: Je klarer und fester diese Strukturen sind, desto reibungsloser funktioniert die Förderung von Mikroprojekten. Ein ähnlicher Prozess zeigt sich auch im Youth Bank Programm insgesamt: Je länger es Youth Bank gibt und je mehr Erfahrungen in den einzelnen Youth Banks vorhanden sind, desto mehr professionalisiert und etabliert sich das ganze Programm mit seinen Strukturen. So ist für neue Youth BankerInnen inzwischen viel klarer, wofür das Programm steht, und was es leistet. Die Youth Bank MitarbeiterInnen nehmen die anfängliche Unverbindlichkeit und Freiheit als Charakteristikum für das spezifisch ‚Jugendliche' am Programm wahr. Sie schätzen es, dass die Arbeitsstrukturen nicht vorgegeben werden (wie es in der „Erwachsenenwelt" aus ihrer Sichtweise üblich ist), sondern dass die Jugendlichen sie selbst entwickeln und jederzeit verändern können. Gleichzeitig steht dieses Stadium der Unverbindlichkeit auch in ihren Augen oft im Widerspruch zu einer effizienten Arbeit: So wird beschrieben, dass die Youth Banks mit zunehmenden klaren Strukturen und Verbindlichkeiten mehr und mehr „arbeitsfähig" werden können, d.h. dass sie mehr Mikroprojekte besser fördern können – und alles wie „am Fließband" geht. Diese (effiziente) Förderung wird als klares und befriedigendes Zentrum der eigenen Arbeit angesehen. Der Widerspruch zwischen dem Wunsch nach Freiheit und Spielraum und dem Wunsch nach einer effizienten Arbeitsweise wird von den Youth BankerInnen nicht als wirklicher Konflikt oder als Dilemma beschrieben; die schrittweise Entwicklung hin zur Strukturierung und Etablierung wird vielmehr so wie sie ist hingenommen und je nach Situation unterschiedlich bewertet. Die Arbeit erweist sich als Vorbereitung und Qualifizierung für die berufliche Zukunft und für ‚das Leben':

> „Also das ist eh so toll, dieser Lerneffekt. Also ich mach das auch seit zwei Jahren oder zweieinhalb, keine Ahnung. Das ist extrem wie ich mich entwickelt habe und dazu gelernt habe. Und ich denk jetzt teilweise in ganz anderen Dimensionen. [...] Es ist einfach eine allgemeine Lebensvorbereitung: Verträge, sich mit anderen einigen, Verbindlichkeiten, dass auch ein Vertrag da sein muss, eingehalten werden muss" (GD Netzwerkstatt).

> „Diese Zertifikate. Es bringt ja auch was für meine Zukunft. Also wenn ich halt nen Job will oder einen Studienplatz, dann wird auch immer gefragt: Ja und was machen sie denn so? Und wenn man halt sagen kann: Ich hab mich engagiert und ich tu was, dann sehen sie ja auch, dass ich generell bereit bin, was zu bewirken und was zu tun. Das hilft, denk ich" (GD Netzwerkstatt).

Durch die Arbeit können die Jugendlichen vielfältige Kompetenzen erwerben. Sie lernen, ein Projekt zu entwickeln und zu managen, sie lernen, andere Projekte zu bewerten, Entscheidungen zu treffen und umzusetzen, sie lernen, im Team zu arbeiten und zu kommunizieren, sie lernen, Netze zu knüpfen, sie erwerben Fähigkeiten in der Außendarstellung und Öffentlichkeitsarbeit.

9 Lebensplanung und Zukunftsorientierung: Optionen auf das Erwachsenen-Leben

Darüber hinaus entstehen trotz aller Heterogenität aus der gemeinsamen Praxis der Jugendlichen explizierbare kollektive Orientierungen und Haltungen.

„Und ich find es auch ganz toll, dass eben Jugendliche anderen Jugendlichen helfen können. Dass es eigentlich gar nicht so schwer ist, also, es ist, es hat schon etwas mit Verantwortung zu tun, weil es ja doch um jede Menge Geld geht, aber einfach diese Freude von den Menschen, dass man so helfen kann, dass sie, dass sie ihren Traum verwirklichen können, das ist eigentlich schon eine ganz tolle Belohnung (GD Nürnberg)".

„Also jetzt speziell zu den Projekten find ich immer toll, dass die begeistert sind, wie schnell das bei uns geht, also so irgendwie. Und weil das so relativ einfach ist, an Geld zu kommen, da kriegen die immer richtig leuchtende Augen. Das ist schon mal sehr gut, find ich" (GD Berlin).

„Deshalb fand ich dieses Prinzip toll, dass Youth Bank bedeutet, eine Stiftung vor Ort zu haben, die quasi persönliche Kontakte hat und dann eben so also so eine kleine Stiftung, die Geld verteilen kann an lokale Sachen, wozu man nicht ein großer Verein sein muss, der tausende, vierstellige Beträge beantragt, sondern, dass man eben Projekte vor Ort fördern kann, von denen man sich persönlich überzeugen kann, wo man selber dann sieht, was raus kommt, wer die Leute sind und die vor allem Projekte, die sonst nicht an Geld kommen würden, denen die Wege da auch ein bisschen versperrt sind, weil sie sich nicht auskennen oder weil sie zu klein sind oder so. Und das hat mich fasziniert" (GD Regensburg).

„Weil man sieht dann auch immer ganz schön diese Ergebnisse, die dann auch erzielt werden, z.B. bei diesem Konzert, wo man dann wirklich weiß, das hat man mit auf die Beine gestellt, das ist schon ein schönes Gefühl" (GD Nürnberg).

Die Möglichkeit, unbürokratisch andere Jugendliche zu unterstützen und zu beraten, Geld zu verteilen, damit Projekte vor Ort realisiert werden können, vorhandene Potenziale zu vernetzen, erweist sich als zentrale Orientierung der Jugendlichen im Hinblick auf ihre Arbeit. Die Freude daran, zu helfen, Verantwortung zu übernehmen, etwas zu bewirken und dadurch Anerkennung zu erhalten, teilt sich sehr deutlich mit. Soziales und politisches Engagement für andere und das Erleben individueller wie auch kollektiver jugendlicher Wirksamkeit gehen eine enge und offenkundig sehr befriedigende Verbindung ein. Die Praktiken und Orientierungen, die im Erfahrungsraum Youth Bank entwickelt werden, sind breit gefächert. Das Programm stellt Qualifikationsmöglichkeiten bereit, die für Managementaufgaben und Leitungstätigkeiten in allen gesellschaftlichen Bereichen derzeit als notwendig angesehen werden. Es bietet Jugendlichen die Gelegenheit, sich für die Interessen und Projekte anderer Jugendlicher einzusetzen und soziale Verantwortung zu übernehmen. Es verhilft zu Erfahrungen von Selbstwirksamkeit und Selbstwert durch erfolgreiches Engagement, ein Engagement, das sich sowohl für die Interessen Jugendlicher als auch für das eigene berufliche Fortkommen nutzen lässt und Zugehörigkeit zu dem entsprechenden Bereich erzeugt. Erneut zeigt sich hier die Ambivalenz zwischen jugendlichen kollektiven Orientierungen und jugendlicher Selbstbestimmung auf der einen Seite und der Vorbereitung auf eine Integration in das gesellschaftliche System auf der anderen Seite. Die Sozialisation zur/zum leistungsorientierten, gesellschaftlich integrierten, wie auch selbst bestimmten und sozial verantwortlichen Erwachsenen lässt sich so als Prozess zwischen Anpassung und Emanzipation beschreiben.

9.3.3 „Was mich persönlich auch übelst freut" – Die Inszenierung jugendlicher Identität

Die folgende Passage aus einer Gruppendiskussion mit fünf jungen Frauen aus Ostdeutschland, aus der hier nur ein Ausschnitt vorgestellt wird, wird von einer Interviewerinnenfrage nach den Motiven für die Arbeit eingeleitet („Warum macht ihr das?"). Anna[3], eine Schülerin, spricht zunächst von der Verpflichtung, sich politisch zu engagieren. Dann geht sie kurz auf die Vorteile ehrenamtlichen Engagements für die berufliche Zukunft ein. Hier setzt der folgende Ausschnitt an.

> „Bei mir ist es auch so, dass ich auf der einen Seite schon so diese, in diese Ego-Taktiker-Spalte mit reinfalle, dass ich das auch halt für mich mache, dass ich dann halt was vorzuweisen habe. Aber auf der anderen Seite auch schon so halt, na ja, Idealismus klingt jetzt wieder so hoch gegriffen, aber ich freu mich halt einfach wenn ich sehe: ‚Hey, da sind Leute, die wollen wirklich was machen, können es aber grade nicht finanziell'. Und dann sind wir halt und sagen: ‚Cool, geile Idee, wir machen das'. Und das freut mich einfach, wenn ich einfach, wenn ich halt dann einfach so'ne Art Verantwortung übernehmen kann, dass ich halt sage: ‚Das ist in Ordnung, das ist sinnvoll, das machen wir'. So einfach diese Verantwortung übernehmen ist ne Motivation an sich. Und halt wenn's dann klappt und man dann auch schon, also, es klingt jetzt sicherlich absolut blöd, aber was mich persönlich auch übelst freut: Also das ist ja bundesweit. Und diese ganzen Netzwerke, dadurch wird man ja auch so'n bisschen bekannt und so, und das fetzt einfach, wenn die Leute dann schon deinen Namen oder deine Initiative oder die Stadt einfach durch solche Projekte dann kennen. Das ist übelst beflügelnd, ja, das fetzt total. Da ist einfach echt schön, weil man dann was vorweisen kann, so, wir machen halt was weil wir das machen wollen. So einfach dieses Gefühl."

Die Interviewte greift zunächst das berufliche Motiv auf. Sie zeigt, dass sie aktuelle theoretische Darstellungen der gegenwärtigen Generation von Jugendlichen als tendenziell individualistisch und pragmatisch kennt.[4] Es liegt nahe, anzunehmen, dass solche Analysen wiederum derart auf die Jugendlichen zurückwirken, dass sie die Zuschreibungen in die eigene Selbstdarstellung als moderne Jugendliche einbeziehen. Dagegen wird das soziale, altruistische Motiv abgeschwächt – ‚na ja, Idealismus klingt jetzt wieder so hoch gegriffen' – und dann folgt in einer lebhaften Passage das, was die Interviewte eigentlich bewegt.

Sie kann für sich und andere etwas Sinnvolles tun, sie kann Verantwortung übernehmen. Vor allem aber, und das ist es, was sie ‚persönlich auch übelst freut', sie ist Teil einer deutschlandweiten Gemeinschaft und zwar an herausgehobener Stelle. Sie ist ‚ein bisschen bekannt', viele Leute kennen ihren Namen, ihr Projekt, ihre Stadt: ‚das fetzt total'. Sie erhält Bestätigung und Anerkennung als engagierte, selbst bestimmt und erfolgreich handelnde Jugendliche, die etwas ‚vorweisen' kann und genau das macht, was sie machen will.

Dieses zentrale Motiv, Teil einer exklusiven Gemeinschaft zu sein, wird im Folgenden weiter entfaltet. Die beruflichen Motive treten zunächst in den Hintergrund. Es ist ‚sehr schön, unter Gleichgesinnten einfach zu sein'. Gleichgesinnte sind diejenigen, die den ‚Traum von einer besseren Gesellschaft' teilen und, das ist wichtig, in konkretes Handeln umsetzen und mit

---

[3] Alle Namen sind anonymisiert
[4] Klaus Hurrelmann hat die Jugendlichen dieser Zeit als „Ego-Taktiker" bezeichnet (vgl. Shell Deutschland 2006)

Stolz auf ihre Arbeit blicken können. Das Besondere dieser Gemeinschaft zeigt sich besonders deutlich vor dem Gegenhorizont der ‚anderen Jugendlichen', die ihr ehrenamtliches Engagement für ‚verrückt' halten und die darüber hinaus, hier kommt das berufliche Motiv wieder zum Tragen, ‚keinen Plan' für ihre eigene Zukunft haben.

Das Zusammensein mit Gleichgesinnten stützt und stärkt die eigene Position gegen Spott und Unverständnis. Auf der anderen Seite dient gerade die Abgrenzung von denjenigen Jugendlichen, die nach Einschätzung der Befragten die ‚heutige Jugend' repräsentieren, der Stärkung der eigenen Position und Identität. Neben dem Nutzen für die eigene berufliche Zukunft und neben der Verpflichtung zu gesellschaftlichem Engagement besteht die zentrale Funktion der Zugehörigkeit zu Youth Bank darin, Teil einer exklusiven jugendlichen Gemeinschaft zu sein und, das ist unmittelbar damit verbunden, in dieser Gemeinschaft Verantwortung zu übernehmen und eine attraktive, herausgehobene Position einzunehmen. Die Teilnahme an Youth Bank dient hier zur Ausbildung einer jugendlichen Orientierung und Praxis und zur Darstellung als Jugendliche.

9.3.4 Was ist jugendlich, was ist erwachsen? – Die Inszenierung des Übergangs

Als Jugend-Programm arbeitet Youth Bank mit der grundlegenden Differenz zwischen Jugendlichen und Erwachsenen. Das zeigt sich beispielsweise darin, dass es sowohl für Mitglieder von Youth Banks als auch für AntragstellerInnen von Mikroprojekten eine Altersgrenze gibt. Insgesamt werden die Klassifikationen ‚jugendlich' und ‚erwachsen' jedoch weniger über das Alter vorgenommen als vielmehr mit Hilfe des beruflichen Status bestimmt, des Weiteren über die Funktion im Projekt, über Umgangsformen und Dekors und nicht zuletzt über die Selbstdarstellung und ihre Spiegelung durch die anderen AktuerInnen.

In einer Gruppendiskussion (GD Berlin) bittet die Interviewerin die fünf TeilnehmerInnen zu beschreiben, was sie mit den zentralen Begriffen ‚jugendlich', und ‚Jugendliche' eigentlich meinen. Die InformantInnen behelfen sich zunächst mit Konstrukten wie ‚echte Jugendliche' oder ‚Durchschnittsjugendliche'. Jugendliche werden als „spontan, unüberlegt" gekennzeichnet. Sie „laufen über die Straße" und „sprühen auf die Straße". Sie „fahren bei rot mit dem Skateboard über die Ampel".

„Also, ‚jugendlich' ist immer noch so ein bisschen nett rumschweifen und so."

Das spontane, nicht zielgerichtete In-Bewegung-Sein, zeigt sich in den Aussagen der InformantInnen darüber, wie sie zu Youth Bank gekommen seien. Sie haben nicht geplant, sie sind ‚da reingerutscht' und ‚geschlittert' – und schwupp waren wir dabei'. Die Straße, auf der die Jugendlichen sich bewegen, auf der sie ‚umherschweifen' ist traditionell ein bei Kindern und Jugendlichen beliebter Raum, der gleichzeitig von Erwachsenen als für Heranwachsende gefährlich und ungeeignet angesehen wird.

Historisch lassen sich vielfältige pädagogische Bemühungen auffinden, Kinder und Jugendliche von der Straße zu entfernen (vgl. z.B. Bühler-Niederberger 2005). Wenn die Jugendlichen zu Youth Bank kommen, um am Programm teilzunehmen, haben sie keinen festen Boden unter den Füßen, sie schweifen umher, rutschen und schlittern, sie halten sich nicht an Regeln und planen nicht. Eine andere Praxis und Orientierung entwickeln sie dann in der Arbeit in den Projekten und Netzwerken. Das unterscheidet sie von „ganz normalen Durchschnittsjugendlichen, die halt drei Stunden am Tag fern sehen". Während jedoch die jungen

Frauen aus einer anderen Gruppendiskussion sich selbst noch als Jugendliche begreifen oder die Frage nicht als wichtig ansehen, betrachten sich die jungen Frauen und Männer hier nicht mehr als Jugendliche. Sie sind sehr damit beschäftigt, sich an den „Erwachsenenstrukturen" abzuarbeiten und ihre Position darin zu finden. Diese Suche ist durchaus konflikthaft und emotional aufgeladen.

Lisa: „Nee, wir sind nicht mehr Jugendliche

Stefan: Nee,

Mark: Nee, wir sind glaub ich auch, also das

Lisa: Wir machen uns einfach schon so viele Gedanken

Stefan: Heranwachsende

Mark: Na, ich definier das wirklich auch immer so, irgendwie. Wir, das sind so Leute, die irgendwie so ein bisschen außerhalb. Also ich will jetzt nicht sagen, drüber oder drunter, einfach mal außerhalb der normalen jugendlichen Zielgruppe, weil

Lisa: Wir einfach zu alt sind

Mark: Nee, das nicht mal. Wir hängen hier sehr viel mit Stiftungsleuten ab. Wir hängen in irgendwelchen Verwaltungsstrukturen rum, wo Leute nicht mehr wissen, ob diese Abkürzung grade ein Fußballverein oder irgendein Gremium ist".

Im Gegensatz zu den ‚frei beweglichen' Jugendlichen der Straße sind diese Heranwachsenden in Strukturen eingebunden, sie ‚hängen' darin. Sie werden in erwachsene Strukturen verstrickt, können aber auch zwischen den erwachsenen und jugendlichen Welten vermitteln. ‚Stiftungsleute' gehören eindeutig zur Welt der Erwachsenen, sie haben einen Ort und eine Position darin gefunden. Dabei handelt es sich um einen Ort, der für die Jugendlichen zugleich verlockend und abschreckend ist und den sie möglicherweise nicht erreichen können (bzw. erst dann, wenn die anderen die Position räumen). Diese Ambivalenzen erklären die Ressentiments gegen die „Stiftungsleute" und, wie vorherige Abschnitte zeigten, gegenüber der mächtigen Erwachseneninstitution und gesellschaftlichen Kraft ‚Deutsche Bank'.

Paradoxerweise führt also gerade eine Tätigkeit unter dem Label „Jugendbeteiligung" „von Jugendlichen für Jugendliche" zur Entwicklung erwachsener Orientierungen und erwachsener Praxis und zum Abschied von der Jugendphase. Das unausweichlich Konflikthafte daran kommt in der folgenden, hier nicht mehr abgedruckten Passage noch einmal auf den Punkt. Steffi, eine der Teilnehmerinnen an der Gruppendiskussion, hat sich als Jugendliche engagiert und muss erkennen, dass sie oder andere Jugendliche von erwachsenen oder zumindest nicht jugendlichen Strukturen eingeholt und vereinnahmt werden. Fast zwangsläufig nehmen die Jugendlichen erwachsene Umgangsformen an anstatt die alten Formen in ihrer eigenen Weise zu verändern. Sie sind keine echten Jugendliche mehr, sondern mutieren zu Jugendfunktionären, ‚Berufsjugendlichen'.

9.3.5 Jugendliche im Blick der Jugendforschung

Das empirische Material zeigt, dass die Jugendlichen zwischen Widersprüchen/Gegensätzen balancieren, zwischen kreativem Chaos und strukturierter Effizienz, zwischen Gemeinschaftlichkeit und individuell herausgehobener Position, zwischen eigenen beruflichen Zielen und sozialer Verantwortung, zwischen Selbstbestimmung und Anpassung, zwischen jugendlicher Gegenwart und erwachsener Zukunftsorientierung, zwischen Jugendlichkeit und Erwachsenheit. In denselben Widersprüchen bewegen sich ihre erwachsenen Begleiter, die ihnen Räume zur Verfügung stellen und damit gleichzeitig definieren, was Jugendlichen – und damit auch Erwachsenen – angemessen ist. Die Jugendforschung zeichnet ein ähnliches Bild. Allerdings sieht es hier so aus, als wollten und könnten die Jugendlichen die Gegensätze und unterschiedlichen Anforderungen in ihrem individuellen Lebensentwurf überwinden oder zumindest versöhnen. Insgesamt stehen die Zeichen auf Entwarnung.

> „Die Mentalität der Jugend hat sich insgesamt von einer eher gesellschaftskritischen Gruppe in Richtung der gesellschaftlichen Mitte verschoben" (Deutsche Shell 2002, S. 19).

Die 14. Shell-Jugendstudie 2002, deren zentrales Thema die Wertorientierung der Jugendlichen ist, bescheinigt „der Jugend" insgesamt „einen grundlegenden Wertewandel hin zu einer neuen pragmatischen Haltung" (Deutsche Shell 2002, S. 17). Wie es auch die Jugendlichen bei Youth Bank ausdrücken, zeigt die heutige Generation Jugendlicher eine hohe Leistungsbereitschaft, eine Orientierung an konkreten Problemen und persönlichen (Zukunfts-)chancen. Leistung, Sicherheit, auch familiäre Sicherheit und Macht, sind ihnen seit den 1990er Jahren zunehmend wichtiger geworden.

> „Das heißt, sie überprüfen ihre Umwelt aufmerksam auf Chancen und Risiken, wobei sie Chancen ergreifen und Risiken minimieren wollen. Mit der neuen pragmatischen Haltung einher geht auch ein ausgeprägt positives Denken" (Deutsche Shell 2002, S. 19).

Dabei gehen die Bedürfnisse nach Sicherheit und die Bereitschaft zu Leistung, Ordnung und Fleiß durchaus einher mit dem Wunsch nach Kreativität und Genuss. Insbesondere scheinen die Mädchen den ‚Wertewandel' zu tragen. Sie zeigen jetzt bislang männlich codierte Muster von beruflichem Ehrgeiz, Karriere, Selbstständigkeit und Verantwortung. Von entscheidender Bedeutung für die Erfüllung der Zukunftschancen ist nach wie vor ein möglichst hohes Bildungsniveau – und das ist den Jugendlichen durchaus bewusst. Gesellschaftspolitische Ziele wie auch Ökologie sind demgegenüber nicht mehr so interessant für die Mehrheit der Jugendlichen, wie sie das noch in den 1980er Jahren waren. Die Mehrzahl der Jugendlichen versteht sich gut mit ihren Eltern und ist mit der elterlichen Erziehungsarbeit so zufrieden, dass sie die eigenen Kinder ähnlich erziehen würde, wie sie selbst erzogen worden ist. Auch dieser Trend der Befriedung des Generationenkonflikts wird schon seit einigen Jahren von der Jugendforschung immer neu bestätigt.

In der Jugendstudie 2002 werden die Jugendlichen in zwei etwa gleich große Gruppen von potenziellen Gewinnern und potenziellen Verlierern geteilt. Die Gruppe der Gewinner wiederum teilt sich in die „selbstbewussten Macher" als „Leistungselite" und die „pragmatischen Idealisten" als „Engagementelite" (Deutsche Shell 2002, S. 20). Letztere, etwa 60 % Mädchen, werden durch die TeilnehmerInnen an Youth Bank gut repräsentiert.

> „Pragmatischen Idealisten sind Leistung und Sicherheit zwar auch wichtig (wie den selbstbewussten Machern, E.B.), sie setzen jedoch eine höhere Priorität auf die weitere und allseitige Humanisierung der Gesellschaft" (Deutsche Shell 2002, S. 20).

Entsprechend der Verschärfung der gesellschaftlichen Situation und der öffentlichen Diskurse von „sozialer Bedrohlichkeit" (Shell Deutschland Holding 2006, S. 170) hat sich das Bild vier Jahre später etwas verändert: Die Jugendlichen blicken insgesamt düsterer in die gesellschaftliche Zukunft. Dennoch beurteilen immer noch 50 % ihre persönliche Zukunft optimistisch und setzen weiterhin auf Bildung, beruflichen Erfolg und Karriere, allerdings stärker als vier Jahre vorher auf das Netzwerk von Familie und Freunden, ebenfalls noch stärker auf Fleiß und Leistung.

> „Der ‚pragmatische Zeitgeist' der Jugendlichen stemmt sich offensichtlich gegen die schlechten Nachrichten aus der Welt der großen Systeme. Das zeigt, dass die pragmatische Generation trotz aller Sorgen und Probleme an ihrem Profil festhält" (Shell Deutschland Holding 2006, S. 171f).

9.3.6 Das jugendliche Subjekt zwischen Drama und Hürdenlauf

In der entwicklungspsychologisch und sozialisationstheoretisch inspirierten sozialwissenschaftlichen Jugendforschung und -theorie wird die Jugendphase im Paradigma der Adoleszenz als eine Phase psychosozialer Entwicklung aufgefasst, in der Jugendliche Orientierungen und Kompetenzen für die gegenwärtige und zukünftige soziale und gesellschaftliche Teilhabe erarbeiten und ihre Identität entfalten können bzw. sollen. Als zentrale Arbeitsräume gelten nach wie vor einmal Bildung und Beruf und zum zweiten Sexualität und Beziehungen – Arbeit und Liebe als zentrale Quellen und Felder menschlicher Kreativität und menschlichen Wissens. Das Konzept der „Entwicklungsaufgaben" (vgl. z.B. Fend 2000) bietet dafür einen expliziten oder impliziten Hintergrund. Die Adoleszenz als psychosoziales Moratorium oder als „psychosozialer Möglichkeitsraum" (King 2004) gilt dabei als eine Erfindung der Moderne (vgl. Ferchoff 2007). Adoleszenz in diesem Sinne umfasst einerseits Freiheiten und Spielräume, andererseits aber auch soziale Kontrollen und „schließlich – Freiraum und Kontrolle zugleich – Formen der Bildung und pädagogischen Begleitung" (King 2004, S. 30). Standen diese Räume zunächst lediglich einer eher kleinen Gruppe bürgerlicher männlicher Jugendlicher zur Verfügung, so ist der Zugang inzwischen auch für weibliche Jugendliche und Jugendliche anderer sozialer Milieus geöffnet. Geschlecht, soziales Milieu und ethnische Zugehörigkeit sind allerdings nach wie vor zentrale Faktoren, über die Chancen, Behinderungen und Risiken der Adoleszenz und damit auch des Erwachsenenalters geregelt werden. In der Konzeption der Adoleszenz als eine Art Hürdenlauf über verschiedene Stationen der Entwicklung lässt sich ein normatives Programm erkennen. Das Ziel der gesellschaftlichen Integration beinhaltet in der Regel berufliche Integration – mit einem hohen Stellenwert schulischer und privater Qualifikation – und geordnete private Beziehungen – mit einem hohen Stellenwert eigener Familie mit Kindern. Als ein grundlegendes Muster erweist sich das der „aktiven Bewältigung". Jugendliche sollen die Probleme des Heranwachsens und die Suche nach einer individuellen Zukunft in der Gesellschaft aktiv und sinnvoll agierend bewältigen. Hier wird ein Bild vom Menschen entworfen, der autonom ist, der vernünftig handelt, der sein Leben nach gesellschaftlich angemessenen Kriterien entwirft und plant und diese Pläne in die Tat umsetzt. Das menschliche und hier das jugendliche Leben erscheint als vorhersehbar und planbar und schließlich erscheint das, was dann das Leben ausmacht, als Resultat richtiger bzw. falscher oder fehlender Entwürfe, Entscheidungen und Handlungen. Zu solchen Entwürfen passen die ‚selbstbewussten Macher', ‚Ego-Taktiker' und ‚pragmatischen Idealisten' wie sie in Jugendstudien als ‚Trendsetter' dargestellt werden. Jugendliche Außenseiter, Jugendliche, die mit einer aktionistischen Praxis auf problematische Lebenslagen antworten und eben nicht mit der Suche nach erwachsener Orientierung und Identität (vgl. Bohnsack/Nohl 2001; Breitenbach 2002) und Jugendliche, die im Ruf stehen, traditionell und/oder familiengebunden zu sein, wie z.B. ein Teil der Jugendlichen aus Familien mit Migrationshintergrund (vgl. Herwartz-Emden 2008), können demgegenüber nur als unverständlich und defizitär erscheinen, als Stachel im Fleisch der pädagogischen Einsichten und Analysen. Aber auch die Adoleszenz selbst scheint sich in Teilen den Anforderungen der Vernunft zu entziehen. Sowohl im Alltagsbewusstsein als auch im wissenschaftlichen Denken wird sie als schwierige und dramatische Phase aufgefasst.

> „Unter Adoleszenz im engeren Sinne kann man die stürmischsten Jahre im Alter von etwa 15 bis 17 Jahren fassen. Diese gelten üblicherweise als eine dramatische, hochproblematische Entwicklungsphase, von Jugendlichen durchlitten, von Eltern und Schule gefürchtet" (Rendtorff 2003, S. 194).

Möglicherweise ist die Adoleszenz eine dramatische Phase für die Jugendlichen, die sie durchleiden. Möglicherweise ist die Adoleszenz aber auch eine dramatische Phase für die Erwachsenen, die sie mit (ihren) Kindern durchleben und als erwachsene Generation theoretisch und alltagsgeleitet konzipieren. In den adoleszenten Konflikten lässt sich bereits die „Entmachtung" als Generation erahnen, die Frage, was von der eigenen Kultur bleibt, wenn die nachfolgende Generation die kulturelle Trägerschaft übernimmt. Dass Erkenntnisse und Diagnosen über „die Jugend" implizit oder explizit immer auch Verhandlungen über und Kämpfe um die gesellschaftliche und kulturelle Zukunft einschließen, ist von der sozialwissenschaftlichen Jugendforschung betont worden.

Die Inszenierung der Adoleszenz als Drama steht in einem gewissen Widerspruch zur theoretischen Konzeption einer geordneten Entwicklung des Subjekts im jugendlichen Moratorium. Gerade mit dem Konzept der Entwicklungsaufgaben wird die Adoleszenz organisiert, strukturiert und damit entdramatisiert. Beide theoretischen Zugänge stehen nebeneinander, in Ergänzung und Widerspruch. Beide haben aber die Funktion, die erwachsene Generation von der Adoleszenz und ihren Konflikten fernzuhalten. Programme wie „Youth Bank", die, wie bereits gezeigt, auf heterogene Anforderungen antworten, können auch hier eine Funktion erhalten. Sie stellen Jugendlichen eigene Räume zur Verfügung, sie geben die Möglichkeit, neben den und gegen die erwachsenen Strukturen eigene Strukturen zu etablieren, und sie legen gleichzeitig nahe, sich letztendlich innerhalb der bestehenden Systeme zu bewegen und sich dort erfolgreich zu etablieren und zu integrieren.

9.4 Literatur

Baethge, Martin/Solga, Heike/Wiek, Markus 2007. Berufsbildung im Umbruch. Signale eines überfälligen Aufbruchs. Gutachten zur beruflichen Bildung in Deutschland im Auftrag der Friedrich-Ebert-Stiftung, Netzwerk-Bildung. Berlin

Bohnsack, Ralf 2006. Qualitative Evaluation und Handlungspraxis. Grundlagen dokumentarischer Evaluationsforschung. In: Flick, Uwe (Hg.): Qualitative Evaluationsforschung. Konzepte, Methoden, Umsetzungen. Reinbek bei Hamburg: Rowohlt: 135–155

Bohnsack, Ralf/Nohl, Arnd-Michael 2001. Jugendkulturen und Aktionismus – Eine rekonstruktive empirische Analyse am Beispiel des Breakdance. In: Merkens, Hans/Zinnecker, Jürgen (Hg.): Jahrbuch Jugendforschung 1. Opladen: Leske und Budrich. 17–37

Böhnisch, Lothar/Lenz, Karl/Schröer, Wolfgang 2009. Sozialisation und Bewältigung. Weinheim/München: Juventa

Brecht, Bertold 2004. Geschichten vom Herrn Keuner. Zürcher Fassung. Frankfurt/M.: Suhrkamp

Breitenbach, Eva 2002. Reden und Schlagen. Beziehungspraxis in Mädchengruppen. In: „Tracts". Zeitschrift des Österreichischen Instituts für Jugendforschung

Breitenbach, Eva 2007. Sozialisation und Konstruktion von Geschlecht und Jugend. Empirischer Konstruktivismus und dokumentarische Methode. In: Bohnsack, Ralf/Nentwig-Gesemann, Iris/Nohl, Arnd-Michael (Hg.): Die dokumentarische Methode und ihre Forschungspraxis. Grundlagen qualitativer Sozialforschung. Wiesbaden: VS-Verlag: 167–181

Bühler- Niederberger, Doris 2005. Kindheit und die Ordnung der Verhältnisse. Von der gesellschaftlichen Macht der Unschuld und dem kreativen Individuum. Weinheim/München: Juventa

Bund-Länder-Kommission 2005. Kooperative Strukturen an der Schnittstelle Schule/Hochschule zur Studien- und Berufswahlvorbereitung. Bericht, Empfehlungen und Handreichung, Heft 126. Bonn

Dannecker, Martin 2001. Die Apotheose der Paarsexualität. In: Begleitbuch zur Ausstellung ‚Sex – vom Wissen und Wünschen'. Dresden: Hatje Cantz Verlag: 20–28

Dannenbeck, Clemens/Stich, Jutta 2002. Sexuelle Erfahrungen im Jugendalter. Köln: Fachheftereihe Forschung und Praxis der Sexualaufklärung und Familienplanung, Band 14

Denzin, Norman K. 1989. Interpretative Interactionism. Newbury Park/London/New Dehli: Sage

Deutsche Shell (Hg.) 2002. Jugend 2002. Zwischen pragmatischem Idealismus und robustem Materialismus (14. Shell Jugendstudie). Frankfurt/M.: Fischer

Deutsche Shell 2010. Jugend 2010. 16. Shell Jugendstudie. Frankfurt/M.: Fischer

Fend, Helmut 2000. Entwicklungspsychologie des Jugendalters. Ein Lehrbuch für pädagogische und psychologische Berufe. Opladen: Leske und Budrich

Ferchhoff, Wilfried 2007. Jugend und Jugendkulturen im 21. Jahrhundert. Lebensformen und Lebensstile. Wiesbaden: VS-Verlag

Fuchs, Werner 1986. Jugend als Lebenslaufphase. In: Fischer,Arthur/Fuchs, Werner/Zinnecker, Jürgen: Jugendliche und Erwachsene '85. Opladen: Leske und Budrich Bd.1: 195–264

Gille, Martina/Krüger, Wilfried 2000. Unzufriedene Demokraten. Politische Orientierungen der 16–29jährigen im vereinigten Deutschland. DJI-Jugendsurvey 2. Opladen: Leske und Budrich

Günther, Marga 2008. Adoleszenz und Migration. Adoleszenzverläufe weiblicher und männlicher Bildungsmigranten aus Westafrika. Wiesbaden: VS-Verlag

Hafeneger, Benno 2005. Beteiligung, Partizipation und bürgerschaftliches Engagement. In: Hafeneger, Benno/Jansen, Mechthild M./Niebling, Torsten (Hg.): Kinder- und Jugendpartizipation. Im Spannungsfeld von Interessen und Akteuren. Opladen: Verlag Barbara Budrich: 11–40

Heine, Christoph/Durrer, Franz/Bechmann, Martin 2002. Wahrnehmung und Bedeutung der Arbeitsmarktaussichten bei Studienentscheidungen und im Studienverlauf. Ergebnisse aus HIS-Längsschnittuntersuchungen von Studienberechtigten. Hannover

Heinz, Walter R. 1996. Status Passages as Micro-Macro Linkages in Life Course Research. In: Weymann, Ansgar/Heinz, Walter R. (ed.): Society and Biography. Weinheim: Deutscher Studienverlag: 51–65

Herwartz-Emden, Leonie 2008. Interkulturelle und geschlechtergerechte Pädagogik für Kinder im Alter von 6 bis 16 Jahren. Expertise für die Enquetekommission des Landtages von Nordrhein-Westfalen: Chancen für Kinder. Rahmenbedingungen und Steuerungsmöglichkeiten für ein optimales Betreuungs- und Bildungsangebot in Nordrhein-Westfalen. Augsburg

http://www.spiegel.de/wirtschaft/soziales/0,1518,779610,00.html

Keddi, Barbara/Pfeil, Patricia/Strehmel, Petra/Wittmann, Svendy 1999. Lebensthemen junger Frauen. Die andere Vielfalt weiblicher Lebensentwürfe. Eine Längsschnittuntersuchung in Bayern und Sachsen. Opladen: Leske und Budrich

Keddi, Barbara 2003. Projekt Liebe. Lebensthemen und biografisches Handeln junger Frauen in Paarbeziehungen. Opladen: Leske und Budrich

King, Vera 2004. Die Entstehung des Neuen in der Adoleszenz. Individuation, Generativität und Geschlecht in modernisierten Gesellschaften. Wiesbaden: VS-Verlag

King, Vera 2010. Adoleszenz und Ablösung im Generationenverhältnis. In: Diskurs Kindheits- und Jugendforschung Heft 1: 9–20

Klages, Helmut 2000. Die Deutschen – ein Volk von „Ehrenämtlern? Ergebnisse einer bundesweiten Studie. In: Forschungsjournal Neue Soziale Bewegungen 2:33–47

Liebsch, Katharina 2001. Panik und Puritanismus. Zur religiösen Herstellung traditionalen Sinns. Opladen: Leske und Budrich

Mansel, Jürgen/Schweins, Wolfgang/Ulbricht-Herrmann, Matthias (Hg.) 2001. Zukunftsperspektiven Jugendlicher. Wirtschaftliche und soziale Entwicklungen als Herausforderung und Bedrohung für die Lebensplanung. Weinheim/München: Juventa

Meulemann, Heiner 1990. Schullaufbahnen. Ausbildungskarrieren und die Folge im Lebenslauf. In: Mayer, Karl-Ulrich (Hg.): Lebensläufe und sozialer Wandel. Sonderheft 31 der Kölner Zeitschrift für Soziologie und Sozialpsychologie: 89–117

Nentwig-Gesemann, Iris 2006. Dokumentarische Evaluationsforschung: In: Flick, Uwe (Hg.): Qualitative Evaluationsforschung. Konzepte, Methoden, Umsetzungen. Reinbek: rowohlt: 159–182

Oechsle, Mechtild/Knauf, Helen/Maschetzke, Christiane/Rosowski, Elke 2005. Abitur und was dann? Berufliche Orientierungsprozesse und biographische Verläufe im Geschlechtervergleich. Wiesbaden

Projektgruppe Sexware 2001. Generation Sex? Jugend zwischen Romantik, Rotlicht und Hardcore-Porno. Bad Tölz: Tilsner

Rendtorff, Barbara 2003. Kindheit, Jugend und Geschlecht. Einführung in die Psychologie der Geschlechter. Weinheim/Basel/Berlin: Beltz

Schering-Frauenstudie, hrsg. Vom Institut für Demoskopie Allensbach 1993. Frauen in Deutschland, Lebensverhältnisse, Lebensstile und Zukunftserwartungen. Köln: Bund-Verlag

Schmidt, Gunter (Hg.) 2000. Jugendsexualität. Sozialer Wandel, Gruppenunterschiede, Konfliktfelder. Gießen: psychosozial

Schmidt, Gunter 2004. Beziehungsbiographien im Wandel. Von der sexuellen zur familiären Revolution. In: Richter-Appelt, Hertha (Hg.): Geschlecht zwischen Spiel und Zwang. Gießen: psychosozial: 275–294

Schober, Karin 2001. Berufsorientierung im Wandel – Vorbereitung auf eine veränderte Arbeitswelt. In: Wissenschaftliche Begleitung des Programms „Schule-Wirtschaft/Arbeitsleben" (Hg.): Schule-Wirtschaft/Arbeitsleben. Dokumentation der 2. Fachtagung, SWA-Materialien Nr. 7. Bielefeld: 7–38

Shell Deutschland Holding (Hg.) 2006. Jugend 2006. Eine pragmatische Generation unter Druck (15. Shell Jugendstudie). Frankfurt/M.: Fischer

Sigusch, Volkmar 2002. Von der Wollust zur Wohllust. Über das gegenwärtige Sexualleben der Jugend. In: BZgA Forum 1: 32–36

Starke, Kurt 2001. Der adoleszente Körperkult. In: Sexualmedizin. Zeitschrift für Psyche und Soma. Basel 11: 290–296

Strauss, Anselm L. 1959. Mirrors and Masks. The Search for Identity. Glencoe: Free Press

Sutterlüty, Ferdinand 2002. Gewaltkarrieren. Jugendliche im Kreislauf von Gewalt und Missachtung. Frankfurt/M./New York: Campus

Turner, Victor 1969. Das Ritual. Struktur und Anti-Struktur. Frankfurt/M./New York: Campus 2005

von Rosenbladt, Bernhard/Picot, Sybille 2001. Freiwilliges Engagement in Deutschland. Ergebnisse der Repräsentativebefragung zu Ehrenamt, Freiwilligenarbeit und bürgerlichem Engagement. Stuttgart/Berlin/Köln: Kohlhammer

Wieland, Clemens/Lexis, Ulrike 2005. Qualitätsmanagement in der Schule. Das Projekt „Siegel berufswahl- und ausbildungsfreundliche Schule" als Einstieg in die Qualitätsentwicklung. In: Unterricht Wirtschaft Jg. 6, Nr. 23: 52–58

10 Begriffe und Konzepte: Wie weiter mit der Jugendsoziologie?

Katharina Liebsch

> Die Jugend ist etwas Wundervolles. Es ist eine wahre Schande,
> dass man sie an Kinder vergeudet. (George Bernhard Shaw)

Im Verlauf des 20. Jahrhunderts hat sich eine Jugendforschung entwickelt und etabliert, die es als ihre Aufgabe begreift, empirisches Wissen über die verschiedenen Lebenssituationen, Veräußerungsformen und Selbstentwürfe der Jugendjahrgänge zur Verfügung zu stellen, die Veränderungen und Entwicklungen der Jugendphase sichtbar machen und die es der Gesellschaft ermöglichen will, ‚ihre' Jugend zu kennen und ihre Reaktionen darauf auszurichten (von Trotha 1982). Dabei hat sich eine Art Arbeitsteilung etabliert, bei der auf der einen Seite eine an der psychoanalytischen Sozialpsychologie orientierte Adoleszenzforschung die Prozesse des Aufwachsens beschreibt und deutet, und auf der anderen Seite empirisch basierte Beschreibungen von Ausdrucks- und Erscheinungsformen verschiedener Jugendalter gesammelt und hergestellt werden. Im Rahmen dieser Arbeitsteilung produzieren die großen Surveys der Jugendforschung (z.B. Shell-Jugendstudien, DJI-Surveys, Kinder- und Jugend-Berichte der Bundesregierungen) sowie Teile der jugendsoziologischen Sozialisationsforschung vor allem Daten zu Einstellungen und Meinungen von Jugendlichen, während kleinere, zumeist qualitativ arbeitende Studien überwiegend Handlungsvollzüge, Aktivitäten und deren subjektive Bedeutung im Sinne eines „being adolescent" in Erfahrung zu bringen suchen und entweder als hermeneutisch und psychoanalytisch ausgerichtete Adoleszenzforschung die subjektiven Dimensionen des Erlebens und Erfahrens von Jugendlichen beschreiben oder im Rahmen interaktionstheoretisch und kulturwissenschaftlich orientierter Untersuchungen die spezifische Sozialität und Kulturalität von Jugend veranschaulichen.

Darüber hinaus sind die Ergebnisse und Produkte der Jugendforschung selbst Gegenstand gesellschaftlicher Auseinandersetzungen. Beispielsweise erfahren die Shell-Jugend-Studien oder auch Generationentypisierungen große öffentliche Aufmerksamkeit. Die durch sie vorgenommenen Beschreibungen der ‚Jugend von heute' sind sowohl empirisch belegt als auch plakativ zugespitzt. Sie initiieren breite mediale Kommentierung und unterstützen den Selbstvergewisserungsdiskurs der Gesellschaft, indem sie in regelmäßigen Abständen einen Anlass schaffen, über den Stand und Zustand der Gesellschaft im Allgemeinen zu reflektieren. Mediale Jugend-Bilder und Kommentare zum Thema bilden dabei einen ganz eigenen Diskurs, in dessen Mittelpunkt, wie beispielsweise die Generationen-Debatten zeigen, eher übergreifende Fragen von Modernisierung, sozialer Ungleichheit und kultureller Entwicklung stehen, denn Jugend an sich. In diesem Sinne spricht beispielsweise der Leiter des Berliner Archivs der Jugendkulturen Klaus Farin von der „Misere der deutschen Jugendforschung" (Farin 2008, S. 29–33) und kritisiert, dass die Umfrageforschung an den Jugendlichen vorbei lediglich die eigenen Vorannahmen und Begrifflichkeiten reproduziere.

Die Bandbreite der thematisch einschlägigen Studien wie auch die Kritik an ihnen geben Anlass zu fragen, ob es den von der Jugendforschung verwendeten Konzepten, Begriffen und Themen gelingt, ihren Gegenstand – Jugend als vielschichtiges und dynamisches Konstrukt – angemessen zu beschreiben und zu verstehen. Auch fordern sie zum Nachdenken darüber auf, wie sich mit der Transformation des Gegenstands auch die Begriffe, Konzepte, theoretischen Ansätzen und Beschreibungsweisen verändern können bzw. sollten. Der in diesem Band vorlegte – sicherlich selektive, aber auf zentrale Paradigmen ausgerichtete – Blick auf die sozialwissenschaftliche Jugendforschung zeigt diesbezüglich eher eine theoretisch-konzeptionelle Kontinuität denn eine mit dem Gegenstand sich verändernde, flexible Weiterentwicklung von Konzepten und Begriffen. Es überwiegt die Beschreibung segregierter Lebens- und Freizeitwelten, die getrennt von Untersuchungen zu biografischen Verläufen durchgeführt werden und neben solchen stehen, die institutionelle Stabilisierung oder auch De-Stabilisierung von Lebensläufen durch z.B. Schule, Medien und Familien betrachten. Zumeist einer theoretischen Strömung verpflichtet, verfolgen höchst unterschiedliche Ansätze und Perspektiven den vermeintlich gleichen Gegenstand, der sich aber in der Zusammenschau nicht als Gesamtbild, sondern als nach wie vor ergänzungsbedürftig zeigt. Dies verweist auch darauf, dass bereits in den 1980er Jahren konstatiert wurde, dass der Normalitätsentwurf Jugend seine Gültigkeit verliert. Die These von der „Entstandardisierung" und „Entstrukturierung" von Jugend gründete auf der Beobachtung, dass der Sinn des Jugendalters „als einer Vorbereitungsphase auf einen ebenso klar definierten und erreichbaren Erwachsenenstatus, sich auflöst" (Hornstein 1991, S. 746f; siehe auch Abels 2008). Diese Diagnose führte aber nicht dazu, dass in der Jugendsoziologie an der systematischen Neu-Konzipierung des von Auflösung bedrohten Gegenstands gearbeitet wurde. Vielmehr hat sich die Jugendsoziologie in Entsprechung zu ihrem Gegenstand in verschiedene, von einander getrennt arbeitende Teilbereiche ausdifferenziert.

Da gibt es zum einen modernisierungstheoretisch geleitete Überlegungen zum Thema ‚Soziale Ordnung – sozialer Wandel', die den Begriff der Generation ausarbeiten und Sozialcharaktere und Sozialisationstypen – vom rebellisch-kriminellen Adoleszenten des ausgehenden 19. Jahrhunderts über den konsumfähigen Teenager der Nachkriegsgeneration und den aufbegehrenden, protestierenden 68er und dem jugendlichen Freizeit-Subjekt am Ende des 20. Jahrhunderts bis hin zum freigesetzten, seine Chancen politisch einfordernden Praktikanten zu Beginn des 21. Jahrhunderts – entwerfen.

Zum zweiten erfassen an der Ungleichheitsforschung angelehnte Untersuchungen, welche sozialstrukturell verankerten Unterschiede sich in den Milieus, Lebenslagen und Lebenschancen abbilden und machen damit einerseits deutlich, dass die Rede von ‚der Jugend' eine abstrahierte und der sozialen Wirklichkeit unangemessene Formel darstellt. Andererseits aber laufen Forschungen dieser Blickrichtung Gefahr, das festzuschreiben, zu dessen Abschaffung sie ursprünglich einen Beitrag zu leisten angetreten waren: Die in den Sozialstrukturkategorien ‚race', class' und ‚gender' gefassten Unterschiede sind nicht absolut, sondern verweisen in ihrer jeweiligen Fassung als ‚katholisches Arbeitermädchen vom Lande' oder dem ‚männlichen Unterschichtsjugendlichen mit Migrationshintergrund' sowohl auf die Veränderungen in den komplexen sozialstrukturellen Ausgangslagen als auch auf bildungs- und sozialpolitische Konjunkturen.

Drittens gibt es kultur- und wissenssoziologische Forschungen zu Jugendkulturen und Jugendszenen, die die Produktivität und Originalität von jugendspezifischen Gesellungsformen sichtbar machen und den Vorteil haben, die genuin jugendlichen Interessen und Denkweisen und nicht die gesellschaftliche Erwartung und Norm abzubilden. Dabei werden jedoch soziale Ungleichheiten in und zwischen den Szenen und Kulturen eher selten thematisiert. Auch müssen sich diese Studien den Vorwurf der Trendforschung gefallen lassen, der sie in die Nähe der Marktforschung und Kommerzialisierunginteressen rückt. Der Augsburger Soziologe Werner Schneider moniert zudem die Dominanz von „deskriptiv-kartographischen Fallstudien" (Schneider 2003, S. 59) mit geringerem Erklärungsgehalt.

Viertens schließlich existiert eine Bandbreite adoleszenztheoretischer Überlegungen und Untersuchungen, die sich mit den Anforderungen und Ambivalenzen des Prozesses des Aufwachsens aus einer subjektorientierten Perspektive beschäftigen und die intersubjektiven Voraussetzungen und Bedingungen für die Entwicklung von Kreativität, Generativität und Persönlichkeit herausarbeiten. Obwohl diese Sichtweise durchaus auch ein Verständnis der gesellschaftlichen Bedingungskonstellationen, die der adoleszenten Entwicklung entweder förderlich oder hinderlich sind, entwickelt hat, stellt sie eine von den anderen jugendsoziologischen Paradigmen tendenziell isolierte Sichtweise dar.

Nicht vorhanden sind Ansätze, welche die verschiedenen theoretischen Bezüge und Strömungen, auf die in der Jugendforschung Bezug genommen wird, systematisch aufeinander beziehen. Theoretische Konzepte, die Jugend sowohl in ihren sozialstrukturellen als auch handlungsbezogenen und intrapsychischen Dimensionen im Prozess gesellschaftlicher Transformationen reflektieren, müssen noch entwickelt werden. Wohl aber gibt es ähnliche Diagnosen der vier jugendsoziologischen Perspektiven, beispielsweise hinsichtlich des Wandels von Jugend als Lebensphase. Die Veränderung, welche die modernisierungs- und sozialisationstheoretische Perspektive mit der Formulierung „Vom Moratorium zum Laboratorium" (Vogelgesang 2001, S. 12) beschrieb, wird vom wissens- und kulturtheoretischen Paradigma als jugendliche Praxis des Sich-Selbst-Entwerfens und Sich-Selbst-Ausprobierens veranschaulicht. Die Adoleszenztheorie thematisiert diese Veränderung in der Fassung des Erfordernisses einer Moderierung und Gestaltung des Abgrenzungsprozesses von den primären Bezugspersonen, und die Sozialstrukturtheoretiker in der Jugendforschung machen sie als Anforderung sichtbar, für die Jugendliche unterschiedlich gut gerüstet und ausgestattet sind.

Diese Mehrfachperspektivierung macht deutlich, dass die Kontur dessen, was als Jugend bezeichnet wird, einer theoretischen Konzeptualisierung des Spannungsfelds zwischen den Kategorien „Entwicklung", „Generation" und „Praxis" bedarf. Dabei muss auch sichtbar werden, dass Jugend ein Konzept ist, das in seinen kulturellen und sozialen Dimensionen relational ist – beispielsweise in seinem Bezug auf ‚Nicht-Jugend', also im Hinblick auf Kindheit und Erwachsenenalter, oder in seinen Wechselwirkungen zwischen institutionalisierten, intersubjektiv hergestellten Strukturen einerseits und leiblich-affektiven Bewegungen andererseits oder auch im Hinblick auf sozialstrukturelle Unterschiede jeweils unterschiedlich zu verstehen ist. Darüber hinaus müsste schließlich noch nachvollziehbar gemacht werden, ob Jugend noch immer als eine der Förderung und Unterstützung bedürfende Lebensphase konzipiert werden sollte – oder eben auch gezeigt werden, aus welchen Gründen dies ggf. nicht mehr als sinnvoll oder erforderlich angesehen werden sollte. Es geht darum zu verstehen, wie sich einerseits die gesellschaftliche Verfasstheit von Lebensaltern und deren kulturelle Ausdrucksformen und Bedeutungen verändern, andererseits aber die grundlegende Kategorie ‚Alter' bzw. ‚Lebensphase' nicht zum Verschwinden gebracht wird.

Der modernisierungstheoretisch konstatierten Veränderung von Lebenslaufregimes und Lebensphasenregimes steht entgegen, dass in konkreten Interaktionen und individuellen Biografien sich noch immer eine Phase des Ausprobierens von Neuem und ein Übergang von ‚klein' zu ‚groß' vollzieht. Die dazu bislang dominant verwendeten Konzepte wie Entwicklung, Sozialisation und Generation wurden entweder differenziert – z.B. als „Selbstsozialisation" (Zinnecker 2000) oder als „Generativität" (King 2002) erweitert und den veränderten gesellschaftlichen Entwicklungen entsprechend re-formuliert oder um neue Begriffe ergänzt, z.B. als „Szenen" (Hitzler 2008) oder als „potential spaces" (Winnicott 1991) konzeptionell neu begründet. Diese begrifflich-theoretischen Verschiebungen reagieren auf faktische Veränderungen, die beispielsweise darin bestehen, dass der Grad der Selbstständigkeit und Eigenverantwortlichkeit schon bei 10- und 11-Jährigen steigt, dass die Schulzeit zwar verkürzt worden ist, die Schule aber zugleich immer mehr Betreuungs- und Freizeitgestaltungsfunktion übernimmt, dass Schüler und Schülerinnen zwar von Erwerbsarbeit freigestellt sind, aber viele von ihnen bezahlten Tätigkeiten nachgehen, um ihre Konsum-Bedürfnisse zu befriedigen, oder dass durch technologisch-mediale Entwicklungen neue Räume für Jugendliche entstanden sind. Im Zuge all dieser gesellschaftlichen Transformationen verändern sich auch die kulturellen und gesellschaftlichen Verständnisse von Kindheit und Jugend, und es ist die Aufgabe von Jugendsoziologie und Jugendforschung die soziale, kulturelle und biografische Bedeutung dieser Veränderungen zu beschreiben, zu analysieren und begrifflich zu konzipieren. Im Sinne des hier Ausgeführten geht es dabei auch darum, die dominierenden Konzepte „Entwicklung", „Generation" und „Praxis" miteinander zu verzahnen bzw. sie in ein Verhältnis zueinander zu setzen.

10.1 Jugend im Spannungsfeld von „Entwicklung", „Generation" und „Praxis"

In modernen Gesellschaften sind Vorstellungen von altersgemäßer oder altersgerechter „Entwicklung" maßgeblich auf die Regulierung des Lebenslaufs und des Aufwachsens in Institutionen gegründet. Um z.B. als Kindergartenkind oder Schulkind bestehen zu können, müssen Kindern nicht nur, als formales Kriterium, ein bestimmtes Alter erreicht haben, sondern auch Voraussetzungen erfüllen, die in einer altersgemäßen Soziabilität, psychischer Autonomie und Stabilität, Lernwilligkeit und Lernfähigkeit sowie bestimmten Fertigkeiten der Körperbeherrschung bestehen. Während an der Feststellung der Entwicklung von Kindern eine Reihe von Professionen beteiligt sind – insbesondere Pädiatrie, Entwicklungspsychologie und verschiedene pädagogische Professionen – ist die Jugend deutlich weniger Gegenstand von professionellen Vorstellungen altersangemessener Kompetenzen. Für das Jugendalter sind die Entwicklungsvorgaben und Entwicklungsschritte im Rahmen fachlicher Wissensordnungen und Wissenskulturen vergleichsweise wenig ausbuchstabiert und konfiguriert. Vielmehr gilt Jugend per se als ein Zeitraum, in dem die gesellschaftliche Vorgabe „Ausprobieren und Experimentieren" den Übergang in die Erwachsenen-Rolle ebnen soll. Verbunden mit dieser Zuschreibung ist weniger die kulturelle Anbindung bestimmter Fähigkeiten an das Alter – und in deren Folge die Diagnose eines bestimmten Entwicklungsstandes eines Jugendlichen – als eine pauschale Zuweisung an die gesamte Altersgruppe: Die Vorstellungen und Normen die Erwartungen und Ziele jugendlicher Entwicklung sind pauschal als psychosoziale Reifung und als Einpassung in gesellschaftliche Aufgaben und Erfordernisse bestimmt.

Darüber hinaus ist diese Vorgabe mit der Diagnose von der „Entstandardisierung" und „Entstrukturierung" von Jugend sowohl zeitlich offener und hinsichtlich der zur erreichenden Ziele unspezifischer geworden, so dass sich jugendliche Entwicklung heute weniger als bis in die 1960er Jahre hinein üblich, an der Kontrolle und des Reglements Jugendlicher zum Zwecke der Vermeidung von Störungen und Abweichungen orientiert. Stattdessen überwiegen das Gewähren-Lassen und das Gebot der Prävention, um die Folgen des Rauchens, Drogenkonsums, ungeschützten Geschlechtsverkehrs oder der Teenager Schwangerschaften abzuschwächen. Zwar ist die Schule der Ort der modernen institutionalisierten Jugend, aber diese gilt heute weniger als Erziehungs- und Entwicklungsanstalt denn als Raum für Lernen und Kompetenzentwicklung. Wenn jugendliche Entwicklung überhaupt unter dem Aspekt ihrer pädagogischen Herstellbarkeit oder mindestens Beeinflussbarkeit betrachtet wird, überwiegen Angebote, Appelle und Anreize zur jugendlichen Selbstorganisation. Jugendliche Entwicklung ist, so gesehen, schon längst keine genuin pädagogische Sphäre mehr, sondern hat sich zu einem Terrain entwickelt, auf dem die normativen Horizonte des Aufwachsens auf vielfache Weise und von vielen verschiedenen Beteiligten diskursiv erzeugt und verhandelt werden. Mediale Kommentierungen spielen hier eine mindestens so große Rolle wie fachliche, an akademischen Wissenskulturen ausgerichtete Expertise. So ist das Reden über Jugend eingebunden in ein Rückkoppelungssystem mit Wissenschaft, Politik und Medien, und zugleich ist der Jugend-Diskurs vom situationalen, institutionellen und sozialen Kontext ausgewählter Jugendgruppen bestimmt. Jugend ist deshalb nicht nur Objekt von Entwicklung, sondern auch Projektionsfläche für etwas völlig anderes, das mit realem Jugendleben eher weniger zu tun hat. Es geht immer auch um Selbstbilder von und für eine Gesellschaft als ganzer.

Unverändert ist hingegen, dass die Vorstellungen und Vorgaben für jugendliche Entwicklung und jugendliches Aufwachsen noch immer zumeist von Erwachsenen entwickelt werden, und dass Entwicklungsdefinitionen bis heute ein Bestandteil des Verhältnisses zwischen der jungen und der älteren Generation sind. Da die Erwachsenen Erfordernisse und Notwendigkeiten jugendlicher Ein- und An-Passung diskursiv konzipieren und argumentativ begründen, um die Aufrechterhaltung übergreifender Strukturen und Institutionen, wie z.B. Familie, Schule und Jugendhilfe, im Rahmen gesellschaftlicher und intersubjektiver Aushandlungsprozesse zu legitimieren, ist die Praxis des generationellen Definierens und Unterscheidens ein zentrales Moment bei der Herstellung der normativen Vorgaben von Entwicklung und Aufwachsen. Im Rahmen eines „Doing generation" verbinden sich „Entwicklung", „Generation" und „Praxis" und realisieren die mit Entwicklung verbundenen Aufgaben gesellschaftlicher Integration und der Weitergabe und Transformation von Wissen und Werten im Generationenverhältnis.

Die jeweils konkreten Vollzüge dieses Prozesses bzw. der Handlungen des „doing generation" sind dabei nur dann zu verstehen, wenn sie intergenerationell und institutionenübergreifend betrachtet werden. Intergenerationell und institutionenübergreifend deshalb, weil Jugend strukturlogisch betrachtet mit der Idee verbunden ist, Alter als ein Element sozialer Ordnung in Form eines Übergangsmoratoriums zu etablieren. Das Lebensalter Jugend bestimmt sich in Abgrenzung zu den anderen beiden Generationen Kindheit und Erwachsenheit, also einem im Lebenslauf zeitlich bestimmten Davor und Danach, das sich zugleich in Form institutioneller Settings und Arrangements zeigt, beispielsweise als Schulpflicht oder in der Form eines Ausbildungsmarkts in Erscheinung tritt. Damit verbunden sind eine Vielzahl jeweiliger Generationenverhältnisse, z.B. in den Institutionen Schule und Familie, die mit Hilfe verschiedener Ressourcen, Kommunikationsstile und gegebenenfalls miteinander konkurrierender Ziele von Entwicklung die Lebensphase Jugend konkret interaktionell gestalten.

Das lange Zeit dominierende Verständnis des Verhältnisses zwischen Erwachsenen und Jugendlichen als Verhältnis der Vermittlung von Wissen und Fähigkeiten kann heute keine umfassende Gültigkeit mehr beanspruchen. Damit gerät auch die Idee von Jugend als Übergangsraum ins Wanken, wie beispielsweise an Konzepten des Lebenslangen Lernens (vgl. z.B. Faure 1972) oder „Lernen lernen" (vgl. z.B. Kaiser 1999) abgelesen werden kann. Solche Veränderungen zeigen an, dass sich Aufwachsen heute in anderen Raum-Zeit-Bezügen realisiert als in Vorstellung von Weitergabe und Übernahme, wie sie zum Beispiel von Karl Mannheim oder Erik H. Erikson konzipiert wurden. Oder anders formuliert: Wenn das Konzept Jugend nicht aufgrund von „Destandardisierung" und „Entstrukturierung" aufgegeben werden soll, dann muss Jugend als generationelle Differenz, als sinnvolle Unterscheidung zwischen Kindheit und Erwachsen-Sein, sichtbar gemacht werden.

Anleihen dazu lassen sich bei der Kindheitssoziologie finden, die im Rahmen einer „new sociology of childhood" genau die Annahme einer Generationendifferenz zum Ausgangspunkt und Gegenstand ihrer Forschungen macht. Indem die unterschiedlichen machtvermittelten Positionen von Kindern und Erwachsenen in Gesellschaft, Politik und Kultur sowie in alltäglichen Handlungskontexten wie Familie, Schule und anderen öffentlichen Orten, untersucht werden, können kindheitssoziologische Studien zeigen, wie sich in solchen Unterschieden eine gesellschaftlich konstruierte Differenz zwischen Erwachsenen und Kindern realisiert und reflektiert. Die Erzeugung der Generationen-Differenz geht dabei weit über die Erfordernisse der Sozialisations- und Bildungsprozesse hinaus und lässt sich zudem aus diesen heraus auch nicht hinreichend begründen (Kelle 2005). So wird in der Kindheitssoziologie die Untersuchung der Generationen-Differenz in der Form einer „generationalen Ordnung" zum Programm, das von einer grundlegenden Skepsis die Asymmetrie dieser Differenz betreffend geleitet ist. Der Kindheitsforscher Michael-Sebastian Honig forderte dazu auf, den Begriff der „generationalen Ordnung" empirisch zu füllen und all die Bereiche zu untersuchen und zu analysieren, die teilhaben an einer gesellschaftlichen Institutionalisierung der Differenz zwischen Kindern und Erwachsenen (Honig 1999). In der Folge wurden eine ganze Reihe von Studien durchgeführt, die illustrieren, dass und wie die Differenz und Asymmetrie zwischen Kindern, Jugendlichen und Erwachsenen in der kulturellen Praxis „gemacht" wird und welche Bezüge und Einflüsse dabei eine Rolle spielen (siehe z.B. Dücker 2001; Herzberg 2001; Christensen/O'Brien 2002).

Diese Studien zeigen, dass andere sozialstrukturelle Differenzen wie Klasse, Geschlecht und Ethnie immer als über die generationalen Kategorien vermittelt zu begreifen sind. Auch relativieren sie die Differenz und Asymmetrie zwischen den Generationen insofern sie zeigen, dass die Differenz auch anders, auf andere Art und Weise und mit anderen Ergebnissen „gemacht" werden könnte.

Dementsprechend konstatieren lebenslauftheoretische und modernisierungstheoretisch ausgerichtete Studien zum Generationenverhältnis, dass sich der Unterschied zwischen den Generationen faktisch abschwächt, dass sich das Kultur- und Freizeitverhalten der Generationen angleicht, dass die Erwachsenen länger jung bleiben, und die Jüngeren schon früh dem Ernst des Lebens ins Gesicht schauen müssen. Im Prozess sozialen Wandels werden auch die Generationen entdifferenziert, und die Entstandardisierung des Lebenslaufs und die Erosion traditioneller Generationenbeziehungen bewirken eine Abnahme der Bedeutung generationeller Differenz (vgl. z.B. Lüscher/Schultheiß 1995; Kohli/Szydlik 2000).

Dies macht deutlich, dass nicht die Jugend per se von Auflösung bedroht ist, sondern dass die Unterscheidungen Kindheit, Jugend und Erwachsenenalter in Bewegung geraten sind. Die gesellschaftlichen Veränderungen in den Lebensformen und biografischen Verläufen sowie die von Wissen und Werten verändern auch die Parameter im Verhältnis der Generationen und können deshalb nicht einseitig als Phänomen oder Problem von Jugend und Adoleszenz verstanden werden. Gesellschaftliche Differenzen, Brüche und Neues führen dazu, dass die wechselseitige Anerkennung in den Generationenbeziehungen neu reguliert werden müssen. Dies erfolgt zwischen den Generationen, da an der Adoleszenz zwei Generationen beteiligt sind. Und da darüber hinaus die generationale Differenz asymmetrisch ist, und Jugendliche im Prozess ihres Aufwachsens und ihrer Subjektwerdung auf Erwachsene und deren Begleitung angewiesen sind, ist es naheliegend und wahrscheinlich, dass die Neu-Regelung generationeller Differenz die Auseinandersetzung mit den Anforderungen an Sorge zum Thema machen muss.

Sorge im Generationenverhältnis ist dabei nicht nur eine Frage von individuellen, biografischen Prozessen. Gleichermaßen ist Sorge auch eine Form, die Generationenabfolge und den Generationswechsel gesellschaftliche zu gestalten und zu regulieren. Zudem ist Sorge in der Gegenwartsgesellschaft mit besonderen Ambivalenzen verbunden. Sie bedeutet beispielsweise für Eltern, die schwierige Gratwanderung zu realisieren, die eigenen Ansinnen und Gefühle zurückzustellen und sie an den Erfordernissen der Jugendlichen auszurichten, ohne sie dabei völlig aufzugeben und sich aus der Generationenbeziehung zu verabschieden. Umgekehrt kann die elterliche Sorge Jugendliche dahingehend binden, dass sie Selbstständigkeit auf später verschieben, was das Schlagwort vom „Hotel Mama" anzudeuten weiß. Gleichermaßen kann aber auch die Ablösung und die Zurückweisung der elterlichen Sorge für die Jugendlichen mit ambivalenten Gefühlen von nicht nur Freude über die neue Selbstständigkeit, sondern auch mit Ängsten, Schuldgefühlen, Trauer und Einsamkeitsgefühlen verbunden sein.

Die Ausgestaltung von Sorge in konkreten Generationenbeziehungen wie auch im gesellschaftlichen Generationenverhältnis kann mit Vera King als die psychosoziale Fähigkeit der „Generativität" gefasst werden (King 2002). Mit dieser an die Denkfigur des Psychoanalytikers und Jugendtheoretikers Erik H. Erikson angelehnten Begrifflichkeit will King die Fähigkeit zur Elternschaft im psychischen und psychosozialen Sinne, als beispielsweise Übernahme von Verantwortung und Sorge, bezeichnen. Generativität ist im Denken von Vera King Ermöglichung von sozialer Umgestaltung wie auch von Bildung und Individuation der nachwachsenden Generation. Im Sinne einer Ermöglichung bildet Generativität eine Brücke, die den Bruch, der mit der Generationsabfolge und dem Generationenwechsel verbunden ist, er-trägt und gleichsam aufhebt, indem sie die Fortsetzung der Generationenlinie – eine konstruktive Balance von Weitergabe und Ablösung – nicht nur an die Jugendlichen weitergibt, sondern ihr auch auf symbolischer Ebene einen Ausdruck gibt. Indem Jugendliche neue und nachhaltige Bedeutungen und Praktiken etablieren, realisieren sie Generativität und zugleich Sorge, wenn sie sich für ihre Aktivitäten engagieren und sich um ihre neu geschaffenen sozialen Kontexte kümmern. Dies kann sich auf verschiedene Bereiche und Aktivitäten beziehen und wird in verschiedenen sozialen Feldern unterschiedlich ausgestaltet – und zwar in Abhängigkeit davon, ob es sich um Familienbeziehungen, jugendkulturelle Räume oder etwa Generationenverhältnisse in Bildungsinstitutionen handelt. Auch entsteht das mit Sorge und

Generativität verbundene Neue aus der Verschiedenheit der Erfahrungen in den unterschiedlichen sozialen Feldern, in denen sich Jugendliche bewegen, und aus dem Perspektivenwechsel, wie er mit den unterschiedlichen sozialen Erfahrungen und Beziehungen im Verhältnis zu Erwachsenen und zu Gleichaltrigen verbunden ist.

Dies zeigt, dass sich im Prozess eines „doing generation", also im Umgang mit der Spannung zwischen den Generationen und in der interaktiven und praktischen Ausgestaltung von Sorge und Generativität auch eine für modernisierte Gesellschaften zentrale Fähigkeit realisiert: das Vermögen, sich immer neu zu bewähren, flexibel zu sein oder gar Wandlungsbereitschaft auf Dauer zu stellen.

Hier zeigt sich die Gegenwartbezogenheit einer Jugendsoziologie, die auf die Analyse der Prozesse von „doing generation" fokussiert. Zugleich ist die auf die konkreten Beziehungen und praktischen Handlungsvollzüge konzentrierte Analyse eines „doing generation" vor theoretischen Vereinseitigungen des Gegenstands Jugend weitestgehend geschützt, da in der von ihr untersuchten sozialen Praxis die körperlichen und kulturellen, individuellen und gesellschaftlichen Dimensionen immer schon als ineinander Verwobene enthalten sind. Eine eindimensionale Betrachtung ausschließlich eines Aspekts der interaktiven und praktischen Herstellung jugendlicher Entwicklung im Generationenverhältnis müsste entsprechend sichtbar gemacht und begründet werden. Aus dieser Perspektive ist beispielsweise die These von der „Entgrenzung" und „Destandardisierung" der Institution Jugend als Ergebnis der zunehmenden gesellschaftlichen Individualisierung und Pluralisierung zu pauschal auf eine Gruppe und Lebensphase ausgerichtet und vernachlässigt die Auswirkungen und Gestaltung der generationellen Verhältnisse. Gleichermaßen relativiert die Perspektive des „doing generation" die klassische und wirkmächtige Jugendkonzeption, die Jugend kategorial und gegenständlich fasst, als z.B. einen gesellschaftlichen Wert, eine pädagogische Provinz, als ein Moratorium oder eine produktive Entwicklungsphase, die eine Krise und deren Bewältigung einschließt (vgl. Zinnecker 2003). Sie würde in Richtung eines prozessualen und relationalen, soziologischen Verständnisses von Jugend weiterentwickelt.

10.2   Literatur

Abels, Heinz 2008. Lebensphase Jugend. Über Identität, Statusinkonsistenz und die Attraktivität eines jugendlichen Lebensstils, über die Verlängerung und Entstrukturierung der Jugendphase und über Individualisierung. In: Abels, Heinz/Honig, Michael-Sebastian/Saake, Irmhild/Weymann, Ansgar: Lebensphasen. Eine Einführung. Wiesbaden: VS-Verlag: 79–157

Christensen, Pia und O'Brien, Margret (Hg.) 2002. Children in the City. Home, Neighbourhood, and Community. London/New York: Routledge

Dücker, Uwe v. (Hg.) 2001. Wenn Kinder arbeiten. Freiburg: Lambertus

Farin, Klaus 2008. Über die Jugend und andere Krankheiten. Berlin: Archiv der Jugendkulturen Verlag

Faure, Edgar et al. 1972. Learning to Be: The World of Education Today and Tomorrow. Paris: U-NESCO

Herzberg, Irene 2001. Kleine Singles. Lebenswelten von Schulkindern, die ihre Freizeit häufig allein verbringen. Weinheim: Juventa

Hitzler, Ronald 2008. Brutstätten posttraditionaler Vergemeinschaftung. Über Jugendszenen. In: Hitzler, Ronald/Honer, Anne/Pfadenhauer, Michaela (Hg.): Posttraditionale Gemeinschaften. Wiesbaden: VS-Verlag: 55–72

Honig, Michael-Sebastian 1999. Entwurf einer Theorie der Kindheit. Frankfurt/M.: Suhrkamp

Hornstein, Walter 1991. Jugend und Gesellschaft in den neunziger Jahren. In: Böhnisch, Lothar/Gängler, H./Rauschenbach, Thomas (Hg.): Handbuch Jugendverbände. Weinheim: Juventa: 737–755

Kaiser, Astrid 1999. Lernen durch Lernen des Lernens. In: Hempel, Marlies (Hrsg.): Lernwege der Kinder. Baltmannsweiler: Schneider: 59–75

Kelle, Helga 2005. Die Differenzierung der Generationen als kulturelle Praxis. In: Hengst, Heinz/Zeiher, Helga (Hg.): Kindheit soziologisch. Wiesbaden: VS-Verlag: 83–108

King, Vera 2002. Die Entstehung des Neuen in der Adoleszenz. Individuation, Generativität und Geschlecht in modernisierten Gesellschaften. Opladen: Leske und Budrich

Kohli, Martin/Szydlik, Marc (Hg.) 2000. Generationen in Familie und Gesellschaft. Opladen: Leske und Budrich

Lüscher, Kurt/Schultheiß, Franz (Hg.) 1995. Generationenbeziehungen in „postmodernen" Gesellschaften. Konstanz: UVK

Schneider, Werner 2003. Diskurse zum ‚Wandel von Jugend' in Deutschland. In: Diskurs 3: 54–61

Vogelgesang, Waldemar 2001. „Meine Zukunft bin ich!" Alltag und Lebensplanung Jugendlicher. Frankfurt/M./New York: Campus

von Trotha, Trutz 1982. Zur Entstehung von Jugend. In: Kölner Zeitschrift für Soziologie und Sozialpsychologie 34: 254–277

Winnicott, Donald W. 1991. Vom Spiel zur Kreativität. Stuttgart: Klett-Cotta

Zinnecker, Jürgen 2000. Selbstsozialisation – Essay über ein aktuelles Konzept. In: Zeitzschrift für Sozialisation und Soziologie der Erziehung. 20. Jg. H. 3: 272–290

Zinnecker, Jürgen 2003. Forschung im sozialen Feld „Jugend". Deutsche Jugendforschung zwischen Nachkriegszeit und beschleunigter Moderne. In: Diskurs 13, Heft 1: 7

Autorinnenverzeichnis

Eva Breitenbach, Dr. phil. habil. ist Professorin für Erziehungswissenschaft mit Schwerpunkt Elementarpädagogik/Pädagogik der frühen Kindheit an der Evangelischen Fachhochschule Rheinland-Westfalen-Lippe in Bochum. Arbeitsgebiete: Kindheits- und Jugendforschung, Geschlechterforschung, Rekonstruktive Sozialforschung. E-Mail: breitenbach@efh-bochum.de

Karin Flaake, Dr. phil. habil. war bis 2008 Professorin für Soziologie mit dem Schwerpunkt Frauen- und Geschlechterforschung am Institut für Soziologie der Carl von Ossietzky Universität Oldenburg. Arbeitsgebiete: Psychoanalytisch-sozialpsychologische Erklärungsansätze für Entwicklung weiblicher und männlicher Identitäten, berufs- und bildungssoziologische Aspekte des Geschlechterverhältnisses, psychoanalytisch-hermeneutische Methoden der Interviewinterpretation. E-Mail: karin.flaake@uni-oldenburg.de

Marga Günther, Dr. phil. ist Professorin für Theorien und Methoden der Sozialen Arbeit an der Evangelischen Hochschule Darmstadt. Arbeitsgebiete: Jugend- und Adoleszenzforschung, Ethnopsychoanalyse, Migrations- und Körpersoziologie. E-Mail: guenther@efh-darmstadt.de

Katharina Liebsch, Dr. phil. habil. ist Professorin für Soziologie an der Helmut Schmidt Universität / Universität der Bundeswehr Hamburg. Arbeitsgebiete: Subjektivität und Intersubjektivität, Körper- und Wissenssoziologie, Biopolitik. E-Mail: k.liebsch@hsu-hh.de

Inge Schubert, Dr. phil. ist Soziologin, Gruppenanalytikerin und Lehrkraft für besondere Aufgaben am Fachbereich Gesellschaftswissenschaften der Goethe Universität Frankfurt. Arbeitsgebiete: Kindheitsforschung, Adoleszenzforschung, Generationenverhältnisse, Schule und Gesellschaft. E-Mail: schubert@soz.uni-frankfurt.de

Index

A

Abhängigkeit 13, 71, 93, 94, 125, 141, 142, 146, 155, 171, 175, 178, 180, 181, 182, 194, 199
Ablösung 41, 67, 68, 84, 98, 124, 129, 142, 160, 172, 179, 199, 215, 233
adoleszenter Möglichkeitsraum 124, 130, 215
Aggression 68, 158, 197, 204
akkumulierte Kulturgüter 39
aktivierender Staat 184
Alkohol 126, 177, 179, 180, 181, 201, 205, 206
alltägliche Lebensführung 71
amerikanische Jugend 37
Aneignung 18, 22, 39, 94, 96, 116, 121, 122, 123, 124, 127, 128, 131, 137, 139, 142, 143, 147, 157, 162, 167, 171, 175, 185, 195, 199, 209
Ängste 28, 63, 126, 138, 139, 141, 143, 145, 146, 148, 161, 162, 165, 184, 187, 210, 215
Anomie 193, 194
Anpassung 24, 68, 73, 74, 77, 169, 193, 197, 210, 212, 217, 222, 223, 225, 228
Arbeiter-Jugend 34, 44
Armut 61, 82, 192
Assimilation 73, 85
Auflehnung 181, 215
Aufwachsen 29, 48, 55, 64, 161
Authentizität 100, 102, 103, 112
Autonomisierung 161

B

Banden 35
Begehren 125, 131, 143, 145, 147, 148, 176
benachteiligte Jugendliche 60
Beruf 16, 43, 46, 61, 65, 77, 86, 209, 212, 217, 218, 219, 230
Berufsarbeit 16
Berufseinmündung 16
Berufsorientierung 60, 64, 65, 212, 218, 233
Beschneidung 33, 185, 214
beste Freundin 64, 154
bester Freund 154
Bewältigung 99, 141, 178, 182, 209, 216, 230, 231
Bildung 45, 46, 47, 48, 52, 54, 59, 60, 61, 72, 75, 76, 79, 81, 83, 84, 85, 86, 87, 88, 89, 94, 97, 113, 121, 131, 170, 173, 176, 199, 209, 229, 230, 231
Bildungsbenachteiligungen 61, 79
Bildungseinrichtungen 14, 15, 58
Bildungsexklusion 192
Bildungskarriere 59
Bindung 76, 136, 142, 176, 199, 201, 202, 203, 215
Biografie 17, 19, 20, 41, 62, 87, 107, 181, 209, 216
biologisches Alter 16
Biomedizin 190
Body Modification 191, 202
bricolage 95
Brüche 16, 176

C

Chancengleichheit 57, 62, 84, 87
Class 57, 58
Cliquen 20, 153, 167, 168, 169, 173, 176, 192
Club 26, 27
Common culture 94
Communitas 214
Computer 105, 112

D

Defizitperspektive 72
Dekonstruktion 19, 20, 22, 23, 24
Delinquenz 178, 192, 194, 195, 200, 202
demokratische Lernprozesse 220
Destandardisierung 14, 16, 240, 242
Deutsches Jugendinstitut 15
Devianz 63, 193, 194, 195, 199
Differenz und Vielfalt 82
Digital Natives 108, 112
Diskriminierung 57, 62, 81, 85, 86, 202
Diskurse 18, 19, 51, 52, 54, 74, 112, 119, 120, 128, 136, 150, 217, 229
diversity management 74
Doing Adolescence 25, 27
doing generation 239, 242
Drama 86, 230, 231
dyadische Beziehungen 154

E

Effektivität 62, 197
Ehrenamtliches Engagement 221

Eigenverantwortung 72, 211
Einbürgerung 78
Ejakulation 162
Ekstase 52, 178, 204
Eltern-Idealisierung 68
Emanzipation 54, 66, 77, 87, 107, 223, 225
emotionale Bindungen 41
Empfängnis 136, 140
Empowerment 107, 224
Enkulturation 39
Entgrenzung 116, 161
Entstrukturierung 16, 236, 239, 240, 242
Entwicklung 13, 16, 21, 22, 23, 30, 34, 37, 38, 40, 41, 42, 48, 50, 51, 57, 60, 66, 67, 68, 72, 82, 86, 89, 91, 99, 106, 108, 124, 126, 130, 142, 146, 151, 152, 154, 164, 167, 168, 171, 176, 179, 180, 181, 182, 201, 203, 204, 209, 216, 218, 224, 228, 230, 231
Entwicklungsaufgabe 22, 67, 199
Entwicklungsdynamiken 124
Epiphanie 212, 213, 216
Erwachsenenalter 12, 16, 33, 36, 64, 66, 71, 175, 182, 195
Erziehung 19, 31, 35, 38, 48, 50, 54, 55, 70, 81, 84, 85, 86, 87, 88, 89, 173, 174, 176, 183, 198, 204, 209
Ess-Störungen 177, 186, 188
Ethnografie 25

F
Familienverhältnisse 195
Fernsehen 45, 94, 105
Figuration 155
Flexibilität 44, 61, 72, 88, 120
Förderbedarf 60, 61, 83
Frauenfeindlichkeit 142
Freundschaften 62, 63, 74, 76, 77, 79, 81, 88, 146, 167, 169, 172

G
Gangs 91, 113, 214
Gefängnis 187, 198, 199, 200
Gender 31, 57, 62, 117, 131, 175
Generation 30, 38, 39, 41, 42, 43, 44, 45, 46, 47, 48, 49, 50, 51, 52, 53, 54, 55, 71, 84, 85, 112, 123, 124, 127, 128, 138, 161, 176, 215, 219, 221, 226, 229, 230, 231, 233, 236, 237, 238, 239, 241
generationale Ordnungen 49
Generationenbeziehungen 39, 50, 160, 241, 243
Generationenlagerung 38
Generationseinheit 38, 39, 50
Generationsetikettierungen 47
Generationszusammenhang 38, 39

Generativität 132, 174, 204, 215, 233, 237, 238, 241, 242, 243
Geschlechterbilder 124, 139, 167, 171
Geschlechterstereotypen 70
Geschlechtsreifung 124
gesellschaftliche Ordnungen 39
Gesundheit 140, 151, 152, 174, 192, 206, 207
Gewalt 17, 29, 83, 111, 112, 177, 178, 187, 191, 192, 195, 196, 200, 201, 203, 204, 205, 206, 207, 213, 214, 217, 234
Gewissen 43, 141, 144, 213
Gleichaltrigengruppen 14, 41, 91, 98, 159, 162, 172, 173, 179
Gleichheitspostulate 62
Gothic 100, 101, 102, 103, 104, 109, 111
Grenzüberschreitung 178
Größenfantasien 68, 161, 180
Gruppen 12, 26, 27, 41, 42, 47, 49, 54, 57, 64, 91, 92, 95, 111, 113, 153, 154, 155, 156, 157, 165, 167, 168, 170, 171, 172, 175, 176, 178, 193, 197, 201, 214, 224, 229
Gruppenanalyse 155, 174, 175, 176
Gruppenkultur 27

H
Habitus 17, 30, 38, 95, 100, 104, 118, 122, 123, 130
Halbstarke 17
Herkunftsmilieus 58, 217
hermeneutische und diskursanalytische Verfahren 18
heterosexuelle Norm 65
HipHop 30, 98, 99, 106, 110, 112, 122, 214
Homophobie 142, 151
Homosexualität 142, 151

I
Ich-Ideal 68
Ideen 18, 23, 29, 34, 36, 92, 154
Identifikation 51, 68, 78, 81, 85, 122, 199
Identifizierungen 142, 143, 146, 147, 154
Identitätsentwicklung 13, 23, 131, 179
Individualisierung 29, 85, 86, 116, 117, 156
Individuation 18, 19, 25, 69, 132, 155, 156, 174, 199, 204, 215, 233, 241, 243
Individuierung 153
Informationstechnologie 106
Initiationsriten 33, 214
Innergenitalität 142
innerpsychisch 148, 149, 167
Innovation 178, 179, 193
Institutionalisierung der Jugendphase 14
Institutionalisierung von Jugend 14
Institutionen 13, 15, 17, 20, 21, 23, 25, 41, 50, 60, 67, 70, 81, 94, 107, 186, 187, 194, 199, 220, 223

Inszenierungen 99, 100, 103, 104, 115, 116, 117, 119, 122, 123, 127, 129, 130, 132, 151, 156, 165, 167, 171, 175
Integration 18, 61, 72, 73, 77, 78, 79, 81, 83, 85, 88, 89, 139, 147, 149, 154, 197, 225, 230
Interaktionsordnungen 25
Interkulturelle Kommunikation 81, 85
Internet 15, 50, 103, 105, 106, 107, 108, 109, 110, 111, 112, 113, 219
Inzesttabu 160

J
Jugendämter 15
Jugendarbeitslosigkeit 46, 47, 59, 218
Jugendberufshilfe 59, 60
Jugendbewegung 36, 38, 53
Jugendhilfegesetz 15
Jugendkrawalle 193
Jugendkulturen 13, 26, 29, 31, 42, 46, 54, 91, 92, 96, 97, 98, 99, 100, 105, 108, 110, 111, 112, 113, 133, 176, 214, 231, 232
Jugendliteratur 36
Jugendpolitik 29, 35
Jugendstrafrecht 15, 205
Jungen 12, 50, 51, 61, 63, 64, 65, 68, 79, 82, 84, 88, 113, 126, 135, 137, 138, 139, 140, 141, 142, 143, 145, 146, 147, 148, 151, 157, 158, 159, 160, 161, 162, 163, 164, 165, 166, 168, 170, 171, 173, 181
Jüngling 34, 35

K
Kapitalismus 51, 93
Kinder- und Jugendbericht 48, 86, 183, 207
Kindheit 12, 13, 33, 40, 67, 69, 86, 88, 117, 132, 135, 138, 139, 149, 150, 151, 152, 161, 162, 169, 174, 175, 176, 207, 210, 212, 215, 232, 233
Koedukation 62, 88
Kohorte 49, 51
Kohortenbeschreibung 48
Kommunikation 26, 81, 94, 95, 97, 103, 105, 107, 108, 109, 110, 112, 113, 121, 122, 130, 155, 156, 165, 171, 183, 187, 196
kommunikative Praktiken 25
Konsumgüter 37
Kopftuch 77
Körper-Ich 188
körperliche Veränderungen 40, 125, 127, 128, 135, 136, 137, 139, 140, 141, 142, 143, 145, 146, 147, 215
körperliches Erleben 125
Körperlichkeit 23, 99, 102, 112, 115, 125, 126, 128, 130, 131, 135, 136, 140, 142, 145, 148, 162, 185, 190, 191

Körperpflege 120, 148
Körperwahrnehmungen 125, 126, 179
Kriminalisierung 30, 177, 192, 206
Kriminalität 35, 200
Krise 34, 53, 59, 67, 84, 151, 173, 190, 209
kulturelle Hybridität 74
kulturelle Matrix 155

L
Labeling Approach 194
Land-Jugend 44, 56
Lebensführung 13, 71, 104, 120
Lebenslage 13, 14, 16, 46, 50, 52, 56, 230, 236
Lebenslauf 17, 18, 19, 71, 177, 210, 212, 213, 216, 233
Lebensphase 11, 13, 14, 15, 16, 26, 33, 34, 36, 40, 41, 53, 65, 68, 72, 169, 206, 209, 210, 221, 237, 240, 242
Lebensplanung 64, 65, 85, 87, 209, 210, 217, 218, 233
Lebensstil 13, 14, 25, 104, 118
Loslösung 69, 161, 176

M
Macht 28, 31, 84, 102, 119, 121, 131, 133, 136, 142, 146, 149, 154, 169, 186, 187, 196, 207, 229, 232
Mädchen 12, 46, 57, 62, 63, 64, 65, 66, 67, 68, 69, 72, 74, 75, 76, 77, 78, 79, 82, 83, 84, 85, 86, 87, 88, 92, 98, 99, 111, 112, 113, 125, 126, 127, 128, 131, 132, 135, 136, 137, 138, 139, 140, 141, 143, 144, 145, 146, 147, 148, 150, 151, 157, 158, 159, 160, 161, 162, 163, 164, 165, 166, 167, 168, 170, 171, 173, 181, 186, 207, 229
Mädchenfreundschaft 64, 154
Masturbation 164, 165
Medien 17, 30, 50, 51, 62, 67, 74, 103, 105, 106, 111, 112, 113, 131, 132, 150, 190, 206
Medienkultur 106, 107
Medientechnologien 190
Medikalisierung 140, 189, 203
medizintechnologische Innovationen 185
Menarche 138, 150, 151, 162
Mentalisierung 196, 203
Migrationshintergrund 72, 73, 74, 75, 76, 77, 78, 79, 80, 81, 82, 83, 86, 88, 127, 230, 236
Migrationskultur 73
Milieu 16, 51, 52, 71, 73, 74, 81, 88, 91, 111, 118, 127, 128, 130, 170, 181, 201, 230, 236
Mimesis 103, 112, 122, 123, 133
Missbrauch 187, 188
Modernisierung 19, 55, 71, 89, 152, 235
Musik 17, 25, 36, 62, 76, 94, 95, 96, 101, 106, 109, 110, 112, 179, 214, 219

N
Netzwerk 92, 108, 140, 151, 155, 164, 178, 230, 231
Neugier 14, 180
Neuschöpfung 119, 215
Normierung 23, 107

O
Öffentlichkeit 43, 51, 70, 94, 97, 103, 111, 211
online-Kommunikation 109, 110
Orientierungskrisen 189
Orientierungslosigkeit 161

P
Paarbeziehung 70, 212, 219
Partizipation 71, 78, 79, 85, 94, 183, 210, 217, 223, 232
Partnerschaft 165, 217, 219, 220
Peer-Beziehungen 153, 154, 159, 162, 171
Peers 41, 128, 129, 153, 157, 164, 167, 168, 169, 170, 171, 173, 174, 185, 221
Performance 26, 109, 121
performativ 20, 122
Performativität 30, 112, 116, 121, 122
Piercen 185
politische Partizipation 78
postkoloniale Kritik 21
posttraditionale Vergemeinschaftung 96
potential space 157
Präadoleszenz 169
Prävention 48, 82, 86, 183, 184, 192, 201, 203, 205, 206
Praxeologie 25
praxeologisch 104
Prekarisierung 50, 52
Privatschulen 36
Problembewältigung 181
Protest 50, 52, 54, 181
Provokation 178
psychosozialen Moratorium 33
Pubertät 11, 45, 52, 65, 85, 125, 135, 136, 137, 139, 140, 141, 143, 145, 146, 150, 151, 159, 164, 167, 168, 171, 172, 176, 215

Q
Qualifizierung 58, 60, 83, 88, 224
Qualifizierungs- und Beschäftigungsmaßnahmen 199

R
Race 57, 72
Rausch 150, 177, 178, 179, 181, 202, 204, 205, 206, 214
Rechtsextreme Gewalt 192
Rechtsextremismus 17, 30, 203

Regelblutung 135, 136, 137, 138, 139, 140, 143, 144, 145
Reifizierung 75
Religion 36, 75, 88, 102
Repräsentativbefragungen 45
Retraditionalisierung 117
Ritual 26, 41, 59, 111, 113, 131, 186, 214, 234
Ritzen 177, 184, 185, 186, 188, 190, 191
Rollenveränderung 65

S
Samenergüsse 135, 136, 138, 140, 141
Schule 14, 15, 16, 17, 20, 29, 36, 43, 46, 48, 49, 58, 59, 62, 64, 67, 70, 74, 81, 84, 85, 86, 131, 137, 150, 159, 162, 163, 169, 175, 176, 178, 187, 192, 194, 202, 203, 205, 206, 213, 217, 218, 231, 232, 233, 234, 236, 238, 239, 240
Selbstbewusstsein 35, 36, 43, 66, 73, 102, 194
Selbstinszenierungen 31, 99, 113, 116, 117, 133, 219
Selbstpräsentationen 99, 102
Selbstsozialisation 18, 29, 31, 153, 174, 176
Selbstverantwortung 71, 117, 121, 184
Selbstverletzendes Verhalten 178, 184, 186, 187, 189, 202, 203, 206
Selbstverständnis 43, 58, 65, 77, 154
Selbstwirksamkeit 183, 224, 225
Separation 199
Sexualerziehung 162
Sexualität 62, 63, 87, 99, 100, 102, 125, 127, 131, 135, 136, 138, 139, 141, 142, 143, 144, 147, 148, 149, 150, 151, 152, 157, 161, 167, 173, 174, 219, 220, 230
Sexuell-Werden 160, 161, 162, 164, 167, 170, 172
Shell-Jugend-Studie 16, 45, 235
Sohn 148, 213, 215
somatische Kulturen 127, 151, 172, 174
Soziale Arbeit 61
soziale Desintegration 192
soziale Strukturen 17
sozialen Praktiken 17, 26, 178, 186
Sozialformen 15, 34, 179
Sozialforschung 34, 44, 45, 47, 112, 132, 207, 232
Sozialisation 13, 17, 22, 23, 24, 28, 29, 31, 39, 41, 45, 62, 83, 85, 86, 88, 89, 115, 131, 132, 149, 150, 151, 152, 153, 170, 173, 174, 175, 176, 203, 225, 231, 232
sozialpädagogische Interventionen 17
Sozialpolitik 48, 184
Sport 36, 45, 76, 96, 111, 130, 133, 177, 200
Statuspassage 210, 211, 212, 213
Stigmatisierung 189, 194

Stile 38, 91, 92, 95, 96, 98, 101, 102, 113, 118, 127, 132
Störungen 152, 187, 188, 201, 204, 206
Strafhaft 92, 177, 197, 199, 202
Strukturkategorien 57, 82
Subjekt-Konstitution 17, 18, 19, 22, 23, 25
Subkulturen 92, 93, 96, 111, 113, 198
symbolische Kreativität 94, 96
symbolische Ordnung der Geschlechter 69, 70
Szene 27, 46, 96, 97, 98, 99, 100, 101, 102, 103, 104, 106, 109, 110, 111, 112, 113, 116, 118, 119, 156, 166, 174, 214

T
Tattoos 117, 185, 191
Techno 52, 100, 116, 117, 122, 133
Technologien des Selbst 116, 119, 120, 121, 131, 133
Teenager 37, 44, 173, 236, 239
Teilhabe 50, 52, 71, 78, 97, 104, 121, 209, 211, 220, 221, 223, 230
Theorie kulturellen Lernens 35
Theoriedefizit 48
theoriegeleitete Fragestellungen 17
Tochter 63, 68, 125, 128, 131, 145, 148
Transparenz 62, 218
Traumatisierung 188, 196, 197
Trend-Indikator 45
Trennung 14, 24, 107, 138, 139, 145, 181, 211, 215, 216
Tribalisierung 97
Turning points 212
Typisierungen 44, 45, 49, 51, 70

U
Übergänge 15, 16, 33, 42, 59, 72, 78, 88, 113, 117, 133, 161, 165, 168, 177, 200, 210, 211, 212, 217, 218, 223
Übergangsereignisse 15
Übergangsphase 14, 42

Übergangsrituale 177, 185, 214
Übergangsstatus 12
Über-Ich 67, 68
Umfrage 45, 74
Umgestaltung 118, 215
Unbewussten 146
Ungleichheitsstrukturen 70, 71

V
Vergemeinschaftung 29, 96, 97, 153, 169
Verunsicherung 40, 65, 125, 138, 141, 161, 209
vom „situierten Wissen" 21
Vorsorge-Staat 184

W
Wachsen der Brüste 125, 135, 137, 143
Wandervogel 36, 53, 110
Wechselverhältnis von Allgemeinem und Besonderem 14
Wirksamkeit 34, 61, 225

Y
Youth Bank 210, 221, 222, 223, 224, 225, 227, 229, 231

Z
Zeitdiagnose 48
Zeitschriften 36, 37, 105, 110
Zerstörung 68, 178
Zeugung 136, 140
Zugehörigkeit 15, 26, 38, 58, 76, 78, 84, 95, 96, 107, 117, 119, 126, 138, 139, 140, 169, 179, 181, 184, 225, 227, 230
Zukunftgestaltung 34
Zukunftsorientierung 209, 210, 228
Zukunftswünsche 61
Zweigeschlechtlichkeit 136, 140, 171
zweite Chance 67

Bei Fragen zur Produktsicherheit wenden Sie sich bitte an:
If you have any questions regarding product safety,
please contact:

Walter de Gruyter GmbH
Genthiner Straße 13
10785 Berlin
productsafety@degruyterbrill.com